W0379226

Dennis Conner / Michael Levitt

SEGELN MIT DENNIS CONNER

Dennis Conner / Michael Levitt

SEGELN mit DENNIS CONNER

Delius Klasing Verlag

Titel der amerikanischen Originalausgabe
Sail like a Champion
Copyright © 1992 by Dennis Conner Sports, Inc.
Erschienen bei St. Martin's Press, New York.

Die Deutsche Bibliothek – CIP-Einheitsaufnahme

Conner, Dennis:
Segeln mit Dennis Conner / Dennis Conner ; Michael Levitt.
[Dt. Übers.: Jörn Bock und Fridtjof Gunkel]. – 1. Aufl. –
Bielefeld : Delius Klasing, 1993
Einheitssacht.: Sail like a champion <dt.>
ISBN 3-7688-0806-8
NE: Levitt, Michael:

1. Auflage
ISBN 3-7688-0806-8

Die Rechte für die deutsche Ausgabe liegen beim Verlag Delius, Klasing & Co., Bielefeld
Deutsche Übersetzung: Jörn Bock und Fridtjof Gunkel
Zeichnungen: Tony Lush
Schutzumschlaggestaltung: Buchholz/Hinsch/Hensinger, Hamburg
unter Verwendung einer Aufnahme von Hans-Günter Kiesel
Gesamtherstellung: Druckerei Runge GmbH, Cloppenburg
Printed in Germany 1993

Alle Rechte vorbehalten! Ohne ausdrückliche Erlaubnis des Verlages darf das Werk,
auch nicht Teile daraus, weder reproduziert, übertragen noch kopiert werden,
wie z.B. manuell oder mit Hilfe elektronischer und mechanischer Systeme einschließlich
Fotokopieren, Bandaufzeichnung und Datenspeicherung

INHALT

KAPITEL 1

Wie alles begann

Ich wurde 1942 geboren und wuchs in der Talbot Street 2919 in Point Loma auf, einem Stadtteil von San Diego, Kalifornien. Das Haus, meine Schwester lebt dort heute noch, war zwar bescheiden, doch es hatte einen Vorteil. Es lag nur wenige Blocks vom San Diego Yacht Club entfernt, und das hat mein Leben bis heute geprägt. Mein Vater war Fischer, erst auf fremden Schiffen, später dann mit dem eigenen 45-Fuß Thunfischkutter VICTOR 1.

Während des Zweiten Weltkriegs gab er die Fischerei auf und arbeitete bei General Dynamics im Flugzeugbau, einem der größten Arbeitgeber der Stadt.

Als Junge hing ich jeden Tag in der Nähe des Clubs herum. Zutritt hatte ich natürlich nicht, aber der Club war ein Magnet. Hätte ich in einer anderen Gegend gewohnt, vielleicht sogar in einer anderen Stadt, wäre ich wohl täglich irgendwo auf einem Supermarktparkplatz gewesen oder in einem Billardsalon. Ich glaube, aus mir hätte ein ziemlich übler Bursche werden können, und deshalb bin ich dem Club und auch dem Zufall seiner Nähe bis heute dankbar.

Der wohl stärkste Charakterzug an mir — im Segeln und anderswo — ist meine Beharrlichkeit. Mein erstes Buch schrieb ich 1978 zusammen mit John Rousmaniere, es hieß *No Excuse to Lose* (Verlieren kann man nicht entschuldigen). Dieser Titel trifft meinen Charakter präzise, und mein Freund Tom Whidden, heute Präsident von North Sails, mit dem ich fünf America's Cups gesegelt habe, sagt, ich würde „auf jedes Problem so lange eindreschen, bis es tot am Boden liegt".

In *No Excuse to Lose* habe ich bedauert, daß ich nie ein guter Segler war und deshalb so hart dafür arbeiten mußte. Ich habe diese Formulierung damals vielleicht gewählt, um bescheiden zu erscheinen. Richtiger hätte ich mich wohl als einen Segler ohne natürliches Talent bezeichnen sollen.

Daß ich gut genug bin, beweisen schließlich in meiner jetzt 39jährigen Karriere viele Titel, wie die Etchells 22-WM von 1991 und zwei Starboot- Weltmeisterschaften. 1977 habe ich alle fünf Star-WM-Wettfahrten vor Kiel gewonnen, das ist für mich privat immer noch mein sportlich wichtigster Erfolg. Ich habe auf vier siegreichen America's Cup-Yachten gesegelt, auf drei von ihnen als Skipper, und ich bin, wie jedermann weiß, der einzige, der den Cup je verloren und ihn zurückerobert hat. Zu meinen wichtigen Siegen zählen auch die olympische Bronzemedaille von 1976 im Tempest, zwei Congressional Cups und vier Erfolge in der Southern Ocean Racing Conference (SORC). All das ist mir nur gelungen, weil ich die Probleme mit dem „Knüppel aus dem Weg gedroschen habe".

Dieses Buch ist eine Synthese von allem, was ich auf den Regattabahnen und in meinem Leben gelernt habe. Die Lektionen, die ich dabei im Segeln erteilt bekam, sind mir stets eine große Hilfe in anderen Bereichen gewesen. Es war immer hart für mich, denn das Segeln ist mir nie leicht gefallen. Im Gegenteil, ich bin mit mäßigem Talent so weit gekommen, weil ich es wollte. Ich durfte nie aufhören daran zu arbeiten, um das Gelernte nicht wieder zu verlieren.

Und gerade weil ich mir vieles erarbeiten mußte, glaube ich, kann der Leser dieses Buches eine Menge von mir lernen. Mehr sicherlich als Baseballspieler von Ted Williams, viele Jahre der Superstar der Liga. Ich kenne und bewundere ihn, schließlich stammt er wie ich aus San Diego. Aber Williams war niemals ein guter Trainer und auch nur ein mittelmäßiger Manager. Er lebte als Spieler zu sehr von seinem Naturtalent, um später ein guter Coach zu sein. Ich bin, anders als er, ein gelernter und kein geborener Sportler. Ich habe dieses Buch geschrieben, um aus normalen Seglern gute Segler zu machen und aus guten bessere. Die Inhalte befassen sich mit Grundtechniken von Rigg- und Schoteinstellung, mit der Geschwindigkeit und ihren Geheimnissen, mit dem Steuern, Wetter, der Taktik, dem Segeltrimm, der Organisation, Führung, Crewauswahl, der Yachtkonstruktion, dem Bootsbau und der Einstellung, wie ein Sieger denken und handeln muß.

Es ist ein „Wie-Buch", das beschreibt, wie jeder, ob Fahrten- oder Regattasegler, seine Fertigkeiten verbessern kann. Der rote Faden ist mein Segelleben, sind Anekdoten und Geschichten von vielen aufregenden und entscheidenden Rennen.

Nun wird der Fahrtensegeler fragen, der sich an Bord einer Segelyacht vor allem entspannen möchte, was denn ein Dennis Conner ihm schon groß erzählen kann? Ich meine, eine ganze Menge. Man sollte unseren Sport eigentlich nicht in die Fahrten- und Regattasegelei unterteilen. Es gibt nur zwei Arten zu segeln, nämlich die richtige und die falsche. Beide, Fahrten- oder Regattasegler, müssen ihre Segel vernünftig trimmen, reffen, sie müssen gleichermaßen mit leichtem und starkem Wind umgehen können. Beide brauchen das richtige Schiff und gute Ausrüstung für ihre Bedürfnisse, sie müssen mit Konstrukteuren und Werften verhandeln und auch mit Segelmachern diskutieren können. Es ist egal, ob man auf dem Wasser eine Regatta oder zur Entspannung segelt. Man muß Wind und Wetter bedenken und wissen, wie man optimal steuert, um dahin zu kommen, wohin man will. Sei es nun in den nächsten Hafen oder auf die Ziellinie. Schließlich gilt für alle Segler, den Mast so zu trimmen, daß er stehen bleibt. Ein Wort beschreibt in unserem Sport eigentlich alles, was richtig ist: Seemannschaft.
Obwohl das Wort Geschwindigkeit in manchen Kreisen nicht gern gehört wird, kommt es, natürlich auf die verschiedensten Weisen umschrieben, doch immer wieder vor: „24 Stunden haben in diesem Jahr bis nach XY benötig, im letzten Jahr waren es nur 20“ oder „mit dem neuen Großsegel ist das Schiff wie verwandelt“. Wer hat solche Sätze nicht schon vom Stegnachbarn gehört, der doch eigentlich ein Fan des gemütlichen Segelns ist und moderne, schnelle Schiffe gar nicht zur Kenntnis nimmt.
Es gibt eine große Anzahl von Fahrtenseglern, die das Geschwindigkeits-Polardiagramm ihrer Yacht sogar aktiv einsetzen. Genauso, wie es Regattasegler machen. Und wenn sie es selbst nicht verwenden, dann haben es die Konstrukteure, Bootsbauer und Segelmacher für sie getan. Schließlich ist ein halber Knoten mehr Geschwindigkeit, der sich mit richtigem Segeltrimm durchaus erreichen läßt, gut für eine kürzere Segelzeit von zwei Stunden bei einem 24-Stunden-Törn. Und wenn die Zeit keine Rolle spielt, der richtige Segeltrimm sorgt dafür, daß sich eine Yacht leichter steuern läßt. So läßt sich das Segeln mit weit größerem Spaß betreiben.
Wie schon erwähnt, wurde der Lauf meines Lebens durch die Nähe des Yachtclubs beeinflußt. Hinzu kam natürlich, daß mein Vater als Berufsseemann mein Interesse am Wasser verstand und förderte. Der San Diego Yacht Club war damals ein kleiner Verein. Es gab kein Wachpersonal (wie heute, das jetzt auch den America's Cup bewacht, den ich 1987 dorthin gebracht habe), es gab keine Tennisplätze, und auch der Hafen war längst nicht so groß. Nicht alle

Clubmitglieder des SDYC sind im übrigen mit dem Cupgewinn und den sich daraus für das Vereinsleben zwangsläufig ergebenden Veränderungen einverstanden. Ich kann diese Leute verstehen. Der Cup hat schon viele, die mit ihm in Berührung gekommen sind, verändert. Ich bin sicherlich das beste Beispiel.

Zurück in die 50er Jahre, dem Tag, als ich mir ein Herz faßte und ohne jemand zu fragen das Clubgelände das erste Mal betrat. Niemand warf mich wieder hinaus, und als ich elf wurde, hatte der Club ein Einsehen mit dem kleinen Jungen, der ewig auf der Anlage herumschlich, und machte mich zum Junior-Mitglied. Meine Familie gehörte zu keiner Gesellschaftsschicht, die im Club vertreten war. Mein Vater trat erst viel später bei. Er starb 1980, dem Jahr, in dem ich mit der FREEDOM zum erstenmal als Skipper den America's Cup verteidigte.

In der Schule spielte ich, wie alle Jungs in meinem Alter, Baseball, aber dem Segeln galt von Anfang an mein größtes Interesse. Ich wollte unbedingt ein Boot haben. Ein Starlet, so eine Sperrholzkiste mit Kiel und Sluprigg, das alles in allem gut 800 Dollar kostete. Es hätte auch eine Million kosten können, für meine Familie war der Preis ohnehin unbezahlbar. In unseren Kreisen ging man nicht wie andere zur Bank und nahm einen Kredit auf, um den Kindern die Tennisstunden bezahlen zu können, geschweige denn, um ein Segelboot zu kaufen. Vielleicht war das bereits ein Grund, der mich zwang, im Leben und im Sport für den Erfolg härter arbeiten zu müssen als viele meiner Freunde.

Da das Starlet außerhalb jeder Reichweite lag, wollte ich wenigstens als Crew darauf mitsegeln. Ich brachte das Boot für meinen Skipper zu Wasser, lederte es ab und hatte es längst aufgetakelt, als er von seiner Mutter mit dem Auto in den Club gebracht wurde. Das Boot behandelte ich wie mein eigenes, und schon nach einiger Zeit hatte ich die Erlaubnis, es vor der Wettfahrt segeln zu dürfen, solange mein Käptn noch nicht da war. Und natürlich gab es wie in jedem Yachtclub einmal im Monat ein Rennen für die Vorschoter. Das war mein schönster Tag. In dieser Zeit lernte ich begierig alles, was für einen Vorschoter wichtig war. Es gab natürlich nicht nur unter den Jugendlichen manches abzugucken. Der San Diego Yacht Club veranstaltete 1958 die Starboot-Weltmeisterschaften, da war ich fünfzehn. Der 6,70 Meter lange Star, bereits 1911 von William Gardner gezeichnet, ist die älteste Regattaklasse der Welt. Seit 1932 (mit einer Ausnahme 1976) ist die Klasse olympisch und deshalb wohl das attraktivste Schiff für einen Regattasegler.

Ich erinnere mich noch genau, daß während der Eröffnungszeremonie der

Weltmeisterschaft ein Starboot aus Naturholz, so glanzvoll lackiert wie ein Konzertflügel im Swimmingpool des Clubs schwamm. Das Schiff gehörte Leon L. Bothell, und sein Anblick hat mich nie mehr losgelassen. Wir Junior-Mitglieder wurden den Teilnehmern als Bootsjungen zugewiesen, mußten deren Schiffe waschen, Leinen annehmen und alles mögliche besorgen. Daß mir Bill Buchan zugelost wurde, war wie ein Hauptgewinn im Lotto. Er war Bootsbauer, galt als der Wunder-Segler aus Seattle und gewann später, 1961, 70 und 85, die Starweltmeisterschaft und 1984 die Goldmedaille. Buchans Vater segelte als Crew für Bill. Das Schicksal meinte es gut mit mir, denn er erschien nicht rechtzeitig zum Training. So durfte ich einige Male mit hinausfahren.
Segler waren meine Helden. Männer wie Bill Buchan, Ash Bown, Malin Burnham und natürlich Lowell North. Was sie taten und sagten saugte ich auf wie ein Schwamm. Mit 21 segelte ich zum erstenmal mit der CAROUSEL, einer 40-Fuß-Rennyacht von Ash Bown. Bown war nicht nur ein brillanter Segler, er war auch so etwas wie ein zweiter Vater für mich. Wo er war, war ich auch und löcherte ihn mit Fragen. Seiner Frau allerdings schien meine dauernde Anwesenheit in ihrem Haus weniger zu gefallen.
Es gab noch Malin Burnham, der mehr wie ein älterer Bruder für mich war. Ihm gelang alles mit Leichtigkeit. Bereits mit 15 hatte er sein eigenes Starboot, und ein Jahr später, 1945, wurde er damit Weltmeister.
Er war ganz anders als ich, kam morgens vor einer Wettfahrt in den Club und bemerkte gelassen: „Wie war das noch, war nicht vor zwei Wochen am Schiff etwas kaputt gegangen?“ Er hatte die Stanfort Universität besucht, war schon im Vorstand eines New Yorker Unternehmes tätig und reiste im Land für die Finanzierungsgesellschaft seiner Familie herum. Malin Burnham hatte zwar wenig Zeit zum Segeln und sicher auch nicht meinen Willen, Probleme aus der Welt zu schaffen, aber das störte ihn nicht. Er war ein Naturtalent.
Ihn interessierte nicht, wenn er beim Setzen des Großsegels bemerkte, daß die Topplatte zerbrochen war. Er hatte zwar keinen Ersatz, aber es gab da noch eine alte, harte Latte in der Bilge. Die sägte er kurzerhand mit einem Sägeblatt auf die passende Länge. Das Segel war nicht so, wie es sein sollte, oben viel zu voll und mit einem harten Knick an der Lattentasche, aber Malin legte einen wundervollen Start hin, war auf der richtigen Seite und gewann natürlich das Rennen.
Und dann war da Lowell North, heute längst eine Legende. Als Malin Burnham 1945 Starweltmeister wurde, war der 15jährige Lowell als Vorschoter dabei. North wurde 1929 geboren. Sein Vater, ein Geophysiker, arbeitete in der

Ölbranche und zog mit der Familie von Newport Beach nach San Diego. Lowell wollte nicht mit in diese Stadt, und deshalb kaufte man ihm ein Starboot, was seine Entscheidung revidierte.
North war brillant. Er war meines Wissens der erste, der herausfand, daß sich ein Kompaß auf dem Star auch taktisch einsetzen ließ. Der Kompaß sagte ihm, wie weit eine Winddrehung seinen Kurs beeinflußte, ob er abfallen mußte oder anluven und wann der taktisch richtige Zeitpunkt für eine Wende war. Bis heute ist der Kompaß, trotz aller Elektronik an Bord, die magische „Kristallkugel", aus der man Winddreher lesen kann.
Zum erstenmal segelte North die WM 1949 mit einem Kompaß in einem Starboot, das er selbst konstruiert und gebaut hatte. Er hatte noch wenig Erfahrung, in großen Feldern zu segeln, und startete schlecht. Die 40 Boote segelten geschlossen auf eine Seite des Kurses, und Lowell hielt sich in der Mitte der Bahn auf und kreuzte nach dem Diktat des Kompasses jeden Dreher aus (diese Technik wird in Kapitel 8 beschrieben).
Er gewann diese Star-WM von Chicago übrigens nicht, obwohl er vier erste und einen zweiten Platz erreichte. Eine Berührung brachte ihm eine Disqualifikation ein und kostete ihn den Titel. Doch die Erfolge kamen. Er gewann vier Weltmeisterschaften, je eine olympische Gold- und Bronzemedaille. Seine seglerischen Qualitäten halfen ihm auch beruflich, als er 1958 North Sails gründete.
Als junger Mann war ich immer zu leicht, um in einem Starboot als Crew mitsegeln zu dürfen, deshalb segelte ich Lightnings, ein 5,80 Meter langes Schiff, gezeichnet von Sparkman & Stephens (S & S). Am liebsten war ich an Bord von Carl Eichenlaub, einem bekannten Bootsbauer aus San Diego. Ich war voll bei der Sache, pumpte die Trailerreifen auf, schliff den Holzmast und polierte das Schiff. Was Eichenlaub sagte, machte ich und meist noch viel mehr. So war eben meine Einstellung.
Früher dachte ich immer, das Segeln wäre überall gleich und nicht nur in San Diego gäbe es viele Segler und viele Talente. Ich habe nicht gewußt, daß dieser Platz einmalig in der Welt ist. Und das liegt am Klima, denn in Südkalifornien gibt es keine Jahreszeiten, das Wetter ist nahezu immer gleich, ein nicht endenwollender Sommer. Wo andere nur eine Saison haben, haben wir zwei. Hinzu kommt, daß es besondere Windbedingungen gibt. San Diego ist nicht wie der Long Island Sound, der Lake Geneva in Wisconsin oder die Kieler Förde. Bei uns gibt es zwar nie viel Wind, aber der wenige Wind kommt regelmäßig und in der Richtung konstant. Was uns aus San Diego auszeichnet, ist weniger die

taktische Brillanz. Wir können bei gleichmäßiger Windstärke extrem schnell segeln. Die täglich wiederkehrenden Bedingungen helfen uns, Material und Technik einfacher perfektionieren zu können als auf einem Revier, wo das Wetter von heute vielleicht zwei Wochen lang nicht mehr vorkommt.
Viele aufregende und wichtige Entwicklungen von Segeln und Segeltechniken wurden während meiner Jugendzeit gemacht. Ich war Zeuge, einige Male sogar daran beteiligt. Zum Beispiel als Eichenlaub und ich im Lightning gegen die Barber-Brüder Manning und Merritt segelten. Da gab es ein neues Segel von Ballas Sails, das Elton Ballas Deckwischer (*decksweeper*) nannte. Bei dieser Fock stieß das Unterliek auf das Deck und verhinderte so den Durchfluß der Luft von der Luv- auf die Leeseite. Fast fünfzehn Zentimeter vom festen Vorliek hatte Ballas freigeschnitten, so daß Eichenlaub und ich den Vorsegelfuß nicht nur an Deck aufstoßen ließen, sondern ihn richtiggehend umknickten, was offenbar die Effektivität der Fock noch erhöhte. Wir gewannen eine ganze Reihe von Wettfahrten mit dieser Technik, bis uns die Konkurrenz dann endlich auf die Schliche kam.
Wir waren auch dabei, als die Barber-Brüder eine Entdeckung machten, die als Barberhauler heute auf fast jedem Regattaschiff zu finden ist. Es ist eine Leine mit einem Schäkel am Ende, die man durch einen Block ziehen kann. Mit ihr läßt sich die Fockschot nach außen ziehen und so den Anstellungswinkel des Segels vergrößern. Bei leichtem Wind und starker Welle, Bedingungen, bei denen man in San Diego fast immer segelt, kann ein Barberhauler leicht einen Knoten Geschwindigkeitsunterschied ausmachen. Die Barbers, Zwillingsbrüder, leben heute noch in der Stadt und arbeiten als Zahnärzte.
Eichenlaub, Burnham und North waren Segeltalente, die es zu weltweitem Ruhm gebracht haben. Alan Raffee war anders, aber für mich besonders wichtig. Er war ein bulliger Mann, der einen Teppichhandel betrieb und den ich vom Lightning-Segeln kannte. Ich war 19, als Raffee während einer Regatta auf der Mission Bay im Norden San Diegos irgendwie mit den Wettfahrtregeln in Konflikt kam. Ich bot mich an ihm zu helfen, denn er war kein guter Theoretiker und nicht in der Lage, in dem Büchlein die wichtigen Regeln zu finden — aber er war ein netter Mann.
Ich stand damals kurz vorm Abitur, und Raffee wollte wissen, was ich im Sommer so machen würde und ob ich bei ihm arbeiten wolle. Ein paar Tage später stand ich in seinem Büro, und er fragte, was ich könne. „Ich habe keine Ahnung", sagte ich. „Wieviel Geld, glaubst du, bist du wert?", fragte Raffee, und ich erwiderte, es müßten wenigstens 300 Dollar im Monat sein. „Dies ist die

erste Lektion. Ich werde dir das Handeln beibringen und gebe dir 275", war die kurze Antwort, aber der Beginn einer langen Beziehung.
So kam ich ins Teppichgeschäft. Natürlich war mir klar, warum Raffee mich eingestellt hatte. Ich sollte mit ihm Lightning segeln und war vor allem verantwortlich für das Schiff, was mir jedoch einen kometenhaften Aufstieg in der Firma bescherte. Ich hatte bald ein eigenes Büro, das Leben begann Früchte zu tragen. So ganz ohne war mein Job aber nicht. Es war Raffee, der mir zeigte, wie man ein Problem zu Tode prügelt. Er lebte nach einem einfachen Grundsatz: „Wenn wenig gut ist, dann muß viel noch besser sein."
Ich schliff am Bootsboden jede Beule, jeden Farbpickel und jedes Sandkorn weg. Er machte aus mir einen Perfektionisten. Ich erinnere mich an einen Neujahrsmorgen, den wir gemeinsam in der Garage unter seinem Boot verbrachten. Wir polierten den Rumpf, während Raffees brandneuer Pontiac draußen im Regen verdreckte. Dann gingen wir segeln und waren endlich so schnell wie Burnham und North.
1968 mußten wir während der letzten Ausscheidungswettfahrt nur noch Lowell North schlagen, um ins Olympiateam für Acapulco berufen zu werden. Wir waren vor Lowell, doch dann berührten wir die letzte Bahnmarke und waren raus. North gewann später Gold.
Von Raffee habe ich seglerisch profitiert und für das Leben gelernt. Er hat mir gezeigt, wie man sich in einen Höhenflug versetzten kann, nicht nur mental. Wir waren oft mit seinem Flugzeug zu Regatten unterwegs, und ich habe damals sogar eine Pilotenlizens erworben. Raffee kam bei einem Flugzeugunglück ums Leben, ich bin seither nie wieder selbst geflogen.
Marty Gleich war ein Mann von ähnlichem Schrot und Korn. Zuerst traf ich ihn während einiger Lightning- Regatten, später dann segelte ich auf seiner Redline 41 HALLELUJAH. Er kam von der Ostküste und hatte sein Geld mit Immobilien, später dann im Hypotheken-Geschäft gemacht. Gleich war stets gut gekleidet, meist trug er teure Tweedjacken mit Lederbesatz. Er machte auf mich immer den Eindruck eines Professors und konnte trotz dicker Brillengläser nur schlecht sehen. Er war der am perfektesten organisierte Mensch, den ich je kennengelernt habe. Jede Stunde seines Tages war in einem kleinen Lederbüchlein notiert, jede Besprechung festgehalten und alle Termine geplant. Heute sind solche Begebenheiten normal, aber dieser Gleich war der erste Mensch, an dem ich das erlebte. Und natürlich hat es mich beeindruckt. Von Gleich und Raffee lernte ich, wie die Aufmerksamkeit, auch dem kleinsten und scheinbar unwichtigen Detail gegenüber, Erfolg bringen kann.

Marty Gleich war nicht nur interessiert, er war vom Regattasegeln fasziniert. Als er beschloß, besser segeln zu lernen, zog er sich aus seinem Geschäft in San Diego zurück und ging als freier Mitarbeiter für sechs Monate zu Sparkman & Stephens nach New York. Gleich war sich nicht zu schade, dem großen Konstrukteur Olin Stephens in dessen Büro in der Madison Avenue die Bleistifte zu spitzen, um von den genialen Ideen profitieren zu können.

Raffee und ich waren morgens so gegen halb neun am Boot, wenn der Start auf elf festgelegt war. Gleich hatte dann schon eine Stunde lang an seinem Schiff verbracht, ausgerüstet mit einem doppelten Satz Wettsegelbestimmungen (ein Satz könnte ja naß werden), die er selbstverständlich längst auswendig kannte.

Warum ich das alles erzähle? Es gibt viele unterschiedliche Wege zum Erfolg. Leute wie Raffee und Gleich mußten ungleich mehr Zeit und Arbeit investieren als ein Mann wie Malin Burnham. Was er mit Talent und Eingebung erreichte, schaffen andere nur durch akribische Vorbereitung. Immerhin, sie schaffen es. Ich bin kein Typ wie Malin und längst keiner wie Lowell, mehr schon wie Raffee oder Gleich. Von allen gemeinsam habe ich mir das Zeug zum guten Segler angeeignet.

Als ich mir endlich, mit 28, ein eigenes Starboot leisten konnte, war es natürlich ein perfektes Schiff. Es war vier Jahre alt und damit das älteste in unserer Flotte. Der Boden war auf Hochglanz poliert, aus Geldmangel hatte ich Zahnpasta genommen. Ich war morgens um sieben Uhr im Club, ich hatte zwei Wettsegelbestimmungen dabei — und sie gelesen. Ein Jahr später gewann ich die Starweltmeisterschaften und schlug Lowell.

Auch heute, mehr als 20 Jahre später, mache ich es vor jeder Wettfahrt noch so wie damals. Ich habe mich nicht geändert.

Meine Stärke im Segeln ist, daß mein Weg nach oben ganz unten begann. Ich habe alles gemacht. Fremder Leute Boote geschliffen, sie repariert, vorn an Deck die Segel angeschlagen, Manöver organisiert und hinten gesteuert. Das hat mir geholfen, eine Crew und ein Schiff zu führen. Ich kenne alle Jobs an Bord, ich weiß, was schwierig und was einfach ist und ob ein Manöver gut oder schlecht gemacht wurde. Natürlich haben es mir meine Erfahrungen auch erleichtert, dieses Buch zu schreiben. Seit ich das erste Mal ein Steuer in der Hand hielt, wollte ich es nicht mehr loslassen. Das letzte Mal als Crewmitglied bin ich 1974 mit Ted Turner auf der Zwölfmeteryacht MARINER gesegelt. Ich war bereits 32 und habe später in der Saison hinüber auf die COURAGEOUS von Ted Hood gewechselt. Es war für mich ein America's Cup-Sommer voller Ge-

gensätze. Turner war ein Mann, der an Bord unentwegt redete und kaum einmal die Zeit zum Atmen fand. Hood hingegen war so schweigsam, daß man fast glaubte, er sei stumm. Beides gefiel mir nicht recht, und deshalb habe ich später, als ich anfing führende Position auf größeren Yachten zu übernehmen, meinen eigenen Stil entwickelt. Führungsstil an Bord ist ein wichtiges Thema beim Segeln, und deshalb gehört er in dieses Buch.

Wie Tom Whidden feststellte, bin ich ein beharrlicher Mensch. Andere haben meinen Charakter mit weniger freundlichen Worten beschrieben. Ted Turner zum Beispiel, Inhaber der Turner Broadcasting Company, zu der auch der Fernsehsender Cable News Network (CNN) gehört, qualifizierte meine America's Cup-Kampagne von 1980 mit der FREEDOM als zu „professionell" ab und beschuldigte mich, den Sport in den Ruin zu treiben. Um dieses Statement zu untermauern, tauchte er vor Newport mit der COURAGEOUS auf, mit der er 1977 den Cup verteidigt hatte.

Sechs Jahre zuvor waren wir noch gemeinsam in den Krieg gezogen. 1974 war Turner 34, kam aus Atlanta, Georgia, und ich war 32 und stammte aus Südkalifornien. Er war Skipper und holte mich als zweiten Mann an Bord. Wie ich kurze Zeit später erfuhr, hatte er dasselbe Angebot auch Robbie Doyle gemacht, der als Segelmacher für die Segelmacherei von Ted Hood arbeitete.

Turners Reputation für den Skipper-Job kam nicht von ungefähr. Er hatte schon zweimal die wichtige SORC-Serie rund um Florida gewonnen, 1964 mit dem 40-Fuß-Schiff VAMP und 1970 mit dem zum Hochseesegeln umgebauten Zwölfer AMERICAN EAGLE. Außerdem siegte er mit diesem legendären Zwölfer in der World Ocean Racing Championship. Mit anderen Worten, Turner hatte mehr Seemeilen mit einer Zwölfmeteryacht auf dem Buckel als irgend jemand auf der Welt. Er wollte mich an Bord haben, weil ich Starweltmeister war und auch den Congressional Cup in Long Beach gewonnen hatte, Amerikas wichtigste Match-Race-Veranstaltung. Wir waren beide Vertreter einer jungen und andersdenkenden Seglergeneration, und paßten weder geographisch noch sozial zum etablierten New York Yacht Club, der seine America's Cup Verteidigungen noch aus der Clubkasse finanzierte.

Mit Turner auf einem Boot zu segeln war fast ein Bildungsurlaub. Obwohl er, den man *„The Mouth of the South"* (die Stimme des Südens) nannte, nur ein unvollendetes Studium hatte (man hatte ihn von der Brown University geworfen), war seine Bildung weit über dem Durchschnitt. Turner war Südstaatler mit Haut und Haaren. Er beschrieb unablässig die Schlachten des amerikanischen Bürgerkrieges, rezitierte Shakespeare, sprach Griechisch und Latein

oder betete schmutzige Limericks im harten Südstaatendialekt rauf und runter. Alles natürlich während er die MARINER steuerte.
Turner war ein Vulkan. Wenn die Crew eine Wende versaute oder in der Halse einen Spinnaker ums Vorstag wickelte, dann wußte jedermann in einer Meile Entfernung, was an Bord der MARINER Sache war — und wer es verbockt hatte. Ted machte jeden an Bord zur Schnecke. Auch Marty O'Meara, immerhin sein bester Freund, war vor Turners Wutausbrüchen nicht sicher. Es war hart, mit ihm zu segeln, aber die Crew wäre für Turner durch die Hölle gegangen — und ich damals auch. Ted Turner ist der charismatischste Mensch, den ich je getroffen habe, und hatte etwas von einem Südstaatengeneral aus dem Bürgerkrieg.
Die MARINER war ein schreckliches Boot, eigentlich ein Versuchskaninchen aus dem Testtank. Turner mußte schon tief in seine Trickkiste greifen, um überhaupt mal ein Rennen gewinnen zu können. Ich erinnere mich noch daran, wie Gerry Driscoll als Skipper der INTREPID uns einmal in Luv überholen wollte. Wir segelten gerade unser Trainingsschiff VALIANT, weil MARINER mal wieder auf der Werft umgebaut wurde. Driscoll war so um die 50 Jahre alt, Bootsbauer und stammte wie ich aus San Diego. Natürlich war auch er Starboot-Weltmeister (übrigens wurde er es 1944 mit dem 15jährigen Malin Burnham an der Vorschot).
Als die INTREPID, ein Zwölfer, der schon zweimal den America's Cup verteidigt hatte, ansetzte, uns bei 20 Knoten Wind zu überlaufen, schob mich Ted ans Rad. Wir hatten das Luvrecht, und ich machte selbstverständlich gnadenlos davon Gebrauch. Irgendwann konnte Driscoll auf mein Luvmanöver nicht mehr rechtzeitig reagieren, ein Loch im Rumpf der INTREPID war die Folge. Es wurde repariert, aber Driscolls Schaden ließ sich nicht mehr beheben. Er hatte so viel Respekt bekommen, daß er uns von diesem Tag an immer viel Raum ließ. Irgendwie muß er gemeint haben, wir wären verrückt. Turner hat dieses konsequente Manöver damals sehr beeindruckt.
Kurze Zeit später holte man ihn als Skipper von Bord, und ich bekam seine Position. Es war natürlich für ihn keine glückliche Situation, niemand läßt sich gern feuern, vor allem nicht in aller Öffentlichkeit und von Bord einer America's Cup-Yacht. Unser Verhältnis ist seither belastet.
Turner war sauer auf den New York Yacht Club und auch auf mich. Sein Cupsommer war beendet, aber meiner, wie sich alsbald herausstellen sollte, begann gerade erst. Ted war trotz allem fair. Er erklärte seiner Crew, er würde von nun ab nicht mehr die MARINER, sondern nur noch die VALIANT steuern.

Er bat seine Jungs, mir den Rücken freizuhalten. Fast alle in der Crew waren mit Turner lange befreundet und hatten schon viele Jahre mit ihm zusammen gesegelt. Wer trotzdem aus Symphatie aussteigen wolle, so Ted, würde nie wieder mit ihm auf einem Schiff segeln.
Mein Skipper-Debüt verlief recht vielversprechend. Ich schaffte drei Siege und führte während zweier Wettfahrten. Trotzdem wurden wir „entbunden" (*excused*), so nannte der NYYC damals das Entfernen einer Yacht aus der Ausscheidungsserie. Nun waren nur noch COURAGEOUS und INTREPID im Rennen. Coskipper der COURAGEOUS waren Bob Bavier aus New York, Herausgeber des *YACHTING*-Magazins, der den Cup 1964 mit der CONSTELLATION verteidigt hatte, und Ted Hood, der geniale Segelmacher aus Marblehead, Massachusetts, dessen Segel seit 1958 alle Verteidiger gesetzt hatten.
Während meine Frau Judy und ich die Sachen zusammenpackten, um nach San Diego abzureisen, rief Bob McCulloch an, der Chef des COURAGEOUS-Syndikats und NYYC-Vizepräsident.
Die COURAGEOUS war, wie die MARINER, eine der ersten Zwölfmeteryachten aus Aluminium. Trotz des Gewichtsvorteils hatte das Schiff jede Menge Probleme mit der hölzernen INTREPID. Ich traf McCulloch, und er lud mich ein, als Startsteuermann an Bord der COURAGEOUS zu segeln. Er war ein Mann von großer Statur mit einer bestimmenden Ausstrahlung. McCulloch schickte mich mit ein paar kurzen Sätzen an Bord: „Junger Mann, wir wollen Sie nicht zu stark unter Druck setzen. Ich verlange nicht von Ihnen, daß Sie im Start die INTREPID an die Wand segeln. Es würde mir durchaus reichen, Sie wären nach dem Schuß ein gutes Stück voraus." Für einen 32jährigen war das, als würde man ihn unvorbereitet in den Krieg schicken. Doch ich war überzeugt, ich könnte die Aufgabe bewältigen. Nicht zuletzt auch, weil auf der INTREPID Driscoll saß, und der hatte nach der Kollision Angst vor mir.
Als ich das erste Mal auf der COURAGEOUS segelte, gab es einige Konfusion an Bord. Ich sollte starten, Hood die Kreuzen segeln und Bavier die Spinnakerkurse. Es dauerte nicht lange, bis Bavier das Schiff verließ und Hood zum Skipper ernannt wurde. Wir schafften die Ausscheidungen denkbar knapp und siegten dann im America's Cup gegen die SOUTHERN CROSS, dem ersten Zwölfer von Alan Bond. Zehn Jahre später, 1983, sollte ich gegen dessen AUSTRALIA II den Cup als erster Amerikaner verlieren und damit die längste Siegesserie im Sport beenden.
1977 kaufte Turner die COURAGEOUS, während ich auf der Suche nach einem Skipperjob war. Das einzige freie Steuerrad gab es auf der ENTERPRISE, das

hielt allerdings Lowell North besetzt, einer der Heroen meiner Jugend aus San Diego. Ich war verzweifelt und hätte für einen Skipperjob vielleicht sogar gemordet. Aber einen Lowell North?
Er hatte 1976 die SORC-Serie mit der WILLIWAW gewonnen, hatte zwei olympischen Medaillen im Schrank und war vierfacher Starboot-Weltmeister. Er war einer der größten und segelte die ENTERPRISE zusammen mit Malin Burnham.
Ohne Engagement im America's Cup segelte ich wieder Starboot und qualifizierte mich im Tempest für die Olympischen Spiele 1976 von Kanada.
Von Carl Eichenlaub hatte ich einiges über den Bootsbau gelernt und beschloß deshalb für die Star-WM den Bau meines neuen Bootes soweit es ging zu beeinflussen. Ich flog zu Leonard Mader, dem damals erfolgreichsten Bootsbauer in der Klasse. Sein Betrieb lag 60 Kilometer südlich von München und war eher ein Kuhstall als eine Werft. Einen Monat lang begleitete ich, bewaffnet mit einem Zollstock, den Bau meines Stars. Ich kontrollierte vor allem, ob die Bootsbauer auch jeden Tropfen überflüssiges Harz aus dem Laminat quetschten (Wir werden im Kapitel 3 darauf eingehen, wie wichtig das Verhältnis von Harz zu Glasfaser für die Qualitäten eines Bootes ist). Ich bestand darauf, daß mein Schiff am Freitag laminiert wurde und es nicht vor Dienstag aus der Bauform kam. So war ich sicher, daß das Material vollkommen ausgehärtet war. Holt man nämlich einen Rumpf zu früh aus der Form, kann er sich verziehen. Ich sprach kein einziges deutsches Wort, und die Jungs auf der Werft müssen mich manches Mal für verrückt gehalten haben. Aber dann kam noch der Russe Valentin Mankin und machte dasselbe wie ich. Da saßen wir nun beide in einem Kuhstall in der Nähe von München, er ein Kommunist, ich ein Kapitalist, und man hielt uns für verrückt. Ich gewann die Starweltmeisterschaft vor Kiel mit fünf ersten Plätzen, der zweite Titel für mich in dieser Klasse.
Kurz bevor die Serie begann rief mich Ed du Moulin an. Der Boss des ENTERPRISE-Syndikats fragte an, ob ich Lowell North an Bord ersetzen wolle. Wenn Lowell und Burnham nicht in der Lage sind, Turner zu schlagen, dachte ich mir, was soll ich dann ausrichten können? Zudem erinnerte ich mich, wie sauer Ted nach seiner Entlassung von der MARINER auf mich war. Daß dasselbe nun mit Lowell oder Burnham passierte, darauf hatte ich nicht die geringste Lust. Schließlich waren sie meine Freunde, kamen aus derselben Stadt und dem gleichen Club.
Noch bevor ich mich entschieden hatte, wurde Lowell von Bord genommen, und Malin erhielt das Kommando. Die Suspendierung war ein unschönes Kapi-

tel. North hat nie wieder so brillant gesegelt wie vorher. Wie ich schon geschrieben habe, der America's Cup hat viele Menschen verändert, die mit ihm in Berührung gekommen sind.

Aber Turner segelte in diesem Sommer ausgezeichnet gegen die ENTERPRISE und die INDEPENDENCE, geskippert und konstruiert von Ted Hood. Es war, als ob er für den Rausschmiß von der MARINER Rache nehmen wollte. Turner und COURAGEOUS verteidigten im Herbst 1977 den Cup gegen die AUSTRALIA, die zweite Yacht Alan Bonds.

Auch 1980 trat Turner wieder mit der COURAGEOUS an, ich segelte die FREEDOM. Aber seine Gedanken waren längst nicht mehr beim Segeln. Ihm gehörten die BRAVES und die HAWKS, Baseball und Basketball Profimannschaften in Atlanta, und sein Fernsehunternehmen, das heute weltweit so erfolgreich ist, nahm ihn in Anspruch. Er hatte weder die Zeit noch die Energie oder das notwendige Geld, um ins Finale vordringen zu können. Aber Turner hatte Tausende Seemeilen mit Zwölfern gesegelt, ich hatte gerade mal ein Dutzend echter Rennen hinter mir. Während der Vorbereitungen für das FREEDOM-Projekt segelte ich deshalb 180 Tage mit dem Schiff, um mich für den Kampf mit Turner zu rüsten. Im Leben wie im Sport ist Training das wichtigste, um perfekt zu sein.

Der Schlüssel meines Erfolges, auch das wird dieses Buch aufzeigen, ist, daß **ich** die Schiffe steuere: Vom Moment an, wo wir den Liegeplatz verlassen, über viele Trainingsstunden, während aller Trainingswettfahrten und in jedem Rennen bis zurück auf den Liegeplatz. Ich bin mit dem Ruder verwachsen, und nur selten wird man von mir hören: „Nimm mal kurz das Ruder." An Bord nicht zu steuern, ist für mich Zeitverschwendung.

Es ist zu verstehen, warum Turner meine Art zu segeln kritisiert hat. Als er mir unterstellte, ich würde den Sport ruinieren, wollte er eigentlich sagen: „O.K., wenn ich soviel segeln würde wie Conner, würde ich ihn schlagen." Was Turner wollte, war ein reiner Vergleich der Fähigkeiten, so etwas wie eine Klassenmeisterschaft. Turners Regeln gehören aber nicht zu den Wettsegelbestimmungen. Für mich soll der beste Skipper mit der besten Crew, dem schnellsten Schiff und der perfektesten Organisation eine Regatta gewinnen.

Seit ich den Cup 1983 verloren und ihn vier Jahre später wieder gewonnen habe, hat sich das Segeln verändert, meinen viele. Einige glauben sogar, stark zum Nachteil.

Es gibt die alte Cupgeschichte, die besagt, der New York Yacht Club wolle bei einem Verlust des achtpfündigen Silberpokals den Kopf des Verlierers in der

Vitrine ausstellen. Ich habe am 26. September 1983, als der Cup verloren war, der Presse allein gegenüber gesessen. Niemand vom Club, für den ich so viel und so hart gearbeitet hatte, war anwesend. Ich war vollkommen fertig und kämpfte mit den Tränen. Ich hatte für einen Yachtclub, mein Land und mich selbst gekämpft, und es hatte nicht gereicht. Am nächsten Morgen noch sah ich im Spiegel die blutunterlaufenen Augen und spürte die Kopfschmerzen. Es dauerte lange, bis ich wieder einen normalen Gedanken fassen konnte. Mir wurde bewußt, daß ich wirklich mein Bestes gegeben, drei Boote gebaut und eine exzellente Crew mit mir alles menschenmögliche versucht hatte. Es gab wirklch keine Entschuldigung für das Verlieren. Ich wurde schlicht geschlagen.

Heute weiß ich, daß dem America's Cup und dem gesamten Segelsport nichts Besseres hätte geschehen können als der Cupverlust. Segeln ist seither auf die Titelseiten der Zeitungen gerückt. Sicher ist nicht alles richtig und gut, aber der Segelsport wird heute von weitaus mehr Menschen beobachtet, als es je der Fall war.

KAPITEL 2

Yachtdesign

Mich jagt kein Yachtkonstrukteur mehr ins Bockshorn. In diesem Bereich des Segelns habe ich schon alle Rollen übernommen: ich war Zeuge, Auftraggeber, Gewinner und einige Male auch Opfer. Mit der Zeit habe ich mir durch den Bau vieler Schiffe ein großes Wissen über das Konstruieren von Yachten erworben. Und wie immer habe ich mich dabei an meine bewährte „Erleben und Erlernen Philosophie“ gehalten.

Da ich nun mal besonders an schnellen Schiffen hänge, ist mein Verständnis für Yachtkonstruktionen mehr als nur das eines Auftraggebers. Ich will wissen, warum ein Schiff schnell ist und warum ein anderes langsam ist. Wenn irgendwas gut funktioniert, will ich wissen, wieso. Und wenn's nicht klappt, ebenfalls.

Neben dieser Einstellung bringe ich einen großen Erfahrungsschatz ins Yachtkonstruktionsgeschäft ein. Ich war Zeitzeuge beim Entstehen einiger der besten und auch der schlechtesten Schiffe der jüngeren Zeit. Und ich habe auf fast allen gesegelt. Diese Schiffe hießen MARINER, COURAGEOUS, FREEDOM, AUSTRALIA II, STARS & STRIPES '87 und STARS & STRIPES '88, der Katamaran. Alle Konstruktionen waren zwar Regattayachten, aber die Prinzipien sind eigentlich für Fahrten- oder Tourenschiffe dieselben.

Der Unterschied zwischen einem Tourenschiff und einem Rennschiff liegt in der Auswahl der Kriterien, nicht in der Art zu konstruieren. Das Spielfeld für beide Schiffe ist dasselbe, es ist die See. Auch Rennyachten unterliegen unterschiedlichen Kriterien. Zum Beispiel muß sich der Konstrukteur eines Zwölfers an ganz andere Vorschriften halten als der Konstrukteur einer modernen

IMS-Regattayacht. Es hängt davon ab, wie die Regelmacher ein Schiff, dessen Aufgaben und das Revier betrachten, auf dem es segeln soll.
Aber sind für einen Segler Kenntnisse in der Yachtkonstruktion wirklich wichtig? Ich finde, sie sind nicht nur wichtig, sondern Voraussetzung für jemanden, der seinen Sport ernsthaft betreibt, ob er nun Laser segelt, Soling oder ein 35-Fuß-Fahrtenschiff. Für das eigene Schiff oder eines, für das man sich interessiert, wurden viele hundert Entscheidungen getroffen, und am Anfang liegt immer dessen Konstruktion. Wie hoch ist das Rigg, wie tief ist der Kiel, und wie ist seine Form? Wie lang ist die Wasserlinie? Wie groß ist der Ballast, und wie ist er verteilt? Wie groß ist die Verdrängung? Wie steht der Mast im Schiff? Wie groß ist die Segelfläche, und wie ist sie aufgeteilt? Das sind nur einige wenige Fragen. Die Antworten bestimmen den Charakter eines Schiffes. Sicher, man kann ein Schiff auch ohne Kenntnisse in der Yachtkonstruktion kaufen. Ich bezweifele nur, daß man dann das Beste für sein Geld bekommt.
Man kann es auch ohne Kenntnis der physikalischen Zusammenhänge segeln, aber man wird es nie gut segeln können. Zum Beispiel will man mehr Ruderdruck bei leichtem Wind haben, um mehr Gefühl zu bekommen. Deshalb wird man dem Mast mehr Fall geben. Das ist Yachtkonstruktion. Man will mit der Jolle in einen stabileren Gleitzustand kommen und rutscht weiter nach achtern, holt das Schwert etwas höher und beginnt mit dem Großsegel zu pumpen. Auch das hat etwas mit Konstruktion zu tun. Man schickt bei Wind die Crew zum Trimmen auf die hohe Kante oder bei wenig Wind nach Lee, damit die Segel besser stehen und die benetzte Oberfläche kleiner wird. Wieder ist es Yachtkonstruktion. Sie glauben, man könnte mit einem H-Boot frisch aus der Werft eine Weltmeisterschaft gewinnen? Wohl nicht. Erst müssen Sie das Rigg trimmen, das Unterwasserschiff schleifen und Kiel sowie Ruder nachmodellieren. Wieder handeln Sie nach Grundsätzen der Yachtkonstruktion.
Ich kenne keinen Segelmeister oder namhaften Fahrtensegler, der sich in den Grundlagen der Yachtkonstruktion nicht gut auskennt. Und dazu gehören der Bootsbau, die Pflege, die Segel, die Ausrüstung, die Technik, das Wetter und dessen strategische Bedeutung. Für reine Regattasegler kommt noch die Taktik hinzu.
Meine erste wirklich interessante Berührung mit Yachtkonstruktion hatte ich 1974. Anfang Mai setzte der Bootsbauer Bob Derecktor, er bediente wie üblich den Kran seiner New Yorker Werft in Mamaroneck selbst, mit ruhiger Hand eine leuchtend rote 12 Meter Yacht ins trübe Hafenwasser. Für die MARINER

war es der erste Schritt auf einem langen und ungewissen Weg in das America's Cup-Finale. Als Taktiker war ich ebenso bei der Taufzeremonie dabei wie die anderen der Crew, zum Beispiel Skipper Ted Turner. Und selbstverständlich war auch der Konstrukteur, Britton Chance, anwesend.

Die MARINER sollte das Gesicht des America's Cup verändern — leider jedoch nicht in der Art, die wir in diesem Moment, als das Schiff das Wasser zum erstenmal berührte, im Sinn hatten.

Wir waren alle noch jung. Ich war 32, Turner und Chance waren 34. Wie sich später zeigte, waren wir damals allesamt noch nicht in der Lage, der vor uns liegenden sportlichen Herausforderung wirklich ernsthaft zu begegnen. Eigentlich konnten wir mit dem Schiff noch nicht einmal richtig wenden.

Mit seiner Konstruktion hatte Britton Chance den großen Olin Stephens herausgefordert. Stephens, damals 61, hatte den America's Cup und dessen Konstruktionen seit den 30er Jahren beherrscht. Er hatte an der RANGER mitgezeichnet, die den Cup 1937 verteidigte. Er hatte siegreiche Cupper wie die COLUMBIA 1958, CONSTELLATION 1964 und die brillante INTREPID 1967 konstruiert. 1970 war Stephens mit einer zu großen und schweren VALIANT ein Fehler unterlaufen. Glücklicherweise rettete ein junger Mann damals die längste siegreiche Periode in der Sportgeschichte mit dem Umbau der alten INTREPID. Der Mann hieß Britton Chance, war gerade 30, und die von ihm überarbeitete INTREPID verteidigte den Cup zum zweiten Mal in ihrem Leben. Mit dieser Arbeit hatte sich Chance einen Namen gemacht, aber es war nur der Umbau eines Schiffes von Stephens gewesen. Nun begann seine Aufgabe mit einem leeren Stück Papier.

Als MARINER so an die fünf Meter über uns schwebte, konnte man sie richtig erfassen. Wir waren über ihr Unterwasserschiff erstaunt — und kurze Zeit später überrascht. Selbst ich wurde, damals noch ohne Erfahrung, von ihrem Heck in den Bann gezogen, so was hatte ich bei einem Schiff noch nie gesehen. Es war ein dickes, fülliges Heck, das abrupt aufhörte und nicht, wie üblich, auf einen Punkt hin harmonisch auslief. Es war ein trüber Tag, eigentlich für die Taufe einer 20-Meter-Yacht wenig geeignet.

Verdrängung

Man kann sich vorstellen, wie groß das Loch im Wasser sein muß, in das man ein Schiff dieser Größe setzen will. Nach Archimedes sinkt jedes Objekt, wenn es nicht wenigstens die Menge seines eigenen Gewichts an Wasser verdrängt. Im Falle der MARINER waren das etwa 27 000 Liter Wasser — in Gewicht ausgedrückt: 27 Tonnen. Yachtdesigner sprechen bei der Menge Wasser, die ein Boot verdrängt, von der Verdrängung. Manchmal benutzen sie allerdings dafür auch den Begriff Gewicht. Beide Begriffe werden auch in diesem Buch für dieselbe Aussage verwendet.

Verdrängung hat eine dynamische und eine statische Qualität. Wenn sich ein Schiff durchs Wasser bewegt, schiebt der Rumpf, wie ein Bulldozer zur See, eine entsprechende Menge Wasser zur Seite. Während jeder Bootslänge, um die sich die MARINER vorwärts bewegte, mußte sie also 27 Tonnen Wasser aus dem Weg drücken.

Wenn das Wasser auf einen Rumpf mit maximaler Fahrt trifft (man nennt diese Fahrt Rumpfgeschwindigkeit), wird das Wasser in eine Bugwelle gepreßt (siehe Zeichnung 2.1).

Ein Rumpf wird nach achtern hin immer breiter, und deshalb muß das Wasser schneller strömen, damit es um den Rumpf herumkommt. Man kann das mit einem im Strom verankerten Boot erklären. Das Wasser, das um den Rumpf herumfließt, muß seine Geschwindigkeit vergrößern, weil Wasser nachschiebt. Die Vergrößerung der Fließgeschwindigkeit zieht eine Verminderung des Drucks nach sich (Physiker kennen dieses Phänomen als Bernoulli-Gesetz). Die Erhöhung der Strömung und der daraus entstehende Druckabfall erzeugen eine Sogwirkung — ähnlich wie auf der Oberseite eines Flugzeugflügels oder

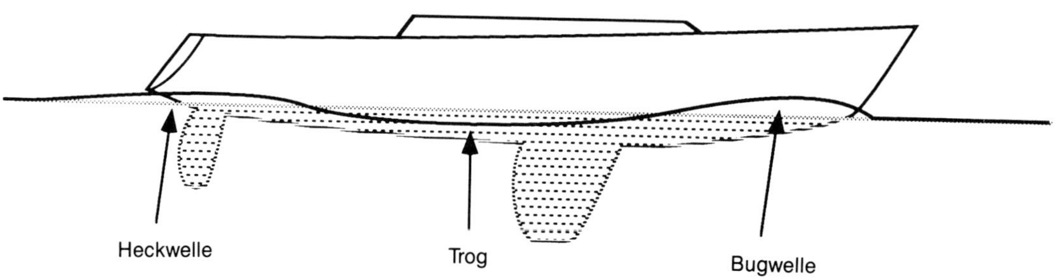

2.1 *Bug- und Heckwellenform bei oder nahe der Rumpfgeschwindigkeit.*

an der Leeseite eines Segels. Der Sog ist an der breitesten Stelle eines Rumpfes am größten und zieht ein Schiff und das umströmende Wasser nach unten wie in einen Trog (siehe Zeichnung 2.1).
Befindet sich das Wasser am breitesten Rumpfteil, nimmt es die alte Fließgeschwindigkeit wieder an. Das Wasser, das unter dem Rumpf hindurchgeflossen ist, steigt jetzt wieder auf, bekommt seinen alten Druck und bildet am Rumpfende rund um das Heck herum eine Welle. Diese Heckwelle ist etwas kleiner als die Bugwelle. Zusätzlich gibt es weiter achteraus noch ein paar kleine geschleppte Wellen.

Widerstand und Wellenbildung

Wind erzeugt Wellen, die Fahrt eines Bootes durchs Wasser erzeugt ebenfalls Wellen. Die Energie für die Fortbewegung erhält ein Schiff aus dem Wind über den Segelplan und durch die Umströmung der Profile des Unterwasserschiffes. Der Energieverbrauch, der bei der Wellenbildung entsteht, hängt von der Bootsgeschwindigeit ab, und er erzeugt Widerstand. Widerstand behindert deshalb die Bootsgeschwindigkeit. Nichts anderes geschieht bei einem Auto. Fährt man mit Höchstgeschwindigkeit und schaltet alle elektrischen Verbraucher ein, wird die Höchstgeschwindigkeit sinken. Die Aggregate verbrauchen einen Teil der Motorenergie.
Je höher die Wellen sind, die ein Rumpf erzeugt, desto mehr Energie verbrauchen sie. Wenn es windig ist und ein Schiff schnell segelt, kann der Wellenwiderstand bis zu 60 Prozent des Gesamtwiderstands betragen. Der Rest verteilt sich unter anderem auf Reibungswiderstand, Formwiderstand und induzierten Widerstand (darüber an anderer Stelle mehr). Eine entscheidende Aufgabe der Yachtkonstruktion ist es, den Widerstand und die wellenbildenden Kräfte möglichst gering zu halten.
Die horizontale Distanz zwischen den Wellenköpfen nennt man Wellenlänge. Bei durch Wind entstandenen Wellen gilt: je länger die Wellenlänge ist, je schneller bewegt sich die Welle durchs Wasser. Für die Beziehung zwischen Wellenlänge und Geschwindigkeit gibt es eine Formel: Wellengeschwindigkeit $= 1{,}34 \times \sqrt{\ }$ Wellenlänge. Daraus folgt: kleine Wellen bewegen sich langsamer durchs Wasser als große.
Das gleiche gilt für Wellen, die von Schiffen erzeugt werden. Je weiter Bug- und Heckwelle durch den Rumpf auseinandergedrückt werden, je schneller

also diese Wellenformation wie ein Zug durchs Wasser fährt, desto schneller kann ein Boot segeln. Ein Schiff, das nicht gleiten kann (also eins, das verdrängt), ist in seinem Wellensystem gefangen. Darum wird versucht, dieses System möglichst schnell zu machen. Ausgedrückt wird die Rumpfgeschwindigkeit in einer Formel, die identisch mit der Wellenformel ist: Rumpfgeschwindigkeit = 1,34 x $\sqrt{}$ Länge der Wasserlinie (LWL). Daraus ergibt sich, daß die Distanz von der Bug- zur Heckwelle für die Geschwindigkeit einer Verdrängerkonstruktion entscheidend ist. Je länger man nun die Wasserlinie eines Bootes konstruiert, desto weiter werden auch Bug- und Heckwelle auseinander liegen — das Schiff kann schneller segeln.

Segelt ein Schiff mit seiner Rumpfgeschwindigkeit, entsteht auf jeder Seite eine Bug- und Heckwelle (siehe Zeichnung 2.1). Segelt ein Schiff langsamer, gibt es mehrere Wellen am Rumpf. Zum Beispiel entstehen bei halber Rumpfgeschwindigkeit zwei Tröge unter dem Rumpf mit vier Wellen. Die Anzahl der Wellen nimmt aufgrund des Verhältnisses der Wellenlänge zu ihrer Geschwindigkeit zu. Je langsamer eine Boot segelt, desto kleiner wird auch die Wellenlänge. Sie paßt mehrfach in die zur Verfügung stehende Länge der Wasserlinie hinein.

Neben der Wasserlinienlänge ist auch die Verdrängung eines Schiffes von Bedeutung. Ein schweres Schiff liegt tiefer im Wasser, und das hat einen Einfluß auf die Größe der Wellen, denn es wird mehr Wasser aus dem Weg geschoben als von einem leichten Schiff. Größere Wellen erfordern mehr Energie, also ist auch der Widerstand eines schweren Schiffes größer. Eine sinnvolle Betrachtung von Verdrängung und Wasserlinienlänge (Segellänge) ist das Verdrängungs-Längen-Verhältnis (D/L).

Die Formel lautet:

$$D/L = \frac{\text{Verdrängung (in long tons)*}}{(.01 \text{ x LWL})^3}$$

Ein Fahrtenschiff hat ein Verdrängungs-Längen-Verhältnis von etwa 300; eine Zwölfmeteryacht 260; ein modernes Regattaschiff, zum Beispiel eine IOR 50-Fuß-Yacht, 200. Die neue America's Cup-Klasse (IACC) liegt unter 100 und ein ULDB (*ultra light displacement boat,* eine spezielle amerikanische Regattaklasse von zirka 20 Meter Länge) zwischen 60 und 90. Auch ULDBs sind

* Eine long ton entspricht 2240 pounds oder 1017 Kilo (1 pound hat zirka 453 Gramm). Deutsche Konstrukteure rechnen mit 1000 Kilo pro Tonne

natürlich in ihrer Rumpfgeschwindigkeit eingeschränkt, aber sie brauchen weniger Wind oder nur eine geringe Segelfläche, um sie zu erreichen.
Weitere Faktoren, die den Wellenwiderstand beeinflussen, sind die Rumpfbreite, die Stevenform (breit oder spitz), die Verteilung der Verdrängung unter Wasser, die Rumpftiefe und vieles andere mehr.
Um aufzuzeigen, was eine D/L-Zahl aussagt, betrachten wir den Laser. Die Gleitjolle ist im Verhältnis zur Segellänge leicht (D/L = 69; inklusive Segler), sie segelt schnell und entwickelt aus der Form viel Auftrieb, um die Heckwelle abschütteln zu können. Ein Laser ist so schnell, daß er bei günstigen Verhältnissen über die eigene Bugwelle klettert und sie hinuntersurft. Er entwickelt also sehr geringen Wellenwiderstand und auch wenig Reibungswiderstand (dazu gleich mehr).
Wenn man hinter einen durchs Wasser gleitenden Laser blickt, läßt sich ein Stück hinter dem Heck meist ein kleiner Wellenberg erkennen. Es ist die Heckwelle, die das Schiff zurückgelassen hat. Diese Welle ist übrigens beim Wasserskifahren gefährlich, weil sie erst weit hinter dem ziehenden Motorboot auftritt. Man muß deshalb die Schleppleine lang machen, damit der Skifahrer nicht genau in der Heckwelle fahren muß.
Kommen wir zurück zur MARINER. Das, was uns unter Wasser so erstaunte, hatte viel mit Wellenbildung und Wasserlinienlänge zu tun. Britton Chance' Unterwasserschiff war der Versuch, den Ozean hinters Licht zu führen. Das Wasser sollte glauben, die Wasserlinie des Schiffes sei länger, als sie es tatsächlich war. MARINER sollte die Bug- und Heckwelle weit auseinanderbringen und deshalb die Rumpfgeschwindigkeit erhöhen. Chance versuchte die Physik zu übertölpeln, indem er den Rumpf unter Wasser achtern extrem voluminös ausformte und ihn abrupt, an der von der Vermessungsregel geforderten Position, enden ließ. Das Heck sah aus wie eine mit dem Messer abgeschnittene Wurst. Er war selbstverständlich von diesem Konzept überzeugt, die See war jedoch wenig beeindruckt.
Es gab schon am ersten Lebenstag des Schiffes ein paar Anzeichen für sein Scheitern. Als MARINER zum Liegeplatz geschleppt wurde, zog sie ein Müllfeld, das sich in der Ecke des Hafenbeckens angesammelt hatte, hinter sich her. Andere Schiffe hätten es abgeschüttelt — nicht so MARINER. Der Crew nannte diese Eigenart alsbald, MARINER hätte „einen Knochen im Schwanz“ (und nicht im Maul, wie das Sprichwort bei uns korrekt heißt).
Es kam nicht anders, als nach diesem ersten Tag von manchem erwartet. MARINER war ein Experiment und langsam. Turners und mein America's Cup-

Debüt war schlecht, und es wurde im Verlauf der Ausscheidungen zunehmend schlechter — bis man mich schließlich auf die COURAGEOUS holte. Es war klar, daß im Verlauf der Zeit zwischen Skipper und Designer die Chemie zunehmend durcheinandergeriet. Als man mich dann für Turner als Skipper einsetzte, gab es auch Spannungen zwischen Turner und mir. Chance traute Turner nicht, und dessen Crew machte den Konstrukteur für den Mißerfolg verantwortlich. Zwar kam Chance eines abends noch mit einer dreiseitigen Liste voller Änderungen, die das Schiff schneller machen sollten, an unseren Tisch, aber trotz manch guter Idee war allen klar, auch sie würden aus der Konstruktion kein wettbewerbsfähiges Schiff machen können.

MARINER segelte die Juniserie ohne großen Erfolg, dann brachte man sie zurück zur Derecktor-Werft nach New York, wo das Heck vollkommen neu gestaltet werden sollte. Bob Derecktor ist ein patenter Mann, ein guter Bootsbauer und Segler, der schnelle Entscheidungen liebt. Als die MARINER in der Halle stand, nahm er kurzerhand einen dicken Filzstift und zeichnete in groben Linien am Rumpf die Sektionen an, von denen er der Meinung war, man sollte sie herausschneiden. Es waren genau die, an denen das Herz von Chance hing und für die er gekämpft hatte.

Dann kam Derecktors Feuerwehrtruppe, die auf solche Einsätze getrimmt ist, und schnitt mit großen Motorsägen den Aluminiumrumpf in Stücke. Es tat weh, ein Schiff so sehen zu müssen, auch wenn es nur ein zu langsam geratener Zwölfer war. MARINER verpaßte während der Werftzeit die Juliausscheidungen. Sie kam im August als fast normales Schiff zurück nach Newport, nachdem die Crew sie wieder zusammengebaut hatte. Damals waren wir keine Profis. Wir verbrachten manchmal 18 Stunden auf der Werft, um den Boden zu schleifen oder die Beschläge auszuwechseln. Verglichen mit Derecktors Arbeitern waren wir erst recht Amateure.

Eines Nachts kam er in die Halle und sah einen seiner Leute den Bootsboden schleifen. Er schrie ihn an: „Gabriel! Wie oft habe ich dir schon gesagt, du sollst von hinten nach vorn schleifen und nicht von oben nach unten.“ Der Mann hatte wirklich genug und brüllte seinem Boss ins Gesicht: „ Sch... Derecktor! Sch... Amerika! Sch... America's Cup!“, rannte aus der Halle und wurde nie wieder dort gesehen.

Reibungswiderstand

Eine gute Gelegenheit, etwas über einen glatten Rumpf zu schreiben. Ich habe meine Pflicht, Rümpfe zu schleifen, für alle Zeit erledigt, und ich weiß, was für eine frustrierende Arbeit das ist. Nicht selten habe ich mich dabei gefragt, ob denn ein glattes Unterwasserschiff wirklich so wichtig ist.
An anderer Stelle dieses Kapitels steht geschrieben, daß an einem Verdrängerrumpf, der sich seiner Rumpfgeschwindigkeit nähert, 60 Prozent des Gesamtwiderstands der Wellenwiderstand ausmacht. Bei geringeren Geschwindigkeiten ist der Reibungswiderstand der größte. Reibung entsteht dort, wo Wasser den Rumpf berührt. (Im Kapitel 4 wird beschrieben, daß auch zwischen Wind und Segel Widerstand entsteht.) Beide, Wasser und Luft, haben eine gewisse Dichte oder Zähflüssigkeit. Das führt zum Beispiel dazu, daß ablaufendes Wasser in einem Glas Tropfen an der Wand bildet. Wegen seiner Zähflüssigkeit bremst Wasser an einem sich bewegenden Körper (etwa einem Bootsrumpf) und wird von ihm mitgezogen. Die nächste Wasserschicht wird von der ersten Schicht auch gebremst, aber nicht so stark. Das gilt auch für die darauffolgende Schicht und so weiter. Die Zone, in der das Wasser vom Rumpf direkt gebremst wird, nennt sich Grenzschicht. Außerhalb dieser Schichten wird das Wasser vom passierenden Rumpf nicht beeinträchtigt. Die Bremswirkung aufgrund der Zähflüssigkeit des Wassers am Rumpf nennt man Reibungswiderstand.
Die Grenzschicht am Rumpf verdickt sich zum Heck hin bis zu einer Stärke von ein bis zwei Prozent der Wasserlinienlänge. Beträgt sie 44 Fuß, das ist etwa die LWL einer Zwölfmeteryacht, kann die Grenzschicht aus turbulentem Wasser zwischen 12 und 28 Zentimeter dick sein. Bei solchen Turbulenzen stellt sich die Frage: Warum soll man denn einen Bootsboden überhaupt schleifen? Von Zeit zu Zeit kommen Farben auf den Markt, die angeblich den Reibungswiderstand verringern. Ich erinnere mich noch an die späten 60er Jahre, als Lowell North eine seifige Flüssigkeit vom Bug aus unter das Unterwasserschiff seiner 5,5-Meter-R-Yacht pumpte. Mit glitschiger Seife wollte er dem Reibungswiderstand zuleibe rücken. Obwohl diese Methode nach der IYRU Regel 63 (a) verboten ist, haben Segler immer wieder mit Flüssigkeiten experimentiert. Ich denke da an die COURAGEOUS, deren Crew jeden Morgen vor dem Zuwasserlassen den Rumpf mit irgend etwas Seifigem einrieb.
1986/87 brachte das Chemieunternehmen 3M ein Produkt namens Rivlets auf den Markt. Es war eine hauchdünne Plastikfolie mit mikroskopisch kleinen

parallel verlaufenden Rillen darauf. Eigentlich hatte man Rivlets für Flugzeuge entwickelt, aber wir probierten es auf der STARS & STRIPES aus. Schon das Aufbringen war mühsam, denn die Rillen mußten parallel zur Wasserströmung am Rumpf verlaufen, und die ändert nun mal ständig die Richtung. Hinzu kam, das es Überlappungen zwischen den einzelnen Folienstücken gab. Wir machten uns trotzdem die Mühe, denn die Konstrukteure waren überzeugt, die Folie würde den Reibungswiderstand um zwei bis vier Prozent verringern. Ich hielt das für Humbug, aber auch die Crew war überzeugt; so hatte die Beschichtung immerhin eine psychologische Wirkung. Heute ist Rivlets kein Thema mehr, es ist nach der Regel 63 (b) verboten.

Wegen der ungeliebten Oberflächenreibung ziehen es manche Regattasegler vor, ihr Schiff kurz vor einer wichtigen Regatta nicht zu malen. Sie malen das Unterwasserschiff spätestens drei Wochen vor einer Serie und schleifen es kurz vorher. Ich finde das übertrieben. Es geht ihnen nur darum, daß die neu aufgebrachte Farbe aushärten kann, aber das dauert kaum länger als eine Woche. Ob neue oder alte Farbe, macht keinen Unterschied; Hauptsache, sie ist hart und glatt geschliffen.

Meine ehrliche Antwort zum Thema Unterwasserschiff ist, daß ich nicht weiß, was ein exzellent geschliffener Bootsboden ausmacht. Aber meine Philosophie ist nun mal, im Zweifel lieber den weiteren Weg zu gehen. Wenn Sie Ihr Schiff also weder mit 600er noch mit 1000er Papier schleifen, rechnen Sie damit, daß Ihr Konkurrent es tut!

Bleibt Ihnen nicht genug Zeit, das ganze Schiff zu schleifen, konzentrieren Sie sich auf das erste Viertel. Dort ist die Grenzschicht entweder sehr schwach ausgeprägt oder noch nicht vorhanden. Hier ist die Wasserströmung relativ gleichmäßig. Bei einem Dinghy liegt die Strömung über größere Flächen, manchmal über den gesamten Rumpf an. Diese Schiffe müssen deshalb wirklich gut geschliffen werden.

Benetzte Oberfläche und Reibungswiderstand

Die Oberflächenbeschaffenheit eines Unterwasserschiffes ist natürlich nicht allein für den Reibungswiderstand verantwortlich. Je größer die benetzte Oberfläche ist, desto größer ist auch der Reibungswiderstand. Die Oberfläche wird bereits in der Konstruktionsphase so klein wie möglich gemacht, weil das besonders bei wenig Wind für die Geschwindigkeit ausschlaggebend ist. Seit

Mitte der 60er Jahre gibt es einen Trend zu immer kleineren Oberflächen. Das gilt für Regatta- wie für Fahrtenschiffe. Zu erkennen ist das an kleinen Finnkielen, die die langen, durchgehenden Lateralpläne ersetzt haben. Ein Langkieler ist zwar angenehmer in den Bewegungen in der See, aber er ist langsam, besonders bei leichtem Wind.

Die Cal 40, ein Cruiser/Racer, konstruiert von Bill Lapworth 1964, war ein richtungweisendes Schiff. Es hatte bereits so etwas wie einen Finnkiel und auch ein separat davon stehendes Spatenruder (siehe Zeichnung 2.2). Langkieler sind eigentlich unter Wasser viel zu voluminös, betrachtet man die Aufgaben von Kiel und Ruder: sie sollen Lift erzeugen, steuern und Ballast tragen.

Der Vorteil eines Finnkiels ist, daß seine Form sich optimal gestalten läßt, um Auftrieb zu erzeugen. Für das Ruder gilt dasselbe. Zusätzlich ist natürlich ein weit achtern stehendes Ruderblatt weitaus effizienter beim Steuern. Getrennt stehende Ruder und Kiele sind nicht nur kleiner und leistungsstärker, sondern sie haben auch eine geringere benetzte Oberfläche und verringern den Reibungs- und Induktionswiderstand (dazu später mehr).

Formwiderstand

Ähnlich wie der Reibungswiderstand hat auch der Formwiderstand etwas mit der Gestaltung eines Rumpfes zu tun. Ein 20 Meter langer Zwölfer mit 27 Tonnen Gewicht hat verständlicherweise mehr Formwiderstand als ein Ruderachter

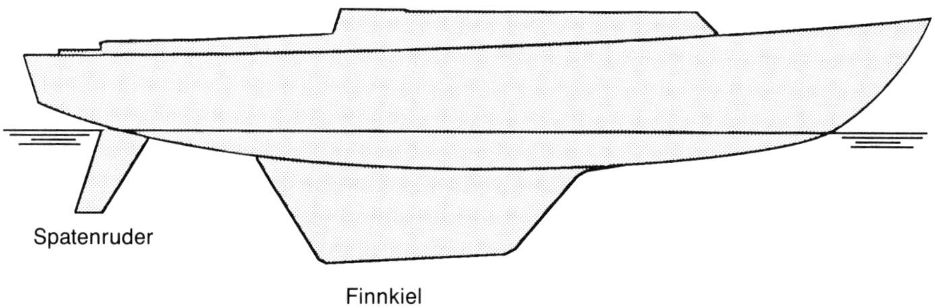

2.2 *Die Cal 40 setzte den Trend, Ruder und Kiel voneinander zu trennen.*

gleicher Länge. Ein plumper Körper muß mehr Wasser aus dem Weg schieben als ein strömlinienförmiger, und das kostet mehr Energie.
Formwiderstand hat auch etwas damit zu tun, wie ein Körper sich zu seiner breitesten Stelle hin entwickelt und wie er wieder schmaler wird. Wasserströmung kommt mit einer stark ausgeprägten Krümmung nicht gut zurecht. Wenn sie der Kurve überhaupt nicht folgen kann, reißt sie ab. Der Widerstand nimmt noch zu, denn zusätzliche Energie geht verloren.
Um den Formwiderstand möglichst gering zu halten, modellieren Konstrukteure einen Rumpf möglichst mit strakenden Linien und ohne Beulen. Beim Bootsbau ist entscheidend, ob der Rumpf an der Oberfläche strakt, und deshalb wird er nach dem Bau so aufwendig mit Füller (Microballoons) gespachtelt. Beulen im Unterwasserschiff oder abknickende Linien veranlassen die Strömung zu Richtungsänderungen. Die Strömung wird turbulent, erzeugt Formwiderstand, und das kostet Geschwindigkeit.

Widerstand durch Wellen

Auch Wellen erzeugen Widerstand, vor allem auf dem Amwindkurs. Bei hoher See schlägt jede Welle gegen den Bug und leitet dabei Kraft in den Rumpf ein (vor dem Wind geschieht das Gegenteil, denn Wellen von achtern schieben ein Schiff an). Die Form eines Schiffes, sein Gewicht, seine Breite und das Stampfverhalten (das Heben und Senken des Bug ausgelöst durch Wellen) bestimmen, wie stark es durch die Wellen in seiner Fahrt beeinträchtigt wird. Ein Schiff mit viel Gewicht in den Enden hat ein ausgeprägteres Stampfverhalten als ein Schiff mit einem in der Mitte konzentrierten Gewicht.

Wenn Anker, dann mittig!

Induzierter Widerstand

Ein Segel lenkt die Windrichtung ab und bewirkt einen schnellen Strömungsfluß mit niedrigem Druck an der Leeseite und einen langsamen Fluß mit höherem Druck an der Luvseite. Auch ein Kiel ändert die Strömungsrichtung des Wassers. Das Ergebnis ist dasselbe: schneller Strom und niedriger Druck; langsamer Strom und hoher Druck. Im Kapitel 8 werden wir uns damit beschäftigen, wie Wind aus einem Hochdruckgebiet in ein Tiefdruckgebiet fließt. So wie Wasser einen Berg hinunterläuft, ist auch das ein Naturgesetz. Hoher

Druck auf der einen Seite eines Segels oder Kiels und tiefer Druck auf der anderen Seite bringt ein System ins Ungleichgewicht. Die Luft oder das Wasser will deshalb vom hohen in den niedrigen Druck fließen, um einen Ausgleich zu schaffen, und sucht sich daher einen Weg. Der einfachste Weg für die Luft ist über den Kopf oder unter dem Liek eines Segels hindurch, bei einem Kiel ist es der Weg unter der Sohle hindurch. Diesen Ausgleich nennt man induzierten Widerstand (erinnern Sie sich an das Kapitel 1 und die Fock, deren Unterliek auf dem Deck auflag).
Ob nun Segel, Kiel oder Flugzeugflügel, die ausgleichende Strömung tritt in Form eines kräftigen Wirbels auf. Es braucht viel Energie, diesen schnellen Wirbel in Gang zu setzen. Diese Energie geht dem Vortrieb verloren, und deshalb achten Konstrukteure darauf, den induzierten Widerstand zu minimieren. Jede Tragfläche, bei einem Segelboot sind das Kiel (oder Schwert), Ruder und Segel, entwickelt eine bestimmte Menge induzierten Widerstand. Je höher das Seitenverhältnis (*aspect ratio*), desto kleiner ist der Widerstand. Betrachten Sie das Schiff oben in Zeichnung 2.3 mit einem Kiel, dessen Seitenverhältnis hoch ist (tief und schmal). Der Kiel mit einem kleinen Seitenverhältnis darunter (flach und lang) zeigt eine weit längere Wirbelschleppe und deshalb mehr induzierten Widerstand. Aus diesem Grund wurden in den vergangenen Jahren die

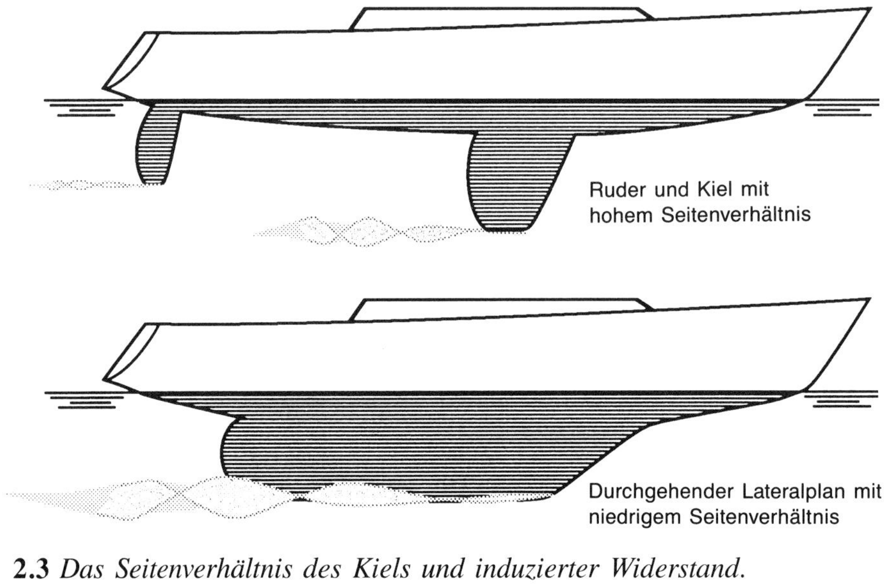

2.3 *Das Seitenverhältnis des Kiels und induzierter Widerstand.*

Kiele von Regatta- und Fahrtenyachten zunehmend tiefer und schmaler. (Natürlich werden auch heute noch Yachten mit durchgehendem Lateralplan gezeichnet und gebaut. Solche Kiele fangen Grundberührungen besser ab. Außerdem sind die Bewegungen in der See weitaus angenehmer. Aber Langkieler werden immer seltener.)

Seitenverhältnisse und Segelwinkel

Die Regel sagt, je höher das Seitenverhältnis, desto schneller segelt ein Schiff am Wind. Ist ein Kiel zu tief, kann ein Schiff schon mal auflaufen. Konstruktions- oder Vermessungsformeln (wie zum Beispiel IOR) bestrafen zuviel Tiefgang. Einerseits natürlich, weil die Regelmacher nicht wollen, daß Schiffe auf Grund laufen, anderseits wohl aber, weil sie Probleme mit der Befestigung eines schmalen Kiels am Schiffsboden verhindern möchten. Ein ähnliches Problem taucht bei zu hohen Riggs auf. Man kann es über Stagen, Wanten und Salinge immer schwerer kontrollieren, je höher es wird. Hinzu kommt, daß zu schmale Segel oben wenig effektiv sind, weil der Wind hinter dem Mast stark gestört ist. Die meisten Vermessungsregeln bestrafen extrem hohe Masten.
Vor dem Wind sind Tragflächen mit einem hohen Seitenverhältnis eher von Nachteil. Deshalb holt man zum Beispiel das Schwert einer Jolle vor dem Wind hoch. An Segeln entsteht auf diesem Kurs kaum oder gar kein Lift. Es gibt also weder schnelle oder langsame Windströmung noch Druckunterschiede. Vormwindsegel sind nichts anderes als Windfänger, wie ein Drachen, und nur ihr Widerstand bewegt ein Schiff vorwärts. Vor dem Wind ist ein Segel mit niedrigem Seitenverhältnis das bessere (langer Baum und kurzer Mast). Es hat den größten Widerstand.
Auf Raumkursen helfen sowohl Widerstand als auch Lift der Geschwindigkeit, und deshalb entwickelt ein Segel jetzt die größte treibende Kraft. Optimal ist ein Segelplan, der zwischen einem großen (am Wind) und niedrigem (vor dem Wind) Seitenverhältnis liegt. Ein tiefer Kiel ist am Wind und auf Halbwindkursen gleich effizient, allerdings hat das andere Gründe. Er erzeugt nicht nur Lift, sondern sein Ballast ist verantwortlich für die aufrichtende Kraft. Je mehr Ballast vorhanden ist und je tiefer dieser liegt, desto aufrechter segelt ein Schiff. Ein stabileres (steiferes) Schiff kann mehr Segel tragen als ein rankes.
Diese verschiedenen Idealformen von Kielen und Segeln bei unterschiedlichen Windeinfallswinkeln sind eine große Herausforderung. Und es spielt auch hier

keine Rolle, ob ein Konstrukteur ein Fahrten- oder ein Regattaschiff entwirft. Meist werden bei Regattaschiffen hohe Seitenverhältnisse gewählt (hohe Riggs und tiefe Kiele), weil Wettfahrten vor allem am Wind entschieden werden. Aber es werden auch Yachten für spezielle Kurse maßgeschneidert. Zum Beispiel extreme Leichtverdränger (ULDB) für das Transpac Race (Kalifornien–Hawaii; wird vor allem unter Spinnaker gesegelt). Fahrtenschiffe legt man mehr für Raum- und Vormwindkurse aus, und deshalb haben sie niedrigere Seitenverhältnisse an Rigg und Kiel. Natürlich brauchen alle Schiffe schon aus Sicherheitsgründen ein ausreichend gutes Kreuzvermögen.

Der Auftrieb am Kiel

Stellt man ein Segel in einem Winkel in den Wind, lenkt es den Wind ab. Wir kennen das Ergebnis bereits. Ein Drucksystem mit hoher Geschwindigkeit und tiefem Druck in Lee, mit langsamer Geschwindigkeit und hohem Druck in Luv entsteht. Das System erzeugt einen starken Zug auf der Leeseite und einen schwächeren Schub in Luv. Zug und Schub lassen sich als ein Kraftpfeil (Vektor) im Segelschwerpunkt darstellen. In Zeichnung 2.4 ist dieser Vektor mit S_{Total} bezeichnet (gesamte Segelkraft). Gäbe es keinen Widerstand, würde S_{Total} genau rechtwinklig zum scheinbaren Wind stehen. Der Widerstand aber bringt den Vektor hinter den rechten Winkel.
Ohne Kiel oder Schwert könnte ein Schiff nicht höher am Wind segeln als einen Winkel zwischen dem scheinbaren Wind und S_{Total}. Aber Kiel und Ruder wirken unter Wasser ähnlich wie die Segel. Die Anstellung eines Kiels (Schwertes) ist leewärts gerichtet, weil der Kurs des Schiffes durchs Wasser von der Mittschiffslinie abweicht (siehe Zeichnung 2.4). Wie ein Segel hat auch ein Kiel eine Hochdruckseite, an der die Strömung langsamer verläuft. Ebenso eine Seite mit niedrigerem Druck mit schnellerer Strömung. (Das Schiff in Zeichnung 2.4 segelt auf dem Backbordbug. Die Tiefdruckseite der Segel liegt in Lee, oder links; die Tiefdruckseite des Kiels liegt rechts.) Auch am Kiel entstehen Zug und Schub, allerdings wirkt die Resultierende diametral zur Resultierenden im Segel. Der Vektor aus den Kielkräften wird H_{Lift} genannt, was den hydrodynamischen Lift bezeichnet.
Gegen den Lift wirkt der Widerstand (H_{Drag}) von Rumpf, Ruder und Kiel. Dieser Widerstand beeinflußt die Resultierende des hydrodynamischen Lifts, so entsteht der Vektor H_{Total}. Erst die Fähigkeit einer Yacht, große hydrodyna-

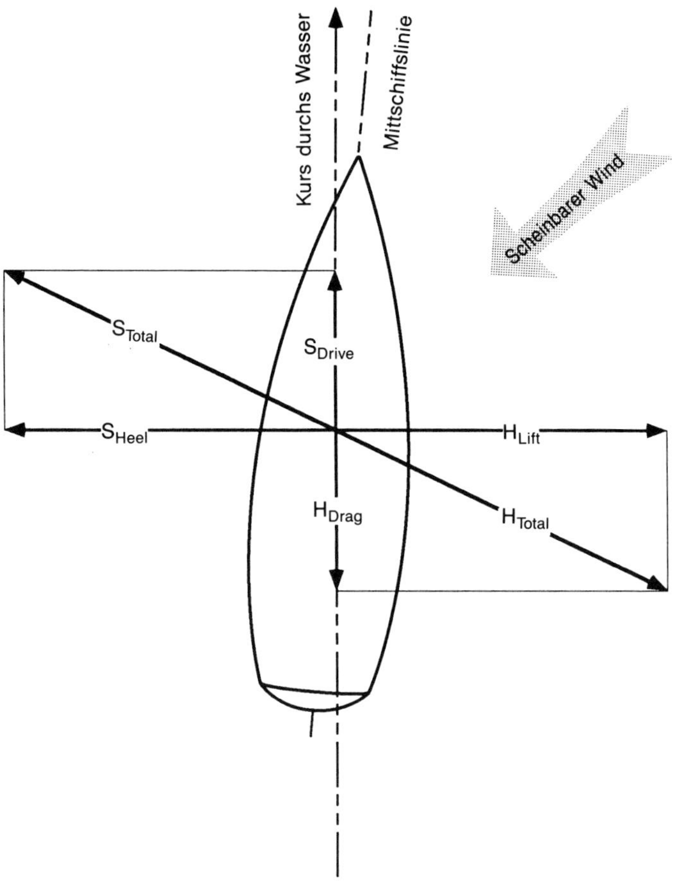

2.4 *Kräfte über und unter der Wasserlinie.*

mische Seitenkräfte bei einer nur kleinen Anstellung nach Lee und geringem Widerstand zu entwickeln, ermöglicht es ihr, hoch am Wind zu segeln.

Das Aufrichtende Moment des Kiels

Ein Kiel entwickelt nicht nur den zum Segeln notwendigen Lift, er ist auch Ballastträger. Der Ballast ist sozusagen das Kontergewicht zur Krängungskraft des Segelplans. In Zeichnung 2.4 sind die Kräfte des Segelplans zur Gesamtkraft S_{Total} zusammengefaßt. Man kann diese Kraft auch in zwei Richtungen aufteilen: S_{Drive} und S_{Heel}. S_{Drive} ist der Teil der Kraft, die ein Segelboot vorwärts bewegt (*driving force* = treibende Kraft). Dagegen steht die Gesamtheit von Wellen-, Reibungs- , Form- und induziertem Widerstand. Je geringer der Widerstand, desto länger wird der S_{Drive}-Vektor. Wenn der vorwärts gerichtete Vektor größer wird, zum Beispiel in einer Windbö, beschleunigt ein Boot, bis der Widerstand ebenfalls auf seine normale Größe zugenommen hat. Wird der Widerstand-Vektor größer, weil der Wind abnimmt, bremst ein Boot, bis sich wieder genügend Lift an Kiel und Segeln gebildet hat.

Der Krängungs-Vektor steht senkrecht zum Kurs eines Schiffes. Am Wind ist die Krängungskraft (S_{Heel}) etwa um das Vierfache größer als die Vorwärtskraft (S_{Drive}). Diese Tatsache erklärt, warum es auf Jollen und Kielschiffen so wichtig ist, extrem zu trimmen. Je aufrechter ein Schiff segelt, desto senkrechter steht der Kiel und desto länger wird der vorwärts gerichtete Vektor. Das Schiff segelt schneller.

Nur ein kleiner Teil der Segelkraft geht in S_{Drive} ein. Das erklärt, warum ein Schiff am Wind relativ langsam segelt.

Der Kielballast bringt den Gewichtsschwerpunkt (VCG, *vertical center of gravity*) der Yacht nach unten. Je tiefer VCG liegt, desto steifer ist ein Schiff. Das erklärt sich aus den Hebelgesetzen. Denken wir an die Wippe auf dem Spielplatz: Ein 30 Kilo schweres Kind sitzt 1,8 Meter vom Auflagepunkt entfernt und egalisiert das Gewicht eines 90 Kilo schweren Erwachsenen, der 60 Zentimeter vom Auflagepunkt entfernt sitzt (siehe Zeichnung 2.5, oben). Dieses Prinzip auf einen Kiel angewendet, bedeutet: Je mehr Gewicht man unten im Kiel unterbringt, desto kräftiger ist der Hebel (siehe Zeichnung 2.5, unten). Das Ergebnis: Ein Schiff kann mehr Segelfläche tragen und entwickelt mehr Vortrieb.

Daraus folgt: Hochliegendes Gewicht ist schlecht, tiefliegendes Gewicht ist gut — jedenfalls gilt das für Verdrängerkonstruktionen. Um hochliegendes Gewicht zu reduzieren, wurden Masten und Segel von Touren- und Regattabooten in den vergangenen 15 Jahren immer leichter. Leider wurden sie auch teurer. Das mußten wir besonders bei den Preisen von Masten und Bäumen der neuen America's Cup Klasse zur Kenntnis nehmen. Ich begrüße zwar die Leistungen der Ingenieure, daß uns das heute jedoch 500 000 Dollar pro Rigg kostet, begrüße ich weniger. Bei neuen Entwicklungen sind Materialfehler nicht auszuschließen: Wenigstens sechs Cuppermasten sind zwischen 1991 und 1992 umgefallen (und einer davon gehörte uns). Wir haben lernen müssen, daß zu großen Materialfortschritten auch große Lernfortschritte gehören. Da nun der

Ein 30 Kilo schweres Kind in 1,8 Meter Distanz von der Kippauflage balanciert einen 90 Kilo schweren Erwachsenen in 0,6 Meter Distanz von der Auflage.

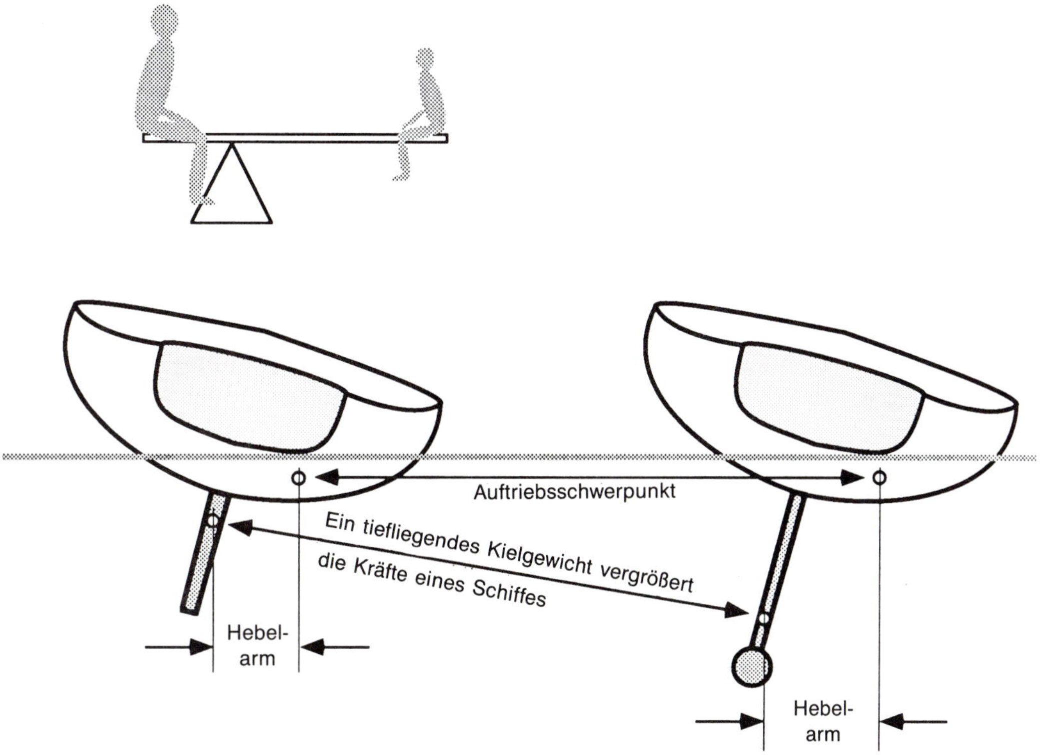

2.5 *Das Hebelprinzip „Gewicht gegen Distanz".*

America's Cup eine Match Race-Veranstaltung ist, haben natürlich alle Teilnehmer das gleiche Material. Es erhöht also nur die Geschwindigkeit aller — und die Kosten.

Die Bewegungen einer Segelyacht

Ein schwerer Mast vergrößert die Krängung, ein schwerer Kiel vermindert sie. Krängung ist eine von drei typischen Bewegungen einer Segelyacht. Man stelle sich vor, ein Schiff wäre wie ein Globus aufgehängt und eine imaginäre Achse verliefe dabei vom Bug zum Heck (siehe Zeichnung 2.6, oben). Die Bewegung

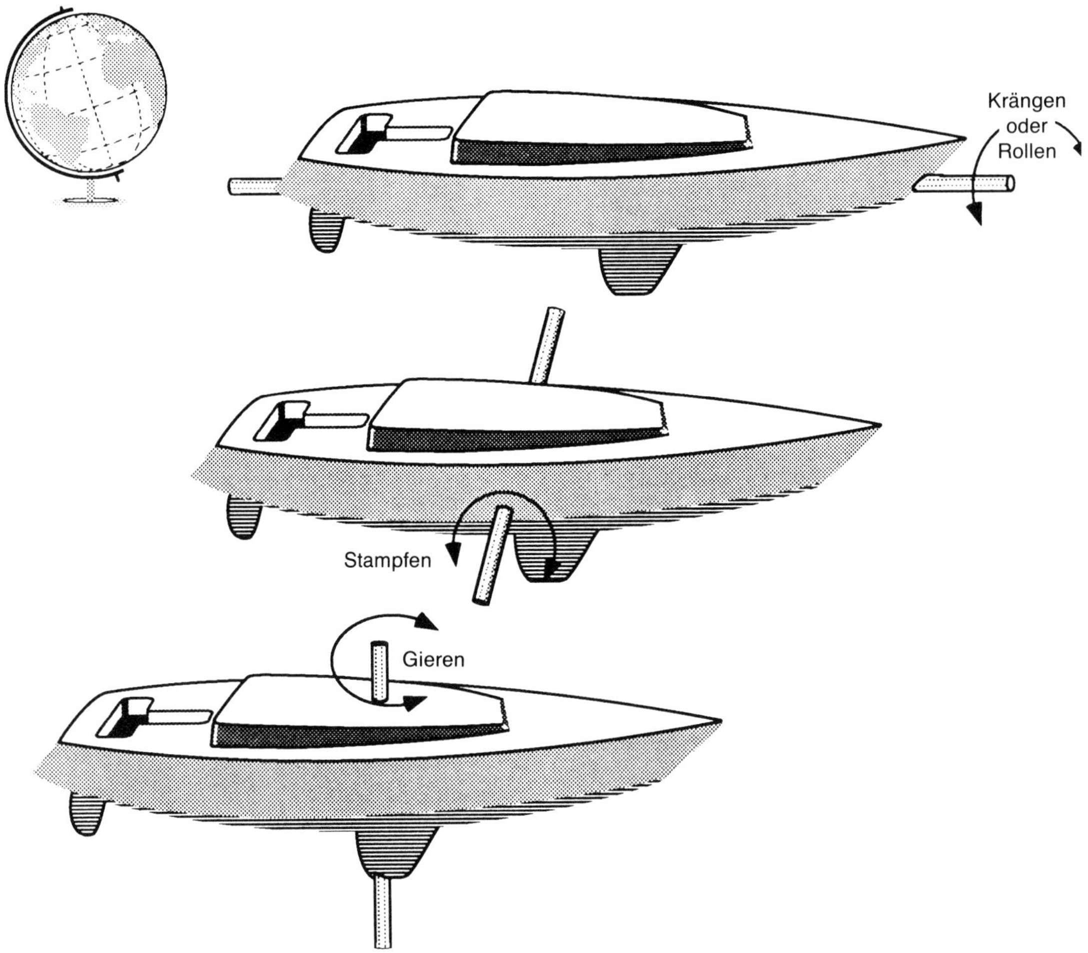

2.6 *Eine Schiff bewegt sich um drei Achsen oder in sechs Richtungen.*

des Schiffes kennen wir als Krängung oder Rollen. Gegen diese Kipprichtung steht das Kiel und/oder Crewgewicht.
Eine Achse könnte auch quer durch das Schiff verlaufen (siehe Zeichnung 2.6, Mitte). Die Bewegung, die ein so aufgehängtes Boot ausführt, kennen wir als Stampfbewegung. Wir begegnen dem Stampfen durch das Verlagern des Crewgewichts vor oder zurück, wichtig ist auch ein Rumpf mit leichten Enden. Im Kapitel 5 gehen wir auf das Crewgewicht in diesem Zusammenhang detaillierter ein.

Eine dritte Achse liegt vertikal und bringt ein Schiff zum Gieren (siehe Zeichnung 2.6, unten). Das Gieren hat etwas mit der Ruderbalance zu tun. Das Ruder hat zwei Aufgaben. Es soll das Schiff steuern und die Auftriebskräfte des Kiel ergänzen. Deswegen wird ein Segelboot auf eine Luvgierigkeit von 3 bis 5 Grad getrimmt. Wenn man ein Ruder um diesen Winkel anstellen muß, um das Schiff geradeaus zu steuern, entwickelt das Ruderblatt zusätzlich zum Kiel Auftrieb. Wir behandeln diesen wichtigen Aspekt in den Kapiteln 5 und 7. Jede Bewegung einer Segelyacht setzt sich aus diesen drei Richtungen zusammen, und jede Bewegung beeinflußt die Geschwindigkeit.

Australia II

An der Australia II, dem Schiff, das meine Liberty im America's Cup 1983 schlug, lassen sich die Auswirkungen von mehr aufrichtendem Moment und geringem induzierten Widerstand hervorragend demonstrieren. Normalerweise liegt der voluminösere Teil eines Kiel nahe am Rumpf, der kleinere und schmalere Teil unten an der Kielsohle (siehe die Cal 40 in Zeichnung 2.2). Diese Form, mit längeren Sehnen* oben, ist vergleichbar mit einem Flugzeugflügel, dessen dickerer Teil immer am Rumpf ansetzt.

Die Australia II hatte einen über Kopf stehenden Kiel (*upside-down keel;* siehe Zeichnung 2.7). Der dicke Teil — oder die längeren Sehnen — war unten an der Sohle. Diese Form brachte mehr Blei in den Kielboden, was das aufrichtende Moment vergrößerte (siehe Zeichnung 2.5). Der Ballastschwerpunkt des Schiffes lag extrem tief, es konnte mehr Segel tragen. Dort, wo Kiel und Rumpf zusammenkommen, nennen wir es einmal Kielwurzel, entsteht sehr viel Widerstand. Eine schmale Kielwurzel, wie an der Australia II, verringert diesen natürlich.

Das Problem mit der Dicke lag für die australischen Konstrukteure nun im unteren Teil des Kiels. Er entwickelte eine Menge induzierten Widerstand, weit mehr jedenfalls als ein normaler Finnkiel mit einem hohen Seitenverhältnis. Aber so eine Kielkonstruktion ist nach der *International Rule,* nach der Zwölfer gezeichnet und vermessen werden, nicht möglich. Nur ein Tiefgang von 2,77 Meter ist erlaubt, und das ist für diese Boote nicht besonders viel. Auch

* Sehnen sind die Konstruktionslinien von vorn nach achtern an einem Kiel, Höhen die Konstruktionslinien von oben nach unten

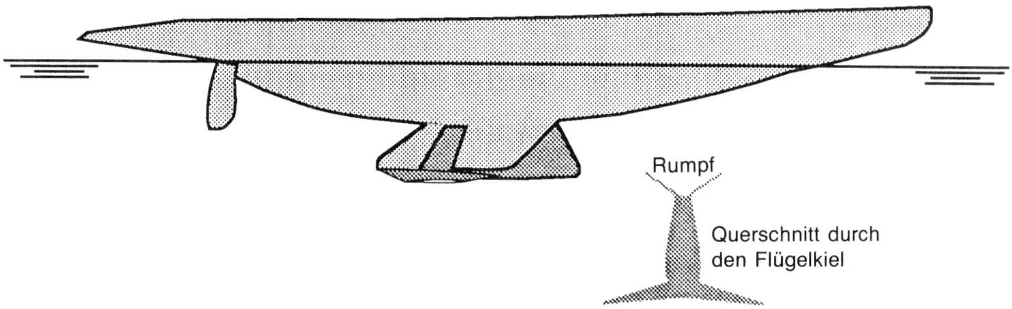

2.7 *Der über Kopf stehende Flügelkiel der* AUSTRALIA *II.*

ein hohes Seitenverhältnis (*high aspect ratio*) läßt sich an einem über Kopf stehenden Zwölfmeteryacht-Kiel nicht verwirklichen. Man kann nun mal in einem dünnen und strömungsgünstigen Kiel unten nicht viel Blei unterbringen. Um den induzierten Widerstand zu verringern, den Druckausgleich von der Hochdruck- zur Tiefdruckseite einer Tragfläche, haben Flugzeuge sehr häufig kleine Zäune (*fences*) an den Flügelspitzen, man nennt sie auch Flügelchen (*winglets*). Ben Lexcen, der Konstrukteur der australischen Yacht, machte sich dieses Konstruktionsdetail zunutze und versah die Kielsohle der AUSTRALIA II mit solchen Flügeln. Genau wie ein an Deck aufliegendes Vorsegel den Luftdruckaustausch verhindert, begrenzen auch die Kielflügel die Umströmung auf die Tiefdruckseite. Hinzu kommt, daß auch Flügel Auftrieb entwickeln, also der Kiel noch effektiver arbeitet. Lexcen goß die Flügel aus Blei (was die Stabilität nicht nur durch mehr Gewicht, sondern auch durch einen längeren Hebelarm erhöhte), und er neigte die Flügel nach unten, was den Tiefgang des Schiffes bei Schräglage vergrößerte. Er umging so vor allem die Tiefgangsbeschränkung in der Formel, denn auf ebenem Kiel vermessen, hatte die AUSTRALIA II exakt den vorgeschrieben Tiefgang.

Man war vor dem Cup von 1983 natürlich geteilter Auffassung über die Legalität des Flügelkiels. Der New York Yacht Club argumentierte, die Tiefgangsbeschränkung wäre in den Regeln, damit ein Zwölfer bei einer Wassertiefe von 2,77 Metern segeln kann. Das konnte die AUSTRALIA II sicherlich nicht. Aber Eigner Alan Bond und sein Cupmanager Warren Jones waren damals in der Lage, ihre Konstruktion mit guten Argumenten zu verteidigen.

Die Vermessungsformel einer Zwölfmeteryacht erlaubt es dem Konstrukteur, wie viele andere Formeln auch, verschiedene Maße gegeneinander abzuwägen.

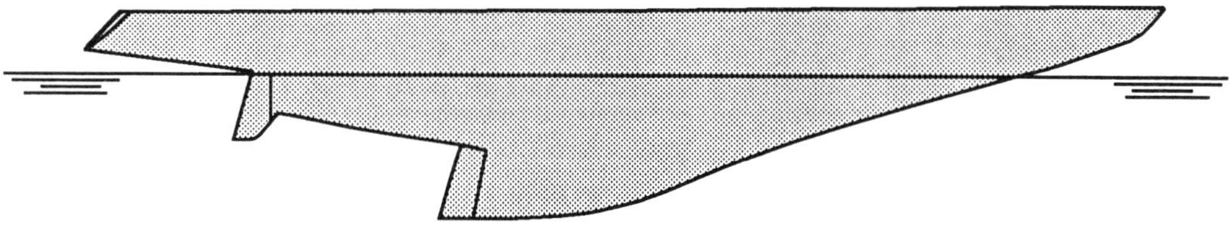

2.8 *Die* COURAGEOUS*, gezeichnet 1974, hatte großen Einfluß auf die America's Cup-Konstruktionen, bis die* AUSTRALIA *II 1983 gewann.*

Die Formel* lautet:

$$\frac{L + 2D + \sqrt{SA} - F}{2.37} = 12$$

Ein Beispiel: Ein Schiff kann eine lange LWL haben und eine große Verdrängung, aber daraus ergibt sich eine kleine Segelfläche. Es ist eine Schwerwetterkonstruktion. Das Gegenteil wäre ein Schiff mit einer kurzen LWL, wenig Gewicht und großer Segelfläche. Die AUSTRALIA II hatte eine höhere Stabilität als normale Zwölfer. Lexcen verzichtete auf Länge und Verdrängung zugunsten von viel Segelfläche. Weil der Kiel soviel Ballast trug, konnte er sich das erlauben. Das Schiff hatte zwar durch die kurze Wasserlinie eine Geschwindigkeitsgrenze, aber das wurde durch das große Segeltragevermögen ausgeglichen. Lexcens Spiel mit Formelmaßen war brillant, ebenso sein Kielkonzept; die AUSTRALIA II war ein echter Durchbruch. Sie war ein Schiff aus dem Computer und allen anderen um einen Riesenschritt in einer Zeit voraus, in der Cupkonstrukteure nur noch zentimeterweise vorankamen. „COURAGEOUS-Schrittchen" nannte die Presse damals das mühsame Vorankommen der Yachtdesigner. COURAGEOUS wurde ursprünglich von Sparkman & Stephens für die Cupverteidigung 1974 konstruiert. Sie siegte in dem Jahr und auch 1977, über-

* L ist vergleichbar mit der Wasserlinienlänge, wird aber zirka 18 Zentimeter über der Wasserlinie gemessen, um auch die Form und Länge der Überhänge vorn und hinten erfassen zu können. Die Überhänge addieren sich ja bei Krängung zur Wasserlinienlänge. D ist die Differenz zwischen der tatsächlichen Rumpfform und eines um die Form gelegten Gurtes an einem Querschnitt. So wird das Weglassen von Verdrängungsvolumen an einem Rumpf ermittelt. Dieses Maß ist verantwortlich für die Weinglasspantform eines Zwölfers. SA ist die Fläche des Großsegels und 85 Prozent des Vorsegels. F ist das errechnete Durchschnittsmaß des Freibords, gemessen an drei verschiedenen Stationen. Die Formel setzt einige Abmessungen in eine direkte Abhängigkeit. Zum Beispiel steht die Wasserlinienlänge in direkter Abhängigkeit zu einer bestimmten Verdrängung, sonst gibt es eine Bestrafung.

arbeitet von ihrem Skipper Ted Hood. Damit ist COURAGEOUS eines von drei Schiffen, das den Cup zweimal verteidigen konnte. Die anderen waren COLUMBIA 1899 und 1901, gezeichnet von Nathanael Herreshoff, und die INTREPID, 1967 gezeichnet von S & S und 1970 überarbeitet von Britton Chance. Die COURAGEOUS war so erfolgreich, das alle Verteidiger und Herausforderer sie erfurchtsvoll studierten. Sie war es auch noch 1983 unter Skipper John Kolius. Was wir Amerikaner 1983 konstruierten, war im Vergleich zur AUSTRALIA II wirklich schwach.

Aber der Cupverlust begann wohl schon drei Jahre zuvor. 1980 hatte Olin Stephens meine FREEDOM gezeichnet. In meinen Augen ist Olin Stephens der talentierteste Konstrukteur der Welt. Er weiß über das Konstruieren mehr als jeder andere, er hat eine unglaublich große Erfahrung, und er hat die meisten siegreichen Boote auf der Welt gezeichnet. Hinzu kam, daß Olin Stephens damals ein unglaubliches Talent im Aufspüren von Spendengeld hatte. Vielleicht deshalb, weil jeder wohlhabende Segler der Ostküste Olin Stephens als den Guru des Cups betrachtete. Ich bin mit ihm nie richtig warm geworden, aber natürlich war er auch für mich der Gott unter den Konstrukteuren. Es war für mich eine Auszeichnung, in seinem Büro sein zu dürfen. Es gab nie ein „Olin und Dennis-Verhältnis", er war für mich Mr. Stephens.

Im America's Cup von 1980, meinem ersten als Skipper, konnten wir nicht viel falsch machen. Die FREEDOM war ein gutes Schiff, der US-Konkurrenz um ein „COURAGEOUS-Schrittchen" voraus und hatte die besseren Segel. Wir schlugen die COURAGEOUS und die LIBERTY und traten im Cupfinale gegen die AUSTRALIA I an. Sie war der COURAGEOUS sehr ähnlich und hatte damals einen neuartigen, extrem gebogenen Mast. Dieses Rigg verschaffte ihr eine Menge unvermessener Fläche im Großsegel (mehr dazu im Kapitel 5). Sie gewann ein Rennen (ein weiteres zählte wegen des überschrittenen Zeitlimits nicht). Das hatte zehn Jahre lang kein Herausfordererschiff mehr geschafft. Ich war deshalb wirklich sehr überrascht, als die Australier ihr schnelles Schiff gleich nach dem Cup verkauften. Damals habe ich nicht begriffen, was der Zweck war. Heute kenne ich den Grund. Die Australier hatten erkannt, daß sie uns mit Kopien unserer Schiffe nie würden schlagen können. Sie wollten von vorn anfangen und zwar mit der Hilfe von Computertechnologie.

Mit einem Programm, das Modelle theoretisch miteinander vergleicht, spart man Geld und kommt zu schnelleren Ergebnissen als in einem Testtank oder gar durch den Bau realer Schiffe. Es waren die Zeit und die niedrigen Kosten, die es Ben Lexcen erlaubten, den radikalen Flügelkiel zu entwickeln.

1983 hatte sich Olin Stephens schon aus dem Konstruktionsgeschäft zurückgezogen, aber S & S entwickelte die SPIRIT für unser Syndikat. Im gleichen Jahr zeichnete Johan Valentijn, vorher ein Angestellter von S & S, die MAGIC. Ich wollte unbedingt zwei Konstrukteure im Syndikat haben, was sich übrigens nicht ausgezahlt hat.

Die MAGIC hat nie richtig in die Formel hineingepaßt. Valentijn war zwar ein kreativer Kopf, aber schlecht organisiert und im Detail nicht perfekt. Selbst wenn die MAGIC schnell gewesen wäre, hätte ich sie im Cup nicht segeln können. Valentijn hatte zwar die Formel gelesen, aber niemals die Regeln der Stiftungsurkunde (*deed of gift*). Dort steht, „daß ein teilnehmendes Schiff mit nur einem Mast nicht kürzer als 13,42 Meter und nicht länger als 27,45 Meter in der Wasserlinie sein darf". MAGIC war um 7,5 Zentimeter zu kurz. Ich bin heute froh, daß das 1983 niemand herausgefunden hat, denn wir hätten wirklich dumm dagestanden. Ich selbst habe es auch erst einige Zeit später erfahren. Die Konstrukteure gaben damals ihre Vermessungszertifikate nie heraus; nicht einmal der Skipper oder die Mannschaft durften sie sehen. Wenn wir ein bißchen mehr Segelfläche haben wollten, sagten uns die Konstrukteure nur, wieviel Ballast wir zusätzlich in die Bilge legen mußten, das war alles.

Als MAGIC und SPIRIT sich als zu langsam herausstellten, versuchten wir S & S und Valentijn zur Zusammenarbeit für ein drittes Schiff zu bewegen. Es war unmöglich. So zeichnete Valentijn 1983 die LIBERTY allein.

Nachdem die AUSTRALIA II in Cove Haven vermessen war, besaßen wir endlich Skizzen ihres Kiels, doch unsere Konstruteure waren nicht in der Lage herauszufinden, wie er funktionierte. Es war erniedrigend. Wir waren einfach nicht in der Lage, den Kiel zu kopieren, weil wir keine Ahnung hatten, was unter Wasser passieren sollte. So fand der America's Cup eine neue Heimat, und der Yachtkonstruktion wuchsen Flügel.

Heute stellt sich natürlich die Frage, ob ich mit mehr Informationen ein Schiff mit Flügelkiel gebaut hätte. Ich glaube nicht — vor allem nicht als Verteidiger einer Trophäe mit so langer und siegreicher Tradition. Ich war nie interessiert daran, der erste zu sein, ein Pionier, wenn man so will. Gebt mir ein gutes Schiff, damit kann ich das Beste machen. Ich bin überzeugt, daß Leute, die zu radikal vorgehen, meist den höheren Preis bezahlen und nur selten zum Erfolg kommen.

Natürlich habe ich nicht immer recht. Zum Beispiel, als ich entschied, die GANBARE nicht zu bauen, den später erfolgreichsten Eintonner seiner Zeit. 1973 zeigte mir Doug Peterson, ein Klassenkamerad meiner Frau Judy, Pläne

einer Yacht. Er hatte gehofft, ich würde mich für das Schiff interessieren, dessen Zeichnungen er auf meinem Autodach ausbreitete, und es für die nordamerikanischen Eintonnermeisterschaften bauen lassen, die damals in San Diego gesegelt werden sollten. Ich mußte ein Lachen unterdrücken. „Oh, Doug“, sagte ich, „das Ding kann ich nicht bauen.“ Die Zeichnungen waren unglaublich grob, das Schiff viel zu klein. Die schnellen Eintonner waren damals um die 37 Fuß lang, Petersons GANBARE hatte gerade mal 34 Fuß. Hinzu kam, daß Doug Peterson als Konstrukteur vollkommen unbekannt war.
Ich sagte also nein. Carl Eichenlaub muß mehr als ich gesehen haben; er sagte ja und baute das Boot. Peterson hatte kein Geld für Farbe und nur ein paar Dollar für die notwendigste Ausrüstung. Das Schiff paßte nicht in die Vermessung, Eichenlaub mußte Blei unter das Vordeck kleben, damit es den richtigen Rennwert bekam. Ich habe die Serie nicht mitgesegelt und irgendwann im Clubbüro angerufen, um zu erfahren, wer in Führung liegt. Es war GANBARE, aber ich dachte an einen Zufall. Das Schiff gewann die Meisterschaft, und ein paar Tage später hat es mir Peterson für den unglaublich niedrigen Preis von 20 000 Dollar zum Kauf angeboten. Natürlich habe ich nicht zugegriffen, so sind Peterson und Lowell North damit nach Sardinien zur Weltmeisterschaft gefahren. Sie hätten die WM gewonnen, wenn sie nicht eine Bahnmarke während der Langstrecke ausgelassen hätten. Selbstverständlich habe ich später viele von Doug Petersons erfolgreichen Schiffe gesegelt und zwei davon, STINGER und HIGH ROLER, habe ich selbst bauen lassen. 1992 war Doug Peterson einer von Bill Kochs Designern im America's Cup.

Vermessungsregeln

Vermessungen sind der mathematische Versuch, Schiffe unterschiedlicher Größen und Formen vergleichbar zu machen. Die Regeln bevorteilen gewollte oder wünschenswerte Qualitäten einer Konstruktion, und sie bestrafen Abweichungen. Verständlicherweise ist nicht jedermann mit den Definitionen einer Regel einverstanden, und darin liegt auch das große Problem. Es gibt viele unterschiedliche Vermessungs- und Konstruktionsformeln, zum Beispiel die International Offshore Rule (IOR), das International Measurement System (IMS), die International Rule für Meterklassen wie 12er, 6er und 5,5er. Seit 1992 wird der America's Cup nach einer neuen Formel gesegelt: der International America's Cup Class (IACC) Rule. Viele Vermessungen haben ein Zeitberechnungs-

system, das die Leistungen unterschiedlich großer Yachten in einem Feld bewerten und errechnen kann. IOR kennt die Systeme „Zeit pro Distanz“ *(time on distance)* „Zeit gegen Zeit“ *(time on time).*
In Klassenrennen, wie im America's Cup, bei Tonnern oder IOR Einheitsklassen, zum Beispiel der 50-Fuß-Klasse, wird keine Zeitberechnung vorgenommen. Alle Schiffe haben dort die maximal mögliche Vermessung, sie segeln unter gleichen Vermessungsvoraussetzungen. Auch verschiedene Einheitsklassen kann man nach einfachen Bewertungsformeln wie Portsmouth Numbers oder Yardstick gegeneinander segeln.
IMS, schon lange in den USA populär und jetzt auch international stark vertreten, hat ein Handicapsystem, das sich auf die Segelbedingungen oder lokale Reviereigenarten abstimmen läßt. Die Vergütung wird von den Durchschnittsbedingungen bestimmt oder kurz vor oder nach einer Wettfahrt ausgewählt.
Alle Vermessungsregeln bewerten Dinge wie LWL, Segelfläche, Breite, Tiefgang, die Enden einer Yacht, deren Stabilität. Es gibt Freibordkorrekturen, Propellerfaktoren, Bewertungen der Motorposition und der Unterwasseranhänge. Die effektive Länge der Wasserlinie unter Segeln ist das wichtigste Maß einer Vermessung. Wie bereits erwähnt, ist die Wasserlinie für die Distanz zwischen Bug- und Heckwelle verantwortlich. Ein Problem der Regelmacher ist, die wirklich effektive Wasserlinienlänge theoretisch zu berücksichtigen. Durch große und gut ausgeformte Überhänge variiert diese Länge nämlich je nach der Geschwindigkeit und dem Krängungswinkel. Das führt dazu, daß Yachtkonstrukteure nicht nur versuchen die See hinters Licht zu führen, sondern auch die Regelmacher. Die Wellenbildung ist besonders bei mittleren und hohen Geschwindigkeiten von Bedeutung. Yachten segeln aber die meiste Zeit in langsamem Tempo. Deshalb ist eine große Segelfläche der wichtigere Faktor bei der Konstruktion, und deshalb wird die Vermessung einer Yacht höher, wenn Segelfläche addiert wird. Es gibt unterschiedliche Arten, die Fläche zu verteilen. Es gibt Toppriggs, 7/8-Riggs, zwei Masten und vieles mehr. Um sicher zu sein, daß die Segelfläche richtig bewertet wird, widmet IOR diesem Problem 60 Seiten.
Auch die Breite ist wichtig. Breite erhöht den Reibungswiderstand, weil sie die Fläche unter Wasser vergrößert. Benetzte Fläche macht ein Schiff besonders bei leichtem Wind langsam. Zudem erhöht Breite den Formwiderstand. Großer Widerstand sollte in der Formel deswegen eine Gutschrift bringen. Allerdings bedeutet Breite auch mehr Stabilität. Trotzdem bekommen breite Schiffe nach IOR einen Vermessungsbonus.

Tiefgang trägt zur Geschwindigkeit in doppelter Weise bei: Je größer der Tiefgang einer Yacht, desto mehr Lift und/oder weniger Widerstand erzeugt ihr Kiel am Wind. Je tiefer der Ballast liegt, desto größer ist die Stabilität.

Das International Measurement System

Die Wurzeln der International Offshore Rule (IOR) liegen in der ehemaligen Regel des Royal Ocean Racing Club (RORC) und der Regel des Cruising Club of America (CCA) und gehen auf das Jahr 1969 zurück. Man brauchte ein international gültiges Vermessungsystem für populäre Regatten wie den Admiral's Cup in England und für die gerade im Entstehen begriffenen Tonnerklassen (Eintonner, Halbtonner, Vierteltonner). IOR übernahm viele Bewertungen der RORC-Rumpfvermessung und ein Großteil der CCA-Formel für die Beurteilung von Riggs. Die neue IOR-Formel bedeutete für amerikanische Yachten verständlicherweise eine größere Veränderung als für englische, weil sich nun mal Rümpfe nur schwer modifizieren lassen, Segelpläne aber leicht. Es gibt in den USA nicht viele Segler, die international an den Start gehen, trotzdem hatte man sich in einem fremden Land sehr radikal in die Bewertung amerikanischer Schiffe eingemischt. Die IOR-Diskussion hat in Amerika 20 Jahre lang angehalten und ist sicherlich auch ein Grund für die heute nur noch geringe Bedeutung der Formel.

Ich habe stets gern nach IOR gesegelt, mir hat die internationale Konkurrenz gefallen, und ich mag auch die Schiffe, die sie produziert. Es gibt zahlreiche Segler, die möchten lieber ein Schiff für alle Zwecke segeln, sogenannte Cruiser/Racer. Es gibt heute viele solcher Yachten, aber Wettfahrten mit ihnen sind nicht sehr hochklassig. Hinter dem Cruiser/Racer-Gedanken steht eine weniger konsequente Art des Regattasegelns.

Aus diesen Gründen haben sich Amerikas Segler von IOR-Yachten entfernt und nach einer anderen Art, Yachten zu bewerten, gesucht. IOR hält sich strikt an die Vermessung einiger Punkte des Rumpfes. Das hat dazu geführt, daß die Konstrukteure vor allem über diese Punkte die Form modellieren. Die Rümpfe sind an den Vermessungsstationen oft ausgebeult. Mit den Jahren haben Designer gelernt, wie man über einen geringen Geschwindigkeitsverlust zu einer sehr günstigen Vermessung kommt. Das Spiel „Speed gegen Rating" wurde immer entscheidender. Aus diesem Grund sehen sich IOR-Schiffe sehr ähnlich, und man spricht von einer typformenden Formel.

Um davon wegzukommen, hat man in den USA in den 70er Jahren eine Menge Geld in die wissenschaftliche Betrachtung des Hochseesegelns und der Konstruktion von Yachten investiert. Von 1975 bis 77 wurde das Pratt Ocean Race Handicapping Project mit Kosten von 400000 Dollar am Massachusetts Institute of Technology durchgeführt. Es hatte drei Ergebnisse: Ein Zeitvergütungssystem wurde entwickelt, Technologie für die Bewertung des Rumpfes, die dessen physikalische Charakteristiken sehr genau erfassen und analysieren konnte, und es entstand ein Geschwindigkeits-Vorhersage-Programm (*velocity-prediction program,* VPP), das charakteristische Abmessungen eines Schiffes wie die Segellänge, die Breite und Verdrängung in Geschwindigkeit umsetzen konnte. Ein holländisches Vorhersageprogramm für Flugzeuge war bei dieser Arbeit sehr hilfreich. Übrigens, es war dasselbe, das man später bei der Konstruktion der AUSTRALIA II benutzte.

Das Ergebnis der Forschung war das Measurement Handicapping System (MHS), das seit 1978 in den USA angewendet wird und heute IMS heißt. Im November 1985 hat der Offshore Racing Council im Weltsegelverband, er verwaltet IOR, die IMS-Vermessung als alternative Formel zu IOR anerkannt. Die Idee dahinter war, daß Grand Prix-Klassen wie Admiral's-Cupper, Eintonner oder 50-Fuß-Yachten weiterhin nach IOR segeln sollen, die Cruiser/Racer nach IMS.

Eine Stärke von IMS ist die Computervermessungstechnik, die die Linien eines Rumpfes sehr exakt ermittelt. Der Rumpf wird an definierten Positionen abgetastet, und deren Koordinaten werden gespeichert. Aus den Linien kann sich IMS dann ein genaues Bild von der Rumpfform machen und daraus wichtige Daten, wie tatsächliche Wasserlinienlänge, Verdrängung, benetzte Oberfläche, Ballastschwerpunkt und Stabilität, errechnen. Die Genauigkeit der Rumpferfassung und einer daraus entstehenden Geschwindigkeitsprognose verhindet das IOR-typische Aufbeulen. Beulen machen ein Schiff langsamer (sie drückten nach IOR ja nur die Vermessung). IMS-Yachten sind meist schneller als gleich große IOR-Konstruktionen.

Wenn die Rumpflinien festliegen, kalkuliert das VPP unter Zugrundelegung von aero- und hydrodynamischen Prinzipien die Geschwindigkeiten des Schiffes für unterschiedliche Windeinfallswinkel und Windstärken. Eine wichtige Kalkulation des VPP ist die Ermittlung der theoretischen Geschwindigkeit direkt gegen den Wind oder direkt vom Wind weg (*velocity made good*, VMG). Die Regelmacher benutzen das VMG, um daraus Vergütungsserien für sieben verschiendene Windstärken (bei 6, 8, 10, 12, 14, 16 und 20 Knoten Wind) zu

entwickeln. Gleichzeitig wird ein statistischer Durchschnittswert errechnet. (Auch Konstruktionen ohne Spinnakerausrüstung lassen sich übrigens rechnen.)
Segler können diese Vergütungen verwenden, um ihre Zielgeschwindigkeit *(target boat speed)* herauszufinden, die sagt, wie schnell eine bestimmte Konstruktion bei verschiedenen Windstärken und Windeinfallswinkeln sein muß. Wenn also das VPP angibt, Ihr Schiff sollte am Wind bei 20 Knoten Wind 6,25 Knoten schnell sein und es erreicht nur 6,0, dann muß etwas falsch sein. Vielleicht sind die Segel falsch eingestellt oder zu klein. Vielleicht knüppelt der Steuermann zu stark gegen die Wellen. Segelt man unter Target, muß der Steuermann etwas abfallen, bis das Schiff schnell genug ist. Dann arbeitet er sich wieder höher an den Wind heran. Die Technik des Steuerns wird im Kapitel 7 ausführlich beschrieben.
Zur IMS-Vermessung gibt es natürlich auch ein Regelwerk. Es befaßt sich mit der Einrichtung, dem Baumaterial, dem Crewgewicht und Segelbeschränkungen. Diese Bestimmungen orientieren sich am Cruiser/Racer-Gedanken, aber sie sind deshalb nicht frei von falschen Überlegungen. Moderne Bootsbaumaterialien wie Karbonfasern und Titanium sind nicht erlaubt. Es gibt Kritik daran, denn es gibt zum Beispiel Bootsbauer, die mit Karbon Ruderachsen leichter, fester und billiger herstellen können als mit normalen Materialien. Titaniumblöcke sind leichter und stärker als Stahlblöcke und nur unwesentlich teurer. Sie gehören längst zum Standardprogramm vieler Ausrüster.
Auch IMS ist nicht perfekt. Es bevorzugt, genau wie IOR, einen bestimmten Bootstyp, nur ist er nicht so extrem. Das IMS-VPP ist eher primitiv als ausgefeilt. Seit der Konstruktion der AUSTRALIA II gehören VPP-Daten zum Design jeder America's Cup-Yacht. Eigentlich werden sie bei allen Schiffen berücksichtigt. Es gibt sehr unterschiedliche Qualitäten der Programme (was übrigens für alle Konstruktionsprogramme gilt). Je mehr Bewegungen ein VPP erfassen und miteinander verbinden kann, desto genauer ist es (siehe Zeichnung 2.6). Wie beschrieben, gibt es drei Achsen und damit sechs Bewegungsrichtungen. Der Bug kann auf und nieder gehen (Stampfen), das Boot kann krängen oder nach Luv rollen, und es kann schlingern, also einen Kurs in Schlangenlinien segeln. Einige VPP-Programme im letzten America's Cup konnten alle sechs Bewegungsrichtungen in Abhängigkeit zu Wellenhöhe und -frequenz verarbeiten.
Eine Stärke von IMS ist aber dessen Offenheit gegenüber neuen Erkenntnissen. Wenn sich ein Element in der Yachtkonstruktion als über- oder unterbewertet

herausstellt, dann kann man es neu bewerten und gegebenenfalls schnell in der Vergütungsrechnung berücksichtigen.

Der America's Cup von 1988

Der America's Cup von 1988 war in erster Linie eine politische Herausforderung. Erst dann war es ein Kampf der Konstrukteure. Manche werden sich daran erinnern. Zuerst zur Politik.

Newport auf Rhode Island hat den America's Cup nie richtig geschätzt — bis er verlorenging. Man könnte das gleiche von San Diego behaupten. Als ich die Cupherausforderung für 1987 finanzierte, kamen von Mitgliedern des San Diego Yacht Clubs nicht mehr als 300 000 Dollar an Spenden zusammen. Ein Sieger hat es natürlich einfacher. In Westaustralien wurden 700 000 Dollar für die Veranstaltung in Perth gespendet, und die Landesregierung hatte angesichts des zu erwartenden Wirtschaftsaufschwungs mehr als 50 Millionen Dollar in die Hafenregion des Städtchens Fremantle investiert.

Eine America's Cup-Veranstaltung in San Diego würde der Region ein Umsatzplus von zirka 1,2 Milliarden Dollar bringen und über 9 000 Arbeitsplätze schaffen, hatten Sachverständige errechnet. Die Erwartungen haben sich im Cup von 1991/92 nur zur Hälfte erfüllt. Amerika befand sich in einer tiefen Rezession, der Golfkrieg war ausgebrochen, und es traten weniger Herausforderer an als angenommen. Trotzdem war der Cup für die Wirtschaft San Diegos wichtig.

Wenn die Sieger die Vorteile auf ihrer Seite haben, dürfen sie dann nicht auch mitbestimmen? Als wir 1987 vor Frementle gewannen, haben Malin Burnham und ich nicht sofort den Ort der nächsten Verteidigung bekanntgegeben. Unser Syndikat hatte 1985 mit dem SDYC eine Vereinbarung über das Management des Cups getroffen. Ein Jahr vor 1986 bekam der Club Angst vor den hohen Kosten, sollten wir den Cup gewinnen und ihn in San Diego verteidigen müssen. Unsere Vereinbarung stellte den Club von allen finanziellen Risiken frei. Zur Finanzierung erhielten wir die Vermarktungsrechte. Ein America's Cup-Komitee wurde gebildet, das unter anderem für Ort und Zeitpunkt der Verteidigung verantwortlich war. Es war festgelegt, daß unser Syndikat die Komiteemitglieder benennt und der Club sie bestätigen oder ablehnen konnte. Ein eigenes Vorschlagsrecht hatte der SDYC gemäß der Vereinbarung nicht.

Malin und ich hofften damals, der Club, für den wir beide unser Leben lang gesegelt waren (wir waren beide auch Kommodore), und die Stadt würden uns emotional und finanziell unterstützen. Während wir im ganzen Land Geld für die Herausforderung sammelten, fragte man uns oft, ob man den Cup nicht auch an einem anderen Ort austragen könne. In Hawaii, wo wir lange trainiert hatten, war man uns gegenüber sehr aufgeschlossen. Sie hätten den America's Cup gern gehabt. Hawaii ist, wie Westaustralien auch, ein perfekter Platz zum Segeln, sogar ein noch besserer. In Australien gibt es nur im Spätsommer starken Wind, in Hawaii das ganze Jahr über.

Hawaii machte uns großzügige Angebote; andere Regionen übrigens auch. Aber in Wahrheit hatten wir niemals mit dem Gedanken gespielt, den Cup aus San Diego wegzuholen. Wir befürchteten nur, daß uns die Stadt und der Club nicht in ausreichender Weise unterstützen würden. Warum soll man schließlich auch für etwas bezahlen, das man schon hat?

Ich muß heute zugeben, das Problem mit dem Austragungsort haben wir damals nicht besonders gut gelöst. Der Club war sauer auf mich, weil man befürchtete, ich wollte den Cup wegbringen. Ich war sauer auf den Club und die Stadt, weil man mir nur wenig half. Malin Burnham und ich beriefen erfolgreiche Segler der Stadt und einige Persönlichkeiten der Region in das Komitee.

Der SDYC lehnte sie ab und wollte eigene Mitglieder benennen. Das Problem mußte, so unser Vertrag, am 19. Juli 1987 gelöst sein. Die neuen Vorschläge wurden schließlich vom Club akzeptiert. Ins Komitee gelangten: Gerry Driscoll als Vorsitzender, SDYC-Mitglied und Manager des Newport Harbour Challenge von 1986/87, sowie Skipper der INTREPID 1974 (seine INTREPID hatten Ted Turner und ich in den Cupausscheidungen von 1974 mit der VALIANT gerammt). Gene Trepte und Charles D. Hope, ehemalige Kommodore des SDYC, und Kim Fletcher, ebenfalls Clubmitgleid und Präsident einer Bank. Von außerhalb San Diegos kamen John Marshall, mein Designdirektor von 1986, Harry Usher, einer der führenden Manager der Olympischen Spiele von Los Angeles 1984, und Gary Jobson, ein bekannter America's Cup-Taktiker und TV-Kommentator.

Während wir uns mit internen Problemen herumschlugen, beauftragte Michael Fay, Kopf der neuseeländischen Herausforderung von 1987, seinen Anwalt Andrew Johns, sich intensiv mit der Stiftungsurkunde auseinanderzusetzen. Das Dokument reguliert die Cuprennen, und dessen Rechtsauslegung liegt beim New Yorker Landgericht. Schließlich fand Johns ein Schlupfloch in der Urkunde.

Fünf Monate nach dem Cup von Perth gab es eine Zwölfmeter-Weltmeisterschaft in Porto Cervo auf Sardinien, und dort trafen sich alle Eigner zu einer Sitzung. Fay, dessen Segler die WM gewannen, war besonders aktiv. Er hatte zahlreiche Vorschläge, wie man Zwölferrennen organisieren sollte und wie der nächste Cup zu gestalten sei. Er wolle, so Fay, nur noch einmal mitmachen. Aber Fay führte alle Parteien geschickt hinters Licht.
Von Sardinien flogen er und Anwalt Johns nach San Diego. Sie riefen den SDYC-Kommodore Frederick A. Frye an, der sie für den 17. Juli zum Essen in den Club einlud. Frye kam zu spät, und während Fay und Johns auf ihn warteten, unterhielten sie sich mit Doug Alford, dem Vizekommodore. Fay erzählte ihm, daß der Mercury Bay Boating Club, sein Verein, San Diego zu einem Match Boot gegen Boot mit einer Yacht von 90 Fuß Wasserlinienlänge herauszufordern gedenke. Alford war geschockt, und ihm fiel kein besserer Satz ein als: „Ich glaube, dann werden wir mit einem 90-Fuß-Katamaran segeln." Das war eine wirklich interessante Antwort.
Als Frye auftauchte, hatte man zunächst ein nettes Dinner bei anregender Konversation. Nach dem Kaffee erklärten Fay und Johns ihre Pläne im Detail. Ihr Schiff würde eine 90 Fuß lange Wasserlinie (die Maximumlänge nach der Stiftungsurkunde *deed of gift*) haben, einen Tiefgang von 21 Fuß, eine Wasserlinienbreite von 14 Fuß und eine Gesamtbreite von 26 Fuß. Die Regatten müßten in zehn Monaten beginnen, so Fay, denn das sei in der Urkunde festgelegt. Nun war auch Frye schockiert: „Wir werden Sie über eine Entscheidung unterrichten." Mehr fiel ihm nicht ein.
Fay wartete nicht auf die Nachricht aus San Diego. Er begann mit dem Bau des Schiffes bereits im August, vielleicht sogar schon früher.
Am Anfang der Herausforderung waren alle im SDYC der Überzeugung, Fay sei im Unrecht. Der Club, besonders Burnham, wollte nichts davon wissen. Sie betrachteten die Sache mehr als einen schlechten Witz. Irgendwann wurde jedoch klar, daß Fays Herausforderung legal war. Nun war man wenigstens beunruhigt, wenn es auch keinen Plan gab. Erst am 8. August reagierte der SDYC. Das America's Cup Organizing Committee lehnte die neuseeländische Herausforderung ab. Am 31. August reichte Fay beim Langericht in New York eine Klage ein. Zum erstenmal in der 136jährigen Geschichte des America's Cups mußte ein staatliches Rechtsprechungsorgan entscheiden. Es wurde ein unschöner und langer Gerichtsgang. Schon einen Tag später, am 1. September, forderte das Gericht das Organisationskomitee auf, Ort und Zeitpunkt der Verteidigung bis zum 9. des Monats bekanntzugeben. Das Komitee entsprach die-

ser Forderung am 11. September. Es entschied, der America's Cup sollte im Mai 1991 als für alle Herausforderer offene Veranstanstaltung mit Zwölfmeteryachten in San Diego stattfinden.
Fay bestand jedoch auf seinem Recht, allein starten zu dürfen, und elf Wochen später entschied Carmen Beauchamp Ciparick, vorsitzende Richterin des New York Supreme Court: „. . . der Mercury Bay Boating Club hat eine gültige Herausforderung abgegeben, und der San Diego Yacht Club muß ihr im Sinne der Stiftungsurkunde entsprechen."
Zu der Zeit befand ich mich auf einer Geschäftsreise in Australien. Ich war nicht gerade begeistert, aber ich habe die Entscheidung akzeptiert. Also flog ich nach Auckland, um Michael Fay, der dort die Bank Fay, Richwhite & Company leitet, zu gratulieren. Fay ist wie der New Yorker Donald Trump. Er erkennt eine Situation und hat schon eine Pressekonferenz arrangiert, wenn ich noch im dunkeln tappe. Ich wollte eine Geste zeigen und Fay machte daraus einen Sieg.
Ich war von Fays Aktionen keineswegs begeistert, aber ich hatte Respekt vor ihm, obwohl er meine gesamte Arbeit, eine großartige Veranstaltung für San Diego zu organisieren, mit einem Schlag zunichte gemacht hatte. Mein Ziel war, daß der Cup eine „normale" Veranstaltung mit vielen Herausforderern sein würde, dort, wo meine Familie und meine Freunde zu Hause sind und wo ich aufwuchs. Was Fay tat, war nicht in meinem Interesse, aber ich verstand ihn. Er wollte den America's Cup mit allen legalen Mitteln gewinnen.
Wir antworteten mit gleichen Waffen. Fay fand ein Schlupfloch, durch das sein 139 Fuß langes Boot hindurchpaßte. Sein Fehler war es, zu übersehen, daß es nicht das einzige Schlupfloch war. Das Loch, das wir fanden, war groß genug für einen Katamaran von 60 Fuß Länge.
Kommen wir zu diesem Schiff. Die Entscheidung, einen Katamaran zu bauen, lag im eigenen Interesse. Wir hatten so kurz nach dem letzten Cup kein Geld und wenig Energie, eine große Kampagne zu starten. Ich glaube, Fay hat damals genau auf diese Schwäche gebaut. Ich war seit dem Verlust von 1983 mit nichts anderem als dem Cup beschäftigt. Und das waren bereits vier lange Jahre. Vorher hatte ich sechs leichte und erfolgreiche Jahre gehabt. Die Verteidigungen von 1980 und 83 konnte ich in Ruhe vorbereiten und hatte nebenbei genügend Zeit für die Familie, Freunde und das Geschäft. Fay sagte später einmal, wir hätten keine Ahnung gehabt, was für eine Art Schiff er bauen würde. Die Abmessungen, die er uns gab, hätten auch zu einem Mehrrumpfer gepaßt. Wir glaubten aber, unser Kat wäre gut genug, um alles zu schlagen, was in San

Diego auftauchte. In der uns verbleibenden Zeit ließ sich etwas anderes auch gar nicht mehr realisieren.
Wir waren uns der Legalität eines Kats absolut sicher, und schließlich bekamen wir vor Gericht ja auch recht. Ich war eigentlich nicht besonders scharf auf die Rennen. Im America's Cup von 1988 konnte ich nur verlieren. Würde ich gewinnen, würde jedermann sagen: „Sieh an, Dennis hat mit einem Betrügerboot gesiegt." Würde ich verlieren, würde es heißen: „Da geht er, der den Cup zum zweiten Mal verloren hat." Es gab eine Menge Freunde, die mir rieten, nicht zu segeln und jemand anderem die Verteidigung zu überlassen.
Zum Beispiel gehörte Randy Smythe, einer der besten Mehrrumpfsegler der Welt, zu unserem Team. Er hatte eine olympische Silbermedaille im Tornado gewonnen und war Formula-40 Meister. Er hätte den Kat exzellent steuern können. Ich war ohnehin nicht besonders begeistert, so ein Schiff segeln zu müssen. Wie viele Einrumpfsegler glaubte ich, Mehrrumpfsegler sind nur Geschwindigkeitsfanatiker. Ich war voreingenommen, und das hat uns geschadet. Mit etwas mehr Enthusiasmus von meiner Seite wäre die Verteidigung gegen Fay vielleicht nicht so unpopulär gewesen.
Es waren Malin Burnham und einige Clubmitglieder, die mich letztendlich überzeugten, die Herausforderung anzunehmen. Ich hatte dem Club zu viel zu verdanken, als daß ich aus persönlichen Gründen hätte ablehnen können. Schon nach wenigen Tagen Training auf dem Kat hatte ich eine Menge Achtung vor dieser Art Boot und seinen Seglern. Sie folgen ihren eigenen Gesetzen und Regeln, und Katamarantaktik war eine andere als die Taktik, die ich kannte, aber keineswegs weniger schwierig.
Leider hat man dem Schiff, das wir entwickelten und bauten, nie den Respekt gezollt, den es aus technischer Sicht verdient. Der Flügelmast war 32 Meter hoch, hatte 173 m^2 „Segelfläche" und wog ganze 900 Kilo. So etwas gab es noch nie, und auch bis heute ist nicht Vergleichbares gebaut worden. Rumpf und Flügelrigg basierten auf den Erfahrungen der PATIENT LADY-Konstruktionen, besonders der der PATIENT LADY V, der zweimaligen Gewinnerin der International Catamaran Trophy, auch bekannt als Little America's Cup. Alle sechs Katamarane entstammten vorwiegend den Ideen Dave Hubbards und Duncen MacLanes. Unterstützt wurden sie bei der Konstruktion unseres Katamarans von Gino Morelli, Bruce Nelson, Britton Chance und Bernard Nivelt. Wie schon 1987 war John Marshall der Designdirektor.
Ein Kat der C-Klasse ist 7,63 Meter lang, 4,30 Meter breit und hat einen 12 Meter langen Flügelmast mit knapp 30 m^2 Segelfläche. Die STARS & STRIPES

hatte eine Länge von 18 Metern mit 16,80 Metern in der Wasserlinie und eine Breite von 9 Metern. Zusätzlich zur Amwindsegelfläche von 173 m^2 konnten wir einen Reacher setzen, der die Fläche auf 380 m^2 vergrößerte. Die Verdrängung der STARS & STRIPES betrug 3,2 Tonnen, ihr D/L war 19 (das Verhältnis von Verdrängung zur LWL). Kleiner geht es kaum. Im Vergleich dazu: ein Laser hat ein D/L von 69, ein C-Katamaran 24. Die NEW ZEALAND, das Schiff, gegen das wir antreten sollten, verfügte ebenfalls über ein bemerkenswert niedriges Verdrängungs-LWL-Verhältnis von 51 — jedenfalls für eine Einrumpfkonstruktion mit Ballastkiel.

Ein Kat ist ein Schiff, dessen Rümpfe kaum Auftrieb zum Gleiten entwickeln. Der Luvrumpf steigt häufig aus dem Wasser, während der belastete Rumpf verdrängt. Leichte Konstruktionen, wie unser Katamaran und die NEW ZEALAND, haben mit dem Widerstand durch Wellenbildung weniger Probleme als schwere Yachten (wir erinnern uns, daß bei hoher Geschwindigkeit diese Art des Widerstands bis zu 60 Prozent des Gesamtwiderstands einer Einrumpfyacht ausmachen kann).

Unser Katamaran war so berechnet, daß der Luvschwimmer bereits bei 6 Knoten Wind aus dem Wasser kam. Lagen beide Schwimmer im Wasser, hatte die STARS & STRIPES einen Tiefgang von 34 Zentimeter. Hob sich ein Rumpf, verlagerte sich zwar das gesamte Gewicht auf den Leeschwimmer, aber die benetzte Oberfläche wurde um 20 bis 25 Prozent kleiner, denn der Leeschwimmer tauchte nur um etwa 18 Zentimeter tiefer ein. Ein Kat wird nicht nur durch den niedrigeren Reibungswiderstand schneller. Er wird es auch, weil nur ein Rumpf auf die Wellen trifft statt zwei und deshalb die bremsenden Stampfbewegungen reduziert werden. Ein normales Schiff kann eine Geschwindigkeit von 1,34 mal die Quadratwurzel seiner Wasserlinie erreichen. Die Höchstgeschwindigkeit eines Katamarans wie die STARS & STRIPES '88 liegt bei der vierfachen Quadratwurzel seiner Wasserlinie. Um die Maximalgeschwindigkeit zu erreichen, war keine größere Windstärke nötig. Die STARS & STRIPES erreichte bei 10 Knoten Wind eine Geschwindigkeit von 21 bis 22 Knoten, also die doppelte Geschwindigkeit des Windes.

Mit seiner großen Breite von 9 Metern war unser Kat eine steife Segeltrageplattform. Ihn zu krängen war, als würde man versuchen einen Tennisplatz umzukippen.

Der Flügelmast war ein technischer Leckerbissen. Wichtigste Baumaterialien, die die Firma Scaled Composites verwendete, waren Kohlefaser (mehr darüber im Kapitel 3) und Hartschaum. Bei Scaled Composites wurde auch das berühmte Leichtbauflugzeug VOYAGER hergestellt, das die Welt als erstes nonstop umrundet hat. Der Flügel der STARS & STRIPES bestand aus drei Elementen (siehe Zeichnung 2.9). Die Haupttragfläche war Element 1 mit einer dahinter liegenden Klappe von 20 Prozent Länge (2). Man kann das mit einer Genua vergleichen. Element 1 bestand aus dem vorderen und mittleren Teil des Segels, Element 2 war das Achterliek. Dieses zweite Element hatte acht individuell verstellbare Einzelklappen. Hinter den Klappen gab es einen vertikalen Schlitz, ähnlich wie den Schlitz zwischen Genua und Großsegel, und dann folgten weitere Klappen (Element 3), sie entsprachen dem Großsegel.

Normales Segeltuch dehnt sich, ein solider Flügel bleibt starr. Dehnung, wir werden sie im Kapitel 4 näher erläutern, ist langsam, weil sie Energie absorbiert, anstatt sie in Vorwärtsbewegung zu verwandeln. Außerdem macht ein Se-

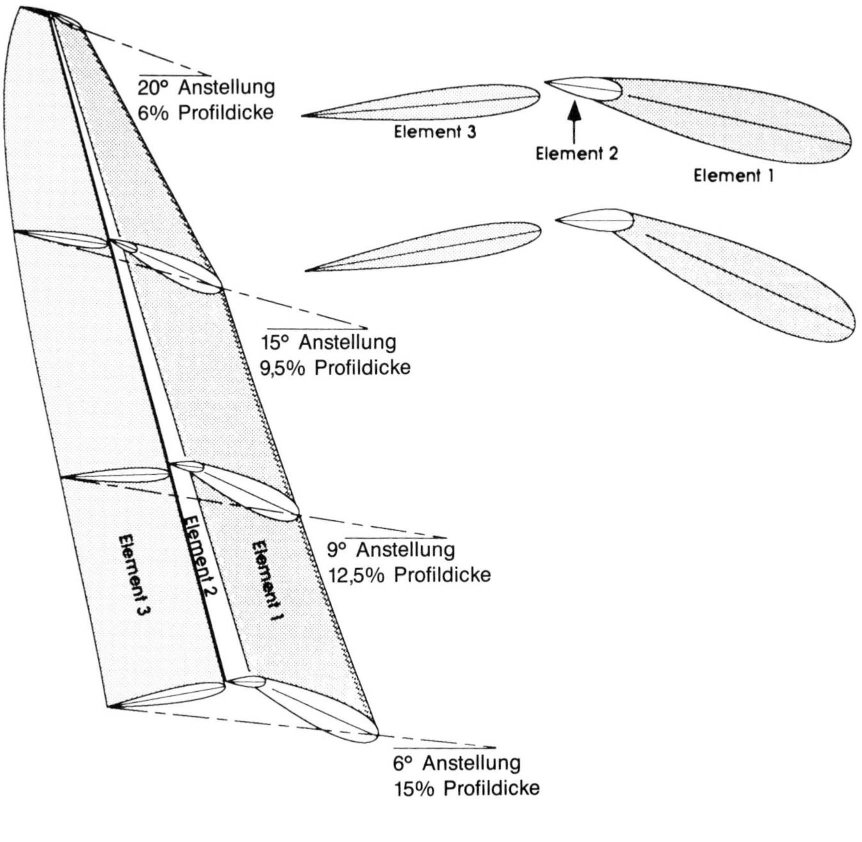

2.9 *Das starre Flügelrigg des Katamarans STARS & STRIPES '88.*

gel aus Tuch immer einen Kompromiß bei der Profilierung notwendig. Die Form des Achterlieks hängt von der Form des Anschnitts ab, und beide Seiten werden wiederum von der Form in der Mitte des Segels beeinflußt.
Ein Flügel hingegen, der aus vielen beweglichen Einzelteilen besteht, läßt sich sehr genau profilieren. Wichtige Profilelemente — Wölbung und Tiefe, Anstellung und Schotzug, Verwindung und der Winkel der hinteren Segelpartie — lassen sich exakt realisieren. Durch die bessere Profilierung ist ein Flügel effektiver als ein Tuchsegel. Auch die harmonisch gerundete Anschnittkante ist ideal. Wir wissen, wenn die Windfäden in Luv und Lee vorn in einer Tuchgenua sehr unruhig flattern, trifft der Wind die Anschnittkante des Segels nicht richtig. Jedes Flattern ist das Anzeichen für eine ablösende Strömung. Reißt die gesamte Strömung ab, geht der Auftrieb vollkommen verloren. Steht ein dünnes Segelprofil in zu kleinem Winkel im Wind, tut es das, was eine Flagge macht: Es beginnt zu flattern.
Mit einer runden, voluminösen Anschnittkante wie an einem Flugzeugflügel liegt die Strömung viel stabiler an. Ein Flügelrigg hat mehr Auftrieb und/oder weniger Widerstand als ein Tuchrigg. Das heißt, es entwickelt mehr Kraft pro Quadratmeter Segelfläche.
Trotz all der Theorie hat mir das Katamaransegeln ebensoviel Spaß gemacht wie mit vielen anderen Schiffen auch. 1988 haben wir zwei Schiffe gebaut, eins mit einem Rigg für Tuchsegel, das andere für den Flügelmast. Ich habe so viel Freude an der Geschwindigkeit gefunden, daß ich den Kat mit den Tuchsegeln behalten habe und damit in meiner Freizeit herumschippere.

KAPITEL 3

Yachtbau: Materialien und Methoden

Faserverstärkter Kunststoff ist das dominierende Bootsbaumaterial — für Yachten der neuen internationalen America's Cup-Klasse (IACC) ebenso wie für Maxiyachten, Fahrtenschiffe und Jollen. Das war natürlich nicht immer so, früher verwendete man ausschließlich Holz. Segler wie Bootsbauer zeigten damals wenig Interesse, sich von ihrem Werkstoff zu trennen, der nahezu sechstausend Jahre für den Schiffbau verwendet worden war.

Tatsächlich aber ist nur ein geringer finanzieller Einsatz nötig, um Boote aus Kunststoff zu bauen. Alles was man braucht, ist eine Form, Harz, Kunstfasern und wenige Werkzeuge, die überall erhältlich sind. Zusammen ergeben diese Komponenten nach einer chemischen Reaktion ein Kunststoffboot aus Fiberglas oder korrekter ausgedrückt aus glasfaserverstärktem Kunststoff, abgekürzt GFK.

Man vergleiche dies mit den hohen Investitionen für Facharbeiter und Maschinenpark, die für den traditionellen Bootsbau erforderlich sind. Um sein Revier zu verteidigen, erwog der amerikanische Verband der Maschinen- und Bootshersteller (NAEBM) in den 50er Jahren, die Verwendung von Fiberglas zu verbieten.

Nach schwierigen Anfängen akzeptierten die Bootsbauer und ihre Kunden das neue Material unter dem Motto „Besser leben durch Chemie". Heute werden mit Abstand die meisten Yachten und Boote aus GFK gebaut. Einige von ihnen sind älter als 30 Jahre und immer noch gut beeinander.

Nicht alle GFK-Boote werden auf dieselbe Weise gebaut. Es gibt Schiffe, die uns wahrscheinlich alle überleben, und solche, die nach einer Saison „auf" sind. Ich habe gerade von einem 50-Fußer gehört, der seine Jungfernfahrt nicht überstanden hat; das Hauptschott war samt Mast herausgebrochen — allerdings ein Extrembeispiel. Andere Schiffe dagegen sind überdimensioniert. Schwer in Heck und Bug, schaukeln sie sich in der Welle auf. Sie sind dadurch unkomfortabel zu segeln und langsam. Oder diese Boote sind generell zu schwer und dadurch langsam. Zu leicht gebaute Rümpfe dagegen geben nach. Mit jedem Nachgeben des Rumpfes wird das Vorstag lockerer und dadurch der Bauch des Vorsegels größer. Das ist genauso, als ob man in jeder Bö die Vorsegelschot fieren würde: Energie, die in Vorwärtsbewegung umgewandelt werden könnte, geht verloren. Die interne Bewegung des Rumpfes wird außerdem zu Schäden im GFK-Laminat, dem Schichtaufbau, führen.

Ein Regattasegler muß den Bootsbau verstehen. Es gibt keine zwei GFK-Boote, die exakt identisch sind, auch nicht bei Serienschiffen oder in Einheitsklassen. Diese Unterschiede können ein Boot schnell und das andere, augenscheinlich identische, langsam machen. Auch der Fahrtensegler, der sich ein Schiff anschaffen möchte, sollte sich etwas im Bootsbau auskennen. Eine Yacht könnte von großem Wert sein und Jahre von problemlosem Gebrauch bescheren, während die andere mehr Ärger bringt, als sie wert ist.

Die Gründe für die Überlegenheit von GFK sind bekannt. Kunststoffboote erfordern deutlich weniger Wartung als alle anderen Bootsbau-Materialien. Außerdem sind die Roh-Materialien relativ günstig im Einkauf und einfach zu verarbeiten, was die Boote billiger macht. Das Material hat ein günstiges Verhältnis von Stärke zu Gewicht. GFK kann nicht verrotten und wird nicht von Parasiten wie Holzwürmer befallen. GFK ist zwar nicht komplett wasserdicht — man denke da auch an das Problem der Bläschenkrankheit Osmose —, aber es ist vergleichsweise wasserbeständig.

Es gibt aber Alternativen, zum Beispiel formverleimte Holzrümpfe. Hier werden mehrere dünne Holzbahnen mit Harz über einer Form zu einem hochwertigen Werkstück verklebt. Weitaus seltener geworden ist die traditionelle Methode, wo Holzplanken auf einem Gerüst aus Spanten verschraubt werden. Außerdem ist Aluminium ein beliebtes Material besonders für größere Fahrtenyachten. Die billigere Alternative dazu ist Stahl, was ebenfalls noch einige Werften anbieten und manche Selbstbauer verarbeiten.

Das erste GFK-Boot, an das ich mich erinnern kann, war die in den USA populäre Cal 40 (ein Design von Bill Lapworth, behandelt in Kapitel 2). Ich sah dieses Boot Mitte der 60er Jahre in Chicago und war nicht beeindruckt. „Was für eine Gurke", entfuhr es mir. Diese frühen GFK-Schiffe hatten etwas, das dem

Auge schmerzt. Die hatten den Charme von Joghurtbechern, mit denen sie oft verglichen wurden.
Ich änderte meine Meinung, als ich merkte, wie gut diese Cal 40 segelte. Dieser 40-Fußer war an der Kreuz so schnell wie die hölzernen 46-Fußer der damaligen Zeit. Raumschots war es ein Gefühl wie Fliegen, und das Boot surfte einfach die Wellen hinunter. Das war etwas, das ich nicht sehr oft gesehen hatte, bevor diese Boote auftauchten.
Die Cal 40 machte einen Gläubigen aus mir. Da sie ein komplett neues Schiff war, wußte ich nicht, ob sie durch ihren Bauweise oder durch ihre neue Konstruktion so schnell war. Ich glaube beides trug dazu bei. Wie auch immer, das Starboot, das Alan Raffee aus GFK uns für die olympischen Ausscheidungen 1968 gebaut hatte, war ein Triumph des Materials. Es war eines der ersten, wenn nicht das erste Starboot aus GFK. Wir segelten damals in der Lightning-Klasse und wollten uns mit den großen Jungs im Starboot messen. Bei der Überführung des Bootes im April 1968 wußten wir noch nicht einmal, wie man so etwas auf dem Trailer transportiert. Als wir es das erste Mal versuchten, haben wir das Boot verkehrt herum abgesetzt.
Obwohl komplette Neulinge in der anspruchsvollen Klasse, waren Raffee und ich mit unserem neuen Boot so schnell, daß wir nur Lowell North in der abschließenden Wettfahrt der Ausscheidung in San Diego schlagen mußten, um das Ticket zu den Olympischen Spielen in der Tasche zu haben. Wir lagen denn auch vor ihm, berührten aber eine Tonne und wurden disqualifiziert. Ich habe eine vage Erinnerung daran, wie wir gegen North à la Match Race kämpften und plötzlich in eine Situation verwickelt wurden, in der wir die Tonne berühren mußten. Raffee und ich gehörten noch nicht in diese Liga. Alles, was wir hatten war ein sehr schnelles GFK-Boot. North nahm unser Starboot als Sparringspartner mit nach Acapulco zu den Olympischen Spielen. Der synthetische Rumpf war unterm Strich schneller als NORTH STAR, Lowells hölzerner Star. North aber segelte bei den Spielen sein eigenes Schiff, weil er zu dem eine Beziehung entwickelt hatte. Er gewann die Goldmedaille.
Aus dieser Geschichte sind einige Fußnoten von Bedeutung. Der Ersatzmann der olympischen Segelmannschaft der USA 1968 war John Marshall, ein junger Absolvent der Harvard Universität. Er segelte unser Starboot, um North fit für die Konkurrenz zu machen. North war beeindruckt von Marshall und bot ihm einen Job in seiner Segelmacherei an. Später wurde Marshall Präsident von North Sails und segelte mit mir 1980 und 1983 im America's Cup. Dann war er mein Design-Direktor in den America's Cups 1986-87 und 1988.

Die andere Sache, an die ich mich bei den olympischen Ausscheidungen 1968 erinnere, hat weder mit Bootsbau noch mit Design zu tun, erzählt aber die Konstruktion meines Lebens. Ich verschob meine Hochzeit — zum zweiten Mal —, als die Termine für die Ausscheidung geändert wurden.

Die Geschichte des GFK-Bootsbaus

Fiberglas tauchte zum ersten Mal bereits 1836 in Frankreich auf. Die Patentschrift spricht von einer glasähnlichen Substanz, die durch Dampf weich gemacht war und zum Weben verwendet werden sollte. Anfang dieses Jahrhunderts gab es Fiberglas-Einlagen zum Aussteifen von Hemdkragen. 35 Jahre später erschien das moderne Fiberglas, das aus geschmolzenem Glas hergestellt wurde — daher der Name. Man nannte es A-Glas.

Nach meiner Kenntnis baute Ray Greene aus Toledo in Ohio in den 30er Jahren das erste Fiberglas-Schiff. Es war ein Boot vom Typ Snipe. Greene verwendete Harze aus Urea und Melamin und gewöhnlichen Tuchstoff für die Verstärkung. Um Tuch und Harz zu härten, benutzte er einen kleinen Autoklaven. Das ist eine Vorrichtung, die Hitze und Druck liefert. Einige Zeit später konnten die neuen Harze bei Raumtemparatur aushärten.

Ein kleiner Sprung um 50 Jahre: Die Bootsbauer entdeckten wieder Hitze und Druck zum Aushärten der Rümpfe. Das wird besonders bei Schiffen und anderen einzelnen Bauteilen wie Ruderblätter und Masten getan, die aus Kohlefaser entstehen. Auch die neuen Yachten der International America's Cup Class (IACC) werden auf diese Weise hergestellt*.

1942 baute Greene Boote aus Polyesterharz, das durch Fiberglas verstärkt wurde. Polyesterharz ist auch heute noch der meistverwendete Harztyp.

Nach dem zweiten Weltkrieg waren die gebräuchlichen Baumaterialien wie Holz, Aluminium und Stahl knapp, und so stieß Fiberglas in diese Lücke. Die erste serienproduzierte Segelyacht war wahrscheinlich die rund zwölf Meter lange BOUNTY, die Fred Coleman 1959 in Sausalito/Kalifornien baute. Die BOUNTY entstand sogar als erste aus vorgetränkten Fasern, den sogenannten Pre-Pregs (folgt später).

* Meine IACC-Yacht wurde von der Werft Eric Goetz Custom Sailboats in Bristol/Rhode Island gebaut. Der Autor dankt Eric Goetz für die Hilfe bei der Vorbereitung zu diesem Kapitel.

Ein weiteres bedeutendes GFK-Schiff der ersten Jahre war die Triton, eine achteinhalb Meter lange Konstruktion von Carl Alberg, die in Bristol/Rhode Island von den Vettern Clinton und Everett Pearson gebaut wurde. Mehr als tausend Boote fanden ihre Käufer. Wichtig ist auch die Columbia 29, ein Design des New Yorker Konstruktions-Teams Sparkman & Stephens (S & S), das in den frühen 60er Jahren in Costa Mesa/Kalifornien in der Werft Glass Marine entstand. Costa Mesa wurde später zu einem Mekka für den GFK-Bootsbau in den USA.

Wie bereits erwähnt, zeigte sich die Gemeinschaft der Wassersportler gegenüber diesen frühen GFK-Schiffen sehr skeptisch. Die Kunden zweifelten an der Haltbarkeit des neuen Materials. Damit konfrontiert, baute man viele der ersten Boote deutlich überdimensioniert. Viele dieser Schiffe wurden dadurch über 30 Jahre alt.

1962 erschien in der September-Ausgabe der amerikanischen Zeitschrift YACHTING ein Artikel mit der Überschrift „Ein Bericht über die Langzeit-Haltbarkeit von Fiberglas-Booten". Darin wurde ein Test beschrieben, den die US-Küstenwache an drei zwölf Meter langen GFK-Schiffen durchgeführt hatte, die bereits zehn Jahre alt waren. Diese verglich man mit in Alter, Größe und Typ identischen Stahlschiffen. Alle Schiffe waren regelmäßig gewartet worden. Aber: Die Wartungskosten betrugen bei den GFK-Booten nur ein Fünftel gegenüber denen der Stahlschiffe. Das Fazit hob Fiberglas als das überlegene Bootsbaumaterial heraus. Der Artikel repräsentierte damit auch das Ende der Holzbootsbau-Ära.

Der chemische Prozeß

Die chemische Reaktion, die GFK-Schiffe erst möglich macht, heißt Polymerisation. Und die funktioniert so: Etwas Weiches (Glasfasern) wird durch die Hinzufügung einer Flüssigkeit (Harz) und eines Katalysators zum Einleiten der chemischen Reaktion hart gemacht. Oft wird auch ein Beschleuniger eingesetzt, um diesen Prozeß zu verkürzen. Das Harz bildet dann eine feste Struktur um die Glasfasern.

Die Harze

Die am meisten verwendeten Harze im Bootsbau-Polyester, Vinylester und Epoxid — bestehen aus langen Molekülen. Diese Moleküle bestehen wiederum aus Atomen, die chemisch längsgerichtet und nicht quer verbunden sind. Der Katalysator, meistens Methyl-Äthylen-Ketone-Peroxid, startet eine chemische Reaktion, durch die sich die Atome auch quer verbinden. Diese Querverbindung macht aus dem flüssigen Harz ein festes Material. Da die Harze aber spröde und brüchig sind, werden sie durch Fasern verstärkt.

Das Harz bildet eine feste Struktur um die Fasern, die als Gelege, Gewebe oder ungeordnete Matte eingebracht werden können. Das alles ergibt ein Laminat, dünne Lagen von fest verbundenem Material. Das Harz muß genug dehnen können, um die auftretenden Belastungen zu den stärkeren Fasern weitergeben zu können. Polyester zum Beispiel dehnt nur sehr wenig (ein Prozent), bevor es bricht. Epoxid dagegen kann zwischen vier und sieben Prozent dehnen. Durch einen größeren Bereich zwischen der sicheren Arbeitslast und der Bruchlast tendieren Epoxid-Boote zu einer längeren Haltbarkeit gegenüber Polyester-Booten.

Die anderen Aufgaben des Harzes sind, Wasser vom Laminat fernzuhalten und das Laminat zusammenzuhalten. Außerdem liefert das Harz einen chemischen Schutz, beispielsweise gegen Öl im Wasser. Und schließlich ermöglicht erst das Harz die vielgepriesene glatte und glänzende Außenhaut der Yacht. Um alle diese Forderungen zu erfüllen, muß das Laminat besonders in der äußersten Schicht über einen hohen Harzanteil verfügen. Andererseits bedingt ein starkes Laminat ein hohes Verhältnis von Fasern zu Harz. Diese widersprüchlichen Vorgaben kann der Bootsbauer durch hochwertige Materialien vereinen.

Fiberglas

A-Glas, das aus geschmolzenem Fensterglas besteht, wird im Bootsbau mittlerweile nicht mehr verwendet. E-Glas entstand als nächstes. Entwickelt als elektrische Isolierung, ist E-Glas preiswert, und daher entsteht die Mehrheit aller Boote auch heute noch aus diesem Material. Dann tauchten S-Glas und R-Glas auf. Neben anderen Qualitäten sind S-Glas und R-Glas leichter, stärker und fester als E-Glas. Diese Eigenschaften sind im Bootsbau wichtig, und gehen meist mit einer vierten einher: Sie sind teurer. S-Glas und R-Glas kosten mindestens fünfmal soviel wie E-Glas.

Kevlar

Neben Glas- werden auch andere Fasern im Bootsbau als Verstärkung eingesetzt. Darunter auch Kevlar, bekannt durch die Verwendung in hochwertigen Regatta-Segeln. Kevlar, der Produktname des Chemie-Konzerns DuPont für seine Aramidfaser, kommt in zwei Formen daher: Kevlar 29 und 49. Während Segelmacher meistens das leichtere Kevlar 29 verwenden, benutzen die Bootsbauer hauptsächlich 49.
Kevlar wurde von DuPont unter dem Namen Faser B entwickelt und hatte 1970 anfangs einen erfolglosen Auftritt als Segeltuch. Es wird heute unter anderem in Autoreifen und kugelsicheren Westen eingesetzt. Wie zuvor R- und S-Glas kam das neue Material aus der Luft- und Raumfahrt. Kevlar ist doppelt so stark wie E-Glas, aber mindestens zehnmal teurer.

Kohlefaser

Kohlefaser oder auch Karbon ist das festeste Material im Bootsbau und widersteht der Dehnung sehr gut (Zugfestigkeit). Auch gegen Vibrationen und Ermüdung ist das Material sehr widerstandsfähig. Allerdings hat Karbon keine gute Punktbelastbarkeit. Daher kombiniert man es gerne mit anderen, punktbelastbareren Materialien wie zum Beispiel Kevlar, S-Glas und R-Glas.
Die America's-Cupper sind aus Kohlefaser hergestellt, und auch die Masten bestehen aus diesem Material. Auf Fahrtenyachten sind Kohlefaser-Riggs ebenfalls im Kommen. Solche Masten sah man bereits 1970 auf den verschiedenen Freedom-Yachten von Garry Hoyt aus den USA. Dessen Boote tragen meist einen unverstagten Kohlefasermast. Der Segelmacher und Rigger Ted Hood bietet jetzt auch seine Stoway-Rollreff-Masten aus Karbon für Fahrtenyachten an. Fahrten- wie Regattasegler wechseln von Aluminium zu Kohlefaser als Mastmaterial, um Gewicht im Rigg zu sparen. Weniger Gewicht bedeutet hier weniger Krängung, was schneller und auch komfortabler ist. Kohlefaser wird im Bootsbau auch für Ruderräder, Ruderblätter, Ruderschäfte, Spinnakerbäume und sogar Beschläge eingesetzt. Das spart Gewicht insgesamt und besonders in Bug und Heck, wodurch sich das Stampfen verringert.
Kohlefaser, heute ein gebräuchliches Material, wurde wie damals Fiberglas beinahe verbannt. Im Sturm des Fastnet Race 1979 versagten fünf Ruderschäfte

aus Kohlefaser. Zuvor war schon im Channel Race bei moderatem Wind das Ruder auf dem Schiff von Sir Edward Heath, dem früheren Premierminister von Großbritannien, gebrochen.
Diese Ruderschäfte bestanden aus Kohlefaserlagen über einem Aluminiumkern. Denn 1979 waren die Konstrukteure und Bootsbauer gegenüber dem neuen Material noch skeptisch und meinten, daß hier doppelt besser halten würde. Sie addierten einfach die Stärken von Karbon und Aluminium. Karbon ist aber sehr steif, und Aluminium biegt leicht. Also mußte bei dieser Bauweise die Kohlefaser allein die Last übernehmen.
Kohlefaser, egal, ob ausschließlich verwendet oder mit einem zusätzlichen Material wie Kevlar, hat sich mittlerweile ihren Platz im Bootsbau erarbeitet. Der immer noch vorhandene Mangel an allgemeiner Akzeptanz geht auf die Tatsache zurück, daß Karbon schwieriger als andere Fasern zu verarbeiten ist. Und dann sind da noch die Kosten: Kohlefaser kostet je nach Typ 25- bis 100mal mehr als E-Glas. Die Unterschiede liegen im Karbon-Anteil, und der kann zwischen 91 und 95 Prozent variieren. Allerdings sinken die Preise für diese Materialien in letzter Zeit.

Matten, Rovings, Gelege und Pre-Pregs

Die einzelnen Materialien wie E-, R- und S-Glas, Kevlar und Kohlefaser werden in unterschiedlichen Formen angeboten. Darunter sind billige Standardmatten, Rovingmatten, Gelege und Pre-Pregs. Die Form des Materials hat direkten Einfluß auf die Bauweise und in einigen Fällen auch auf die Qualität der Yacht.

Matten

Bei der Herstellung einer sogenannten Standardmatte werden Glasfasersträhnen in rund drei Zentimeter lange Stücke gehackt. Diese Stücke fallen aufs Geratewohl auf eine Matte auf einem Förderband. Ein Binder klebt die Häcksel an der Matte fest. Im Kapitel 4 lesen Sie, wie wichtig es ist, die Tuchfestigkeit eines Segels den auftretenden Belastungen anzupassen, um die Verformung und Dehnung zu verhindern. Das ist auch ein Thema im modernen Bootsbau. Durch die eher zufällige Struktur der konventionellen Glasfasermatte, die aussieht wie eine Lage Sauerkraut, kann deren Stärke jedoch nicht sehr akkurat auf die Belastung zugeschneidert werden.

Angesichts dieser zufälligen Ausrichtung der Krautmatte legen die Bootsbauer die Matten abwechselnd um 90 Grad verdreht auf. Das verbessert zwar die Stärke eines Laminates aus Matte, aber im Vergleich zu anderen Methoden ist das immer noch nicht viel.

Da die Matte relativ billig herzustellen und einfach zu verarbeiten ist (das Material wird beispielsweise problemlos vom Harz durchtränkt), wird sie gern benutzt. Die Gesamtstärke des Laminates kann aber darunter leiden. Wie bereits gesagt, ist ein Maß für die Stärke das Faser-Harz-Verhältnis. Ein typisches Mattenlaminat kann aus 30 Prozent Faser und 70 Prozent Harz bestehen — ein niedriges Verhältnis.

Die Matten bestehen meist aus E-Glas, dem billigsten Verstärkungsmaterial. Der Bootsbauer schneidet die Matten auf Größe und legt sie mit der Hand in die Bauform. Diese Bauweise nennt man Handauflegeverfahren (folgt später).

Rovings

Das Glas kann in Strähnen zusammengefaßt werden, und diese Strähnen können auf einer Spule aufgewickelt werden. Dieses Fiberglasmaterial bezeichnet man als Glasroving. Die Rovings verarbeitet man zu Geweben oder setzt sie mit einer Spritzpistole ein. Letztere ist ein Werkzeug, mit dem man das Glas kleinhackt und zusammen mit Harz und Härter in die Form spritzt. Das Kombinieren aller Vorgänge mit einem Werkzeug macht das Zuschneiden und Auflegen der Fasern sowie das Mischen und Aufbringen von Harz und Katalysator überflüssig. Das Spritzverfahren ist der einfachste Weg zum Verarbeiten von Glas und macht so das Boot vergleichsweise kostengünstig. Für diese Methode werden meist außerdem Rovingstränge aus dem billigen E-Glas benutzt.

Boote, die aus Matten oder im Spritzverfahren hergestellt sind, können perfekt sein, besonders wenn das Glas-Harz-Verhältnis hoch ist oder die Boote dick genug gebaut sind. Dickere Laminate können ein stärkeres und damit möglicherweise haltbareres Boot erzeugen, bedeuten jedoch auch zusätzliches Gewicht. Das ist aber nicht zu akzeptieren, wenn Geschwindigkeit wichtig ist. Die Qualität dieser Schiffe hängt auch von den Fähigkeiten des einzelnen Bootsbauers ab. Im allgemeinen werden die Materialien nicht besonders großzügig oder gut eingesetzt.

Gewebe und Gelege

Aus Rovings können wie gesagt auch Gewebe hergestellt werden. Dieses Roving-Gewebe ist leichter und stärker als die oben beschriebene Matte. Alle Materialien verlieren jedoch an Festigkeit, wenn sie verwoben werden, da beim Weben einzelne Strähnen belastet werden und so geschwächt oder sogar zerrissen werden können. Ein schonender Webvorgang kann dies herabsetzen. Da aber beim E-Glas die Betonung auf den geringen Kosten liegt, wird man es normalerweise nicht mit einer teureren, aber weniger schädlichen Technik weben. Schonendes Weben ist den teureren Materialien vorbehalten.

Schonendes Weben und teurere Materialien erlauben ein höheres Faser-Harz-Verhältnis, da das Gewebe dünner wird und so das Harz besser aufnimmt. Das Harz muß nicht großzügig aufgebracht werden, um die Fasern zu durchtränken. Dünnere Fasern sind einfacher zu verarbeiten und erfordern schon dadurch weniger Harz. Verwobene Rovings liefern eine bidirektionale oder eine unidirektionale Belastungsrichtung. Das erlaubt es dem Konstrukteur und dem Bootsbauer, die stärkeren Fasern auf die vorausberechneten Lasten in Rumpf und Deck auszurichten. Wie in der Segelherstellung werden auch im Bootsbau die stärkeren Fasern in die Lastrichtung gelegt.

Wie erwähnt, gibt es E-Glas und auch besseres R- und S-Glas als Roving-Gewebe. Die Gewebe können auch aus verschiedenen Fasern kombiniert sein, zum Beispiel aus Kohlefaser und Kevlar. Dieses Kohle-Kevlar-Gewebe bietet die Festigkeit von Kohlefaser und die Punktbelastbarkeit von Kevlarfaser und eine beträchtliche Gewichtsersparnis.

Pre-Pregs

Wenn die Fasern durch Harz und Härter bereits vom Hersteller vorgetränkt sind, nennt man dieses Material Pre-Preg (das kommt von preimpregnated, vorimprägniert). Die Pre-Pregs kommen meist mit Epoxid-Harz und in katalysierter Form als Rollen zum Bootsbauer. Der Härter ist also bereits zugefügt und die chemische Reaktion (die Polymerisation) dadurch — wenn auch langsam — bereits eingeleitet. Pre-Pregs werden in der Kühltruhe gelagert, um diesen chemischen Prozeß bis zum Bau zu verlangsamen. Richtig gekühlte Pre-Pregs haben eine Lebensdauer von rund einem halben Jahr. Sie können aus verwobenen oder gelegten Fasern bestehen.

Pre-Pregs werden hauptsächlich zusammen mit einem Kernmaterial verarbeitet, wie zum Beispiel Wabe. Da die chemische Reaktion bereits auftritt, sind Pre-Pregs klebrig. Dadurch haftet die Wabe oder ein anderes Kernmaterial einfach. Durch hohe Hitze und hohen Druck wird dieser Verbund permanent. Die Hitze beschleunigt die chemische Reaktion, und der Druck preßt die einzelnen Lagen des Laminats wie eine gigantische Schraubzwinge zusammen. Der Druck verdrängt auch Lufteinschlüsse, die das Laminat schwächen würden. Eine Serienyacht aus E-Glas in Standardmattenform könnte ein Faser-Harz-Verhältnis von 30 zu 70 haben. Das Harz ist einfach aufzubringen, es füllt auch die kleinen Löcher zwischen den Fasern aus, aber es bringt nur wenig mehr Festigkeit in das Laminat. Bei unserem America's-Cupper aus Pre-Pregs erreichte der Bootsbauer Eric Goetz ein Verhältnis von 60 zu 40. Noch mal: Je höher dieses Verhältnis ist, desto stärker das Boot.

Kernmaterialien

Beulsteifheit ist kritisch beim Bootsbau. Ein nachgebender Rumpf bringt das Vorstag weiter zum Durchhängen, und das macht das Vorsegel tiefer — so als würde man in einer Bö die Schot fieren. Das Nachgeben oder die Bewegungen im Rumpf ermüden außerdem das Laminat; denken Sie an einen Draht, den man vor- und zurückbiegt, bis er schließlich bricht. Außerdem erzeugt der Kiel ein aufrichtendes Moment, wodurch an der Nahtstelle zwischen Kiel und Rumpf ein Drehmoment entsteht. Dazu wird der Rumpf stark belastet, wenn das Boot in eine Welle schlägt. Das beste Gegenmittel für alle diese Kräfte ist Beulsteifheit — der Widerstand gegen Biegung.
Beulsteifheit ist beim Bootsbau einfach zu erzeugen. Man muß lediglich das Laminat dicker machen. Dicker bedeutet aber auch hier normalerweise schwerer, und das steht im Widerspruch zu Geschwindigkeit. Um Gewicht zu sparen — besonders in den Enden, um das Stampfen zu verringern —, begannen die Bootsbauer in den späten 70er Jahren damit, das relativ schwere Fiberglas in der Mitte des Laminates durch ein deutlich leichteres Kernmaterial zu ersetzen. Das kann Balsaholz oder PVC-Schaum (Polyvenylchlorid) sein. In jüngerer Zeit wird Wabe eingesetzt, die aus Aramid-(Kevlar-)Vlies, Karbon oder auch Pappe bestehen kann (siehe Foto 3.1). Das Ergebnis ist ein Sandwich: Zwei Teile Laminat aus Kevlar, Glas oder Kohlefaser ummanteln einen Kern. Eine Sandwichkonstruktion im Bootsbau leistet dieselbe Arbeit wie der

3.1 *Das entstehende Sandwichdeck der* Insatiable *wird mit Kernmaterialien belegt. Der dunkle Werkstoff ist Nomexwabe, der weiße hochdichter Schaum, der dort eingesetzt wird, wo man später die Beschläge montiert. Das graue Material ist leichterer Schaum.* (*Foto: Eric Goetz Custom Sailboats, Inc.*)

Doppel-T-Träger im Hoch- und Brückenbau. Der Kern hält die äußeren Schichten parallel auseinander, er ist lediglich ein Abstandshalter. Ein Doppel-T-Träger ist steifer und leichter als ein solides Profil aus demselben Material. Auch auf dem Boot hält das Kernmaterial nur die beiden Laminatschichten parallel auseinander. Der Kern und die Außenschichten arbeiten zusammen. Ebenfalls wie beim Doppel-T-Träger ist die daraus entstandene Struktur leichter und steifer als ein Voll-Laminat.

Die Forderung nach mehr Geschwindigkeit war nicht der einzige Grund für den Wechsel von schweren zu leichten Booten und zu einer vermehrten Verwendung von Sandwich-Laminaten. 1970 während der Ölkrise stiegen auch rasant die Kosten für Harz und Fasern, die auf Petroleum basieren. Der Preis für Harze beispielsweise verdreifachte sich. Und auch zu diesem Preis waren sie schwer erhältlich. Sandwich-Bauweisen, die Harz und Härter sparen, waren eine Reaktion auf diese Knappheit.

Im Kapitel 2 habe ich kommentiert, wie unangenehm es ist, eine technische Vorreiterrolle zu spielen. Wie auch immer, manchmal passiert es mir und dann meistens auf den Booten anderer Leute. Eine Nacht, in der ich mich sehr unwohl als Vorreiter im Bootsbau fühlte, war möglicherweise gleichzeitig die schlimmste Nacht in der Geschichte des Hochsee-Regattasegelns und ganz bestimmt die fürchterlichste in meiner Karriere. Ich skipperte im Admiral's Cup 1979 die WILLIWAW des amerikanischen Teams. Die letzte Wettfahrt des Admiral's Cup und der parallel laufenden Cowes Week ist traditionell das Fastnet Race. Während dieser Regatta wütete ein grausamer Sturm durch die Flotte. 15 Segler verloren ihr Leben, und 23 Schiffe wurden aufgegeben.

Die Wetterstörung, die diese Tragödie verursachte, produzierte zunächst Tornados im Tal von Ohio, kenterte dann mit 35 Knoten Windgeschwindigkeit zehn Regattaboote in Newport und tötete zwei Menschen in Massachusetts. Das Tiefdruckgebiet raste dann über den Nordatlantik auf Irland zu, um hier auf die Regattaflotte zu treffen. 302 Yachten mit Größen zwischen knapp zehn und 25 Meter waren auf dem Weg von Cowes/Südengland zum Fastnet Rock, rund zehn Seemeilen vor der südirischen Küste, und dann nach Plymouth — 605 Seemeilen insgesamt.

Die Gewalt des Sturms in dieser Nacht vom 13. auf den 14. August schüchterte mich ein. Unser Großsegel hatten wir bereits geborgen. Gesetzt war nur die kleine Sturmfock. Das war hart für das Rigg, da nun weder Großsegel noch Trysegel (Sturm-Großsegel) den Mast stützten. Wir versuchten nur noch zu überleben. Sicher wäre das kleine Trysegel in diesen extremen Bedingungen die richtige Wahl gewesen — unglaublicherweise hatten wir das aber in unserem Lieferwagen vergessen.

Wir waren zwölf oder dreizehn Segler auf der WILLIWAW, aber die Hälfte fiel bei diesen rauhen Bedingungen aus. Ich fühlte mich nicht sonderlich gut, versuchte aber, das für mich zu behalten. Ich glaube nicht, daß es besonders in einer Nacht wie dieser gut ist, als Skipper schwach zu wirken. Ich werde seekrank, allerdings nur nachts. Heute habe ich das aber etwas überwunden.

Von Zeit zu Zeit tauchten sogar unsere Salinge in den Wellen unter, und einmal war es noch schlimmer. Ein Segelsack mit Winschkurbeln und Ersatzblöcken lag unter Deck auf dem Fußboden. Der schwere Sack verabschiedete sich durch den Niedergang — der Kiel muß hoch in den Himmel gezeigt haben.

Ich habe es niemandem erzählt, aber ich konnte nicht schlafen. Ich befürchtete, daß das Boot auseinanderbrechen würde. Um die Enden leicht zu halten, war

der Cockpitboden eine Sandwich-Konstruktion aus Glas und einem Kern aus Nomex-Wabe. Der Boden gab nach, wenn man darauf ging, und er vibrierte, wenn man in das Cockpit sprang. Mich verfolgte eine Vision: Eine riesige Welle kracht in das Cockpit und wäscht den Cockpitboden fort. Dann wären wir gesunken. Die Konstruktion war aber in Ordnung, der Boden hielt.
Eine wichtige Lektion aus dieser Regatta verdient erwähnt zu werden. Eine Regel auf See besagt, daß der Segler am Schiff zu bleiben hat. Von den 23 aufgegebenen Yachten schwammen 18 nach dem Sturm immer noch. Sie waren gut gebaut. Die Crew versagt, bevor es das Schiff tut, wenn sie die Rettungsinsel frühzeitig benutzt. Daraus kann man nur lernen, daß die Regel gut, wenn auch nicht perfekt ist.

Der Serienbootsbau in der Negativform

Serienboote werden meistens *in* einer sogenannten Negativform gebaut. Einzelanfertigungen — egal, ob Selbstbau oder Regattamaschine — werden *über* einer Positivform gebaut.
Negativformen, also sozusagen leicht vergrößerte Boote ohne Innenleben, können immer wieder verwendet werden und eignen sich dadurch für den Serienbootsbau. Negativformen erlauben auch das Aufbringen von Gelcoat, der glänzenden und manchmal farbigen äußeren Schutzschicht. Ein Gelcoat wird meistens aus einem Polyesterharz hergestellt. Wenn das Boot aus der Form genommen wird, muß das Gelcoat ebenmäßig und hart sein. Das erspart weitere Arbeiten an der Außenhaut und senkt somit die Kosten.
Das Gelcoat nimmt jedoch jede Unebenheit der inneren Oberfläche der Negativform an, in der das Boot liegt; eine makellose Form ist also wichtig. Die Bootsbauer stellen ihre Formen meist ebenfalls aus GFK her und verwenden viel Zeit und Anstrengungen auf eine glatte innere Oberfläche.
Das Handauflegeverfahren ist die gebräuchlichste Herstellungsmethode im Serienbootsbau. Da die Boote in einer Negativform entstehen, werden sie von der äußeren Lage (Gelcoat) nach innen gebaut. Als erstes wird das Gelcoat in die gewachste Form gepinselt oder gesprüht. Das Wachs hilft später beim Trennen von Form und fertigem Rumpf. Das Gelcoat-Harz muß sehr dickflüssig und klebrig sein, damit es nicht nach unten verläuft. Wenn das Gelcoat ausgehärtet ist, bringen die Bootsbauer meist ein leichtes Gewebe als Schutz vor dem schwereren restlichen Laminat auf.

Dann beginnt das eigentliche Laminieren. Die Matte oder das Gewebe wird zurechtgeschnitten und mit der Hand in die Form gelegt. Der Vorgang erinnert an das Tapezieren. Der Bootsbauer benetzt die vorhergehende Lage mit dem klebrigen Harz und bringt die nächste Lage auf. Mit Pinsel und Rolle wird das Harz durch die Fasern gedrückt und die neue Lage an die vorherige gepreßt. Bei einem Sandwich-Laminat werden die äußeren Lagen wie beschrieben hergestellt, dann wird das Kernmaterial aufgeklebt. Das macht das Laminat dick und dadurch stark. Die Verbindung vom Kernmaterial zur äußeren Lage wird penibel auf fehlenden Kontakt untersucht. Dann stellt die Werft die innere Laminatschicht her und überprüft wieder die Verbindung.

Wenn Matte verwendet werden soll, gibt der Konstrukteur meist nur die Laminatdicke vor. Für weiterentwickelte Fasergewebe wird er auch das Gewebegewicht, die Faserorientierung, die Anzahl der Lagen und sogar das erwünschte Faser-Harz-Verhältnis spezifizieren. Festgelegt werden dann auch die Positionen von Blöcken, Winschen und anderen Beschlägen die möglicherweise eine

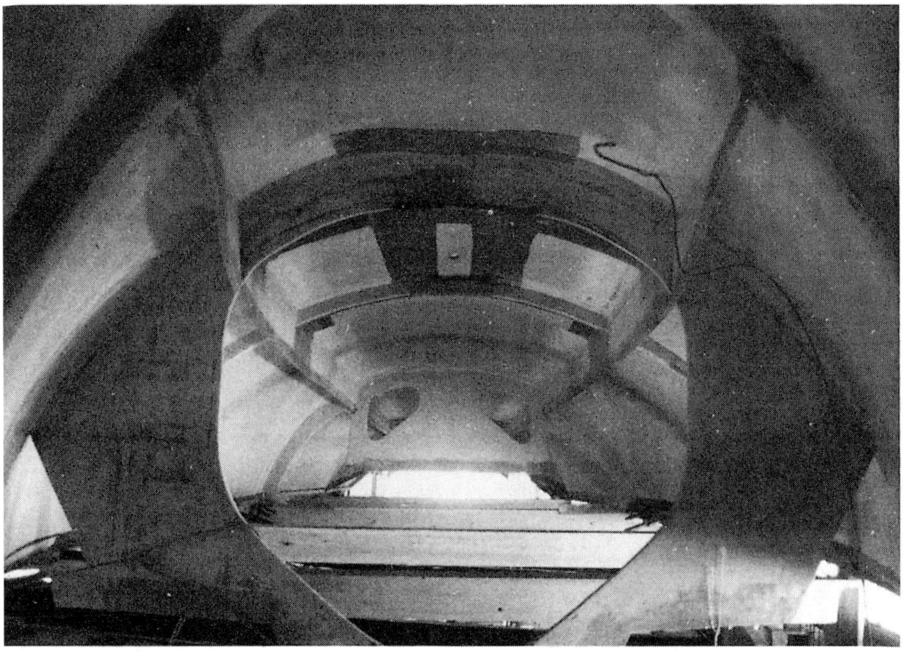

3.2 *Spanten, Stringer und Schotten steifen den Rumpf aus.*

(Foto: Eric Goetz Custom Sailboats, Inc.)

zusätzliche Verstärkung erfordern. An diesen Punkten wird dann das Kernmaterial zum Beispiel durch punktbelastbareres Voll-Laminat, Holz oder hochdichten Schaum ersetzt oder aufgedoppelt.
Der laminierte Rumpf wird meist zusätzlich durch Stringer, Spanten oder/und Schotten verstärkt (siehe Foto 3.2). Stringer und Spanten werden während des Laminierens eingeklebt. Schotten setzt die Werft in die fertige Rumpfhülle ein. Wenn das eigentliche Laminat fertiggestellt ist, wird es meist mit einem sogenannten Topcoat und manchmal zusätzlich mit einem feinen Gewebe versiegelt.
Der Vorgang besteht aus drei Stufen: 1. Fasern, Harz und Härter sind fertig zu einem homogenen Baustück laminiert, aber noch weich. 2. Die Aushärtungsphase, die mehrere Stunden dauert, bis das Boot sicher aus der Form gehoben werden kann. Selbst dann muß das Boot vorsichtig abgestützt werden. Sonst kann es sich verdrehen oder auf andere Weise außer Form geraten. 3. Sozusagen die Reifephase, die mehrere Tagen bis zu Wochen dauern kann. Hitze beschleunigt alle diese drei Phasen, und besonders die letzte.

Einzelbauten mit der Positiv-Form

Sowohl Selbstbauer als auch Werften stellen Einzelbauten über einer Positivform her. Der Bau beginnt durch Rahmen, die zwischen 60 und 90 Zentimeter entfernt voneinander aufgestellt werden (siehe Foto 3.3). Ein rund 23 Meter langer America's-Cupper wird beispielsweise mit der Hilfe von rund 25 präzise angefertigten Rahmen gebaut. Die genauen Abmessungen dieser Rahmen, die verschiedene verkleinerte Querschnitte der inneren Rumpfabmessungen sind, liefert der Konstrukteur. Unsere Konstrukteure für den America's-Cupper gaben dem Bootsbauer Eric Goetz vollformatige, computergezeichnete Schablonen auf Mylarfolie für die Herstellung der Rahmen. Ein zweiter Schablonensatz zeigte die gewünschten äußeren Abmessungen des Rumpfes und wurde zum Überprüfen des korrekten Materialaufbaus, also der Rumpfdicke benutzt. Die Rahmen werden auf einer schweren Holzstellage aufgestellt. Bevor der eigentliche Bootsbau beginnt, überprüft die Werft die Ausrichtung der Rahmen und die Übereinstimmung mit den Vorgaben des Konstrukteurs. Dann werden Heck-, Steven- und Kielbalken an dem Rahmengerippe angebracht, und das Ganze wird mit Leisten überdeckt. Das Ergebnis, die Positivform, sieht aus wie ein umgedrehter hölzerner Rumpf. Allerdings verbleiben zwischen den

3.3 *Eine Positivform entsteht aus Rahmen, die in einem Abstand von 60 bis 90 Zentimetern hintereinander aufgestellt sind und von einem Hilfsgerüst gehalten werden. Die Rahmen werden dann mit schmalen Holzleisten belegt, über denen die Bootsbauer die Rumpfform laminieren.* (Foto: Eric Goetz Custom Sailboats, Inc.)

Leisten gewisse Abstände. Vor dem Lamnieren prüfen die Bootsbauer, ob die Form ebenmäßig ist. Hervorstehende Punkte werden weggeschliffen, hohle Stellen aufgebaut.

Die Positivform muß stark und glatt, aber nicht so makellos wie die Negativform sein, denn das Laminat entsteht von innen nach außen. Außerdem wird die Form meist nicht ein zweites Mal benutzt. Diese Bauweise erlaubt kein Gelcoat, also muß die Werft den Rumpf schleifen, sorgfältig überarbeiten und lackieren.

Wie bereits erwähnt, liefert der Konstrukteur auch genaue Vorgaben zum Laminataufbau. Für einen America's-Cupper wird das nach einer sogenannten Finite-Elemente-Analyse berechnet. Das ist ein Computer-Konstruktions-Modell, bei dem die gesamte Rumpfgeometrie in einzelne kleine Flächen aufgeteilt wird und für jede Fläche die zu erwartenden Belastungen kalkuliert werden. Die Analyse isoliert außerdem die Bereiche, in denen zusätzliche Verstärkungen notwendig sind. Das sind beispielsweise Stellen, wo Beschläge wie Winschen und Umlenkblöcke montiert werden. Hier wird ein weiterer Mate-

rialaufbau nötig, was dasselbe ist wie beispielsweise ein Schothorn mit aufgedoppeltem Tuch. In beiden Fällen verteilt das zuätzliche Material die Last.
Früher laminierten die Bootsbauer zuerst den Kern und die äußere Laminatschicht. Nach dem Aushärten nahmen sie den Rumpf von der Form und stellten die inneren Lagen her. Heutzutage wird das gesamte Boot von innen nach außen gebaut.
Für mehr Festigkeit werden Einzelbauten ebenso wie Serienschiffe durch Stringer, Spanten, Schotten und Bodenwrangen zusätzlich ausgesteift. In einige Regattayachten ist ein sogenannter *strongback* eingebaut. Das ist ein Rahmen aus Aluminium oder Kohlefaser, der die Kräfte von Rigg und Kiel aufnimmt und vom übrigen Rumpf isoliert. Übertrieben dargestellt, dient die Rumpfhülle dann nur noch zum Wasserabhalten. Soweit mir bekannt ist, wendeten der Designer Ron Holland und sein Schwager, der Bootsbauer Gary Carlin, diese Methode erstmalig an.

Bootsbau mit Pre-Pregs

Kohlefaser ist zur Zeit das ultimative Material im Bootsbau. Es wird beispielsweise für die Rümpfe von Admiral's- und America's-Cuppern, für Spinnakerbäume, Ruderschäfte, Ruderblätter, Püttinge und auch für die Masten von Fahrten- und Regattayachten (sofern erlaubt) benutzt. Es gibt zwei Verarbeitungsmethoden für Kohlefaser: Pre-Preg und Pre-Wet.
Im Pre-Wet-Verfahren wird das Kohlefaser-Gewebe kurz vor dem Einsatz durch eine Maschine geführt, die es mit Harz benetzt. Dann drücken zwei Rollen das überschüssige Epoxidharz — Kohlefaser wird fast ausschließlich mit Epoxid verarbeitet — heraus. Das Ganze erinnert an eine altmodische Waschmaschine. Dann legt der Bootsbauer das Gewebe über die Form (siehe Foto 3.4).
Pre-Pregs dagegen sind Kohlefaser-Gewebe, die der Hersteller bereits mit Harz vorgetränkt hat. Das Material wird bis zur Verarbeitung gekühlt gelagert.
Die Pre-Wet- und die Pre-Preg-Gewebe können so lang wie der gesamte Rumpf sein. Diese Stücke voller Bootslänge nennt man auch Null-Gewebe, da sie in Richtung der Schiffsmittellinie verlaufen. Das ist die Orientierung dieser Gewebe: null Grad. Die Querschiffsrichtung hat demnach eine Orientierung von 90 Grad. Auf den America's-Cuppern sind diese Null-Gewebe knapp 23 Meter lang und fast einen Meter breit. Natürlich sind nicht alle Gewebe so lang.

3.4 *Hier wird der Bug des 50-Fußers* CAPRICORNO *aus vorgetränkter Kohlefaser laminiert.* (*Foto: Eric Goetz Custom Sailboats, Inc.*)

Je weniger Erfahrung der Bootsbauer hat, desto kürzere Stücke wird er verwenden.

Als erste Laminatschicht bringen die Bootsbauer die Kohlefaser auf. Dann folgt im High-Tech-Bootsbau meist ein Kern aus Wabe, die aus Kevlarvlies besteht und die Struktur von Honigwaben hat. Die Dicke der Wabe variiert zwischen 30 und 50 Millimetern. Für einen America's-Cupper dauert das Belegen der Rumpfform durch die innere Lage, das Kernmaterial und die äußere Lage zwischen vier und fünf Wochen.

Nach jeder Baustufe werden ein lockeres, atmendes Gewebe und ein großer Plastiksack lose über den gesamten Rumpf gelegt; mit einer Vakuumpumpe wird die Luft abgesaugt. Das preßt das Laminat wie eine formschlüssige Riesen-Schraubzwinge zusammen. Das Laminat wird härter und stärker, mikroskopisch kleine Lufteinschlüsse werden ebenso wie das überschüssige Harz herausgedrückt. Das Gewebe ermöglicht dabei einen gleichbleibenden Anpreßdruck, da der Plastiksack nicht am Laminat kleben kann.

Die Rümpfe der America's-Cupper werden mit einem Vakuumdruck von bis zu einer Atmosphäre hergestellt. Zusätzlich zum Druck wird das Laminat bei einer Temparatur von bis zu 95 Grad Celsius gebacken, was die chemische Reaktion beschleunigt. Die Klassenbestimmungen legen den maximalen Druck und die maximale Temparatur für den Bootsbau fest oder verbieten diese Methoden komplett. Ein America's-Cupper darf zum Beispiel nicht wärmer als auf die Temperatur von 95 Grad Celsius erhitzt werden, und der maximale Druck beträgt eine Atmosphäre. Das soll weitere Kostensteigerungen verhindern, da Hochtemparatur-Laminate nur aufwendiger herzustellen sind und zudem nicht jedes Land über diese Technologie verfügt. Für einen Druck von mehr als einer Atmosphäre reicht ein Vakuum-Sack nicht mehr aus, man würde dann einen deutlich teureren Autoklaven benötigen. Und es gibt nur sehr wenige Autoklaven, die ein Bauteil schlucken, das 23 Meter lang und fünfeinhalb Meter breit ist. Eine noch höhere Temparatur würde auch keine hölzernen Formen mehr zulassen.

Kleinere Bauteile dagegen wie Spinnakerbäume, Riggs und Püttinge dürfen aufwendiger hergestellt werden. Dann benutzen die Hersteller einen Druck von bis zu fünf Atmosphären und Temparaturen bis zu 140 Grad Celsius.

Wichtig für die Qualität des fertigen Bauteils ist die Überlappung der einzelnen Gewebe. Für die richtige Festigkeit müssen sich die Gewebe überlappen und nicht lediglich aneinander stoßen. Falls zu viele Überlappungen an einer Stelle auftreten, entsteht eine Beule an der inneren Laminatschicht. Nachdem das Kernmaterial aufgebracht ist, vergrößert sich diese Beule. Und wenn die äußere Laminatschicht fertiggestellt ist, wird die Beule noch größer. Ein beuliges Boot ist wie eine beulige Straße — man kann nicht schnell fahren. Daher muß ein Bootsbauer immer möglichst die Konzentrierung von Überlappungen vermeiden. Und auch daran erkennt man die bootsbauerischen Qualitäten einer Werft.

Wenn das Boot fertig laminiert ist, werden unerwünschte Hohlstellen mit den sogenannten *Microballoons* aufgefüllt. Das ist ein Staub aus winzigsten Kügelchen, der mit Epoxidharz zu einer Spachtelmasse angerührt wird und ebenso auf Aluminium- oder Stahlschiffen Verwendung finden kann. Metall verzieht sich beim Schweißen, und daher erfordern Boote aus diesem Material eine dickere Spachtelschicht als Kunststoffyachten.

STINGER war eine Doug Peterson-Konstruktion aus Aluminium, die Carl Eichenlaub in meinem Auftrag baute. Das war Eichenlaubs erstes Dickschiff aus Aluminium, und er lernte es zu bauen, indem er es baute. Die Rumpfplatten bog er nach einer selbsterdachten Methode zurecht. Tatsächlich fuhren seine

Arbeiter einfach mit einem Gabelstapler über die Platten, die sich so durchbogen. Eichenlaub ist ideenreich und konnte dies auch umsetzen. STINGER wurde kieloben gebaut. Zum Schluß schweißte Eichenlaub einfach ein Rohr an Heck und Bug; das Schiff sah aus wie ein aufgespießter Truthahn. Mit seinen Gabestaplern konnte er den Rumpf dann einfach an diesem Rohr umdrehen. Zum Glätten attackierten seine Arbeiter den Rumpf mit Microballoons-Spachtelmasse. das Boot war nach 22 Tagen fertig, und Eichenlaub baute ein Schwesterschiff in derselben Zeit.

STINGER hatte eine Spachtelschicht von sechs bis sieben Millimetern, was für Aluminiumschiffe ungefähr der Durchschnitt ist. Zum Vergleich: Der Kohlefaser-America's-Cupper von Eric Goetz benötigte nur einen Millimeter. Und wir verwendeten auch keine Microballoons sondern *Microlite* zum Glätten. Dieses Material ist härter und wiegt nur die Hälfte.

Wir siegten mit der STINGER 1975 im SORC. Nach der abschließenden Wettfahrt, dem Nassau Cup Race auf den Bahamas, standen Ted Turner und noch eine Person an der Pier und nahmen unsere Festmacher an. Turner und ich haben uns nicht oft unterhalten, nachdem ich ihn im Vorjahr auf der MARINER abgelöst hatte. Turner erzählte mir, daß er mein Schiff kaufen wolle. Ich forderte 60 000 US-Dollar. Er schlug ein; den Handel hielten wir auf einer Serviette fest.

Dann sagte Turner: „Da du jetzt kein Schiff mehr zum Segeln hast, gebe ich dir ein neues." Er stellte mich Jesse Philips vor, einem Industriellen aus Dayton/Ohio, der mit seinem 54-Fußer CHARISMA in jenem Sommer im amerikanischen Admiral's Cup-Team in England starten wollte. Ich sammelte meine Sachen auf der STINGER zusammen, gab Turner die Schlüssel und sah mir die CHARISMA an. Ich segelte schließlich auf ihr im Admiral's Cup 1975, meinem ersten.

Auch Serienboote sind unterschiedlich

Es dürfte klargeworden sein, daß der Kunststoff-Bootsbau keine genaue Wissenschaft ist. Es ist eine arbeitsintensive Tätigkeit, und ebenso wie bei Wellen und Menschen gibt es keine zwei Kunststoff-Yachten, die identisch sind — egal, ob Fahrtenyacht, Rennmaschine oder Serienschiff.

Die Mastspur beispielsweise ist oft unterschiedlich montiert, und das kann schon einen spürbaren Unterschied in bezug auf den Ruderdruck und die

Segeleigenschaften bewirken. Einige Boote sind leichter, andere schwerer. Das kann zum Beispiel vom verwendeten Material abhängen. Manche Yachten zeigen auch einen makelloseren Rumpf. Dies kann durch die Zeit beeinflußt werden, die das Schiff beim Aushärten noch in der Form verbringt. Einige Schiffe sind stärker, andere schwächer. Das hängt auch vom Faser-Harz-Verhältnis ab.

Die meisten dieser Dinge bleiben dem ungeschulten Auge natürlich verborgen. Sie können die Werft aber nach dem Harzanteil fragen, nach der Aushärtungszeit, nach der Dicke der Spachtelschicht, nach der Herstellungsmethode und nach den verwendeten Materialien. Das garantiert Ihnen zwar kein besseres Boot, aber der Verkäufer wird spüren, daß Sie etwas vom Bootsbau verstehen. Das allein kann schon helfen.

Besser ist, das Boot zu wiegen. Die Abweichung von den Werftangaben wird Sie erstaunen. Wenn Sie Geschwindigkeit wollen, kaufen Sie das leichteste Schiff des gewünschten Typs. Allerdings sind die leichtesten Schiffe nicht auch die haltbarsten.

Zusammen mit dem Bootsbauer Carl Eichenlaub habe ich als Heranwachsender oft Regatten in der Lightning-Klasse gesegelt. Eichenlaub hatte unsere Boote immer selbst gebaut. Er wies mich auf die Bedeutung eines minimal schweren Schiffes hin. Falls das Boot zu leicht für die Forderungen der Klassenregeln ist, benutzt man Blei oder andere Ausgleichsgewichte, die im Schiffsmittelpunkt konzentriert werden. Allerdings ist oft auch das maximal erlaubte Ausgleichsgewicht vorgegeben. Ein Problem ist, daß auch Kunststoff-Yachten Wasser aufnehmen und so schwerer werden. Und Boote sind Magneten für Ausrüstung. Nach einiger Zeit nehmen Sie die fünf Kilogramm schwere Kiste mit den längst verotteten Ersatzblöcken oder dem Ersatzölzeug schon gar nicht mehr wahr, die Sie dauernd spazierenfahren. Man muß leicht beginnen, um leicht zu bleiben. Sie würden ja auch nicht mit einem Sechserpack Bier unter dem Arm an einem Hundertmeterlauf teilnehmen.

Inspizieren Sie Ihr potentielles Boot auch auf eine fehlerfreie Außenhaut hin. Eine lange Latte, die in verschiedenen Höhen um den Rumpf gebogen wird, kann Ihnen Hohlstellen und Beulen im Rumpf zeigen. Ein beuliges Boot wird wahrscheinlich eher langsam sein. Außerdem zeugen Beulen im Rumpf auch von nachlässigem Bootsbau. Sehen Sie sich im Schiff auch alle Fugen, Verbindungen und sich durch die Farbe abzeichnenden Gewebelagen an. Sind die gerade, was auf gute Verarbeitung schließen läßt, oder schief und verkrumpelt? Wenn ich mir eine Einheitsklasse-Yacht kaufen wollte, würde ich den Händler

durch das Vergleichen einzelner Schiffe zum Wahnsinn treiben. Ich würde versuchen, direkt zur Werft zu gehen, um die größte Auswahl an Booten zu haben. Dann würde ich sie wiegen und mir jeden Zentimeter innen wie außen genau ansehen. Natürlich ist nicht jede Werft über diese Untersuchung begeistert und wird sie vielleicht nicht unterstützen. Dann würde ich versuchen, einen Hersteller zu finden, der damit einverstanden ist.
Es ist offensichtlich, daß es erst die Einzelanfertigung dem Kunden erlaubt, den Bauprozeß genau zu überwachen. Als mein America's-Cupper entstand, besuchte ich die Werft von Eric Goetz in Bristol/Rhode Island immer, wenn ich konnte — obwohl sie einen Kontinent weit von meinem Heimatort San Diego entfernt liegt. Es machte Spaß, die Leute zu treffen, die an meinem Boot arbeiteten. Der Kunststoff-Bootsbau ist harte, schmutzige Arbeit, die — wenn sie gut sein soll — schon eine Kunstform ist. Und was die Bootsbauer tun und was sie lassen, betrifft mich direkt. Ich möchte sie daher wissen lassen, wie sehr ich ihren Einsatz schätze. Sogar meine Tochter Julie kam aus Dartmouth, um mit mir an der Weihnachtsfeier der Werft teilzunehmen.
Ich hoffte auch, bei diesen Besuchen neue Erfahrungen zu sammeln. Und ich hoffte, daß die Bootsbauer mir ein besseres Schiff bauen würde.

Holzarbeiten und GFK-Yachtbau

Es gibt an einer GFK-Yacht natürlich mehr als nur den nackten Kunststoffrumpf. Ich glaube nicht, daß sich jemals jemand eine Yacht gekauft hat, weil er das Aussehen oder den Geruch des Kunststoffs so sehr mochte. Das Material ist praktisch, aber nicht ansprechend. Ich glaube, es war der berühmte amerikanische Yachtkonstrukteur L. Francis Herreshoff, der das innere eines nackten GFK-Rumpfes einmal als „gefrorene Rotze“ bezeichnet hat.
Also lebt das Holz als Bootsbaumaterial weiter, besonders in reichhaltig ausgestatteten, luxuriösen Yachten. Wenn man von einer GFK-Yacht redet, ist tatsächlich viel Geld und Aufwand eingesetzt worden, um gerade dieses GFK zu verdecken. Das gilt für die Inneneinrichtung ebenso wie für das Teakdeck.
Die Inneneinrichtung korrespondiert mit dem vom Konstrukteur angepeilten Verwendungszweck des Bootes. Während IOR-Yachten mit ihrer gerade noch regelkonformen Minimal-Ausstattung (das Waschbecken ist meist eine hundenapfgroße Plastikschüssel) wie miese seegehende Gefängniszellen daherkommen, zeigen sich IMS-Boote unter Deck deutlich ansprechender. Das ist in den

Regeln festgelegt, die einen gewissen Wohnkomfort vorschreiben. Teure Fahrtenyachten aber können unter Deck ebenso gediegen wie der getäfelte Salon eines noblen Landhauses sein.
Ein offensichtliches Maß für für die Qualität einer Yacht ist das verwendete Holz. Dazu gehören Harthölzer für Eckpfosten, Schrankrahmen und Türen. Favorisierte Harthölzer sind Mahagoni, Teak, Walnuß und Kirsche. Schotten andererseits sind fester und leichter, wenn sie aus Sperrholz gefertigt werden. Sperrholz wird aus mehreren dünnen Lagen verklebt, was der Bootsbauer (bei Holz) lamellieren nennt. Dickere Sperrholzschichten erlauben sauberes Schleifen. Auf einigen Yachten werden mit dünnen Sperrholzschichten auch Schaumplatten verkleidet. Das ist dann wieder eine Sandwichbauweise. Der auf diese Weise hergestellte Gegenstand ist fest und solide und hat keinerlei Nachteile gegenüber einem Vollholzmaterial. Im Gegenteil: Das deutlich geringere Gewicht bringt bessere Segeleigenschaften.
Auch bei einem Teakdeck ist die Dicke wichtig. Teakdecks können einen halben bis zu eineinhalb Zentimeter dick sein. Das dünnere Deck wird weniger lange halten. Auch das saubere Verarbeiten von Propfen, die die Schrauben abdecken, wird erschwert.
Dicke ist aber nicht das alleinige Maß für Holz und Holzfurniere. Farbe und Maserung sind auch wichtig. Die Maserung kann unruhig oder harmonisch sein, und die einzelnen Hölzer können in ihrem Farbton kontrastieren oder harmonieren. Das Holz kann einen Überfluß an Mineralien — die schwarzen Linien — haben oder frei davon sein. Es kann glänzend oder matt lackiert oder gebeizt werden.
Und nicht zuletzt gibt es da noch die Verarbeitung: Wie exakt sind die Kanten geschnitten und zusammengefügt? Ist die Verbindung stark genug? Zeigen zwei aufeinandertreffende Hölzer die gleiche Maserung, Farbe und Lackierung? Wie sauber wurde lackiert? Die besten Verbindungen haben eine möglichst große Kontaktfläche, benutzen die Geometrie und Stärke des Holzes als Widerstand gegen weitere Bewegung und schmeicheln dem Auge. Die Verbindungen können offenliegen oder geschickt versteckt sein. Die handwerklichen Fähigkeiten einer Werft werden meist in schwer zugänglichen oder verdeckten Stellen einer Yacht offensichtlich. Ziehen Sie bei der Begutachtung beispielsweise eine Schublade komplett heraus und sehen Sie sich auch hier die Verbindungen an.
Zu den Schönheiten von Holz gehört, daß es vor dem Einschlag gelebt hat und viele seiner Charakteristika danach beibehält. Und das gilt auf dem Wasser

ganz besonders. Holz arbeitet und wird dabei von Feuchtigkeit beeinflußt. Der Bootsbauer muß das einkalkulieren. Er muß beispielsweise um feste Holzeinbauten herum etwas Luft lassen, damit sich das Holz ausdehnen kann.
Es gibt Leute, die weder offenliegende Schraubenköpfe noch Püttinge, Unterzüge oder andere strukturelle und rein funktionelle Details sehen wollen. Yachten sind aber so verschieden wie die Menschen, die auf ihnen segeln. Und nicht jeden werden sichtbare Schrauben oder ähnliches stören. Boote können für den einen reine Sportgeräte sein (das ist möglicherweise dicht an meiner Sichtweise), für den nächsten ein Wohnschiff und für manche sogar das Zuhause.

KAPITEL 4

Die Segel

Mein erstes Boot war ein Stück Strandgut, eine neun Fuß lange Jolle, die mein Vater irgendwo an der Bucht von San Diego aufgelesen hatte. Er gab sie mir, als ich vier Jahre alt war. Das Boot hatte einen knapp fünf Meter langen und teilbaren Mast. Es leckte fürchterlich. Der Rumpf war rund geformt, und das, kombiniert mit den Leckagen, machte die Jolle sehr instabil. Ich hatte kein Geld für die notwendigen Reparaturen.

Wer auch immer das Boot konstruiert hatte, er muß ein guter Schwimmer gewesen sein. Ich konnte damals nicht schwimmen und kann es auch heute noch nicht. Mein Vater erlaubte mir, das Boot zu benutzen, vorausgesetzt, daß ich eine übergroße Schwimmweste trage, die mich zum Zwerg werden ließ. Meine Mutter hat noch Fotos von mir, auf denen ich in der übertriebenen Schwimmhilfe kaum zu sehen bin. Wenn das Boot gekentert war — was es regelmäßig tat —, war ich nicht in der Lage, es wiederaufzurichten. Ich hielt mich einfach so gut es ging daran fest und wartete darauf, daß jemand vorbeikam und mich wieder reinschleppte. Meine Unfähigkeit zu schwimmen ist möglicherweise auf meine Hilflosigkeit zurückzuführen, die ich beim Warten auf den nächsten Schlepp in einer Schwimmweste, die Bewegungen unmöglich machte, verspürt habe.

Jedesmal wenn das kleine Boot über Kopf ging, halbierte sich der Mast in seine beiden Bestandteile. Normalerweise riß dabei auch das Segel ein, und das hinderte mich am Segeln. Das war das Schlimmste für mich.

Auf dem Gelände des San Diego Yacht Club betrieb Herb Sinnhoffer die Segelmacherei Sinnhoffer Sails, die er gerade an Elton Ballas verkauft hatte. Beide segelten im Penguin, einem 12-Fuß-Boot, das damals in San Diego ebenso beliebt wie die Klassen Star und Lightning war. Ballas war ein innovativer Segelmacher. Soweit ich weiß, erkannte er als erster die Vorzüge einer Genua, deren Unterliek beim Segeln auf das Deck lappt, was hier den Luftaustausch von Luv nach Lee verhindert.

Um mein zerissenes Segel wieder repariert zu bekommen, ging ich immer erst zu Sinnhoffer und dann zu Ballas. Ich war für die beiden wie die Pest; sie konnten mich einfach nicht abschütteln. Nur, indem sie mir halfen. Während sie das dann taten, machte ich mich nützlich und wischte den Flur oder seifte Autos ab. Ich hätte alles getan.

Ich liebte das Segeln, und ich liebte mein Segel. Meine Beziehung zu diesem zerschlissenen, geflickten und fadenscheinigen Segel war so stark, daß ich es mit ins Bett nahm. Gleichzeitig studierte ich immer wieder und stundenlang Segelfotos in Zeitschriften und überlegte, warum sie funktionieren. Diese Liebe zu den Segeln blieb mir erhalten, und sie sind bis heute mein Hauptinteresse an diesem Sport.

1956, als ich 14 Jahre alt war, nahm mich Ballas als Vorschoter mit zur nationalen Meisterschaft in der Penguin-Klasse nach New Orleans. Das war mein erster Trip, mein erster Schritt in der Karriere, und ich denke immer noch an diese Eindrücke.

Das Segeltuch

Mein erstes Jollensegel war aus Baumwolle hergestellt, einem Material, das die Segelmacher seit über einem Jahrhundert verarbeiteten. Es ist bezeichnend, daß die AMERICA, die jene Wettfahrt rund um die Isle of Wight 1851 gewann, mit Baumwollsegeln startete. Sie war eine der ersten Yachten, die dies tat. Die englischen Schoner und Kutter verwendeten damals noch Segel aus Flachs, dem Vorgänger von Baumwolle.

Baumwolle und Flachs sind Pflanzenfasern. Flachs wird aus den Stengeln gewonnen, während Baumwolle aus der Samenkapsel kommt. Was Baumwolle Flachs voraushatte, war die geringere Dehnung. Segeln am Wind erfordert flachere Segel. Die Tatsache, daß Baumwolle weniger dehnt als Flachs, half der AMERICA beim Sieg. Der Hundred Guinea Cup, den die AMERICA damals gewann, wurde übrigens zum America's Cup.

Nach dem zweiten Weltkrieg versuchten sich die Segelmacher an synthetischen

Fasern, die im Krieg entwickelt worden waren. Die erste war Nylon, das auch heute noch in Spinnakern Verwendung findet. Die nächste hieß Orlon. Ich erinnere mich an meine Reise nach New Orleans, als mir Ballas von einem Segelmacher in Detroit erzählte, der aus Orlon die schnellsten Penguin-Segel fabrizierte.
1957 lieh ich mir mit 15 Jahren einen Penguin von einem Freund und dazu das Auto von meiner Großmutter. Ich war noch nicht alt genug für einen Führerschein, aber fuhr mit meinem Vorschoter Dave Reed quer durch das Land zum Lake St. Clair bei Detroit.
Wir konnten die Penguin-Juniorenmeisterschaft für Segler unter 18 Jahren gewinnen. Bevor wir nach Hause fuhren, hielt ich an der Segelmacherei, die angeblich die schnellen Orlon-Segel produzierte. Ich kann mich noch gut erinnern, wie mir das Orlon-Segeltuch gezeigt wurde, Regale über Regale voll davon. Es war gelb wie das heute moderne Kevlar. Als leicht zu beeindruckender Fünfzehnjähriger dachte ich damals, da wäre Gold drin. Womit, weiß ich nicht, aber ich kaufte genug Orlon, um daraus zwei Penguin-Segel zu fertigen.
Zurück in San Diego, fertigte ich mit der Hilfe einer portugiesischen Näherin von Ballas mein erstes Segel an. Ich versprach ihr, als Gegenleistung für den Rest des Sommers das Auto zu waschen oder auch für den Rest meines Lebens. Das Segel war eine Enttäuschung. Es wahr natürlich nicht so gut, wie Ballas es hätte schneidern können. Aber ich war über alle Maßen stolz auf dieses Segel. Es war meins.

Dacron

Nach Orlon kam Dacron. Die Verwendung dieses Materials als Segeltuch trieb Ted Hood voran, ein junger Segelmacher aus Marblehead im Bundesstaat Massachusetts, mit dem ich 1974 im America's Cup segeln würde. Hood begann 1953 Dacron zu verarbeiten. Das Material, ein Nebenprodukt bei der Öl-Raffinierung, wurde 1941 in England erfunden und Terylene genannt. Der Chemie-Konzern DuPont erwarb die Rechte und nannte es Dacron; Polyester ist der Gattungsbegriff.
In San Diego meisterte Lowell North, der 1958 mit der Segelmacherei startete, die Verwendung von Dacron. North schneiderte blaue Dacron-Segel für Starboote und die kleineren Starlets. Das war eine pfiffige Marketing-Idee, da man die neuen Segel sofort erkennen konnte. North baute schließlich eine Segel-

macherei neben der von Ballas und dicht beim San Diego Yacht Club. Diese Loft, die erste von später mehr als fünfzig in der ganzen Welt, gibt es immer noch.

Ich sah, wie North auf dem Gebäude einen Mast aufbaute und daran Segelprofile ausprobierte. Lowell war immer an der vordersten Technologie-Front. Meine Nähe zu Sinnhoffer, Ballas und dann zu North erlaubte mir einen außergewöhnlich tiefen Einblick in die hohe Kunst der Segelmacherei.

Dacron wurde zum führenden Segeltuch und findet heute immer noch Verwendung bei der Herstellung von Segeln für Fahrtenyachten und Einheitsklassen und jetzt auch von Spinnakern. Der Umschwung zu Dacron in den 50er Jahren wurde durch die Tatsache unterstützt, daß dieses Material anders als Baumwolle nicht schimmelt. Der Hauptgrund für die lange Lebensdauer des neuen Materials war seine geringere Dehnung gegenüber den vorhergehenden Tüchern.

Geringe Dehnung ist die meisterwünschte Eigenschaft eines Amwind-Segels. Wenn der Wind zunimmt, dehnt sich das Segel und wird dabei tiefer; der Bauch wandert nach achtern. Dieses Profil des Segels erzeugt mehr Druck, der das Boot mehr krängen läßt. Das wiederum reduziert den Vortrieb. Und ein Segel mit weniger Dehnung wird sein vom Segelmacher hineinkonstruiertes Profil länger behalten als eines, das mehr dehnt.

Mylar

1975 tauchten laminierte, also aus mehreren Schichten verklebte Segel auf. Die benutzte Lowell North auf PENDRAGON, einem Regattaschiff nach der International Offshore Rule (IOR). Bekannter wurde das Material 1977, als North Genuas aus Mylar auf der Zwölferyacht ENTERPRISE einsetzte, die er zeitweise in den America's Cup-Ausscheidungsrennen fuhr. North hatte einen durchsichtigen Film aus Mylar auf gewebtes Polyester geklebt. Das war erfolgreich; ein Mylar-Segel hat eine geringere Dehnung als eines aus Dacron und wiegt dabei deutlich weniger. Geringe Dehnung und geringes Gewicht — in dieser Reihenfolge liegen die Prioritäten. Ein Mylar-Segel braucht bei derselben Dehnung wie ein Dacron-Segel nur halbsoviel zu wiegen.

Segeltuch wird international in Unzen pro Segelmacher-Yard *(sailmaker's yard, SMY)* gewogen. Das ist das Gewicht eines Tuchstückes mit den Abmessungen 72,4 mal 91,4 Zentimeter (28,5 mal 36 inch).

Das Gewicht im Rigg beeinflußt die Krängung und die Segeleigenschaften. Das kann man auch berechnen und spricht dann von einem Moment, das sich aus einer Distanz und einem wirkenden Gewicht definiert (siehe Zeichnung 2.5). Die praktischen Auswirkungen dieses Rigg-Momentes sind, daß ein Boot mehr krängt und stampft, je schwerer die auszubalancierenden Segel und natürlich auch die übrigen Teile des Riggs sind (siehe Zeichnung 2.6). Das ist der Hauptgrund dafür gewesen, daß die Segelmacher in den letzten Jahren immer mehr an leichteren Segeln gearbeitet haben.
Seit kurzem ordern auch immer mehr Fahrtensegler Mylar, besonders für ihre Vorsegel. Gerade kleine Crews schätzen die leichteren und damit einfacher zu handhabenden Mylar-Segel. Außerdem ist jede vertretbare Gewichtsreduzierung im Rigg auch für Fahrtenyachten sinnvoll.
Weiterhin haben sich die Segelmacher bemüht, ein weicheres Mylar-Tuch für Fahrtensegel zu schaffen. Früher gabe es Probleme mit Delaminationen (Schichtablösungen), aber diese Fehler sind heutzutage selten. Die Segelmacher schätzen, daß Mylar jetzt ebenso haltbar ist wie Dacron. Schließlich sind auch die Kosten nicht mehr dramatisch; ein Mylar-Segel kostet nur noch zehn Prozent mehr als ein Dacron-Segel.
Auch wenn durch Mylar später deutlich bessere Segel produziert werden konnten, geschah das noch nicht, als Lowell North 1977 das Material erstmalig beim Cup einsetzte. Ted Turner gewann mit seiner COURAGEOUS die Juni-Ausscheidungen. North siegte im Juli und setzte während dieser Runde zum ersten Mal seine neue Mylar-Genua. Ed du Moulin, der das ENTERPRISE-Syndikat und 1980 und 1983 meine Syndikate führte, denkt, daß zum Ende der Juli-Ausscheidungen ein wichtiger Punkt übersehen wurde. Turner gewann die letzte Wettfahrt dieser Serie mit einer brandneuen Genua aus Dacron von Hood Sailmakers. Du Moulin gibt zu, daß die Hood-Polyester-Genua schneller war als das North-Segel aus Mylar, aber „wir waren geblendet von unser eigenen Technologie". Mit Dacron-Segeln gewann Ted Turner die abschließenden Ausscheidungen im August und verteidigte erfolgreich den America's Cup.
Die Lektion aus dieser Geschichte: Leichtere Segel sind zwar besser, aber nicht, wenn das zu Lasten des Profils geht.

Kevlar

Kevlar ist das Wundermaterial, aus dem kugelsichere Westen gemacht werden. Wir haben 1980 im America's Cup auf der FREEDOM einige Segel aus Kevlar eingesetzt. Ein Mylar-Segel besteht aus einem Mylar-Film, der auf gewebtes Polyester geklebt ist. In einem Kevlar-Segel wird ein Mylar-Film auf ein Tuch laminiert, das aus Kevlar- und Polyesterfasern oder auch nur aus Kevlar gewebt sein kann. Ausgehend von denselben Dehnungswerten, kann ein Mylar-Segel die Hälfte und ein Kevlar-Segel sogar nur ein Viertel eines Dacron-Segels wiegen.

Kevlar-Segel erschienen zuerst in den frühen 70er Jahren unter dem Namen Faser B. Damals wurde nur Kevlar in die beiden Richtungen Schuß und Kette verwebt. Diese Fachausdrücke der Weber bezeichnen die beiden Richtungen in einem Tuch.

Auf der nachfolgenden Zeichnung 4.1 sieht man, daß der Kettfaden in der Längsrichtung einer Tuchrolle verarbeitet ist. Diese langen Kettfäden laufen im Webprozeß von einer Spule ab und durch den Webstuhl. Sie können über 100 Meter lang sein. Die Schußfäden verlaufen durch die Kettfäden hin und her und liegen dabei lotrecht zu ihnen. Sie sind meistens 72,4 Zentimeter lang (28,5 inch, das Maß *sailmaker's yard*) oder noch etwas kürzer. Die Diagonalrichtung liegt in 45 Grad zu den Kett- und den Schußfäden. Normalerweise werden in diese Richtung keine Garne verarbeitet, also dehnt sich das Segel in diese Richtung am meisten. Um diese Dehnung möglichst zu vermeiden, legen die Segelmacher das Tuch so aus, daß die Kett- oder die Schußfäden genau in die Richtungen der größten Belastungen des Segels verlaufen (siehe auch Kapitel 3, Yachtbau/Bootsbau mit Pre-Pregs).

In den Tagen von Faser B, als man sowohl für Kett- als auch Schußfäden Kevlar verwendete, schamfilten die Garne aneinander. Dadurch versagten diese Segel oft. Bei der zweiten Generation von Kevlar-Segeln bestanden nur die Schußfäden aus dem neuen Material; als Kettfäden verwendete man Polyester. Dabei wurde das Tuch so im Segel eingesetzt, daß die Hauptbelastung auf den Kevlar-Fäden lag.

Ähnlich wie mit Mylar-Dacron-Segeln gab es mit den Kevlar-Segeln anfangs Probleme bei der Verklebung des Mylar-Films auf dem Mischgewebe aus Dacron und Kevlar. Das Material delaminierte zuweilen. Auf dem Zwölfer FREEDOM zum Beispiel hatten wir Probleme mit unseren ersten Kevlar-Segeln.

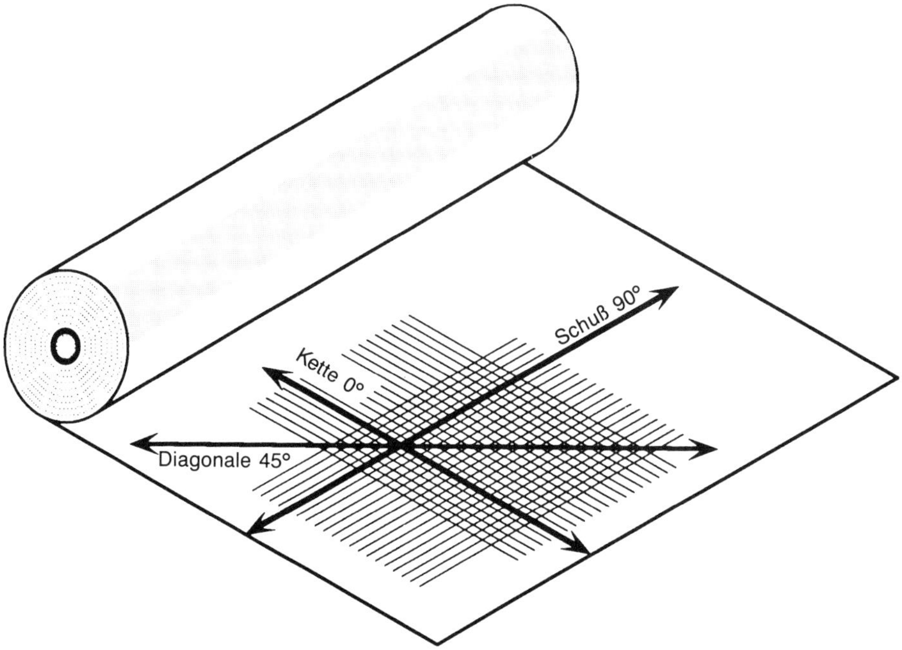

4.1 *Konstruktion eines Segeltuchs.*

Unser berühmtes Großsegel Nummer 10 von North Sails war schnell, fiel aber auseinander. Ich habe das Segel nur noch dann eingesetzt, wenn wir unbedingt noch etwas mehr Speed benötigten. Es war mit Flicken übersäht.

Beim Weben von Segeltuch ist es möglich, entweder die kurzen Kett- oder die längeren Schußfäden weniger dehnen zu lassen. Das geschieht hauptsächlich, indem man die jeweiligen Fäden gerade verlaufen läßt und die anderen sich um diese schlängeln oder kräuseln. Die Problematik ist an einer Telefonschnur gut zu verdeutlichen. Wenn man an der spiralförmigen Schnur zieht, wird sie länger. Analog dazu: Wenn die Last durch Wind und Schoten (oder andere Segelkontroll-Leinen) an gekräuselten Fäden angreift, dehnt sich das Segel, bis es seine Form verlieren kann.

Segelmacher und Tuchhersteller haben herausgefunden, daß man diese Kräuselungen in eine Richtung begrenzen kann, nicht aber in zweien. Also dehnt das Tuch in Richtung der gerade verlaufenden Garne weniger als in Richtung der gekräuselt verlaufenden. Ein Segel wird dann weniger dehnen, wenn die Richtung der geringeren Dehnung (egal, ob nun Kette oder Schuß) in der Belastungsrichtung liegt. Zeichnung 4.2 zeigt ein kettorientiertes Tuch. Bei dieser

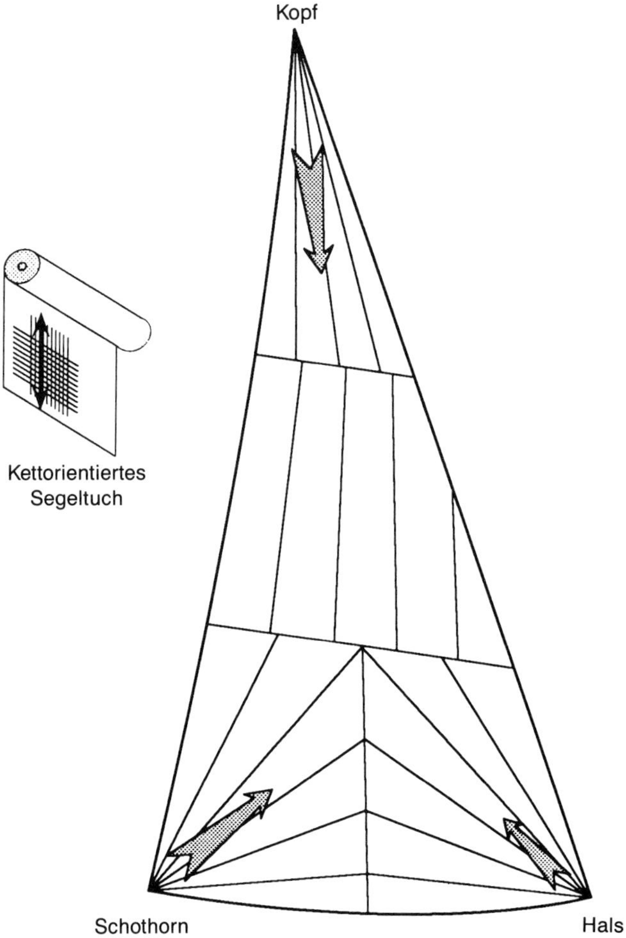

4.2 *Kettorientiertes Tuch und radialer Segelschnitt.*

Verwendung könnten die Kettfäden, die mit minimaler Kräuselung verwebt sind, zum Beispiel aus der dehnungsarmen Kevlar-Faser bestehen (eine Möglichkeit für weniger Nachteile durch Kräuselung ist, dickere Garne geradlinig verlaufen zu lassen und mit sehr dünnen Garnen geschlängelt zu umweben). Diese starken und relativ gering gekräuselten Kevlar-Fäden werden dann in Richtung der höchsten Belastung im Segel eingesetzt (siehe die Lastrichtungspfeile in der Zeichnung 4.2).

Die Last in Segeln verläuft strahlenförmig von den Befestigungspunkten. Bei dreieckigen Segeln sind Kopf und Schothorn etwas mehr belastet als der Hals. Die Antwort der Segelmacher auf die sich strahlenförmig ausbreitenden Lasten sind gewöhnlich ebenso radial geschnittene Segel. In einem Segel mit Radial- oder Strahlenschnitt überlappen sich mehrere keilförmige Tuchstücke, die von Kopf, Schothorn und Hals wegfächern.

So wird ein Segel konstruiert

Aus einem zweidimensionalen Stück Tuch einen dreidimensionalen Tragflügel zu schneidern erfordert etwas Technik. Segelmacher geben dem Vorsegel Profil durch die Vorliekskurve und dem Großsegel durch Vorlieks- und Unterliekskurve. Eine andere Möglichkeit der Formgebung für alle dreieckige Segeln inklusive den Spinnakern sind sphärische oder überlappende Nähte (*broadseaming*). Mit einer Vorliekskurve wird dem Segel zusätzliches Material am Vorliek gegeben. Wenn das Segel an einem geraden Mast gesetzt wird, sackt dieses zusätzliche Material in das Segel und erzeugt ein Profil (siehe Zeichnung 4.3). Genauso schiebt das zusätzliche Material einer Unterliekskurve am Unterliek in das Tuch, wenn es am Baum befestigt wird. Diese beiden Methoden sind eher primitiv.

Mit sphärischen oder überlappenden Nähten schneidet der Segelmacher eine Rundung (Sphäre) in eine Kante der Tuchbahn. Die anschließend anzunähende Kante der nächsten Tuchbahn bleibt gerade. Zeichnung 4.4 zeigt diese Methode für ein horizontal geschnittenes Segel. Bei Segeln mit vertikalen Tuchbahnen (siehe auch Zeichnung 4.2) verlaufen die sphärischen Bahnen ebenfalls senkrecht. Wenn die abgerundete Kante an die gerade genäht ist, wird dem Segel ein Profil aufgezwungen. Tiefe, dickbäuchige Spinnaker werden auch durch angerundete Kanten auf beiden Seiten hergestellt. Durch sein Profil wird ein Segel mit sphärischen Nähten auch niemals perfekt flach auf dem Boden liegen, sondern immer Falten werfen.

Ballas hat mir das mit den Nähten beigebracht. Als ich mir damals das gelbe Orlon-Tuch von Skip Boston gekauft hatte, fand ich interessant, daß dieses Tuch 46 Zentimeter breit lag und nicht wie üblich 72,4 Zentimeter maß. Mir wurde klar, daß ein Segel aus diesem Tuch mehr Nähte haben und dadurch mehr Möglichkeiten für die Formgebung geben würde. Diese Idee schreibe ich mir nicht gut — Ted Hood hatte das schon jahrelang so gemacht —, aber das als Junge herauszufinden war aufregend.

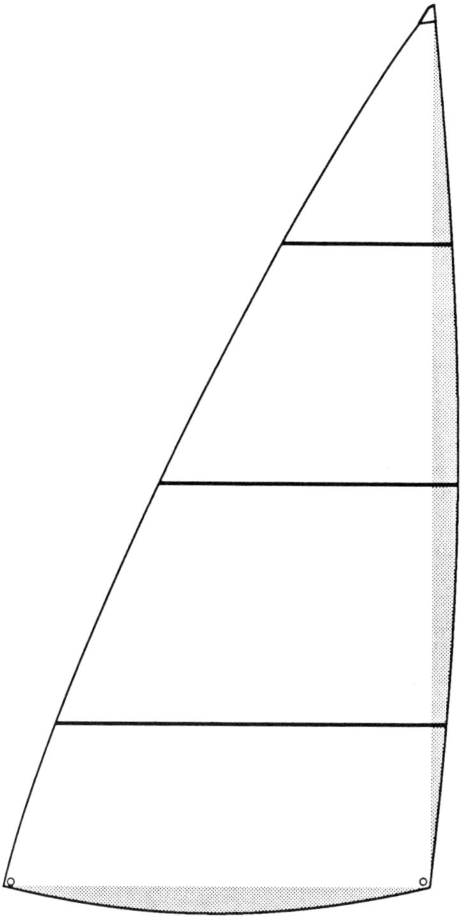

Das zusätzliche Tuchmaterial im Segel ist an seinen Außenkanten abgerundet.

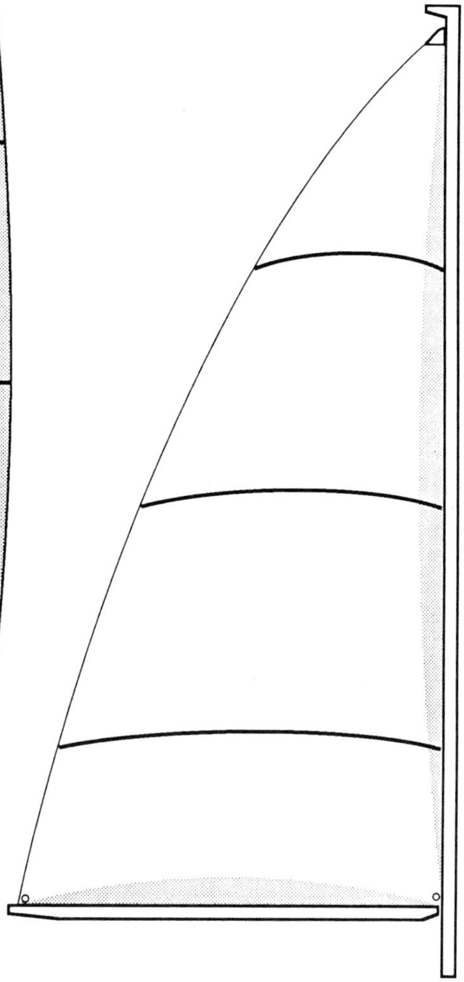

Das zusätzliche Material sackt in das Segel und gibt ihm Form, wenn es an einem geraden Mast oder Baum gesetzt wird.

4.3 *So formen Vor- und Unterliekskurven das Segel.*

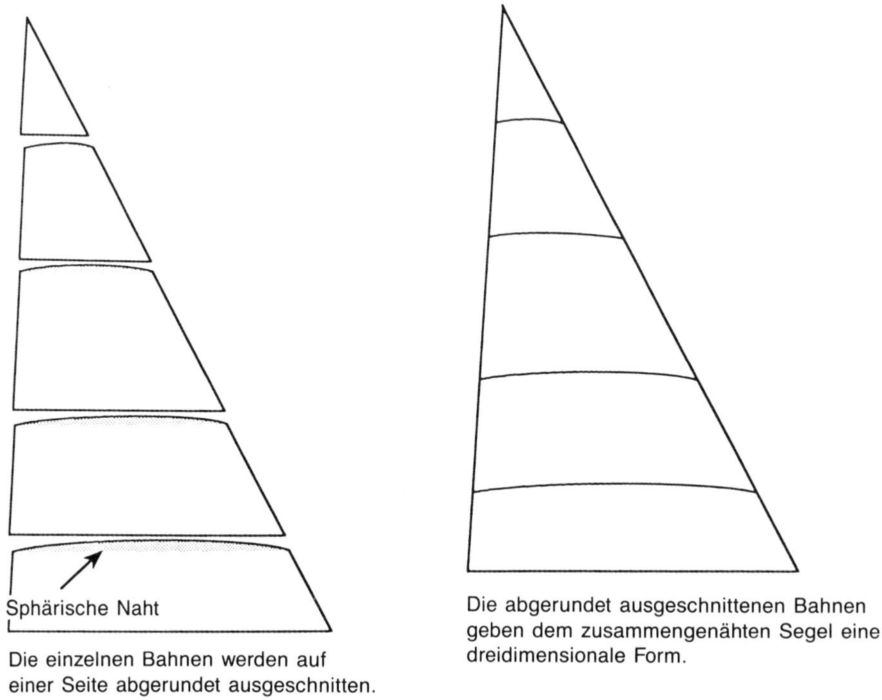

4.4 *So formen sphärische Nähte das Segel.*

Das Verhältnis von Auftrieb und Widerstand

Im Kapitel 2 wurde deutlich, wie die Segel und der Kiel (oder ein Schwert) die Umströmung verändern. Das Ergebnis dieser Veränderung ist hohe Geschwindigkeit und wenig Druck auf der einen Seite des Flügels und wenig Geschwindigkeit und hoher Druck auf der anderen. Das erzeugt Druck- und Zugkräfte im Segel, die zu einem Vektor reduziert werden können (siehe auch zum Beispiel S_{Total} in Zeichnung 2.4). Wenn Segel, Rigg usw. keinen Widerstand hätten, würde dieser Auftriebs-Vektor lotrecht zum scheinbaren Wind stehen. Wegen des Widerstandes aber, einer parallel zum scheinbaren Wind verlaufenden Kraft, weist die Gesamtkraft S_{Total} etwas weiter nach achtern als das Lot.

Die untenstehende Zeichnung 4.5 zeigt diese Vektoren im Großsegel. Der wiederholte Hinweis sei gestattet: Der Auftrieb wirkt lotrecht und der Widerstand parallel zum scheinbaren Wind. Diese Summe der beiden Vektoren Widerstand und Auftrieb ist die Gesamtkraft des Segels oder auch S_{Total}, die einen Winkel von mehr als 90 Grad zum scheinbaren Wind bildet.

Um Auftrieb zu erzeugen, muß der Wind umgeleitet werden. Um den Wind einfach umzuleiten, bedienen Sie ein Segel. Wenn Sie damit beginnen, wird zuerst sehr viel schneller Auftrieb als Widerstand aufgebaut. Irgendwann ist die Schot zu dicht, und die Umleitung wird zu scharf. Der Wind folgt nicht mehr der scharfen Ablenkung durch das Segel und reißt ab. Er fliegt aus der Kurve wie ein Fahrer, der eine Serpentine mit zuviel Geschwindigkeit angeht. Wird die Ablenkung zu stark, nimmt der Widerstand sehr viel schneller zu. Der Segler spürt das an der zunehmenden Krängung.

Das Segeln hart am Wind ist ein Balanceakt zwischen möglichst wenig Widerstand und möglichst viel Auftrieb. Das kann man durch weniger oder mehr Schotspannung oder durch höheres oder tieferes Steuern erreichen. Meistens ist beides der Fall (Segeltrimm muß immer im Zusammenhang mit dem Steuern gesehen werden, also sind beide Punkte zusammen in diesem Kapitel und im Kapitel 7 „Das Steuern“ behandelt).

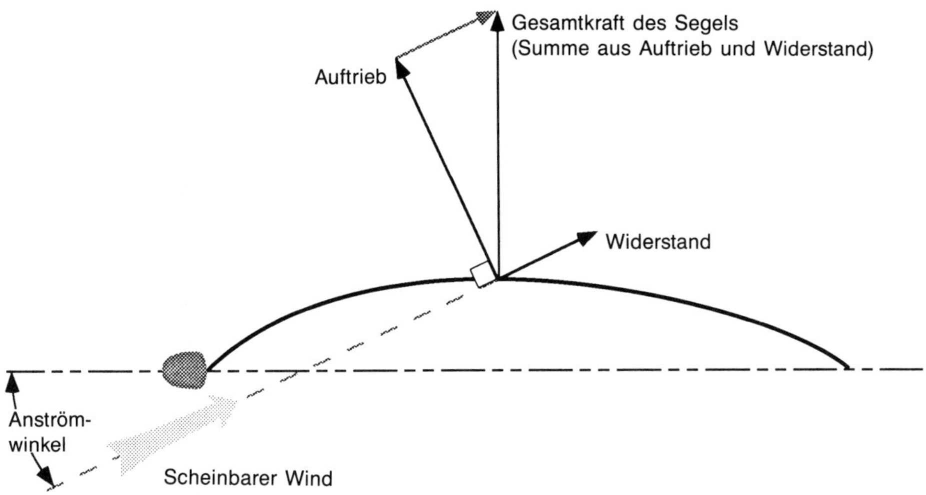

4.5 *Die Summe der Vektoren von Auftrieb und Widerstand ergeben die Gesamtkraft des Segels (siehe auch Zeichnung 2.4).*

Auftrieb gegen Widerstand wird gemessen im Verhältnis von Auftrieb zu Widerstand (siehe Kapitel 2). Beim Segeln an der Kreuz ist gewöhnlich das höhere Verhältnis das bessere, zumindest, bis das Boot überfordert ist*.

Windfäden

Es ist zwar gut, über das Verhältnis von Auftrieb zu Widerstand Bescheid zu wissen, aber es gibt dafür kein Meßinstrument. Windfäden — kurze Wollfäden, die dicht hinter dem Vorliek der Genua angeklebt werden — sind aber ein guter Ersatz.

Wenn die Anströmkante (das Vorliek) des Vorsegels perfekt zum Wind angestellt ist, wehen die leeseitigen und die luvseitigen Fäden horizontal nach achtern. Wenn die Vorsegelschot aber zu weit gefiert ist oder wenn zu hoch am Wind gesteuert wird, liegt die Anströmkante nicht mehr ideal zum Wind. Der Wind erreicht die Luvseite des Segels kaum noch, die Luftströmung reißt hier ab. Die Luvfäden reagieren auf diese abgerissene Strömung, indem sie nach oben oder unten flattern. Kurz darauf wird das Luvliek anfangen einzufallen. Ist das Segel dagegen zu dicht geschotet oder steuert der Rudergänger zu tief, erreicht der Wind zwar die Luvseite des Segels, reißt aber in Lee ab. Die unterbrochene Luftströmung in Lee läßt die Fäden auf dieser Seite tanzen, und sie wehen nicht mehr nach hinten. Zusammengefaßt: Windfäden zeigen die am Segel anliegende Luftströmung. Wenn diese Luftströmung auf beiden Seiten des Segels anliegt, trifft der Wind auf die Anströmkante des Segels, und sowohl die Luv- als auch die Leefäden wehen nach achtern. Wenn die Strömung abreißt, tanzen die Windfäden auf der einen oder der anderen Seite des Segels. Wir werden später sehen, daß Windfäden ohne anliegende Strömung, wie es auf einem Vormwindkurs der Fall ist, nicht funktionieren.

Wenn die luvseitigen Windfäden nur leicht zittern (die Leefäden wehen dabei nach achtern), signalisiert dies das höchste Verhältnis von Auftrieb zu Widerstand. Wehen die Fäden auf beiden Seiten gleichmäßig nach achtern, bedeutet dies maximalen Auftrieb, aber zu Lasten eines größeren Widerstandes.

* Vor dem Wind versuchen die Segler den Widerstand zu erhöhen. Auf raumen Kursen erzeugen Auftrieb und Widerstand eine Bewegung in die gewünschte Richtung. Das ist einer der Gründe, warum Raumschotskurse schneller als andere sind.

Man könnte also annehmen, daß leicht zitternde Luvfäden immer optimal sind. Tatsächlich aber gibt es Situationen, in denen man mehr Auftrieb trotz größeren Widerstandes wünscht. Das ist zum Beispiel der Fall, wenn man beschleunigen will oder wenn das Boot zu sehr durch Wellen abgebremst wird. Dann segelt man mit gleichmäßig auswehenden Windfäden.

Die meisten Segelmacher wissen, wo die Windfäden plaziert werden müssen. Wenn Ihrer es nicht weiß, sollten Sie sich einen neuen suchen. Kleben Sie die Fäden zwischen 30 und 60 Zentimeter hinter dem Vorliek fest. Je größer das Boot ist, desto weiter geht man hier nach achtern. Ich bevorzuge drei Paare von Windfäden (ein Paar ein Viertel der Luvlieklänge unter dem Kopf, eines ein Viertel über dem Hals und eines in der Mitte). Das in der Mitte ist das wichtigste. Manchmal haben Segel im Fußbereich eine sehr scharfe Anschnittkante, und die Strömung reißt hier schnell ab (der unterste Leefaden tanzt). Die obersten Windfäden dagegen sind normalerweise vom Steuermann in Luv kaum zu sehen.

Es hilft, wenn für die Fäden ein durchsichtiges Folienfenster im Segel eingenäht ist. Man kann dann den Leefaden einfacher sehen und die Fäden besser unterscheiden. Es hat sich eingebürgert, die Fäden auf der Steuerbordseite etwas höher anzubringen und unterschiedliche Farben zu benutzen (zum Beispiel analog zur Kennzeichnung von Positionslaternen und Tonnen rot für Backbord und grün für Steuerbord). Am wichtigsten dabei ist aber, daß die Segeltrimmer und der Steuermann wissen, welcher Faden auf welcher Seite liegt, ohne daß sie darüber nachdenken müssen. Garn ist das beste Material für Windfäden und sollte mit selbstklebendem Dacron angebracht werden. Ich habe andere Materialien für die Fäden ausprobiert, wie zum Beispiel das Magnetband einer Tonkassette. Das funktionierte nur gut, wenn das Band trocken blieb.

Ob Magnetband oder Wolle; feuchte Windfäden, die am Segel kleben, sind sehr frustrierend. Dann muß ein Mitsegler die Fäden losschütteln oder mit einem Fall oder dem Bootshaken freikratzen. Windfäden sollten nicht so lang sein, daß sie sich am Vorliek oder an Nähten verhaken können.

Windfäden gehören auf jedes Segelboot, egal, ob Jolle oder Yacht, Fahrtenschiff oder Racer. Fortschrittlicher, natürlich teurer und nur auf größeren Yachten angemessen sind elektronische Instrumente. Anzeigen für den Wind und die Bootsgeschwindigkeit erlauben es, nach vorgegebenen Zielgeschwindigkeiten zu segeln (wird später in diesem und im Kapitel 7 behandelt), was eine große Hilfe für sauberes Steuern ist. Dennoch sind Windfäden unerläßlich.

Das Profil des Segels

Segel haben drei- und zweidimensionale Maße. Die dreidimensionalen Maße sind Profil- oder Wölbungstiefe (Bauch), Position der Tiefe, Verwindung und Anstellwinkel. Die zweidimensionalen Maße sind Segelfläche und Streckungsverhältnis. Guter Segeltrimm erfordert ein Verständnis von allen diesen Maßen. Ich definiere diese Ausdrücke zunächst generell und dann im einzelnen für Vorsegel, Großsegel, Regatta- und Fahrtenspinnaker und Spezialsegel.

Die Profiltiefe

Wenn ein Flugzeug Kraft benötigt (wie zum Beispiel bei der Landung), fährt der Pilot die Landeklappen aus, die das Flügelprofil tiefer machen. Genauso vergrößert man die Wölbungstiefe im Segel, wenn ein Boot Kraft braucht: zum Beispiel an der Kreuz bei Leichtwind und alter Welle oder generell auf raumen Kursen. Die Kraft nimmt mit größer werdender Wölbungstiefe zu.
Die Größe der Tiefe oder des Bauches wird als Prozentzahl der Segelbreite an dem jeweiligen Punkt beschrieben (die Segelbreite, das waagerechte Maß vom Vor- zum Achterliek, wird Sehne genannt. Siehe Zeichnung 4.6). Also beträgt die größte Tiefe von 30 Zentimetern an einer Höhe, wo das Segel eine Sehne von drei Meter Länge hat, zehn Prozent. Vollere Segel mit einer 17prozentigen Tiefe zum Beispiel erzeugen mehr Kraft, also mehr Auftrieb und mehr Widerstand. Dieses Profil ist angemessen für Leichtwind, da vollere Segel dem Boot beim Beschleunigen helfen.

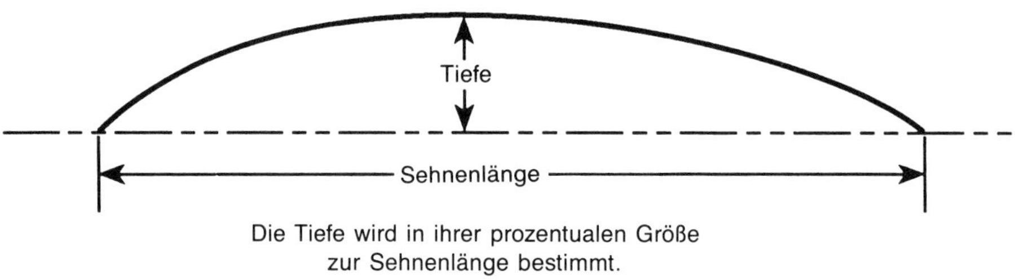

4.6 *So wird die Profiltiefe festgelegt.*

Wenn der Wind zunimmt, ist das erwünschte Vorsegelprofil flacher, zum Beispiel zehn Prozent. Ein flacheres Segel erzeugt wenig Auftrieb und wenig Widerstand. Auch bei Flautenbedingungen ist ein flaches Segel schneller, weil wenig Wind nicht genug Energie hat, ein tief profiliertes Segel zu runden. Bei einem Vorsegel hat der Segeldesigner den größten Einfluß auf die Wölbungs- oder Profiltiefe. Mit Vorliekskurve und sphärischen Nähten wird er eine Genua I voller machen als die kleinere Genua II, die bei mehr Wind gesetzt wird. Genauso wird die noch kleinere Genua III für noch mehr Wind flacher sein als die Genua II. Der Segler wählt das Segel nach den Wind- und den Wellenbedingungen aus. Innerhalb des Einsatzbereiches eines Segels wird das Profil durch Vorstagspannung, Fall- und Schotzug und die Holepunkte (querschiffs nach innen und außen sowie in Längsrichtung nach vorne und hinten) kontrolliert. Für ein Großsegel, das bei zunehmenden Wind normalerweise nicht gewechselt wird, gibt es Möglichkeiten zur Profilkontrolle wie Mastbiegung, Unterliekstrecker, Flachreff, Reff und Vorliekstrecker.
Die Profiltiefe ist in einem Segel nicht von oben bis unten gleich groß. Im Topp ist das Segel schmaler, und das erfordert mehr Kraft. Mehr Kraft bedeutet mehr Tiefe.

Position der größten Profiltiefe

Nach der Größe der Tiefe ist deren Position auf der Sehne der nächste wichtige Faktor für Segeldesign und —trimm. Die Position der größten Tiefe wird folgendermaßen ausgedrückt: Lokalisieren Sie die größte Profiltiefe (siehe Zeichnung 4.7). Dann vergleichen Sie die Position oder Distanz der Tiefe vom Luv-

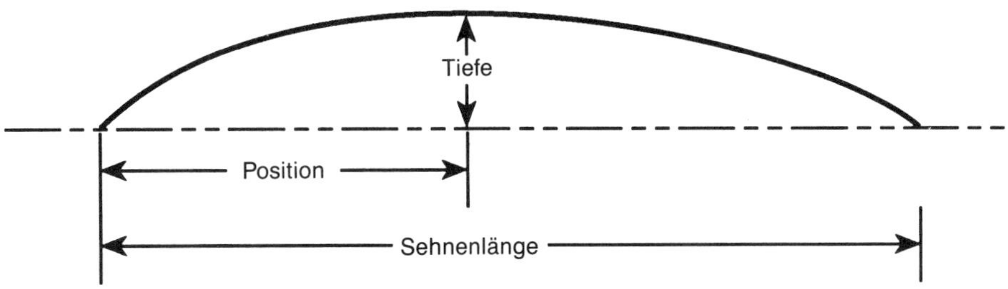

Die Position der Tiefe wird in x Prozent von der Sehnenlänge angegeben.

4.7 *So wird die Position der größten Profiltiefe festgelegt.*

liek zur gesamten Sehnenlänge. Die Position der größten Tiefe ist also die Position geteilt durch die Sehnenlänge und wird in Prozent ausgedrückt. Liegt die Tiefe zum Beispiel bei einer Sehnenlänge von 300 Zentimetern 135 Zentimeter vom Vorliek entfernt, sind das 45 Prozent (von der Sehnenlänge). Für eine Genua ist diese Position von 45 Prozent ein gutes Mittelmaß. Ein Segel mit weiter achtern liegender Profiltiefe (beispielsweise 48 Prozent) hat eine flachere Anschnittkante. Mit diesem Segel kann man höher an den Wind gehen, besonders bei moderaten Bedingungen und relativ glattem Wasser. Die weiter achtern liegende Tiefe kann aber auch den hinteren Teil des Segels zu rund werden lassen. Das ist zwar kein Problem bei mäßigem Wind, aber bei stärkerem Wind kann der Luftstrom an der größten Tiefe abreißen. Wenn das passiert, verkleinert sich das Verhältnis von Auftrieb zu Widerstand.

An der Kreuz oder hoch am Wind hat das Steuern Vorrang vor dem Segeltrimm. Ein Segel mit weiter achtern liegender Profiltiefe ist, obwohl effektiver, kritischer zum Steuern. Daher sollte so ein Profil nur dann eingesetzt werden, wenn das Steuern leichtfällt, beispielsweise bei mäßigem Wind und glattem Wasser oder wenn der Rudergänger sehr begnadet ist. Ein Segel mit weiter vorn liegender Profiltiefe ist zwar langsamer an der Kreuz, aber vergibt weniger gutem Steuern leichter.

So wie sich die Größe der Profiltiefe in der Vertikalen verändert, tut es auch ihre Position. Die größte Tiefe sollte in den unteren Sektionen des Segels weiter vorn liegen. Hier tendiert die Windgeschwindigkeit durch die Reibung an der Wasseroberfläche zum Abnehmen, und der Einfallswinkel des scheinbaren Windes wird dann kleiner. Analog dazu sollte die Tiefe weiter oben im Segel achterlicher liegen, da hier der Wind stärker ist und dadurch etwas raumer einfällt.

Verwindung (Twist)

Wenn der Wind über die Wasseroberfläche streicht, entsteht Reibung. Diese Reibung bremst den Wind etwas ab. Also weht im Masttopp mehr Wind als unten auf dem Wasser (siehe Zeichnung 4.8). Studien haben ergeben, daß der Wind im Topp eines zwölf Meter langen Mastes um 60 Prozent schneller weht als in Deckshöhe.

Die Zeichnung 4.9 zeigt das Dreieck aus scheinbarem und wahrem Wind sowie der Bootsgeschwindigkeit, das die meisten Segler kennen dürften. Der hier als

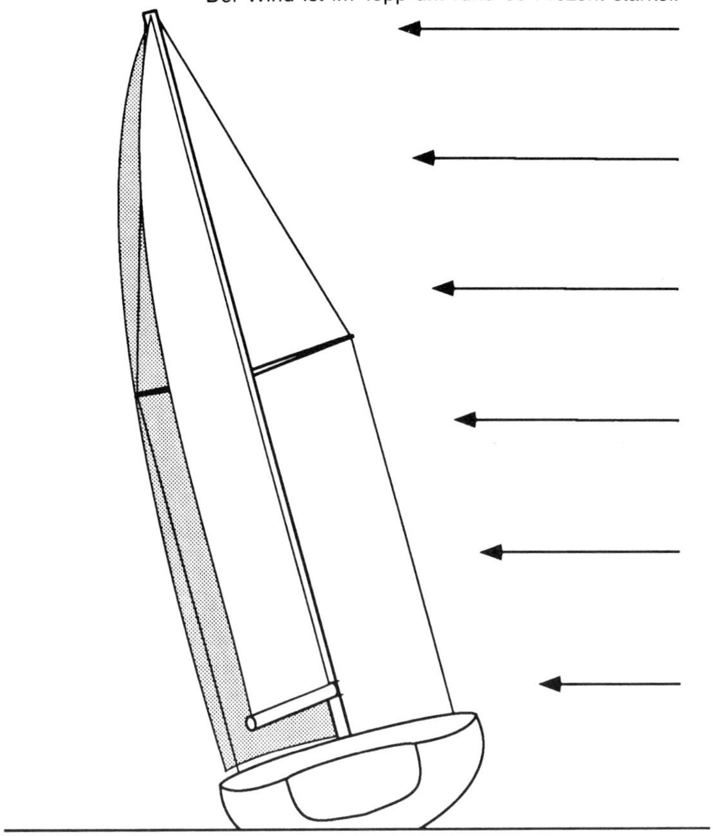

4.8 *Die Windgeschwindigkeit wächst mit der Höhe über dem Wasser.*

Vektor dargestellte wahre Wind repräsentiert den Einfallswinkel und die Geschwindigkeit, wenn sich das Boot nicht bewegt. Dann beginnt das Boot Fahrt aufzunehmen. Die Schiffsgeschwindigkeit und die Richtung sind ebenfalls durch einen Pfeil verdeutlicht. An Bord des fahrenden Bootes ist nur der scheinbare Wind spür- und meßbar, der aus der Bootsbewegung und dem wahren Wind entsteht. Ändert sich die Windgeschwindigkeit und/oder die Bootsgeschwindigkeit, ändert sich auch der scheinbare Wind sowohl in Geschwindigkeit als auch in Richtung.
Zurück zum Segel mit mehr Wind im Topp als an Deck: So wie sich mit dem Abstand zur Wasseroberfläche die Windgeschwindigkeit erhöht, verändert sich

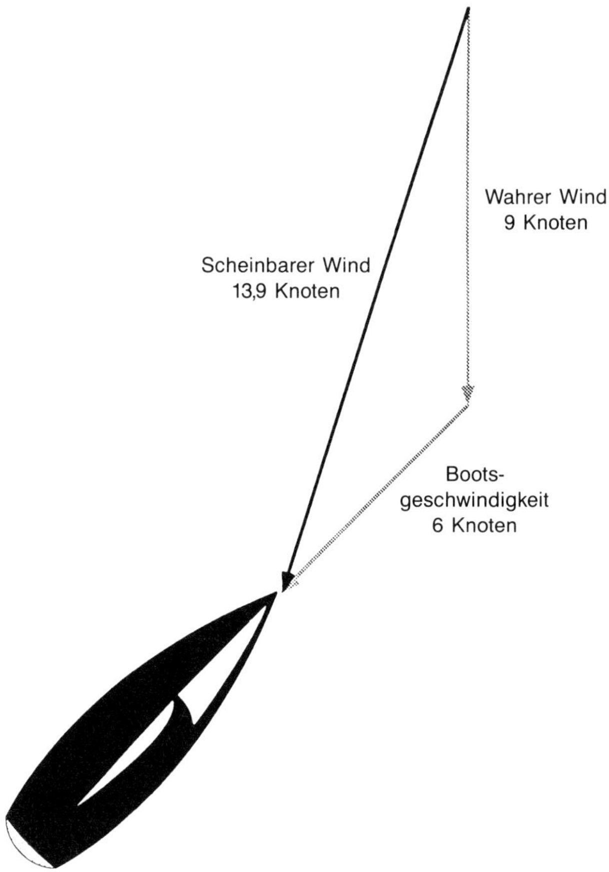

4.9 *Der scheinbare Wind.*

auch der scheinbare Windeinfallswinkel. Zeichnung 4.10 zeigt den Unterschied vom Baum bis zum Masttopp. Diese Verwindung des scheinbaren Windeinfallswinkels nennt man auch Twist. Der kann auf einer 40-Fuß-Segelyacht zwischen drei und fünf Grad betragen. Das wiederum bedeutet, daß der obere Teil des Segels zwischen drei und fünf Grad raumeren Wind hat, also sozusagen in einem Lift segelt. Kraß ausgedrückt: Der Topp segelt auf einem spitzen Raumschotskurs; der untere Bereich kreuzt auf. Also muß der obere Bereich des Segels etwas gefiert und der untere dicht geschotet werden.
Um dieser vertikalen Verdrehung des scheinbaren Windes Rechnung zu tragen, werden Segel so konstruiert und getrimmt, daß sie nach oben verwinden oder twisten. Das Segel muß so verdrehen, wie es auch der Wind tut. Das erreicht

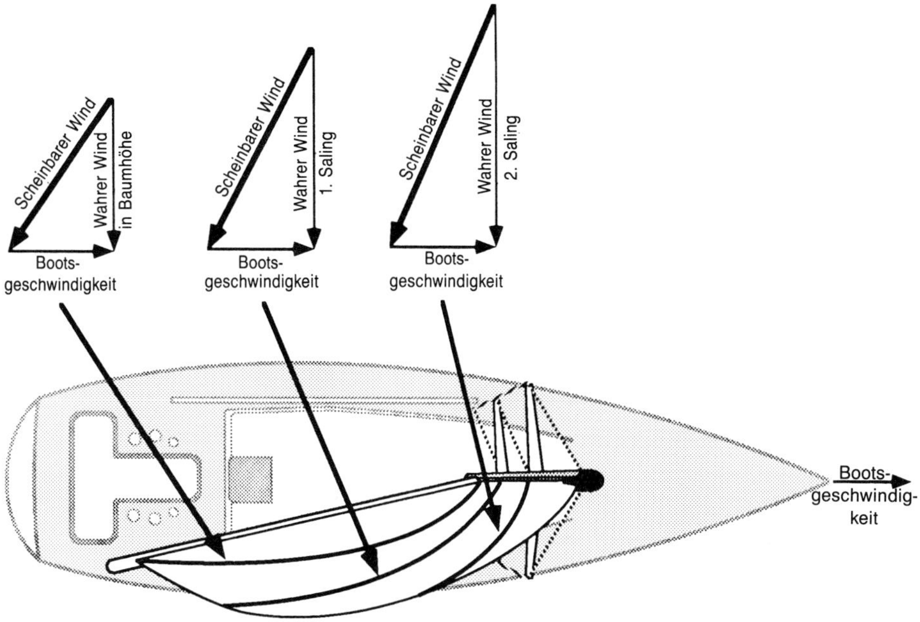

4.10 *Da der Wind mit der Höhe zunimmt, ändert der scheinbare Wind seine Richtung.*

man bei den Vorsegeln durch das Verschieben des Holepunktes und kontrolliert es durch die Windfäden. Das Ziel ist, daß sich die oberen, mittleren und unteren Windfäden gleich verhalten (mehr dazu später). Außerdem beeinflußt die Schotspannung den Twist. Bei einem Großsegel wird die Verwindung durch die Großschot und den Großbaumniederholer eingestellt. Beurteilen Sie den Twist, indem Sie die Winkel der Sehnen zur Schiffsmittellinie in unterschiedlichen Höhen vergleichen (siehe Zeichnung 4.11). Beachten Sie, daß das Segel in diesem Beispiel dicht am Großbaum nicht verwindet, während es am Topp um 15 Grad Twist aufweist.

Sie werden sich fragen, warum der Twist nicht zwischen drei und fünf Grad beträgt, was ja der Verdrehung in der Vertikalen zwischen Deck und Topp unseres Beispiels entsprechen würde. Die Antwort: Der Twist beeinflußt auch die Kraft im Segel, und diese Funktion steht über der Verdrehung des Windes. In diesem Zusammenhang kann man sich den Twist am besten als Gaspedal und Bremse vorstellen. Mehr Twist und das Segel hat weniger Kraft, die Bremse ist gezogen. Weniger Twist und das Segel hat mehr Kraft, das Gaspedal wird getreten.

Durch die Ausdrücke mehr und weniger führt Twist zu Konfusion. Also noch mal: Je weniger ein Segel twistet — das Achterliek ist gerade —, desto mehr Kraft. Je mehr ein Segel twistet — das Achterliek rundet sich nach Lee —, um so weniger Kraft. Wenn ich auf unserem Boot in der Zeichnung 4.11 mehr Kraft haben will, könnte ich den Niederholer dichter nehmen und den oberen Teil des Segels nur noch 10 anstelle von 15 Grad auswehen lassen, was mehr Kraft bringen würde.

Warum weniger Twist mehr Kraft bringt, hat mit dem obenstehenden Tatsachen zu tun. Ein wenig twistendes Segel lenkt den Wind mehr ab, was bis zu einem gewissen Punkt das Verhältnis von Auftrieb zu Widerstand verbessern kann. Daher zeigen richtig konstruierte und eingestellte Segel bei leichtem und mäßigem Wind weniger Twist. Ein Segel mit mehr Twist zwingt dem Wind weniger Ablenkung auf. Das verringert den Auftrieb — man tritt auf die Bremse —, was auf einem überlasteten Boot bei stärkerem Wind angemessen ist.

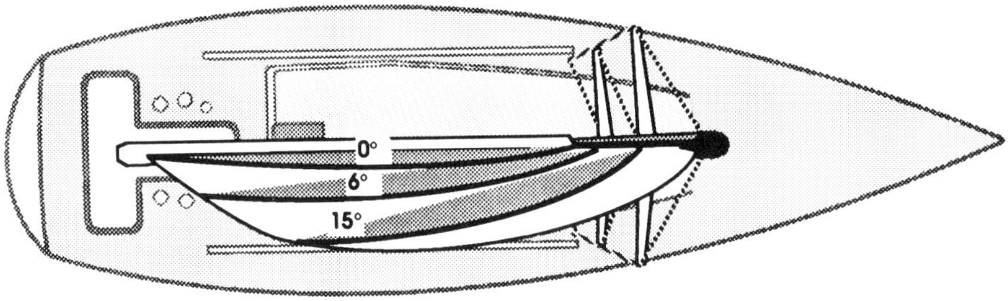

4.11 *Die Verwindung im Großsegel.*

Der Anstellwinkel

Der Anstellwinkel ist der Winkel zwischen der Richtung des scheinbaren Windes und der Sehne des Segelprofils. Für gegebenen Kurs, Windgeschwindigkeit und Bootsgeschwindigkeit vergrößert sich der Anstellwinkel, wenn der Holepunkt weiter nach innen verlegt oder die Schot dichter getrimmt wird (siehe Zeichnung 4.12). Bedienungselemente für die Verstellung der Vorsegel-Holepunkte von innen nach außen sind Querschienen oder Barberhauler und für das Großsegel die Travellerschiene und die Großschot.

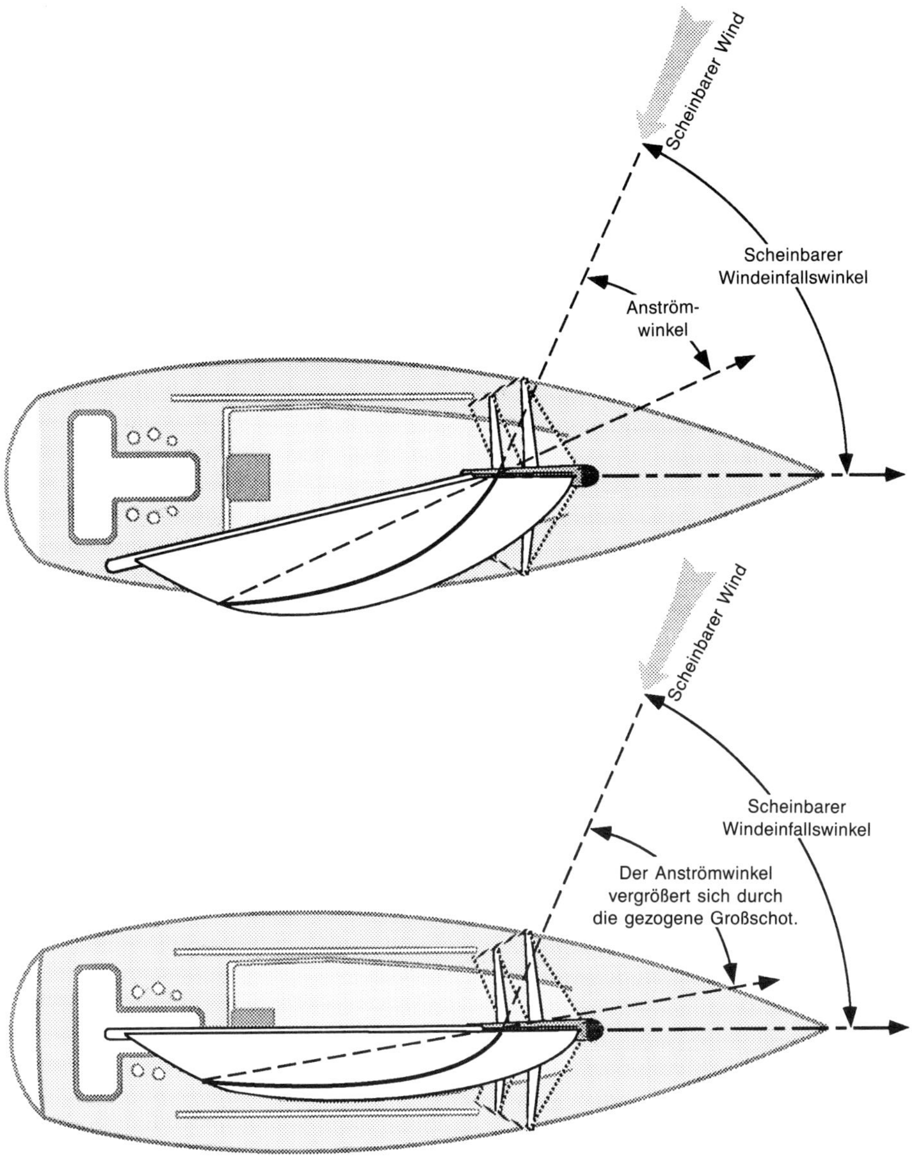

4.12 *Der Anströmwinkel vergrößert sich, wenn das Segel dichter geschotet oder der Holepunkt nach innen verlegt wird.*

Je dichter ein Segel geschotet wird, desto größer wird der Anstellwinkel und desto mehr Kraft oder Auftrieb wird erzeugt. Weil: Je mehr ein Segel den Wind ablenkt, desto größer ist die potentielle Kraft. Sir Isaac Newton formulierte, daß es für jede Aktion eine gleiche und entgegengerichtete Reaktion gibt. Die Aktion, ein Segel zu dicht zu schoten oder abzufallen, ohne die Schoten zu lösen, verursacht eine Reaktion: Auftrieb und Widerstand. Sie nehmen die Segel noch dichter oder fallen noch weiter mit festen Schoten ab, und die Reaktion wird noch größer: Noch mehr Lift und vielleicht noch mehr Widerstand, aber Sie haben ein höheres Verhältnis von Auftrieb zu Widerstand. Dann nehmen Sie die Segel noch dichter, und der Wind erreicht einen Punkt, wo er das Segel nicht mehr umströmen kann. Dann steigt der Widerstand drastisch stärker als der Auftrieb, und das Verhältnis von Auftrieb zu Widerstand geht dramatisch in den Keller.

Die Segelgröße

Ein wichtiges zweidimensionales Maß ist die Größe des Segels. Es gibt eine direkte Beziehung zwischen der Größe eines Segels und seiner Kraft — zumindest bis zu dem Punkt, an dem das Boot weniger Segelfläche benötigt, weil es sonst zu stark krängt oder sich schlecht steuern läßt (oder beides). In den Konstruktionsklassen wie IOR (International Offshore Rule) und IACC (International America's Cup Class) ist die Segelfläche natürlich ein wichtiges Maß und geht in die Konstruktionsformel mit ein. Zusätzliche Segelfläche resultiert meistens in einer Rennwertbestrafung. In Einheitsklassen ist die Segelfläche meist genau festgelegt und darf nicht überschritten werden.

Das Streckungsverhältnis

Das Streckungs- oder auch Seitenverhältnis ist ein weiteres wichtiges zweidimensionales Maß eines Segels. Bei modernen Booten, egal, ob Fahrten- oder Regattayachten, ist das Streckungsverhältnis der Segel ebenso beständig gewachsen wie das Streckungsverhältnis der Riggs. Das heißt: Riggs und Segel sind höher geworden. Der Grund ist, daß Segel mit einem hohen Seitenverhältnis (*high aspect ratio*) ein Boot an der Kreuz schneller machen (siehe auch Kapitel 2).

Die Größen und Profile der Vorsegel

Es gibt viele Wege, ein Vorsegel zu beschreiben. Um die Größe festzulegen, stellen Sie sich eine Linie vor, die vom Schothorn aus lotrecht auf das Vorliek trifft (siehe Zeichnung 4.13). Das ist das Maß LP, die Abkürzung steht für den englischsprachigen Ausdruck *luff-perpendicular* (Vorlieks-Lot). Dann vergleicht man diesen Wert mit dem Maß J, das die Distanz von der Mastvorderkante bis zum Ansatzpunkt des Vorstags an Deck verdeutlicht. Dieser Vergleich von LP zu J wird in Prozenten ausgedrückt. Wenn das LP zum Beispiel sechs Meter und das J vier Meter lang ist, beträgt das Verhältnis von LP zu J 150 Prozent. Man spricht dann von einer 150prozentigen Genua; die Genua überlappt um 50 Prozent.

Nach diesen Werten werden die Segel durchnumeriert. Auf Yachten, die nach der International Offshore Rule (IOR) vermessen sind, hat eine Genua I zum Beispiel 150 Prozent. Eine Genua II liegt zwischen 140 und 130 Prozent. Die Genua III überlappt mit 95 bis 100 Prozent LP von J schon nicht mehr. Bis zu dem Zeitpunkt wo mehr Krängung und schlechtere Steuerbarkeit weniger Segelfläche erfordern, ist das größere Segel das schnellere. So ein Segel liefert mehr Auftrieb und vielleicht auch mehr Widerstand, aber wahrscheinlich auch ein höheres und damit besseres Verhältnis von Auftrieb zu Widerstand.

Das Streckungsverhältnis ist ein weiterer Ausdruck für die Definition des Vorsegels. Man teilt einfach die Vorlieksländge durch das Maß LP (siehe Zeichnung 4.13). Wie im Kapitel 2 beschrieben, verringert ein Profil mit hohem Streckungsverhältnis den induzierten Widerstand an Kopf und Unterliek des Segels.

Das Streckungsverhältnis einer Genua I ist 2,3 zu 1. Das ist ein niedriges Streckungsverhältnis *(low aspect ratio)*, aber bei wenig Wind sind maximale Segelfläche und ein hohes Verhältnis von Auftrieb zu Widerstand wichtiger als ein Profil mit hohem Streckungsverhältnis und wenig Widerstand. Eine Genua II hat ein Streckungsverhältnis von 2,5 zu 1.

Moderne Regattayachten fahren eine Genua III mit einem Streckungsverhältnis von 3,75 zu 1. Das bedeutet weniger Widerstand, und der ist erwünscht, wenn eine Genua III gesetzt wird, denn Widerstand bedeutet Krängung.

Da eine Genua III bei starkem Wind zum Einsatz kommt, ist es das höchstbelastete der beschriebenen Vorsegel. Der Holepunkt wird weit vorn gefahren, und die Schot belastet durch einen eher senkrechten Zugwinkel das Achterliek mehr als bei einer Genua II oder I. Die Genua III ist auch mehr belastet als

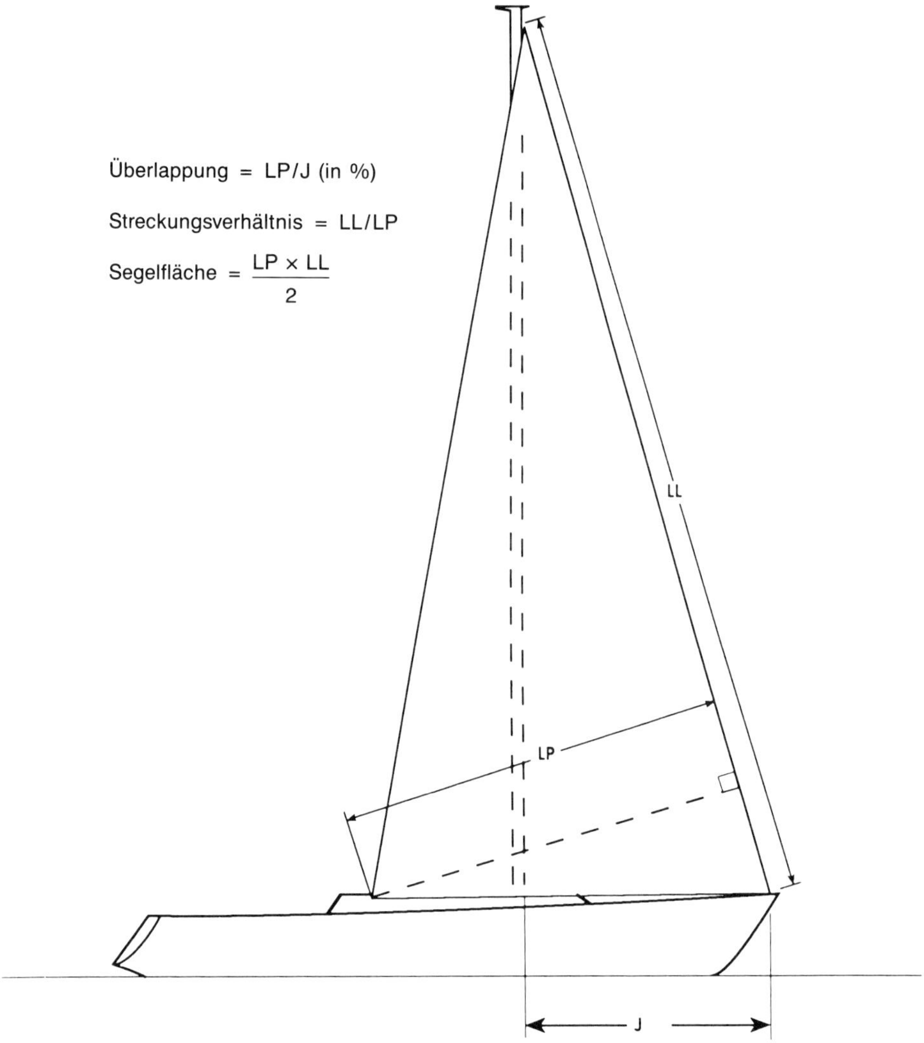

4.13 *Die wichtigsten Maße für die Vorsegel.*

das Großsegel, das ein niedrigeres Streckungsverhältnis (um 3,5 zu 1) hat. Da verwundert es nicht, daß die Genua III als erstes Segel von dehnungsarmen Kevlar-Konstruktionen profitierte.

Die Segelfläche schließlich wird nach der Formel LP × LL/2 ausgerechnet (siehe Zeichnung 4.13).

Die Trimmeinrichtungen für Vorsegel

Der Segeldesigner hat das erste und das gewichtigste Wort zur Profilierung eines Vorsegels und bedient sich dabei meist überlappender oder sphärischer Nähte (siehe Zeichnung 4.4). Wie schon gesagt, ist eine Genua I voller geschnitten als eine Genua II usw. Eine fundamentale Entscheidung, die der Segler fällen muß, ist die Wahl der Vorsegel.

Die Segelauswahl beeinflußt die Kraft — Tiefe und ihre Position — und auch das Steuern. Ein Segel, das oberhalb eines Einsatzbereiches gefahren wird, krängt das Boot zu stark. Das wiederum erzeugt meist zuviel Ruderdruck. Das Ruderblatt sollte aber nur zwischen drei und fünf Grad nach Lee angestellt werden. Außerdem dehnt ein Segel zu stark, das oberhalb seines Einsatzbereiches gefahren wird. Wenn es überdehnt wird, kann diese Überdehnung permanent im Segel verbleiben und es so ruinieren.

Um festzulegen, welches Segel wann eingesetzt werden soll, konsultieren Sie zunächst Ihren Segelmacher. Auf der Basis von Tuchgewicht und -konstruktion, Bootsgewicht und Mastbiegung etc. wird der Segelmacher seinem Kunden eine sichere Arbeitslast und einen effektiven Einsatzbereich nennen können. Der Einsatzbereich für eine leichte Genua I beispielsweise liegt zwischen fünf und zehn Knoten wahre Windgeschwindigkeit, und die (maximale) sichere Arbeitslast geht bis zu zwölf Knoten wahre Windgeschwindigkeit. Das ist nur der Ausgangspunkt. Sie sollten das Segel im Vergleich mit anderen Booten in einer Regatta oder in einer Testreihe ausprobieren (siehe Kapitel 5).

Bei diesem Test ermitteln Sie, bei welchen Bedingungen Sie welches Segel benutzt haben und ob es dabei schnell war. Notieren Sie auch die Überlappungen der einzelnen Einsatzbereiche. Wann zum Beispiel muß und wann kann von der Genua I auf die Genua II gewechselt werden? Das kann eine kritische Entscheidung sein. Vielleicht hält man das alles auch in einer Tabelle fest, die wie die untenstehende aussehen kann. Ich habe hier auch die Genuaholepunkte und die Fallspannung aufgenommen, die später erklärt werden. Da die Positionen der Genuaholepunkte und die Fallspannungen auf nicht allgemeingültigen Werten beruhen, sind diese Angaben hier ausgelassen. Innerhalb des Einsatzbereiches eines Segels erhöht sich die notwendige Fallspannung mit der Windgeschwindigkeit.

Segel	Einsatzbereich	Schotwinkel* Holepunkt Fallspannung
Genua I leicht	2–13 kn	8–10 Grad
Genua I medium	6–20 kn	7,5–9,5 Grad
Genua I schwer	14–24 kn	7,5–9,5 Grad
Genua II	21–27 kn	9–11 Grad
Genua III	24–35 kn	9–11 Grad
Genua IV	31–45 kn	11–12 Grad

Die Auswahl der Segel auf einem kleineren Einheitsklasse-Boot ist da meist einfach, da nur ein oder zwei Vorsegel zugelassen sind.
Sobald ein Segel ausgewählt und gesetzt ist, profilieren vier Trimminstrumente das Vorsegel: Schotspannung, Holepunkte (veränderbar in Längsschiffs- und Querrichtung), Fallspannung und Vorstagspannung.

Die Schotspannung

Wenn man die Schot dichter nimmt, wird der Twist geringer, und das macht das Segel kraftvoller. Außerdem vergrößert sich der Anstellwinkel des Segels, was ebenfalls das Segel kraftvoller macht. Ein tiefes, kraftvolles Segel ist gut bei mäßigem Wind, aber normalerweise schlechter bei Starkwind und auch bei Flaute.
Wenn ich zum Beispiel bei glattem Wasser sehr hoch am Wind fahren oder vor einem anderen Boot klarkommen möchte oder zu schnell für meine Geschwindigkeitsvorgaben (siehe Kapitel 7) bin, übertrimme ich die Genuaschot ein wenig. Dann steuere ich etwas höher, bis der Luvfaden zittert oder etwa alle ein bis zwei Sekunden etwas springt. Dies signalisiert den optimalen Punkt auf der Auftrieb-zu-Widerstand-Kurve.
Wenn ich aber eher auf Fahrt angewiesen bin (zum Beispiel bei starker Welle) oder zu langsam für meine Speed-Vorgaben segele, fiere ich die Genuaschot ein wenig. Dann wehen beide Windfäden parallel nach achtern aus. Das liefert den maximalen Auftrieb, allerdings auch mehr Widerstand. Die richtige Schotspannung variiert von Boot zu Boot und mit der Windgeschwindigkeit.
Wenn das Boot überlastet wird, kann man die Schot ein wenig fieren, um mehr Twist im Segel zu erzeugen. Das nimmt dem Segel etwas von seiner Kraft, es

* Winkel zwischen der Linie vom Vorstag zum Holepunkt und der Längsschiffslinie.

kann sozusagen Dampf ablassen. Zu diesem Zeitpunkt sollte man über einen Segelwechsel nachdenken. Ist die Luvtonne nicht mehr weit entfernt, kann man sich durch diese Technik auch einen Segelwechsel ersparen. Durch weiter nach achtern und außen verlegte Holepunkte sollte man das Segel auch twisten, wenn es zuviel Abwinde in das Großsegel schüttet.

Genuaholepunkte in Längsrichtung

In Längsschiffsrichtung verschiebbare Holepunkte sind eine Maßnahme für die Einstellung des Twistes (siehe Zeichnung 4.14). Wenn der Holepunkt nach vorn wandert, nimmt der Twist ab und das Segel wird kraftvoller. Wandert der Holepunkt nach achtern, wird der Twist größer und die Kraft weniger. Segel

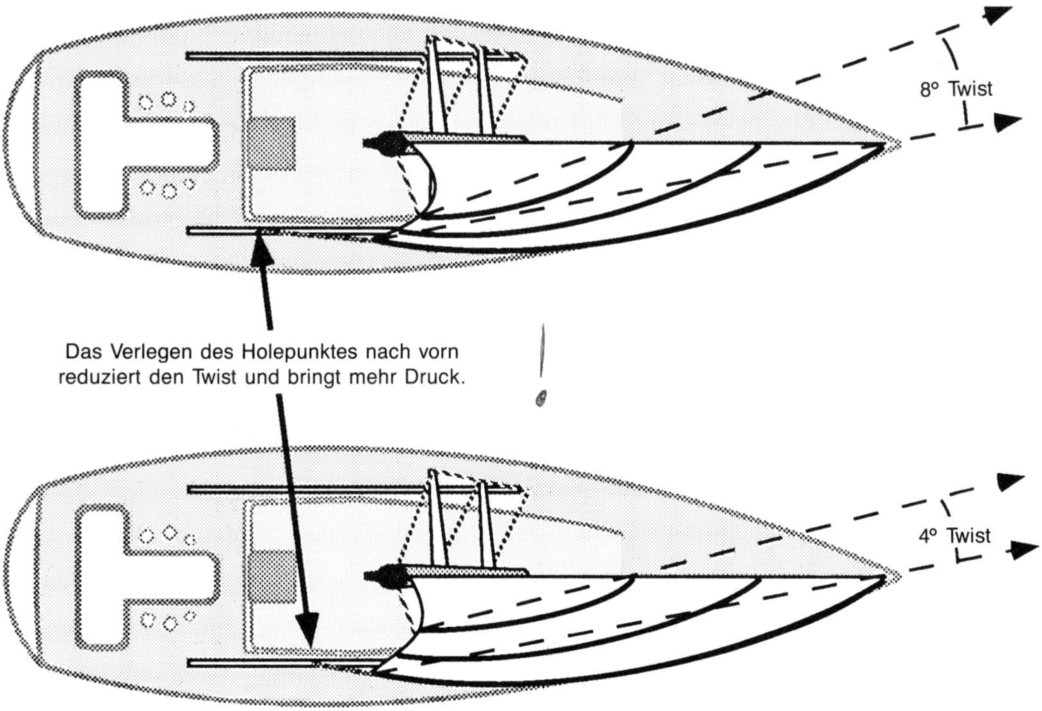

4.14 *Der Vorsegelholepunkt bestimmt den Twist (Verwindung von unten nach oben).*

werden aus zwei Gründen getwistet: um sie der vertikalen Verdrehung des Windes anzupassen und um die Kraft im Segel zu kontrollieren.

Zuerst kommt die vertikale Verdrehung des Windes. Wählen Sie einen grob geschätzten Holepunkt aus, der zur Unterlieksläge des Segels paßt. Beobachten Sie die Windfäden, während das Boot an den Wind geht. Das Ziel ist, daß sich alle Windfäden von unten bis zum Topp gleichmäßig verhalten und simultan einfallen.

Wenn die oberen Windfäden als erste verwirbeln, ist das Segel zu stark getwistet (verdreht). Schieben Sie den Holepunkt weiter nach vorn. Analog dazu benötigt ein Segel mehr Twist, wenn die untersten Windfäden zuerst killen. Der Holepunkt gehört weiter nach achtern. Die Zeichnung 4.14 zeigt, wie der Twist zu- und abnimmt, wenn der Holepunkt nach achtern und nach vorn gefahren wird.

Sinnvoll ist, die Holepunkte an Deck zu markieren (für die Kreuz und auch für Kurse mit geschrickten Schoten), in die Tabelle aufzunehmen und auch auf das Schothorn des jeweiligen Segels zu schreiben. Durch diese Maßnahmen kann der richtige Holepunkt schnell wiedergefunden werden. Bei einer Teilnahme im America's Cup hört das Festlegen der optimalen Holepunkte nie auf. Segel altern und dehnen sich, und besonders Mylar- und Kevlar-Segel legen sich in Falten und schrumpfen; mit diesen Veränderungen wechseln auch die Holepunkte im Laufe der Zeit.

Mehr Twist, also mehr Durchhang des Achterlieks nach Lee, bedeutet weniger Kraft im Segel. Ein leicht achterlich hinter der optimalen Position liegender Holepunkt nimmt dem Segel somit Kraft, was bei viel Wind angemessen sein kann. Weniger Twist erreicht man mit einem weiter vorn liegenden Holepunkt, und das heißt mehr Kraft im Segel. Bei gemäßigtem Wind hilft diese Einstellung beim Beschleunigen.

Genuaholepunkte in Querrichtung

Das Verschieben der Genuaholepunkte in der Querrichtung des Schiffes legt die Kraft fest, und das sind der Anstellwinkel des Segels und der Twist. Auf einem IOR-Boot wird die 150prozentige Genua I üblicherweise mit einem Winkel von acht bis zehn Grad zur Längsschiffslinie geschotet (siehe Zeichnung 4.15). Der kleinere Winkel ist bei wenig Welle angemessen, der größere kommt bei mehr Seegang zum Einsatz. Eine mittelschwere Genua I wird — ebenfalls

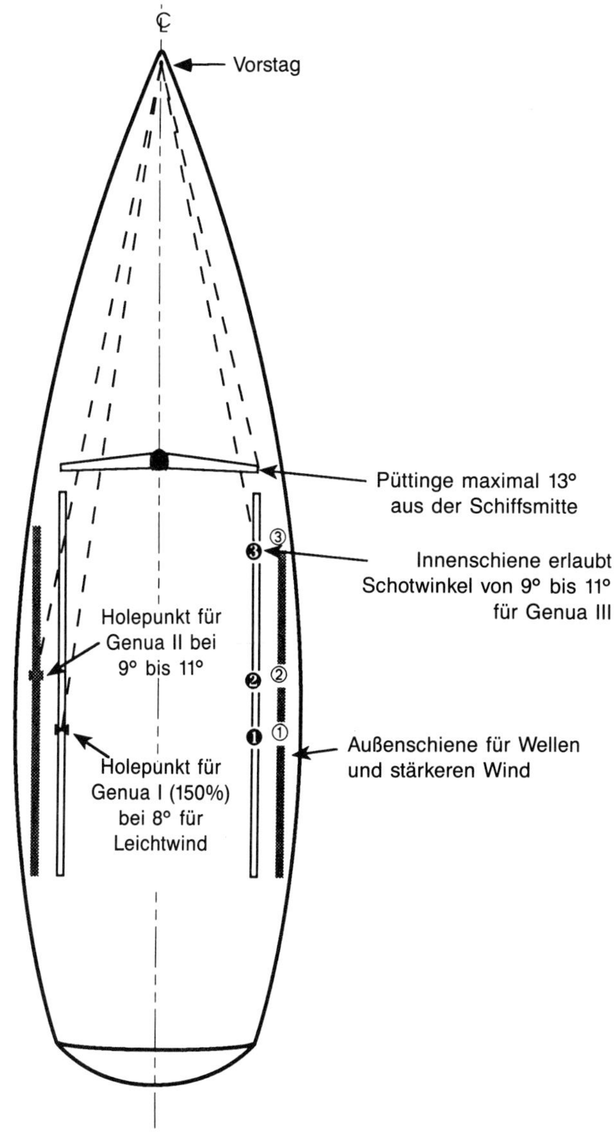

4.15 *Holepunkte und Salingswinkel auf einem typischen IOR-Schiff.*

abhängig von den Wellen — an der Kreuz zwischen 7,5 und 9,5 Grad geschotet. Die Holepunkte für die Genua II (130 bis 145 Prozent) und auch die der nicht-überlappenden Genua III liegen bei Winkeln von neun bis elf Grad. Die angegebenen Werte sind nur Anhaltspunkte; viele Fahrtenyachten zum Beispiel benötigen größere Schotwinkel. Außerdem sind viele Decks nicht für die Anbringung von Schienen auf diesen Positionen geeignet. Wenn der Wind zunimmt, muß auch der Schotwinkel größer, also der Holepunkt weiter nach außen verlegt werden. Das verkleinert den Anströmwinkel des Segels und die Kraft. Bei sehr leichtem Wind wird der Holepunkt ebenfalls nach außen gefahren.

Aus diesen Gründen sieht man auf den Decks der meisten Regattayachten parallel verlaufende innere und äußere Schienen. Barberhauler (querziehende Leinen am Schothorn oder an der Schot) können den Schotwinkel zusätzlich zur Schiene nach innen oder außen verändern. Wenn man den Holepunkt um einen halben Grad weiter nach innen verlegt, bringt dies meist schon geringfügig mehr Höhe an der Kreuz bei sehr glattem Wasser, da der Anstellwinkel kleiner wird.

Bei starker Welle dagegen wird die Geschwindigkeit wichtiger als die Höhe am Wind, und dann ist ein weiter außen liegender Holepunkt mit gefierter Schot besser, als nur die Schot zu fieren. Wenn man auf einen spitzen Raumschotskurs abfällt, auf dem noch kein Spinnaker gesetzt werden kann, wird der Holepunkt nach außen und nach vorn verlegt. Das kann sogar bis zu einen Knoten mehr Geschwindigkeit bringen.

Die Technik, den Holepunkt nach innen und außen zu verschieben, wird auch in den Wenden benutzt, besonders, wenn man über Querschienen verfügt. Dann wird der Holepunkt in der Wende nach außen gefahren und sobald das Boot Geschwindigkeit aufgenommen hat wieder nach innen verlegt.

Überlappende Vorsegel wie die Genuas I und II beeinflussen das Großsegel beträchtlich. Das sieht man beispielsweise, wenn das Großsegel backweht. Auf 7/8-geriggten Schiffen kommt das noch mehr zum Tragen; hier muß die Genua noch mehr im Hinblick auf das Zusammenspiel mit dem Großsegel eingestellt werden als auf einem Topprigger — besonders bei mehr Wind. Dann wird es gerade auf einem 7/8-geriggten Schiff wichtig, daß der Twist in der Genua parallel zu dem Twist im Großsegel verläuft.

In meinem Büro in San Diego hängt ein Foto der STARS & STRIPES' 87, aufgenommen direkt von oben in Perth/Australien. Wir segeln an der Kreuz bei einer wahren Windgeschwindigkeit von 35 Knoten, was auf einem Zwölfer 44 Knoten scheinbaren Wind über Deck bedeutet. Das kann ich von der gesetzten Genua ableiten, es war unsere Nummer VII. Man glaubt kaum, daß wir hart am Wind segeln, da die Segel bis zu 45 Grad aufgetwistet sind wie auf einem spitzen Raumschotskurs. Das ist ein Beispiel für extremen Twist bei sehr starkem Wind. Außerdem ist zu erkennen, daß Großsegel und Genua gleichmäßig getwistet sind.

Auf einem 7/8-geriggten Boot, wie zum Beispiel Zwölfer und Starboot, wird der Trimm des Vorsegels durch dessen Einfluß auf das Großsegel sehr wichtig. Verglichen mit den Großsegeln sind die Vorsegel auf diesen Booten aber sehr klein. Ist der Vorsegeltrimm isoliert so wichtig? Andersherum gefragt: Wie effektiv ist ein Vorsegel auf einem 7/8-geriggten Boot?

Einen gewissen Zweifel an der Wichtigkeit des Genuatrimms auf 7/8-Riggern spürte ich in der fünften Wettfahrt gegen KIWI MAGIC im Herausforderer-Finale des America's Cup 1987. Wir lagen mit 3 zu 1 Siegen vor den Neuseeländern. Auf der zweiten Kreuz in dieser Wettfahrt führten wir mit 48 Sekunden Vorsprung, als unsere Genua platzte. Ich wußte genau, was zu tun war: Ich ließ den Traveller wegfieren und fiel etwas ab. Das erlaubte es uns, mit acht Knoten zu segeln, also dicht an unserer vorgegebenen Geschwindigkeit für den vorherrschenden Wind. Der Trimm erinnerte an das Bild eines Finn-Dinghys oder Lasers bei viel Wind an der Kreuz. Die Crew arbeitete wie wild daran, ein neues Vorsegel zu setzen. Dazu lagen wir nur noch zwei Minuten von der *layline* (von der aus die Tonne ohne weitere Wenden erreichbar ist) entfernt, und ich mußte wenden, während die Crew mit dem neuen Segel kämpfte. Das brachte uns auf Steuerbordbug — ohne Wegerecht, ohne Vorsegel, auf einem tieferen Kurs und mit etwas weniger Geschwindigkeit.

KIWI MAGIC kam mit Backbordbug und Wegerecht auf uns zu. Die Frage war: Kommen wir vor denen auch ohne Vorsegel klar? Die Antwort war simpel: Wenn wir es nicht versuchen würden, wäre das Rennen ohnehin für uns gelaufen.

Kurz bevor wir aufeinandertrafen, ging die neue Genua hoch. Wir segelten höher am Wind, und die Neuseeländer mußten uns unterwenden. Das Ganze hatte unsere 48-Sekunden-Führung auf 14 Sekunden gekürzt, aber wir lagen noch vorn. Falls wir auf einem Topprigger die Genua verloren hätten, würde uns das andere Boot in 30 Sekunden passiert haben.

Die Moral dieser Geschichte ist, daß Genuatrimm wichtig ist, aber nicht so wichtig wie der Großsegeltrimm. Während meiner Kariere im America's Cup habe ich abartig viel Zeit mit dem Ausprobieren von Genuas verbracht. Falls ich noch einmal dabei bin, werde ich mehr Zeit für Großsegel reservieren.

Egal, ob 7/8- oder Topprigger, die Genua beeinflußt auch den Großsegeltrimm. Prüfen Sie also das Groß, nachdem die Genua eingestellt ist. Beobachten Sie den Einfluß des Vorsegels durch den Gegenbauch des Großsegels. Etwas Gegenbauch ist meist unvermeidbar. Wenn aber das Großsegel beginnt einzufallen wie in einer Wende, müssen die Genuaholepunkte nach außen verlagert oder das Großsegel dichter genommen werden. Ziehen Sie den Traveller weiter nach oben. Meistens ist es aber am besten, den Holepunkt nach außen zu legen oder die Genuaschot ein klein wenig zu fieren. Der Grund: Ein zu eng geschotetes, also zu sehr in der Schiffsmitte gefahrenes Großsegel kann zuviel Ruderdruck erzeugen und das Boot zu stark krängen lassen. Das wiederum bringt meist zuviel Abdrift mit sich.

Fallspannung

Segel aus vergleichsweise stark dehnendem Dacron (Polyester) sind auf Fahrtenyachten immer noch weit verbreitet, und bei diesen Segeln ist die Fallspannung das Hauptwerkzeug für die Einstellung der größten Profiltiefe. Mehr Fallspannung verschiebt den Bauch nach vorn, weniger nach hinten. Da die Windkraft den Bauch in der Genua nach achtern verschiebt, wird mehr Fallspannung nötig, wenn der Wind zunimmt und das Segel in seinen oberen Einsatzbereich kommt. Für die Genuas II und III sollte die größte Profiltiefe zwischen 35 und 40 Prozent hinter dem Vorliek liegen.
Bei starker Welle ziehen Sie den Bauch durch mehr Fallspannung nach vorn. Mit einer weiter vorn liegenden größten Profiltiefe wird zwar das Verhältnis von Auftrieb zu Widerstand abnehmen, aber das Boot einfacher zu steuern sein. Der Rudergänger kann jetzt das Boot innerhalb eines Fehlerbereiches von zehn Grad anstelle von fünf Grad oder weniger steuern. Ein Segel mit vorn liegendem Bauch erfordert also weniger Konzentration beim Steuern und gibt mehr Bewegungsspielraum — ideal für das Fahrtensegeln und den Einsatz von Selbststeueranlagen. Dieses Profil ist auch nachts, wenn das Steuern ohnehin weniger präzise sein wird, ideal für Regatta- und Fahrtensegler.
Sie bestimmen den Bereich, innerhalb dem sich das Boot gut steuern läßt, indem Sie langsam in den Wind gehen. Beobachten Sie den anliegenden Kompaßkurs, wenn die luvseitigen Windfäden zusammenbrechen. Dann fallen Sie ab, bis die leeseitigen Windfäden steigen, und achten dabei wieder auf den anliegenden Kompaßkurs. Der Bereich zwischen den beiden Kursen ist Ihr momentaner Steuer- oder Fehlerbereich, die Steuerspur. Beträgt dieser Bereich fünf Grad oder weniger, ist er sehr schmal; zehn Grad sind viel (siehe auch Kapitel 7).

Ein weiter achtern liegender Bauch erlaubt ein höheres (damit besseres) Verhältnis von Abdrift zu Widerstand und ist ein gutes Profil für maximale Höhe am Wind bei glattem Wasser. Um dieses Profil zu erhalten, verwendet man wenig Fallspannung, damit der Bauch nach achtern sacken kann. Dann wird das Boot wahrscheinlich eine größere Endgeschwindigkeit haben und höher an den Wind gehen, aber Steuerfehler weniger verzeihen.

Ein Segel muß sich im Vorliek etwas dehnen können, damit sich die Fallspannung auf die Position der größten Profiltiefe auswirken kann. Segel aus Mylar und Kevlar reagieren daher eher auf die Vorstagspannung für die Profilierung. Bei diesen Segeln wird das Fall gerade so dicht gefahren, daß die horizontalen Falten am Vorliek verschwinden.

Vorstagspannung

Die Spannung des Vorstags beeinflußt ebenfalls die Position der größten Profiltiefe. Auf einem toppgetakelten Schiff wird die Vorstagspannung mit dem verstellbaren Achterstag kontrolliert. Auf einer 7/8-geriggten Yacht benutzt man dazu die Backstagen. Mehr Mastbiegung zieht den Bauch genauso nach vorn wie mehr Fallspannung; weniger Mastbiegung läßt den Bauch nach achtern sacken wie weniger Fallspannung.

Die Vorstagspannung beeinflußt außerdem die gesamte Profieltiefe, besonders im oberen und mittleren Bereich eines Segels. Weniger Spannung bedeutet ein volleres Vorsegel. Das ist gut für wenig Wind mit kurzer Welle. Mehr Spannung auf den Backstagen oder dem Achterstag erzeugt ein flacheres Vorsegel — gut für mehr Wind. Es dürfte aber jedem klar sein, daß ab einem bestimmten Punkt die Haltbarkeit des Mastes wichtiger ist als die Profilierung der Segel.

Vorstagspannung hat auch einen gewissen Einfluß auf den Twist der Segel. Wenn das Vorstag weiter durchhängt, dreht sich das Achterliek etwas nach Luv — das reduziert den Twist. Weniger Twist macht das Segel kraftvoller, und das kann bei mittelstarken Winden gut sein. Bei mehr Wind aber ist auch mehr Twist gefragt.

Die leichteste Genua, die Genua I, erfordert den geringsten Zug auf das Achterstag bei Toppriggern oder auf das Backstag bei 7/8-Riggern. Die Genua IV braucht am meisten Spannung. Aus der Grafik 4.16 kann man die korrekte Spannung von Achterstag oder Backstag ablesen.

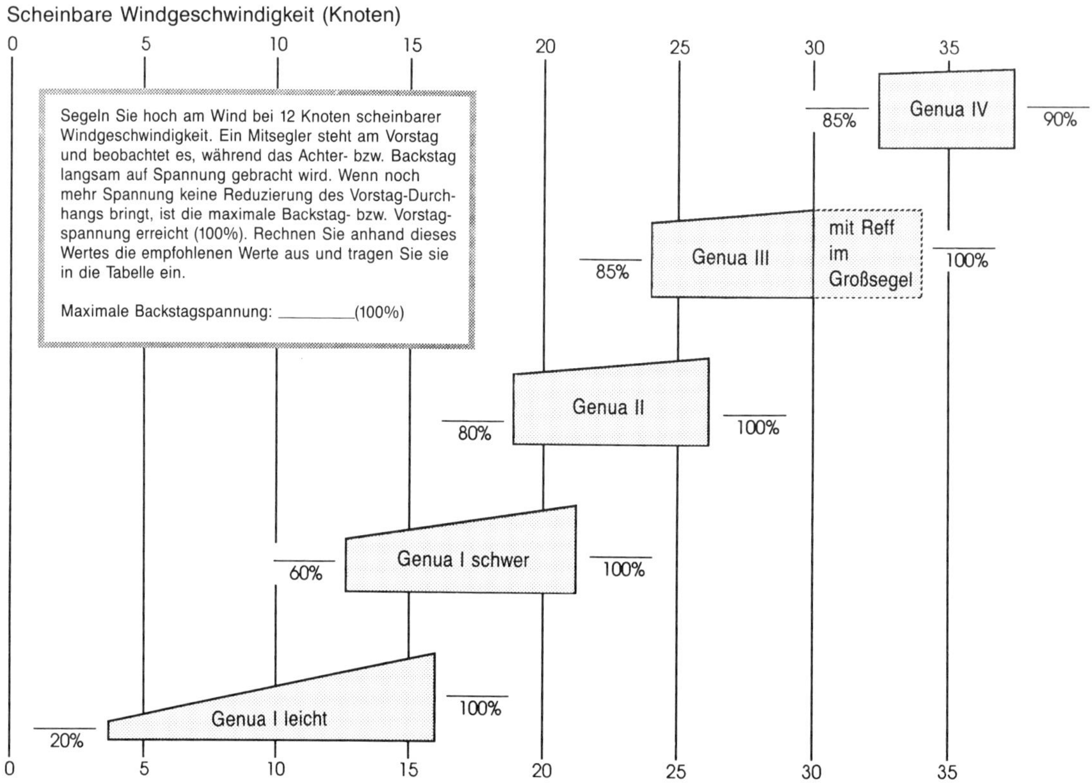

4.16 *So wird die richtige Spannung für das Achter- bzw. Backstag ermittelt.*

Selbst mit dem stärksten hydraulischen Zylinder an Achter- oder Backstag ist es nicht möglich, das Vorstag absolut gerade zu spannen. Mit mehr Wind hängt auch das Vorstag mehr durch, und das macht sofort das Vorsegel voller, was dann eigentlich nicht wünschenswert ist. Je größer der Durchhang ist, desto kleiner wird der effektive Einsatzbereich eines Segels. Das trifft auf jedes Vorsegel auf jeder Art Boot zu. Bei bestimmten Bedingungen ist ein größerer Durchhang des Vorstags aber hilfreich. Zum Bespiel, wenn alte Welle steht (mehr Welle, als zu dem Wind paßt) oder wenn man versucht, ein flaches Segel unterhalb seines Einsatzbereiches zum Arbeiten zu bringen.

1977 arbeitete Lowell North mit seinem America's-Cupper ENTERPRISE hart an einem perfekt geraden Vorstag. Eines seiner Mittel dazu war, das Maß J (Distanz Vorderkante Mast bis Vorstag) von 7,41 Metern, was der Standard auf einem Zwölfer ist, auf 6,86 Meter zu verkleinern. Gerades Vorstag oder nicht, das Ergebnis war ein langsam wendendes Boot. Die Überlappung einer Zwölfer-Genua ist auf 4,88 Meter festgelegt. Also mußte die Crew von North ein gleich großes Segel durch ein kleineres Dreieck vor dem Mast bewegen. Außerdem hatte sein Großsegel eine übergroße Rundung (die Segelfläche hinter der gedachten Linie zwischen Masttopp und Baumnock), noch etwas, mit dem er herumexperimentierte. Das Segel machte schon Druck, bevor die Großschot richtig dichtgenommen wurde. Ich habe die ENTERPRISE 1980 als Sparringspartner benutzt. Selbst auf einem geraden Kurs war das Boot langsam. In diesem Fall war der Erfindungsreichtum von North nicht erfolgreich gewesen. Die Brillanz von North war immer seine Fähigkeit für Neuerungen. Sein Mangel an Erfolg in diesem America's Cup lag meiner Meinung nach an einem gewissen Mangel an Zurückhaltung. North versuchte vielleicht zuviel Neues zu schaffen, vom geraden Vorstag über Mylar-Segel zu Großsegeln mit extremer Rundung.

Vorsegeltrimm aus spitzen Raumschotskursen

Spitze Raumschotskurse mit der Fock zwischen 35 und 65 Grad zum Wind erfordern unglückliche Kompromisse.

Der Holepunkt der Genuaschot muß so weit außen liegen wie möglich, am besten zwei Fuß in Lee vom Schiff — was natürlich nicht möglich ist. Das nächste Problem ist, daß die Genua auf diesen Kursen zu stark twistet und zuviel Kraft verliert. Also muß der Holepunkt auch weiter nach vorn verlegt werden (siehe auch Zeichnung 4.14), um den Twist wieder zu reduzieren. Das macht das Segel aber besonders im Unterlieksbereich zu tief. Dennoch ist das alles, was Sie machen können.

Wenn das Schiff auf einem spitzen Raumschotskurs überfordert ist, legen Sie den Holepunkt nach außen und nach achtern. Das vergrößert den Twist, das Segel kann Druck ablassen. Wenn der Wind zunimmt, können Sie auch die Vorstagspannung vergrößern, aber nur so weit, daß Sie nicht den Großsegeltrimm ruinieren oder den Mast beschädigen.

---

* Entgegen der allgemein gebräuchlichen deutschen Seglersprache ist jeder Kurs, der nicht hoch am Wind gesegelt wird ein raumer Kurs.

Auf den spitzen Raumschotskursen ist die Schot das hauptsächliche Trimminstrument, und man bedient sie nach den Windfäden. Die Luv- und die Leefäden müssen die überwiegende Zeit sauber auswehen und dürfen nicht tanzen. Ein kleiner Trick: Sie lenken die Schot mit wenigen Törns auf der Lee-Winsch auf die luvseitige Genuawinsch um. Der Segeltrimmer arbeitet dann in Luv, wo sein Gewicht nicht schadet, sondern nützt und er dazu trockener sitzt. Wegen der obengenannten Defizite einer Genua auf diesen Kursen, fahren einige Langstreckenyachten eine hochgeschnittene Genua, die Reacher oder auch *Jib top* genannt wird. Ein höheres Schothorn bedeutet ein kürzeres Liek. Das ermöglicht eine bessere Kontrolle über den Twist als bei einer konventionellen Genua mit ihrem längeren Liek. Auf spitzen Kursen wird die Reacher-Schot am Heck umgelenkt, dort, wo die Spinnakerschotblöcke sitzen. Auf weniger spitzen Kursen muß der Schotholepunkt weiter nach vorn wandern, was den Twist reduziert und das Segel kraftvoller macht. Den exakten Holepunkt ermittelt man wieder durch Beobachtung der Windfäden, die sich von oben nach unten alle gleich verhalten müssen. Ein Reacher erfordert mehr Spannung auf dem Vorstag, als dies für eine Genua bei denselben Windbedingungen nötig wäre.

Die folgende Tabelle macht den Vorsegeltrimm übersichtlicher.

Trimmeinrichtung	Haupteffekt(e)	Handlung
Schotspannung	Twist und Anströmwinkel	Mehr Twist (weniger Kraft und weniger Ruderdruck): Schot fieren; weniger Twist: Schot dichter. Anströmwinkel: Wird größer durch mehr Schotspannung, bringt mehr Kraft ins Segel. Weniger Schotspannung verkleinert den Anströmwinkel und die Kraft.
Genuaholepunkte (Längsrichtung)	Twist	Um den korrekten Twist festzulegen, steuern Sie das Schiff langsam an den Wind. Untere Windfäden fallen zuerst ein: Holepunkte zurückverlegen. Obere Windfäden fallen zuerst ein: Holepunkt nach vorn verlegen. Benutzen Sie Twist auch als Kraft-Kontrolle. Mehr Kraft: Holepunkt nach vorn; weniger Kraft: Holepunkt nach achtern.
Genuaholepunkte (Querrichtung)	Bauch, Anströmwinkel, Twist	Ein innenliegender Holepunkt kann die Höhe am Wind bei glattem Wasser oder sanfter Welle verbessern. Ein außenliegender Holepunkt kann die Geschwindigkeit bei viel Welle und Leichtwind verbessern. Außerdem kann ein außen- und achtern liegender Holepunkt gut sein, wenn das Vorsegel in seinem oberen Wind-Einsatzbereich funktionieren soll.

Trimmeinrichtung	Haupteffekt(e)	Handlung
Fallspannung	Position der Profiltiefe	Mehr Fallspannung (besonders bei Polyester-Segeln) verschiebt die Profiltiefe nach vorn; das Steuern ist einfacher. Weniger Fallspannung läßt den Bauch nach achtern sacken. Das kann die Höhe am Wind und die Endgeschwindigkeit verbessern, macht aber sauberes Steuern schwieriger.
Vorstagspannung	Position der Profiltiefe	Mehr Mastbiegung durch mehr Achter- oder Backstagspannung (7/8-Rigg) bringt den Bauch nach vorn. Weniger Mastbiegung und die Profiltiefe rutscht nach hinten.

Segeltrimm optimieren

Durch die Vielzahl der beim Segeltrimm beteiligten Variablen wird es nötig, schnelle Gesamteinstellungen für unterschiedliche Windgeschwindigkeiten, Windeinfallswinkel und andere Bedingungen festzuhalten. Dann können Einstellungen, die sich als schnell erwiesen haben, später wieder einfach reproduziert werden (siehe nächstes Kapitel).

Ein gutes Erinnerungsvermögen hilft natürlich auch. Gute Segler können sich gut an Segelprofile erinnern. Ich habe zwar kein gutes Namensgedächtnis, aber ich kann noch heute die Profile der 40 verschiedenen Vorsegel meiner FREEDOM von 1980 in meinem Kopf abrufen. Für mich sind die Segel die Maschinen meiner Regattaschiffe, und an die erinnere ich mich. Um ein gutes Auge für die dreidimensionalen Formen von Segeln zu entwickeln, sollte man Maße benutzen. Ich habe zum Beispiel ein sogenanntes *sailscope* verwendet — das ist ein billiges Hilfsmittel aus Kunststoff, das von North Sails verkauft wird —, um die Profiltiefe und ihre Position zu messen. Dann versuchte ich festzuhalten, welche größten Profiltiefen und welche ihrer Positionen bei welchen Bedingungen schnell und welche langsam waren. Man stellt sich Fragen wie diese: Ist die Genua mit der größten Tiefe von 18 Prozent und einer Bauch-Position von 43 Prozent an dem mittleren Profilstreifen bei neun Knoten Wind schneller als das Vorsegel mit 13 Prozent Tiefe auf einer Position von 50 Prozent?

Der America's Cup 1980 war für mich zumindest während der Ausscheidungen eine relativ einfache Zeit, und ich arbeitete viel mit den Segeln. Diese Praxis entwickelte mein Auge für Segelprofile. Segelanalysen sind aber ein niemals aufhörender Prozeß. Die Ideen ändern sich. Segel sind heutzutage insgesamt

flacher, besonders im unteren Bereich, und mein Auge muß sich daran gewöhnen.
Es deutet sich auch schon an, daß dies in Zukunft anders sein wird. Michael Fays NEW ZEALAND, die 133-Fuß-Yacht, die im America's Cup 1988 gegen unseren Katamaran antrat, verfügte über ein hochentwickeltes Computersystem, das die Segelprofile überwachte. Das wurde erstmals auf dem Zwölfer KOOKABURRA ausprobiert, dem Schiff, das wir im America's Cup 1987 geschlagen haben.
Meine Kentnis von diesem System war, daß auf der NEW ZEALAND drei leichtgewichtige Video-Kameras am oder nahe dem Masttopp montiert waren, die jede halbe Sekunde die Segelgeometrie aufnahmen. In jedem Segel waren überdimensionale Profilstreifen, die dem Computer die Aufnahme der dreidimensionalen Meßwerte wie größte Profiltiefe, Position der Profiltiefe, Anströmwinkel und Twist erleichtern sollten. Die aktuelle Segelgeometrie verglich dann der Computer mit Profilen, die sich früher bei denselben Wind- und Wellenbedingungen als schnell erwiesen hatten. Wenn das Boot dann nicht seine optimale Geschwindigkeit erreichte, wurden diese Profile auf dem Bildschirm zum Vergleich mit dem aktuellen Segelstand gezeigt. Die Crew trimmte um und paßte die Profiltiefe, ihre Position, den Anströmwinkel und den Twist dem Computerbild an.

Großsegelgröße und -profil

Die Größe ist für Segel von fundamentaler Bedeutung. Je mehr Segelfläche, desto schneller wird das Boot — bis es überfordert oder das Steuern zu schwierig wird. Normalerweise wird die Größe des Großsegels vom Yachtkonstrukteur festgelegt, aber Bäume können verlängert und Masten ersetzt werden. Die Größe eines Großsegels wird mit folgender Formel berechnet:

$$\frac{\text{Länge Vorliek} \times \text{Länge Unterliek}}{2}$$

Das Streckungs- oder Seitenverhältnis ist ebenfalls wichtig. Für ein Großsegel wird das berechnet, indem man die Länge des Vorlieks durch die Länge des Unterlieks teilt. Großsegel folgten dem Trend zu höheren Streckungsverhältnissen *(high aspect ratio)* für eine bessere Geschwindigkeit hoch am Wind. Die Werte für die meisten modernen Regatta-Großsegel haben sich von 2,9 bis zu

3,5 entwickelt. Fahrtenyachten haben ähnliche Werte; typische Verhältnisse sind 2,7 bis 3,4. Wenn die Vermessungsregeln für Regattaschiffe nicht die höheren Streckungsverhältnisse bestrafen würden, wären die Masten und die daran gesetzten Segel wahrscheinlich noch schlanker und höher.

Großsegel-Trimmeinrichtungen

Die Crew hat für das Großsegel weitaus mehr Kontroll- und Trimmeinrichtungen als für das Vorsegel. Eine Genua hat fünf Bedienungsmöglichkeiten, ein Groß fast doppelt so viele. Außerdem werden beim Großsegel mit Vor- und Unterliek zwei Kanten von Mast und Baum gehalten. Eine Genua wird nur im Vorliek fixiert, ein Spinnaker überhaupt nicht. Beim Großsegel wird die verbleibende freie Kante, das Achterliek, noch mit Latten unterstützt und kontrolliert. Dazu kommt, daß durchgehende Latten nach ihrem Siegeszug auf Fahrtenyachten, auch für Regattayachten immer populärer werden*.
Durchgehende Latten erlauben eine noch wirksamere Kontrolle des Achterlieks.
Durch diese vielen Trimmelemente kann ein Großsegel normalerweise von Flaute bis zu beginnendem Sturm eingesetzt werden. Eine Regattayacht fährt bis zu sieben Vorsegel an Bord, um diesen Bereich abzudecken.

Ein Großsegel für zwei Aufgaben

Das Großsegel muß ebenso wie ein Vorsegel das Boot vorwärts bewegen. In den vergangenen Jahren wurden die Großsegel auf 7/8-geriggten Yachten immer größer und die Vorsegel immer kleiner. Damit wuchs auch der Anteil des Großsegels am Gesamtvortrieb.
Das Großsegel muß auch das Steuern des Bootes unterstützen. Es steuert zwar nicht so direkt und schnell wie ein Ruder, aber dafür mit weniger negativem Einfluß auf die Geschwindigkeit. Ein Großsegel mit dichtem Achterliek (kein Twist) lenkt den Wind stärker ab. Diese größere Ablenkung des Windes hat denselben Effekt wie ein stärker gelegtes Ruder. Das Boot will mehr anluven,

* Durchgehende Latten sind auf Yachten, die nach der International Offshore Rule segeln, zur Zeit noch verboten.

der Ruderdruck wird stärker. Während ein gewisser Ruderdruck bei wenig Wind wünschenswert sein kann (es steuert sich auch einfacher), ist das bei Starkwind nicht mehr der Fall. Dann wird das Achterliek durch weniger Schotzug gelöst, was es dem Segel erlaubt zu twisten (nach Lee auszuwehen) — der Ruderdruck nimmt ab.

Auf kleineren Einheitsklasse-Booten fährt der Steuermann normalerweise auch das Großsegel. Das läßt es zu, Ruder und Großsegel zu koordinieren. Auf größeren Booten dagegen bedienen zwei Personen Ruder und Großschot. Bei weniger erfahrenen Crews wird der Steuermann die Person am Groß mit Kommandos wie „Großschot fieren" und „Groß dichter" anweisen. Ein besserer Großschottrimmer achtet von selbst auf zuviel Ruderdruck. Der beginnt ab drei bis fünf Grad (siehe nächstes Kapitel). Dann wird die Großschot gefiert, bevor es der Rudergänger verlangt. Genauso wird der gute Trimmer das Großsegel selbständig dichter nehmen, wenn der Ruderdruck zu gering ist.

Die Tiefe des Großsegels

Die Tiefe im Großsegel wird genauso gemessen wie bei einem Vorsegel (siehe Zeichnung 4.6). Die Regeln sind ebenfalls dieselben: Ein volles Großsegel (die größte Tiefe beträgt 15 bis 16 Prozent der Sehnenlänge am mittleren Profilstreifen) gibt mehr Kraft und Druck für die Beschleunigung wie bei einem Vorsegel. Ein volles Großsegel ist das richtige Profil bei leichtem Wind. Ein flacheres Groß (10 bis 11 Prozent) erlaubt wie eine flachere Genua eine höhere Endgeschwindigkeit. Das ist das angestrebte Profil bei Starkwind, bei sehr leichtem Wind und wenn man lieber hoch als tief segeln möchte.

Großsegel sind im oberen Bereich voller als im unteren. Dieses Profil gibt dort Kraft, wo das Segel schmal ist. Der Toppbereich sollte um 5 Prozent tiefer als der mittlere Teil bei Leichtwind und um 10 bis 15 Prozent tiefer bei Wind zwischen 6 und 18 Knoten sein. Mitte und Topp haben bei stärkerem Wind dieselbe Tiefe. Der untere Teil sollte bei moderatem Wind rund 20 Prozent flacher und bei Leichtwind und auch Starkwind vielleicht 10 Prozent flacher als der mittlere Teil sein.

Die Position der Tiefe im Großsegel

Die größte Tiefe sollte ungefähr in der Mitte des Großsegels liegen oder anders ausgedrückt zwischen 48 und 50 Prozent hinter dem Vorliek. Die Position der größten Tiefe hängt aber auch von anderen Aspekten des Segelprofils ab. Zum Beispiel sollte die Position um rund fünf Prozent nach vorn verschoben werden, wenn das Segel bei Starkwind getwistet wird. Wenn der Twist für mehr Auftrieb bei wenig Wind verringert wird, verschiebt sich die Tiefe auf 55 Prozent. Der vordere Teil des Großsegels hat seine eigenen Anforderungen an die Profiltiefe. Um den Mast herum gibt es einen gestörten Luftstrom, also muß der vordere Teil des Segels so voll sein, daß dessen Leeseite den ungehinderten Luftstrom in Lee vom Mast erreicht. Gleichzeitig aber muß das Großsegel vorn flach genug sein, um auch noch mit sehr großen Anströmwinkeln arbeiten zu können.

Der Großsegeltrimm

Die Feineinstellung des Großsegels muß auf den Trimm des Vorsegels warten. Einer der Gründe ist, daß die Position der Tiefe im Vorsegel stark von der Mastbiegung abhängt, was besonders für dehnungsarme Segel aus Mylar und Kevlar gilt, die nicht stark von der Fallspannung beeinflußt werden. Die Mastbiegung ist für das Großsegelprofil ebenfalls von großer Bedeutung, aber man kann hier auch zum Beispiel durch den Vorliekstrecker die Position der größten Tiefe einstellen. Die Mastbiegung für das Vorsegelprofil gibt oft den richtigen Trimm für das Großsegel vor.

Ein Regatta-Großsegel verfügt normalerweise über neun Trimmeinrichtungen, die das dreidimensionale Profil hinsichtlich Tiefe, Position der Tiefe, Twist und Anströmwinkel beeinflussen. Die zweidimensionale Form des Großsegels wird durch die vom Konstrukteur vorgebene Größe kontrolliert. Die Crew beeinflußt die Größe durch das Reffen.

Die Trimm- und Kontrolleinrichtungen arbeiten wie folgt:

Segellatten

Ein wichtiges Stück Großsegeltrimm führt die Crew bereits aus, bevor das Segel gesetzt ist. Das ist die Auswahl der Segellatten. Ist das Segel nicht durchgelattet (die Latten reichen nicht vom Achter- bis zum Vorliek), sollte man über eine größere Auswahl von Latten in unterschiedlicher Steifheit und Flexibilität verfügen können. Wünsche ich dann ein runderes Großsegel für mehr Druck bei Leichtwind, kann ich weichere Latten in die obere oder in die oberen zwei Lattentaschen stecken. Für ein weniger rundes Profil bei Starkwind verwende ich weniger flexible Latten. Kein guter Regattasgler geht nur mit den Latten auf die Bahn, die ihm der Segelmacher mitgegeben hat. Eine Latte kann brechen, alles kann passieren. Die Bedingungen ändern sich, und eine bei Leichtwind perfekte Latte kann bei mehr Wind fürchterlich aussehen. Mittlerweile liefern viele Segelmacher unterschiedliche oder zusätzliche Latten für die oberste Tasche mit einem neuen Segel aus.

Es gibt zwei unterschiedliche Gruppen von Latten: Kurze und durchgehende. Meine Erfahrungen mit durchgehenden Latten beschränken sich zwar auf den normal besegelten Katamaran, der uns vor dem America's Cup 1988 gegen den starr besegelten Katamaran als Sparringspartner diente, und meine America's Cup Class-Yacht (IACC) STARS & STRIPES, aber ich bin beeindruckt. Sie sind ruhiger, verlängern die Lebensdauer eines Segels, es läßt sich einfacher auf dem Baum zusammenlegen, sie erlauben ein harmonischeres Profil und mehr Rundung im Achterliek, und sie halten das Profil auch bei sehr wenig Wind.

Negativ ist, daß durchgehende Latten schwerer sind als die kurzen. Sie können auch das Segel vor dem Wind an den Wanten durchscheuern. Durchgehende Latten sind zudem aufwendiger: Sie müssen am mastseitigen Ende auf vernünftigen Beschlägen laufen, damit sie hier nicht blockieren, und sie erfordern mehr Handarbeit durch den Segelmacher. Das alles macht Segel mit durchgehenden Latten teurer. Die lange Haltbarkeit des Segels kann das aber wieder auffangen.

Die Mastbiegung

Die Vorliekskurve ist ebenso wichtig für das Profil des Großsegels wie für das des Vorsegels. Wenn ein Großsegel mit Vorliekskurve an einem geraden Mast gesetzt ist, schiebt die zusätzliche Fläche der Kurve ein Profil in das Segel.

Wenn aber der Mast entsprechend der Kurve gebogen ist, zieht er das Profil aus dem Segel heraus (siehe Zeichnung 4.17). Großsegel reagieren sehr sensibel auf die Mastbiegung. Schon ein Zentimeter Mastbiegung bei einem zwölf Meter langen Mast kann das Profil des Segels verändern. Daher haben praktisch alle Regattaschiffe und auch viele Fahrtenyachten verstellbare Achter- oder Backstagen. Ein extremes Beispiel für Mastbiegung war auf den Maxiyachten im vergangenen Whitbread Round the World Race zu beobachten. Sie bogen ihre Masten bis zu 1,2 Meter durch, um die Großsegel flacher zu ziehen. Es ist offensichtlich, daß dies eine enorme Last auf die Segel, den Mast und damit auf den Rumpf bringt. Bei weniger extremen Beispielen variiert die Mastbiegung zwischen 0,25 Prozent der Masthöhe oder seltener bis zu zwei Prozent.

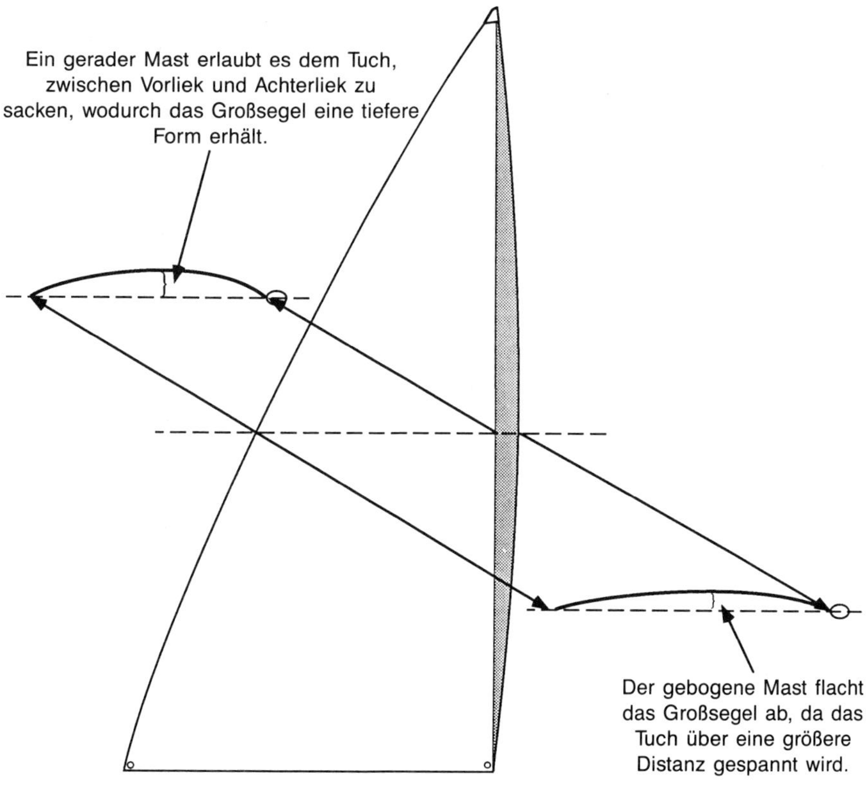

4.17 *Mastbiegung und Großsegelprofil.*

Ein Mast muß an der richtigen Stelle um die richtige Menge biegen. Das erfordert eine Absprache mit dem Segelmacher, da die Vorliekskurve zur Mastbiegung passen muß. Falls der Segelmacher die Vorliekskurve in der Mitte des Segels plaziert und der Mast nur am Topp biegt, wird das Segelprofil nicht gut sein. Genauso wird das Segelprofil darunter leiden, wenn Ihr Segelmacher 20 Zentimeter Mastbiegung einkalkuliert und Sie biegen den Mast nur um maximal 7 Zentimeter. Diese Überlegungen erklären, warum ein guter Segelmacher einen Kunden nach der Mastbiegung befragen wird, bevor er das Segel konstruiert.
Großsegel, besonders solche aus dehnungsarmen Materialien wie Kevlar, Mylar und *yarn tempered* Dacron* können mit dem Mast sozusagen überbogen werden.
Eine Falte, die sich vom Schothorn zur Mastmitte erstreckt ist ein Zeichen dafür, daß der Mast für dieses Segel zu stark biegt. In der englischen Seglersprache wird diese Falte daher auch *overbend wrinkle* (Überbiegungs-Falte) genannt. Großsegel sind heutzutage im unteren Bereich flacher geworden. Es ist daher nicht mehr unüblich oder falsch, wenn man diese Überbiegungs-Falten im Unterlieksbereich sieht.

Die Großschot

Wie bereits verdeutlicht, wird mit der Großschot hauptsächlich der Twist kontrolliert und beim Segel weg vom Wind der Anströmwinkel. Mehr Großschotspannung reduziert den Twist, weniger vergrößert ihn.
Der Test für den richtigen Twist im Groß verläuft ähnlich wie bei der Genua. Fieren Sie den Traveller. Falls der Toppbereich des Großsegels durch den Luftstrom der Genua zuerst backgeweht wird, hat das Segel zuviel Twist; die Großschot muß dichter genommen werden. Weht dagegen der untere Bereich des Großsegels zuerst back, benötigt das Großsegel mehr Twist, also fieren Sie die Großschot.
Ein einfacherer, aber weniger exakter Weg, die richtige Großschotspannung und damit den richtigen Twist zu ermitteln: Die Großschot wird so getrimmt, daß die obere Latte parallel zum Baum zeigt. Dies ist auch ein Anhaltspunkt für den richtigen Trimm auf raumen Kursen.

* *yarn tempered* Dacron (Duroperm ist ein weiterer Handelsname) ist ein hitzebehandeltes Polyestertuch, das in einigen Einheitsklassen eingesetzt wird, die kein Mylar oder Kevlar zulassen.

Bei Bedingungen, die eine maximale Höhe am Wind zulassen (glattes Wasser und mittlere Brise), können Sie manchmal das Großsegel so trimmen, daß die oberste Latte etwas nach Luv weist. Das ist aber nur auf toppgetakelten Yachten sinnvoll. Die bis zum Topp gesetzte Genua eines Toppriggers leitet den Windfluß auf die Leeseite des oberen Achterlieks und reduziert so die Gefahr eines Strömungsabrisses. Auf einem 7/8-Rigger gibt es kein Segel vor der obersten Latte, das den Wind leitet.

Ein Hilfsmittel für den richtigen Twist ist, einen Windfaden auf das achtere Ende der Topplatte zu kleben — die besseren Segelmacher tun dies von Haus aus. Dieser Windfaden sollte zumindest die Hälfte der Zeit nach achtern auswehen. Falls er aber öfter als die Hälfte der Zeit nach Lee verwirbelt, benötigt das Segel mehr Twist; Sie fieren die Großschot.

Ein Hinweis zum Twist verhalf mir zu meinem ersten Weltmeistertitel in der Starbootklasse. 1971 kaufte ich Alan Raffees Star für 3 000 US-Dollar und startete damit bei den Weltmeisterschaften in Seattle. Bei der vorangehenden Übungswettfahrt griff ich voll daneben. So ging es auch Bill Buchan, einem Segelhelden meiner Kinderjahre, der die Starboot-Weltmeisterschaft im Jahr zuvor und auch schon 1961 gewonnen hatte.

Nach unserem enttäuschendem Abschneiden in der Übungswettfahrt 1971 kam ich mit Buchan ins Gespräch. Er fragte, ob ich immer mit so wenig Spannung auf der Großschot segeln würde. Das habe ich mir gemerkt. In der folgenden ersten Wettfahrt schotete ich mein Großsegel etwas härter, was bekanntlich den Twist verringert und gleichzeitig den Anströmwinkel vergrößert. Beide Dinge können das Segel kraftvoller machen. Ich fuhr einen zweiten und einen fünften Platz und lag auf Platz eins in der Serie. Ein weiterer fünfter Platz in der dritten Wettfahrt kam hinzu. Danach deckte ich nur noch Lowell North, hielt mich frei von allen brenzligen Situationen und gewann meine erste Weltmeisterschaft in dieser Klasse.

Der Traveller

Der Traveller kontrolliert den Anströmwinkel, der die Kraft im Segel, die Krängung und das Steuern beeinflußt. Idealerweise segelt man mit drei bis fünf Grad Ruderanstellwinkel. Ist der Winkel größer, ist das Boot überfordert — Sie fieren den Travellerschlitten nach Lee. Das vergrößert die Vortriebskraft und die Geschwindigkeit. Wenn Sie zum Beispiel bei Leichtwind mehr Ruderdruck und mehr Kraft im Segel brauchen, ziehen Sie den Traveller nach Luv. Der Baum darf aber niemals über die Schiffsmittellinie hinaus nach Luv gezogen werden. Beachten Sie, daß ich damit den Baum und nicht den Travellerschlitten meine. Oftmals muß der Schlitten weit in Luv stehen, damit der Baum in der Mitte liegt.

Auf meinen Starboot habe ich damals den Traveller ausgebaut. Der Großbaum hängt auf Starbooten derart tief, daß die Großschot nur zu einem festen Punkt in der Schiffsmitte geführt und dichtgeholt werden muß, damit der Baum in der Schiffsmitte steht.

Auf Raumschotskursen kann der bewußte und richtige Einsatz des Travellers — fieren in den Böen und danach wieder dichtholen — entscheiden, ob man das Boot unter Kontrolle hat oder nicht. Verliert man die Beherrschung über das Boot, kann es in den Wind schießen (siehe Kapitel 7). Manchmal wird auch die Großschot gleichzeitig mit dem Traveller gefiert. Das Fieren der Großschot vergrößert den Twist, das Fieren des Travellers verkleinert den Anströmwinkel. Beides zusammen nimmt dem Segel Kraft.

Der Unterliekstrecker

Wenn man den Unterliekstrecker zieht, wird das Segel flacher — besonders in seiner unteren Hälfte. Vorliekskurve, Mastbiegung und die Profilierung des Segels durch sphärische Nähte heben den Effekt des Unterliekstreckers in der oberen Hälfte auf.

Sauberer Segeltrimm bedeutet, daß der untere Bereich des Großsegels hart am Wind sehr flach getrimmt wird, selbst wenn das zu Überbiegungs-Falten führen sollte. Ein Großsegel sollte unten flach sein, um hier den induzierten Widerstand zu verringern. Unter dem Baum ist ein großes Loch, durch das der Windfluß einfach von der Hochdruck-Luvseite des Segels auf die Niederdruck-Leeseite entweichen kann. Dieses Leck will den Druckunterschied im Segel ausgleichen, was unerwünscht ist. Um das Leck klein zu halten, wird das Segel in der Nähe des Großbaums nicht durch mehr Profil oder Bauch kraftvoll gemacht. Andersherum gesagt: Wenn der Druckunterschied zwischen der Luvseite mit mehr Druck und der Leeseite mit weniger Druck durch weniger Profil und Bauch gering gehalten werden kann, ist auch der induzierte Widerstand geringer.

Zur Zeit der gigantischen J-Klasse-Yachten im America's Cup (1930-37) fuhr man sehr breite Großbäume. Die wurden Park Avenue genannt, weil man darauf spazierengehen konnte, und die große Breite sollte den beschriebenen Druckaustausch, also den induzierten Widerstand verhindern. In vielerlei Hinsicht steckte dieselbe Idee dahinter wie beim Flügelkiel der AUSTRALIA II (siehe Kapitel 2).

Unterliek mit Shelf und Flachreff

Vor dem Wind ist Tiefe im unteren Bereich des Großsegels wichtig; Sie erinnern sich, daß der Widerstand auf diesem Kurs das Schiff vorantreibt, da er in der Richtung des Kurses wirkt. Vor dem Wind sind 20 bis 25 Prozent Tiefe im Unterlieksbereich angemessen. Ein *shelf foot* (der deutschen Seglersprache fehlen hier die Worte), ein zusätzliches und meist leichteres Stück Tuch, das am Unterliek festgenäht ist, liefert hier mehr Fläche. Dieses Extra-Tuch faltet sich zusammen, wenn man den Unterliekstrecker zieht, und es öffnet sich, wenn man ihn fiert. Ohne *shelf foot* kann man nur das Profil mit gefiertem Großfall und lockerem Unterliekstrecker vertiefen.
Ein weiterer Weg für mehr Profil im Unterlieksbereich ist für den Segelmacher, die untere und eventuell auch die zweite Naht mit mehr Überlappung (sphärische Nähte) zu versehen (siehe Teichnung 4.4). Diese verstärkte Profilierung wird nicht durch den dichtgezogenen Unterliekstrecker allein verschwinden, wenn es am Wind gewünscht wird. Das bewirkt erst ein Flachreff, eine kurze Reffleine, die zwischen 30 und 60 Zentimeter über dem Schothorn in einer Kausch angreift.

Der Großbaumniederholer

Der Großbaumniederholer arbeitet zum Teil wie die Großschot, da auch er den Baum nach unten zieht und so den Twist kontrolliert. Als Trimmvorrichtung für den Twist kann die Großschot nur am Wind wirken. Der Großbaumniederholer dagegen beeinflußt den Twist auf dem gesamten Kreisbogen des Großbaumes, also auch auf raumen Kursen und vor dem Wind.
Im America's Cup 1980 montierten wir eine halbkreisförmige Schiene auf das Deck unserer FREEDOM. Auf der Schiene rutscht ein Schlitten (ähnlich einem Traveller), von dem aus der Niederholer senkrecht zum Baum läuft. Diese Idee

hatte ich zuerst auf Starbooten gesehen, und sie kam wahrscheinlich von Lowell North oder Bill Buchan. Am Wind benötigt man keinen Großbaumniederholer, da dann der Twist mit der Großschot eingestellt wird. Bei einem scheinbaren Windeinfallswinkel von 100 Grad aber möchte man den Twist eliminieren, um dem Wind die größte Segelfläche anzubieten. Dann benötigt man viel Zug auf den Baumniederholer. Die richtig installierte halbkreisförmige Schiene, auf der der Niederholer läuft, ist in der Nähe der Längsschiffslinie höher und dort abgeflacht, wo der Baum steht, wenn man mit 100 Grad scheinbarem Wind segelt. Das ergibt sozusagen einen automatischen Niederholer, der mit gefiertem Großsegel selbständig auf Spannung kommt.
Auf einem spitzen Raumschotskurs mit viel Wind bleibt das Unterliek dicht, um den Ruderdruck gering zu halten. Ein Crewmitglied bedient den Großbaumniederholer so, daß der Baum nicht in die Wellen tauchen (und dann abbrechen) kann. Wenn das Boot zu stark krängt, wird die Großschot schnell aufgefiert. Bei leichten und mittleren Winden darf der Baumniederholer nicht über Gebühr angezogen werden. Bei diesen Bedingungen reicht oft schon das Gewicht des Großbaums aus, um genug Spannung auf das Achterliek zu bringen.
Platt vor dem Laken mit viel Wind benötigt man dagegen viel Zug auf den Niederholer. Wie bereits im Kapitel 2 beschrieben, ist ein Segel auf dem Vormwindkurs eine Windblockade. Dann ist nicht Auftrieb, sondern möglichst viel Widerstand entscheidend. Ohne reichlichen Zug auf den Niederholer kann das getwistete Achterliek des Segels diese Windblockade verhindern und Auftrieb erzeugen. Der aber wirkt in eine Richtung, in die man nicht segeln will. Der Auftrieb im Masttopp kann das Boot nach Luv steuern und dabei den Rudergänger überwältigen. Das Ergebnis ist oft ein ungewollter Aufschießer (siehe Kapitel 7). Wenn die oberste Latte einen größeren Winkel als 90 Grad zur Schiffsmittellinie beschreibt, muß der Niederholer weiter durchgesetzt werden. Tun Sie es nur, wenn Ihre Beschläge das mitmachen und der Baum nicht ins Wasser geht. Eine Alternative ist, die Großschot zu ziehen.

Der Vorliekstrecker (Cunningham)

Das Cunningham ist nach Briggs Cunningham, dem Skipper der im America's Cup 1958 siegreichen COLUMBIA, benannt und bewirkt das gleiche wie die Fallspannung bei einem Vorsegel. Beide Einrichtungen verschieben den Bauch nach vorn oder achtern. Mehr Zug auf dem Vorliekstrecker zieht die größte Profiltiefe nach vorn, weniger Zug läßt sie nach hinten sacken. Natürlich hat auch das Großsegel ein Fall, warum also benutzt man es nicht zum Trimmen wie bei der Genua? Der Grund: Großsegel werden auf Regattayachten maximal hoch gesetzt, und ein schwarzer Streifen am Masttopp definiert hier die Grenze. Wird das Großfall zu stark durchgesetzt, überschreitet das Kopfbrett diese Grenze und man verletzt damit die Regattaregeln. Mit einem Cunningham kann man aber denselben Trimmeffekt erzielen.

Beim Fahrtensegeln sind Begrenzungsstreifen egal, aber der Großfallschäkel könnte bei zuviel Zug im Rollenkasten festklemmen und/oder die Fallscheibe beschädigen (siehe auch Kapitel 5).

Das Cunningham muß zusammen mit der Mastbiegung eingestellt werden. Wird der Mast beispielsweise gebogen, wandert der Bauch im Segel oft nach achtern. Mehr Zug auf dem Cunningham bringt den Bauch dann wieder nach vorn.

Die Liekleine

Auf der Kreuz ist die Liekleine genaugenommen kein Trimminstrument. Diese Leine soll das Achterliek am Flattern hindern. Das Flattern des Achterlieks verringert nämlich die Lebensdauer des Segels. Ziehen Sie die Leine lediglich so dicht, daß das Achterliek gerade eben ruhig steht. Raumschots dagegen hat diese Vorrichtung einige Trimmvorteile, die als nächstes genannt werden.

Raumschots und vor dem Wind mit dem Großsegel

Abgesehen vom Baumniederholer und möglicherweise der Liekleine, werden alle für die Kreuz dichtgezogenen Trimmleinen auf raumen — oder Vormwindkursen gelöst. Fieren Sie den Unterliekstrecker, das Cunningham und das Achter- bzw. Backstag (vermeiden Sie dabei aber ein zu lockeres Vorstag). Lassen Sie auch den Traveller nach Lee rutschen und lösen Sie die Großschot. Falls das Segel über eine Liekleine verfügt, kann man diese etwas ziehen, um mehr Zug auf das Achterliek auszuüben. Das biegt die Latten und gibt so dem Segel etwas mehr Wölbung, also mehr Profil oder eine größere Tiefe, und das ist gut für raume Kurse.

Auf den Zwölfern haben wir eine Liekleine entwickelt, die nicht wie üblich vom Topp zum Schothorn verlief, sondern ungefähr auf der Hälfte des Achterlieks ansetzte. Diese Leine lief im Achterliek nach oben zum Kopfbrett und wurde dort nach unten an Deck umgelenkt, wo sie bedient werden konnte. Mit dieser Leine konnten wir den oberen Bereich des Segels separat schließen. Dieses Arrangement hilft zu verhindern, daß die Topplatten zu stark vertwisten, und verringert so die Tendenz zum Rollen und Geigen vor dem Wind. Der Vorteil liegt dabei darin, daß man den Baumniederholer nicht mehr so stark anziehen muß, um den Toppbereich zu schließen. Außerdem übertreibt man leicht durch zuviel Zug auf den Niederholer. Wie bereits erwähnt, sollten Sie den maximalen Zug auf den Niederholer haben, wenn das Boot mit 100 Grad zum scheinbaren Wind segelt. Wird der scheinbare Windeinfallswinkel größer als 100 Grad, verringert sich der Druck im Segel, weil das Segel ab diesem Punkt keinen Auftrieb mehr produziert und nur noch eine Windblockade darstellt. Halten Sie die Latten parallel zum Großbaum. Diese Richtlinie gilt auch auf der Kreuz.

Auf einem Raumschotskurs fieren Sie die Großschot, bis das Vorliek killt, und ziehen Sie sie dann wieder etwas dicht, bis dies gerade aufhört. Vor dem Wind verhält sich das Großsegel wie ein Spinnaker, und das Vorliek wird nicht einfallen, was den richtigen Segeltrimm erschwert. Also richtet man sich nach dem scheinbaren Windeinfallswinkel. Der Winkel zwischen dem scheinbaren Wind und dem Großbaum sollte vor dem Wind niemals mehr als 90 Grad, sondern eher etwas kleiner sein. Diese Regel verhindert oder vermindert auch das schädliche Schamfilen an den Wanten und an den Salingen.

Die folgende Tabelle faßt die erwähnten Punkte zusammen.

Trimmeinrichtung	Haupteffekt(e)	Handlung
Segellatten	Profiltiefe	Benutzen Sie flexiblere Latten bei Leichtwind für mehr Tiefe und Profil im Segel und weniger flexible Latten bei stärkerem Wind.
Mastbiegung	Profiltiefe	Mehr Mastbiegung macht das Großsegel flacher, weniger schafft mehr Profiltiefe.

Trimmeinrichtung	Haupteffekt(e)	Handlung
Großschot	Twist; Anströmwinkel auf raumen Kursen	Fieren Sie die Großschot für mehr Twist und einen kleineren Anströmwinkel. Ziehen Sie sie dichter für weniger Twist und einen größeren Anströmwinkel.
Traveller	Anströmwinkel (Kraft)	Der Traveller in Luv vergrößert den Anstellwinkel und damit die Kraft. Ein gefierter Traveller verkleinert den Anströmwinkel.
Unterliekstrecker	Profiltiefe im unteren Bereich	Mit mehr Unterliekspannung wird der untere Teil des Segels flacher. Weniger Spannung macht diesen Bereich voller.
Shelf-Unterliek	Tiefe/Profil	Öffnet sich mit gefiertem Unterliekstrecker, bringt mehr Profil für raume Kurse. Stellt sicher, daß das Segel von Kopf bis Unterliek dasselbe Profil aufweist.
Flachreff	Tiefe/Profil	Das gefierte Flachreff bewirkt mehr Tiefe oder Profil. Angezogen wird Profil herausgezogen.
Großbaumniederholer	Twist	Dichtholen für weniger Twist (mehr Kraft); fieren für mehr Twist (weniger Kraft).
Cunningham	Position und Menge der größten Tiefe	Mehr Cunningham-Zug zieht den Bauch nach vorn, was das Segel flacher macht. Weniger Cunningham läßt den Bauch nach hinten rutschen und bewirkt ein tieferes Segel.

Spinnaker-Materialien

Die Fortschritte in der Spinnaker-Konstruktion sind weniger dramatisch als bei den dreieckigen Segeln. Das hat viel mit den Tuchen zu tun. Die meisten Spinnaker bestehen aus Nylon, und das seit fast 40 Jahren. Nylon, 1958 vom Chemiekonzern DuPont entwickelt, dehnt relativ stark und ist dadurch sehr kräftig. Der Spinnaker kann also nicht leicht reißen oder platzen, weil die Dehnung als automatischer Zugdämpfer wirkt, wenn sich das Segel plötzlich mit Wind füllt. Segelmacher haben diese Dehnung lange Zeit auch für die Profilierung der Segel genutzt. Bevor die Segelmacher computergestütztes Design (CAD) und die computergestützte Herstellung (CAM) anwendeten, hatten die meisten Spinnaker überhaupt keine Formgebung durch sphärische Nähte. Die Dehnung des Materials lieferte hauptsächlich das Profil, und das ist eine ungenaue Wissenschaft. Heutzutage werden Spinnaker von besseren Segelmachern durch sphärische Nähte profiliert (siehe Zeichnung 4.4).

Seit einiger Zeit gibt es Versuche, Mylar, Kevlar und jetzt auch Polyester für die Spinnakerherstellung einzusetzen. Diese Materialien sind vielversprechend, besonders für reine Raumschotssegel, die ja wenig dehnen sollen.

Spinnaker-Tuchgewichte

Ein Spinnaker muß vom Wind zum Stehen gebracht, sozusagen aufgeblasen werden. Bei leichtem Wind kann ein Spinnaker durch sein eigenes Gewicht zusammenfallen. Das Gewicht des Spinnakers ist also sehr wichtig. Spinnakertuch wird in den typischen Gewichten von 0,5/0,75/0,9/1,2/1,5 und 2,2 Unzen pro Segelmacher-Yard (SMY) produziert. 0,5 Unzen, das geringste Gewicht, wird auf einigen kleineren Booten für den einzigen Spinnaker verwendet und auf größeren Yachten für den Leichtwindspinnaker. Das größte Gewicht hat auf größeren Booten der Sturmspinnaker aus dem 2,2-Unzen-Tuch. Der Standardspinnaker ist meist der 0,75er. Das tatsächliche Tuchgewicht ist aber jeweils um rund 0,25 Unzen pro SMY höher, und das liegt an der sogenannten Ausrüstung der Segel. Die Gewebe werden nämlich oftmals mit Melamin, Urethan und/oder Silikon imprägniert bzw. hitzebehandelt.

Alle Spinnaker auf einer perfekt ausgetüftelten Regattayacht, wie es die America's-Cupper sind, sehen in ihrer Farbkombination gleich aus. Das erschwert es dem Konkurrenten herauszufinden, welches Segel man gerade gesetzt hat. Sind die Spinnaker dagegen unterschiedlich farbig, wird ein aufmerksamer Gegner bald feststellen können, was Sie vorhaben, und auch den Einsatzbereich des Segels kennen.

Gute Segler können aber oft das Tuchgewicht nur durch die Farbintensität erkennen. Der leichtere Spinnaker ist meist etwas heller als der nächst schwerere. Hilfreich zum Erkennen ist auch das Verhalten des Spinnakers, zum Beispiel, wie hoch er fliegt oder steht. Ein leichtgewichtiger Spinnaker wird mehr steigen als einer aus schwerem Tuch.

Ich erinnere mich noch gut an eine Wettfahrt mit der COURAGEOUS gegen die INTREPID in den America's Cup-Ausscheidungen 1974. Wir hatten eine gesunde Führung an der Luvtonne und setzten den 0,75-Unzen-Spinnaker. Unser Navigator Halsey Herreshoff bemerkte, daß auf der INTREPID ein 0,5er verwendet wurde, da der gegnerische Spinnaker höher stieg als unserer. Sie machten Boden gut. Wir versuchten unseren Skipper Bob Bavier zu einem Wechsel auf den 0,5er zu bewegen, um etwas dagegen zu unternehmen. Er wollte nicht, und ich glaube, daß diese Fehlentscheidung ihm das Rückgrat gebrochen hat. Am nächsten Tag wurde er gegen Ted Hood ausgewechselt.

Spinnaker-Konstruktion

Die Kräfte strahlen in einem Spinnaker wie bei einem dreieckigen Segel von den Ecken aus. So waren denn Spinnaker auch die ersten Segel, in denen man Radialschnitte (Strahlenschnitte) einführte. Auf Hochseeyachten ist der Triradial-Spinnaker der Standard. Er zeigt in den drei Ecken triradiale Bahnen, die in der Mitte auf eine oder mehrere horizontale Bahnen treffen, und es gibt ihn schon Mitte der 70er Jahre. Wir benutzten einen triradialen Spinnaker 1974 im America's Cup auf der COURAGEOUS. In einigen Einheitsklassen, wie zum Beispiel dem olympischen Dreimann-Kielboot Soling, dominiert aber auch heute noch der sogenannte *cross cut* Spinnaker, bei dem alle Bahnen horizontal verlaufen.

Auf Fahrtenyachten und in der jüngsten Zeit auch auf Regattayachten wie zum Beispiel den neuen America's-Cuppern setzen sich asymmetrische Spinnaker durch. Bei einem asymmetrischen Spinnaker ist das Luvliek länger als das Achterliek, wogegen die Lieken bei einem symmetrischen Spinnaker gleich lang sind. Das kürzere Achterliek bringt das Schothorn weiter vom Großsegel weg und vermindert so die Störungen zwischen den beiden Segeln. Tatsächlich will ein konventioneller Spinnaker auf einem Raumschotskurs nicht symmetrisch stehen (sondern nur vor dem Wind). Lediglich die Regeln der Handicapformeln wie IOR und IMS (International Measurement System) bestehen auf symmetrischen Spinnakern. Asymmetrische Segel sind dagegen im America's Cup erlaubt.

Im America's Cup 1992 wurden die asymmetrischen Spinnaker hauptsächlich auf den Raumschotsstrecken vier, fünf und sechs gesetzt. Die wahre Windrichtung auf den Strecken vier und sechs lag bei 135 Grad und auf Strecke fünf bei 100 Grad. Bein zwei und acht (die Zielgerade) wurden vor dem Wind abgesegelt. Dann wurden meist die bekannten symmetrischen Spinnaker gesetzt. Während asymmetrische Spis raumschots schneller sind, ist die Halse schwierig und aufwendig. Diese Technik wird in Kapitel 6 behandelt. Ich für meinen Teil habe im vergangenen America's Cup die zügigen Halsen mit durchgeschwenktem Spinnakerbaum vermißt.

Spinnakergröße und -formen

Die Abmessungen des Vorsegeldreiecks — gebildet durch Vorstag, Mast und Deck- legen die Größe des Spinnakers fest. Hochseeyachten, egal, ob Regatta- oder Fahrtenschiff, folgen meist den Grenzmaßen der International Offshore Rule (IOR) hinsichtlich der Spinnakerseitenlieklänge (SL) und der grüßten Spinnakerbreite (SMW). Die maximale Größe eines Spinnakers wird nach folgenden Formeln berechnet:

$$(SL) = 0{,}95\ (I^2 + J^2)$$
$$(SMW) = 1{,}8 \times J$$

Das Maß I bezeichnet die Distanz zwischen dem Deck bis zum Ansatzpunkt des Vorstags am Mast. J ist der Abstand von der Mastvorderkante bis zum Ansatzpunkt des Vorstags an Deck, also sozusagen die Vorschiffslänge.

Die Formel ergibt die Maße für einen maximal großen Spinnaker nach der IOR. Regattaregeln und konstruktive Überlegungen erlauben aber natürlich kleinere Spinnaker. Wenn das Boot kein Regattaschiff ist, können die Spinnaker auch größer ausfallen. So wie das Streckungsverhältnis der Riggs auf Regatta- und Fahrtenyachten stieg, wuchs auch das der Spinnaker. Fahrtenschiffe segelten in den späten 70er Jahren mit Spinnaker-Streckungsverhältnissen (SL : SMW) von rund 1,75, während Regattayachten bei 1,8 lagen. Heute fahren die Cruiser mit 1,83 und die Racer mit rund 1,9. Der Spinnaker mit hohem Streckungsverhältnis fährt raumschots besser, ist aber vor dem Wind minderwertig. Das Resultat sind extra lange Spinnakerbäume, die einen etwas schlechteren Rennwert (das Handicap) mit sich bringen, da die Formel die Spinnakerbreite über die Spinnakerbaumlänge kontrolliert.

Nach der International Rule (nicht International Offshore Rule), die auch für die Vermessung von Zwölfern benutzt wird, darf das Schiff im J und damit in der Spinnakerbaumlänge länger sein, wenn dafür der Großbaum kürzer wird. Während einiger America's Cup-Kampagnen haben wir beträchtlich viel Zeit damit verbracht, einen längeren Spibaum gegen einen kürzeren Großbaum zu testen. Bei leichtem Wind war diese Konfiguration die schnellere. Anscheinend, weil Großsegel und Spinnaker so besser voneinander getrennt wurden. Bei starkem Wind dagegen erwies sich die Kombination aus kürzerem Spinnakerbaum und längerem Großbaum als besser. Wir landeten wieder beim Standard-J von 7,41 Meter und einem normal langen Spinnakerbaum.

Der beliebteste symmetrische Spinnaker ist der Allround- oder *all-purpose*-Spinnaker. Der bietet einen guten Kompromiß zwischen seinen Leistungen auf Raumschots- und Vormwindkursen. Das Profil arbeitet mit Windeinfallswinkeln zwischen 90 und 150 Grad am effektivsten. Auf diesen Kursen ist das Spinnakersegeln am einfachsten, und das erklärt die große Verbreitung des Allrounders. Viele Fahrtencrews bevorzugen so einen Spinnaker mit großem Einsatzbereich gegenüber dem Blister, da der ein schlechterer Kompromiß zwischen Raumschots- und Vormwindkurs ist.

Der *all-purpose*-Spinnaker kann durch sein von Kopf bis Fuß gleichmäßiges Profil diesen großen Bereich gut abdecken. Sein Kopfbereich ist nicht sehr voll wie in einem reinem Vormwinder *(runner)* und auch nicht so extrem flach wie in einem *reacher**.

Egal, für welche Windgeschwindigkeit vorgesehen, die *all-purpose*-Konstruktion hat meist maximal lange Seitenlieken (SL) und die maximale Breite (SMW).

Raumschotsspinnaker oder *reacher* werden auf Kursen zwischen 65 und 120 Grad zum Wind gesetzt. Es gibt sie in voller Größe (maximales SMW, eine jüngere Entwicklung) und mit verkleinerter Breite (weniger als maximales SMW). Welche Größe für Ihre Yacht die richtige ist, hängt von folgenden Faktoren ab: Stabilität der Yacht, Windgeschwindigkeiten, bei denen Sie das Segel fahren wollen, und für welche Windeinfallswinkel das Segel optimal sein soll. Falls nur ein *reacher* an Bord ist, wird der normalerweise zwischen 90 und 95 Prozent von SMW breit sein.

Vormwindspinnaker *(runner)* sind für Windeinfallswinkel zwischen 130 und 180 Grad angmessen. Vor dem Wind ist die projizierte Segelfläche der Schlüssel zur Geschwindigkeit. Ein Segel mit voller Breite und weniger Tiefe hat die größte projizierte Fläche. Allerdings ist das Segel mit der größten projizierten Fläche auch schwierig zu fahren. Eine gute Profiltiefe bedeutet einfaches Spinnakern. Das wiederum bedingt einen Kompromiß zwischen weniger Tiefe für projizierte Fläche für die Geschwindigkeit und Tiefe für die Stabilität.

---

* Die deutsche Seglersprache hat hier keine eigenen Ausdrücke entwickelt, sondern direkt die Ausdrücke aus dem englischsprachigen Raum übernommen. Tatsächlich verwenden fast nur Regattasegler diese Bezeichungen, und deren Fachausdrücke sind oft international gültig (Anm. der Übersetzer).

Der Spinnakertrimm

Für einen symmetrischen Regattaspinnaker gibt es fünf wichtige Bedienungselemente: Achterholer, Schot, Schotholepunkt-Einstellung (*tweaker*), Toppnant und die Höhenverstellung des Spinnakerbaumes am Mast. Der Achterholer kontrolliert den Anströmwinkel des Spinnakers. Auf Raumschotskursen mit Windeinfallswinkeln von mehr als 120 Grad muß der Baum genau quer zum Wind stehen, also einen Winkel von 90 Grad zur scheinbaren Windrichtung beschreiben (siehe Zeichnung 4.18). Auf Raumschotskursen mit einem scheinbaren Windeinfallswinkel von weniger als 120 Grad müssen Spinnakerbaum und Windrichtung einen Winkel von 75 Grad zeigen (siehe Zeichnung 4.19). Der kleinere Spinnakerbaum-Windrichtung-Winkel erzeugt einen flacheren Spinnaker und damit ein besseres Profil für spitzere Raumschotskurse.
Mit der Spinnakerschot in Lee wird das Luvliek kontrolliert. Wenn der Spinnakerbaum mit dem Achterholer richtig eingestellt ist, bringt die Schot den Spinnaker zum Stehen und läßt ihn sich füllen. Die Schot muß dabei immer wieder so weit gefiert werden, daß das Luvliek beinahe einfällt, also die Anströmkante fast zusammenbricht. Windfäden sollten auf beiden Lieken angebracht werden, um dies rechtzeitig zu signalisieren. Windfäden sind die bessere Warnvorrichtung als das Fieren der Schot bis zu dem Punkt, wo sich das Luvliek leicht ein-

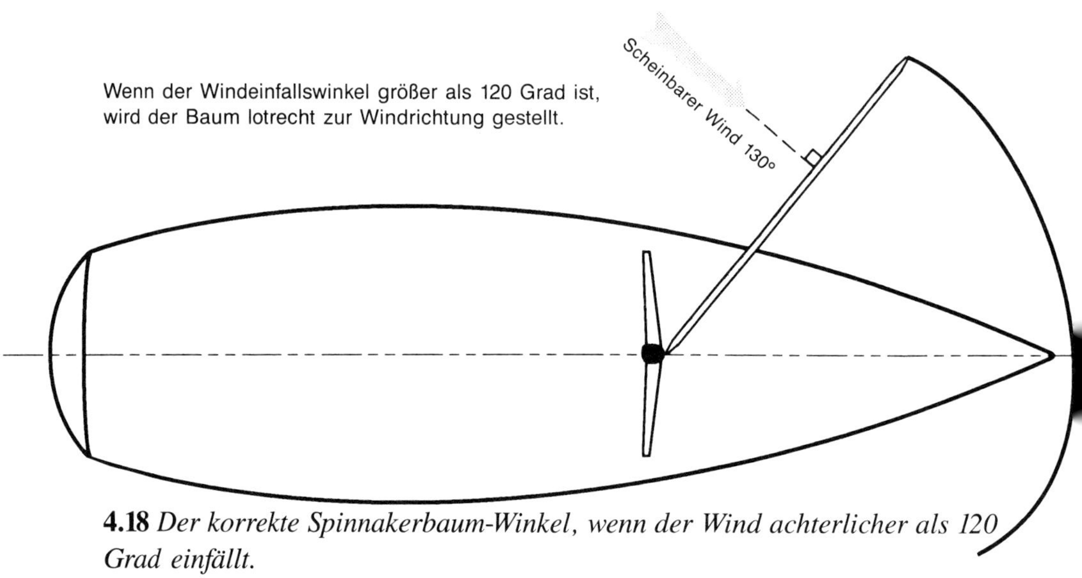

4.18 *Der korrekte Spinnakerbaum-Winkel, wenn der Wind achterlicher als 120 Grad einfällt.*

rollt, da diese Technik die Segelfläche verringert. Da Windfäden eine anliegende Strömung benötigen, funktionieren sie nur auf Raumschotskursen und nicht mehr vor dem Wind. Dann muß die Schot von Zeit zu Zeit gefiert werden, bis das Luvliek einklappt.

Die zweite Aufgabe der Spinnakerschot ist die Kontrolle der Kraft und der Verwindung des Leelieks. Auf einem Raumschotskurs möchte man die Spinnakerschot möglichst weit fieren, so daß der Spi weiter nach vorn kommt. Das reduziert die Krängung und vergrößert die Vortriebskraft. In einer Bö wird die Schot noch weiter gefiert. Eine Bö läßt den scheinbaren Wind achterlicher einfallen. Der Windeinfallswinkel wird also größer (siehe auch Kapitel 7, Lift durch Geschwindigkeit), die Schot muß gefiert werden. Platt vor dem Laken bei viel Wind dagegen kann der Spinnaker härter geschotet (übertrimmt) werden, um ihn herunterzuziehen.

Eine andere Methode für die Kontrolle der Kraft im Spinnaker ist das Verstellen der Holepunktposition nach vorn und achtern. Raumschots bei wenig Wind zum Beispiel sollte der Holepunkt weiter vorn liegen. Das bringt mehr Tiefe in den unteren Bereich des Segels und verringert den Twist des Lieks, bringt also mehr Druck und Kraft. Das wirkt ähnlich wie in einer Genua (siehe

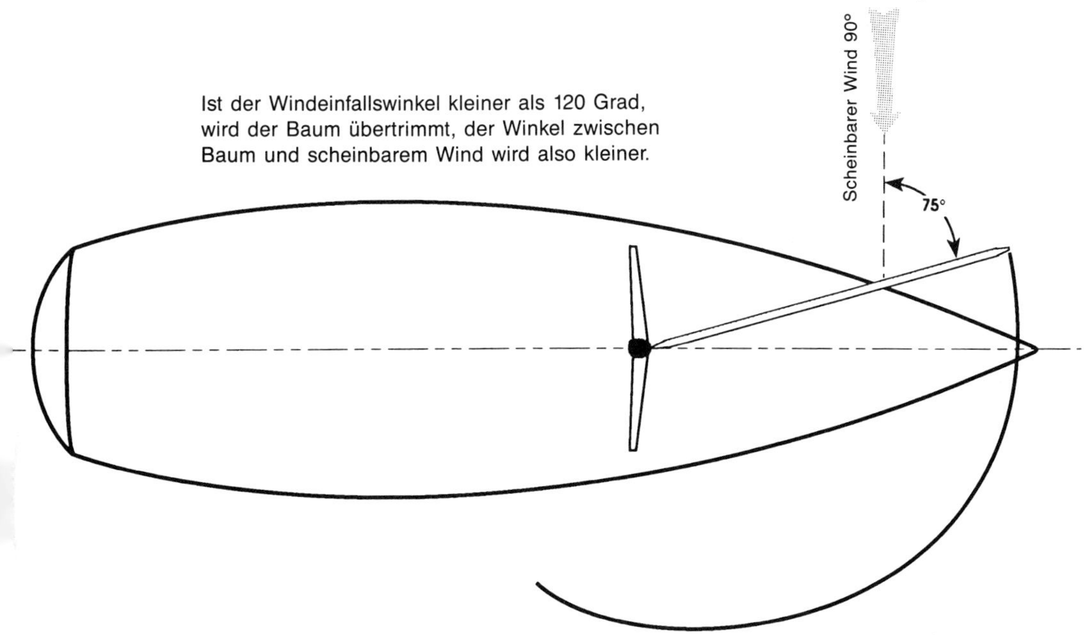

4.19 *Der korrekte Winkel zwischen Spinnakerbaum und Wind, wenn der scheinbare Wind vorlicher als 120 Grad einfällt.*

Zeichnung 4.14). Auf Raumschotskursen bei moderaten Winden wird der Holepunkt nach achtern verlagert und so das Spinnaker-Leeliek geöffnet und die Profiltiefe begrenzt. Raumschotskurs und Starkwind erfordern ein offenes Leeliek und einen flachen unteren Bereich — der Holepunkt muß noch weiter achtern liegen.

Falls auf Ihrer Yacht keine gelochte Fußreling oder ähnliches das Verlagern des Spinnaker-Holepunktes erlaubt, benutzt man einen Barberhauler für die Spinnakerschot. Der Spinnakerschotblock liegt auf dem achterlichsten benötigten Punkt. Auf der Schot läuft ein Block. Mit einer Leine, die vom Block zu einem weiter vorn liegenden Punkt führt, kann der Spinnakerschot-Holepunkt nach vorn verlegt werden.

Platt vor dem Laken bei leichtem bis mittlerem Wind muß die Schot unter dem Großbaum meist in Höhe der Seereling durch den Barberhaulerblock umgelenkt werden. Bei stärkerem Wind sollte der Holepunkt noch weiter nach vorn verlegt werden. Das nimmt dem Spi etwas an Kraft, da er auf diese Weise dem Wind weniger Fläche entgegensetzt.

Die Höhe des außenbordseitigen Spinnakerbaumendes ist für die Form des Luvlieks verantwortlich. Wie bei einer Genua möchte man erreichen, daß sich das Luvliek über seine volle Länge gleichmäßig verhält, also auch gleichzeitig anfängt einzufallen. Beobachten Sie die Windfäden. Wenn der obere zuerst einfällt, toppen Sie den Baum an. Verwirbelt das untere zuerst, senken Sie den Baum. Oder anders gesagt: Bewegen Sie den Baum in Richtung des Windfadens, der zuerst zusammenbricht.

Die Größe der Profiltiefe ist ebenfalls wichtig. Ein *runner* für Vormwindkurse zum Beispiel ist ein Kompromiß aus möglichst großer Tiefe für einfaches Segeln und aus weniger Tiefe für mehr Speed. Fliegt das Segel also gut und einfach, kann man versuchen, es für mehr Speed etwas flacher zu trimmen. Um den Spi abzuflachen, speziell im Toppbereich, läßt man die Schothörner steigen — der Spibaum wird angehoben. Soll der Spinnaker dagegen besser und einfacher fliegen, macht man ihn voller, indem der Spinnakerbaum abgesenkt wird. Die Regel ist: Baum runter — Spinnaker wird voller; Baum hoch — Spinnaker wird flacher. Dieser Feintrimm der Profiltiefe ist ebenso wichtig für einen Allround-Spinnaker, der ja auf Raumschots- ebenso wie auf Vormwindkursen gefahren wird.

Das mastseitige Ende des Spinnakerbaumes schließlich sollte in einer Höhe mit dem segelseitigen Beschlag liegen; der Baum sollte horizontal stehen, damit man seine volle Länge ausnutzen kann.

Die folgende Tabelle faßt die behandelten Punkte zusammen.

Trimmeinrichtung	Haupteffekt(e)	Handlung
Achterholer	Anströmwinkel	Vor dem Wind sollte der Baum 90 Grad zum scheinbaren Wind stehen. Auf Raumschotskursen sind es 75 Grad.
Schot	Kontrolliert Luvliek	Arbeitet mit dem Achterholer zusammen. Sie fieren die Schot, bis die Windfäden zusammenbrechen oder sich das Luvliek einrollt. Auf einem Raumschotskurs möglichst weit fieren, damit der Spinnaker möglichst vor und nicht neben dem Boot steht. Noch mehr fieren in den Böen. Vor dem Wind bei Starkwind: Dichtere Spinnakerschot, um das Segel herunterzuziehen (siehe auch Schotholepunkt).
Toppnant	Twist und Profiltiefe	Wenn der Toppbereich zuerst einfällt, toppen Sie den Baum an; der Bauch rutscht nach hinten, und das Segel wird druckvoller. Fällt zuerst der untere Bereich ein, senken Sie den Baum; der Bauch verlagert sich nach vorn und reduziert den Druck im Segel.
Schotholepunkt	Kraft (Twist)	Raumschots bei leichtem Wind: Holepunkt nach vorn. Mittlerer Wind: Holepunkt nach achtern. Stärkerer Wind: Noch weiter nach achtern. Vor dem Wind bei Leicht- und Mittelwind: Holepunkt unter dem Großbaum. Vor dem Wind bei Starkwind: Holepunkt weiter nach vorn.
Spinnkerbaum	Position Bauch	Der Baum sollte immer horizontal stehen.

Spinnaker-Spezialsegel

Auf Raumschotskursen werden auf Hochseeyachten gern Stagsegel gefahren. Es gibt es zwei Typen: das Dazy-Stagsegel für Topprigger und das kleinere Spinnakerstagsegel für 7/8-geriggte Yachten. Das Dazy reicht bis zum Spinnakertopp und hat ein LP von rund 80 Prozent (100 Prozent würden das Vorsegeldreieck füllen, siehe Zeichnung 4.13). Das Spinnakerstagsegel hat ein ähnliches Profil, mißt aber nur 70 Prozent im LP. Ein Stagsegel kann auf Kursen zwischen 90 und 120 Grad effektiv sein.
Diese Spezialsegel werden am besten bei glattem Wasser und mittleren Winden eingesetzt. Bei Starkwind können diese Segel wirkungsvoll sein, wenn man das Großsegel fiert oder refft. Die Stagsegelschot selbst wird in den Böen ebenfalls

gefiert. Die Einstellung des Stagsegels darf aber niemals das Steuern oder den Spinnakertrimm beeinflussen. Im Topp müssen diese Segel extrem stark getwistet werden (Holepunkt achtern von der normalen Position, siehe Zeichnung 4.14). Falls in den Regattaregeln erlaubt, wird der Hals bei Windeinfallswinkeln von mehr als 120 Grad auf der Luvseite des Vorschiffs und nicht mehr in der Mitte angeschlagen. Wenn der Spinnaker einzufallen droht, muß das Stagsegel blitzartig komplett weggefiert werden. Falls es weiter den sauberen Stand des Spinnakers behindert, wird es geborgen. Auf einem kleineren Boot gibt es kein Stagsegel (und auch keinen Blooper). Hier kann man raumschots manchmal die Fock als Stagsegel stehen lassen, wenn dies nicht den Spinnaker behindert.

Sogenannte Blooper werden auf Toppriggern vor dem Wind bei Mittel- und Starkwind eingesetzt, um das Boot auszubalancieren. Ein Blooper bringt viel zusätzliche Segelfläche und ist dadurch bei zu starkem Wind nicht mehr zu empfehlen. Der Einsatzbereich hängt aber von dem Verhalten Ihres Bootes und dem Können der Crew ab. Auf 7/8-geriggten Yachten werden Blooper kaum eingesetzt, und sie sind auch auf Toppriggern immer mehr aus der Mode gekommen. Es gibt übrigens einen anderen Trick, um das Boot am Rollen zu hindern: Die Genua III wird mit beiden Schoten genau in der Längsachse des Schiffes gehalten.

Der Blister

Fahrtensegel-Spinnaker oder Blister haben sich in den vergangenen zwölf Jahren entwickelt, und hier gibt es eine große Anzahl unterschiedlicher Formen und Größen. Sie sind meist aus 0,75-Unzen-Tuch hergestellt und asymmetrisch wie die speziellen Raumschotssegel der modernen America's-Cupper. Tatsächlich liegen Form und Profil irgendwo zwischen Genua und Spinnaker. Das Schothorn ist sehr hoch geschnitten, was dem Steuermann auch eine gute Sicht nach vorn erlaubt. Blister benötigen keinen Spinnakerbaum, was die Bedienung einfacher gestaltet. Ein Setz- und Bergeschlauch, empfehlenswert ab einer Schiffsgröße von acht Meter, tut ein übriges. Die Überlappung eines Fahrtensegel-Spinnakers beträgt meist 170 Prozent (siehe Zeichnung 4.13).

Der Blister-Trimm

Der Hals des Fahrtensegel-Spinnakers kann in seiner Höhe verstellt werden, wodurch die Position der Profiltiefe abhängig vom Windeinfallswinkel eingestellt werden kann. Je größer der Windeinfallswinkel wird, desto höher sollte der Hals stehen, und damit rutscht der Bauch nach hinten.
Auf extrem spitzen Raumschotskursen sind Blister meist nicht sehr effektiv, da sie nicht viel Schotzug vertragen.
Weitere Informationen zum Thema Blister finden Sie im Kapitel 6.

KAPITEL 5

Die Bootsgeschwindigkeit

Ich habe mit 16 Jahren angefangen, auf Hochseeyachten als Skipper zu segeln — ein zartes Alter für diese Beschäftigung. Das erste Boot unter meiner Verantwortung war eine kuttergetakelte, 40 Fuß lange Konstruktion nach der Cruising Club of America-Formel (CCA) mit Namen DOLPHIN. Es gehörte Gerry Bill aus San Diego. Heute ist mir klar, daß ich zu den ersten Segel-Söldnern gehörte, die damals die gehobene Regattaszene bevölkerten. Während dieser Anfänge wurde man aber nicht für das Segeln bezahlt, jedenfalls soweit ich es weiß.

Gerry Bill mochte das Regattasegeln. Er hatte aber nicht die Zeit oder die Energie um Resultate zu erzielen, wie er sie sich vorstellte. Ich sprang dafür ein. Ash Bown, ein achtbarer Segler aus San Diego, besaß ein ähnliches Schiff wie wir. Bown, eines meiner frühen Vorbilder, war einer von den wenigen Seglern, die wußten, wohin sie auf der Regattabahn segeln mußten. Ich wußte nicht, wie; er schien einfach alles zu wissen. Ich konnte ihn niemals durch bessere Strategie schlagen. Meine einzige Chance, besser zu sein als er, lag in der Bootsgeschwindigkeit. Und das ist ein bevorzugter Bereich von mir geworden. Ein Beispiel dafür waren damals bessere Segel oder präzise gesagt, größere Segel. Ich sah mir die Segel von Ash Bown auf seiner CAROUSEL an und ging dann zu Elton Ballas, dem örtlichen Segelmacher, und bestellte die gleichen Segel, nur etwas größer. Ballas hatte wie bereits erwähnt das an Deck lappende Vorsegel erfunden. Dieses Vorsegel mit dem niedrigen Schothorn liegt mit seinem Unterliek auf dem Deck auf. Das reduzierte den Druckaustausch der Luvseite zur Niedrigdruck-Leeseite, weil die Luft nicht mehr unter dem Segel ab-

fließen konnte. Dadurch verringert sich der induzierte Widerstand (siehe Kapitel 2). Ich behaupte nicht, daß ich als Teenager den Sinn hinter diesem Segel vollständig erkannte. Da aber Bown ein an Deck lappendes Vorsegel fuhr, lief ich zu Ballas und sagte: „Ich will genau das gleiche Ding, nur größer!"
Vor dem Start einer Regatta mit DOLPHIN nach Acapulco brachte ich eine alte Genua zu Ballas. Ich veranlaßte ihn, ein riesiges Fußteil anzunähen, um zusätzliche Segelfläche zu gewinnen. Der Fuß wurde so groß, daß er kaum unter Kontrolle zu bringen war; er klappte und flappte auf dem Deck. Ich habe Stunden damit verbracht, senkrechte und überlappende Nähte anzubringen, die diesen übergroßen Lappen in Form bringen sollten.
Ich erwähne dies alles aus zwei Gründen: Ich bin immer noch ein treugläubiger Anhänger der Bootsgeschwindigkeit, und genauso treu glaube ich an das Kopieren anderer Ideen, um diese zu bekommen. Verbessern, anstelle zu erfinden, war ein Geheimnis meines Erfolges. Ich weiß nicht soviel über Segel wie Ballas oder Lowell North. Ich bin auch nicht so schlau auf der Regattabahn wie Ash Bown. Und über Yachtkonstruktion weiß ich weniger als David Pedrick, Bruce Nelson und Alberto Calderon oder der verstorbene Ben Lexcen. Ich nehme, was diese Leute erfinden, versuche soviel wie möglich darüber zu wissen und es dann zu verbessern. Ich rede hier nicht von mir allein, ich meine das Team: die Konstrukteure, Segelmacher, Berater und Segler. Mein Management-Stil ist, den Leuten Freiraum für kreative Arbeit zu lassen und sie dann zur Höchstleistung anzutreiben. Wie jeder weiß, habe ich nicht den Flügelkiel erfunden — das hat Ben Lexcen getan. Ich habe nur versucht ihn mit den Anstrengungen von David Pedrick, Bruce Nelson, Britton Chance, John Marshall (mein Design-Direktor) und vielen Beratern für die STARS & STRIPES '87 zu verbessern.
In meiner Idealwelt würde ich schnell *und* schlau sein und mein Leben mit der Arbeit an Booten verbringen. Wenn ich aber wählen müßte, würde ich mich für die Geschwindigkeit entscheiden. Schlau beim Segeln heißt, den Wind in seiner Stärke und in seiner Richtung vorauszusehen und sein Boot danach zu segeln. Es gibt begnadete Vorhersager wie zum Beispiel Ash Bown, und es gibt weniger begnadete — der überwiegende Rest von uns. Niemand sieht alles oder auch nur das meiste richtig voraus. Ein Beispiel dafür sind die Meteorologen, die trotz der möglicherweise abgehobenen Technologie mit langjährigen Wetterbeobachtungen und computergestützten Auswertungen das Wetter auch nicht akkurat vorhersagen können. Schnell ist pure Bootsgeschwindigkeit, und Geschwindigkeit kann eine ganze Menge anderer Defizite wieder ausgleichen.

Schnell ist auch deswegen besser als schlau, weil viele wichtige Regatten auf Revieren mit beständigen Winden ausgetragen werden. Dort wird dem Segeln einiges seiner Mysteriösität genommen, und das Spiel wird ausgeglichener.
Den Wind und versteckte Anzeichen für die Vorhersage, zum Beispiel auf dem Long Island Sound, herauszufinden kann dagegen ein Leben lang dauern. Die Ortsansässigen am Long Island Sound wie mein Freund Ed du Moulin sagen, daß Tau auf dem Deck am Morgen oder Spinnenweben im Rigg einen südwestlichen Seewind am Nachmittag bedeutet. Und daß Vögel, die am Strand stolzieren oder tief fliegen, schlechtes Wetter verheißen. Das finden Sie nie heraus, wenn Sie für eine Wochenendregatta am Freitag abend anreisen. Ein Heimvorteil auf einem Revier dieser Art ist meist kaum zu schlagen. Bei beständigem und vorhersehbarem Wind aber triumphiert oft die reine Bootsgeschwindigkeit.
Schnelles Segeln erfordert Dinge wie Trimmen, Mastbiegung, richtiger Ruderdruck, Gewichtstrimm, Bootsvorbereitung und Training. Diese Themen sind der Inhalt dieses Kapitels. Andere Elemente der Bootsgeschwindigkeit sind Segel (Kapitel 4), Manöver (Kapitel 6) und das Steuern (Kapitel 7). Schlaues Segeln ist in den Kapiteln 8, 9 und 10 zu finden.
Die Bootsgeschwindigkeit geht nicht nur den Regattasegler etwas an. Wie schon erwähnt, bedeutet eine Steigerung der Geschwindigkeit um nur einen halben Knoten — ein schnell vorhandener Unterschied durch guten und schlechten Masttrimm oder aufmerksames und unaufmerksames Steuern — zwei Stunden weniger Segeln an einem Tag. „Wozu die Eile, ich bin Fahrtensegler und habe Spaß daran“, mögen Sie jetzt entgegnen. Aber nur einige von uns haben eine unbegrenzte Freizeit. Und das schnellere Boot ermöglicht einen größeren Aktionsradius oder längere Aufenthalte in den Häfen. Außerdem macht es mehr Spaß, schnell zu segeln — ich zumindest sehe das so. Es tut einfach gut. Ein langsam gesegeltes Boot ist wie ein ungewaschenes, abgewracktes Auto — es sieht für mich einfach disharmonisch aus. Schließlich ist Geschwindigkeit unter Segeln auch ein Zeichen des Könnens, das Äquivalent zum niedrigen Handicap im Golf oder zur Startberechtigung in der ersten Reihe beim Autorennen. Ich kann nicht sehen, wie man gut segeln will, ohne dabei schnell zu sein. Es ist ein Bestandteil guter Seemannschaft.

Der Masttrimm

Das Thema Bootsgeschwindigkeit beginnt mit dem Einstellen des Mastes. Der Mast muß sauber senkrecht im Schiff stehen, also ohne seitliche Biegung oder Neigung. Außerdem kontrollieren Sie über die Position des Mastes in der Längsschiffrichtung und durch die Neigung (Mastfall) nach achtern den Ruderdruck. Zusätzlich nutzen Sie die Mastbiegung für die Profilierung des Großsegels. Und letztlich soll der Mast stehen bleiben.
Diese Möglichkeiten und Anforderungen des Masttrimms sind einfacher formuliert als umgesetzt, denn es gibt viele Ausnahmen, und einige Maßnahmen schließen sich wieder gegenseitig aus. Ein einfaches Beispiel: Ein gutes Großsegelprofil erfordert Mastbiegung. Wenn man aber den Mast überbiegt, kann er brechen. Dann gibt es viele verschiedene Rigg-Typen, beispielsweise das Topprigg und das 7/8-Rigg und die erfordern unterschiedliche Maßnahmen. Es gibt auch viele Möglichkeiten einen Mast zu biegen oder gerade hinzustellen. Einige davon sind sehr einfach, einige extrem komplex.
Wegen dieser Unterschiede biete ich zunächst generelle Tips für den Masttrimm an und mache die Grundlagen deutlich. Ein wertvoller Partner, um für den richtigen Trimm eines speziellen Segels für ein spezielles Boot zu finden, ist der Segelmacher. Falls Ihr Segelmacher Ihnen keine gedruckte Trimmanleitungen für Ihr Segel und Ihr Boot zur Verfügung stellt und Ihnen auch sonst nicht weiterhelfen kann oder will, sollten Sie zur Konkurrenz wechseln. Denn Segelkonstruktion, Masttrimm und die Einstellung der Segel arbeiten Hand in Hand. Ein Segelmacher, der das nicht realisiert, kann nicht gut sein.

Stellen Sie den Mast genau in die Schiffsmitte

Überprüfen Sie zuerst, ob die Mastdurchführung im Deck (vorausgesetzt, Sie haben einen durchgehenden Mast) genau in der Schiffsmitte liegt. Im Kapitel 3 haben Sie bereits gelesen, daß sich Schiffe voneinander unterscheiden, selbst Serienyachten, die in derselben Form gebaut worden sind. Das Mastloch ist sehr oft nicht exakt im Zentrum, und das erschwert es, den Masttopp senkrecht, also ohne seitliche Neigung oder Biegung hinzustellen. Ein nicht im Zentrum liegendes Mastloch ist meist kein großes Problem, weil der Mast normalerweise in der oft viel größeren Durchführung genau richtig gestellt werden kann. Falls man aber nichts von einem unkorrekt plazierten Mastloch weiß, kann es problematisch werden. Der Mast wird sich dem richtigen Trimm widersetzen und Sie wissen nicht, warum. Mit unsauberem Masttrimm werden Sie aber niemals schnell sein. Außerdem kann so das Rigg möglicherweise anders biegen, als es der Mastenbauer vorgesehen hat, und das kann zum Bruch führen.

Es gibt zwei Wege, die richtige Position des Mastlochs zu kontrollieren. Ohne Mast im Schiff spannen Sie eine dünne Leine vom Vorstagsbeschlag bis zum ausgemessenen Mittelpunkt des Hecks. Dann ist leicht zu sehen, ob das Mastloch in der Querrichtung richtig liegt. Die zweite Methode: Sie messen vom Mittelpunkt des Mastlochs lotrecht zu jeder Deckskante (siehe Zeichnung 5.1). Das funktioniert auch mit gesetztem Mast von jeder Seite des Rohrs aus. Wenn die Messungen zu jeder Seite identisch sind, liegt das Mastloch im Zentrum.

Liegt das Mastloch etwas außerhalb der Spur, muß das Rohr ausgerichtet werden. Wenn das Loch deutlich größer als der Mastumfang ist, benutzt man Holz-, Nylon- oder Hartgummiklötze zum Zentrieren. Falls das nicht in der Mitte liegende Mastloch aber schon sehr eng um das Rohr greift, muß es ver-

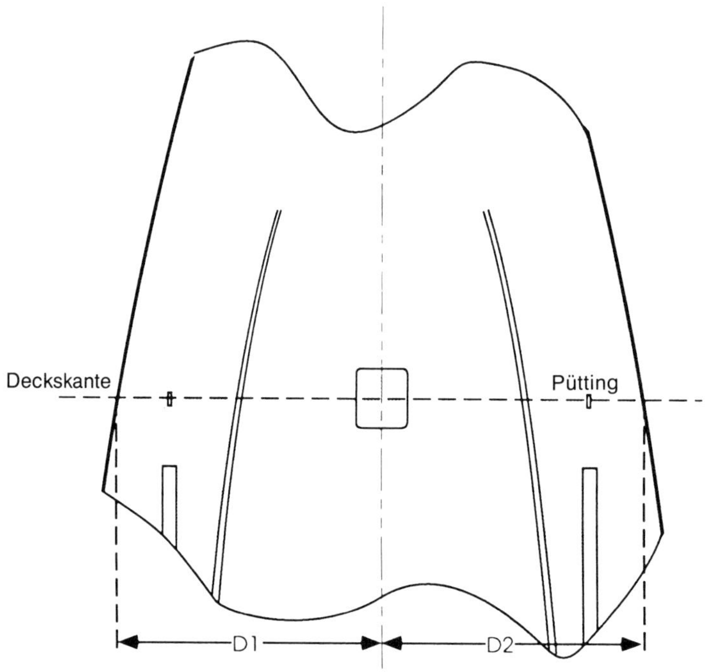

5.1 *Mit diesen Messungen stellt man fest, ob der Mast genau in der Schiffsmitte sitzt. D1 und D2 sollten identisch sein.*

größert werden — eine Arbeit, die ungeübte Crews besser einem Profi überlassen. Wenn das getan ist, benutzt man wieder Keile für das Zentrieren und Halten des Mastes. Der Mast muß diese Keile nicht berühren, aber der Spalt darf nicht größer als rund vier Millimeter groß sein.
Auf vielen Hochseeyachten und auch bei einigen Einheitsklassen stehen die Masten auf dem Kiel und sind durch ein Mastloch geführt. Auf diesen Booten muß auch kontrolliert werden, ob der Mastfuß in der Schiffsmitte liegt. Das untere Mastende, der Mast in der Decksdurchführung und der Masttopp müssen auf einer Ebene in der Längsschiffrichtung liegen. Auf einigen Serienyachten und auch in der olympischen Klasse Soling steht der Mast an Deck. Auf diesen Schiffen muß man sicherstellen, daß die Mastspur genau in der Schiffsmitte liegt.

Die Wanten müssen dieselbe Länge haben

Wenn der Mast an Land auf Böcken liegt, prüfen Sie die Länge der Wanten. Die sollten exakt gleich lang sein. Binden Sie eine Leine an beide Wantenspanner eines Paares (Oberwanten, Zwischenwanten, Unterwanten) und ziehen Sie daran. Dadurch muß das jeweilige Wantenpaar auf dieselbe Spannung gebracht werden. Ist das nicht der Fall, stellen Sie einen der beiden Wantenspanner so ein, daß die Spannungen identisch sind, also keines der beiden Wanten durchhängt. Man beginnt den Masttrimm mit exakt gleich langen Wanten. Wahrscheinlich sind die Wanten nachher unterschiedlich lang eingestellt, weil Masten nur selten exakt gerade sind (folgt später), aber man fängt erst mal mit gleich langen Wanten an.

Mastposition in Längsschiffrichtung

Die Position des Mastes in der Längsschiffrichtung ist sehr wichtig. Auf einer Hochsee-Regattayacht ist das Maß J — die Distanz vom Vorstag bis zur Mastvorderkante — im Meßbrief festgehalten. Oder Sie finden dieses Maß im Segelplan von der Werft oder vom Konstrukteur. Stellen Sie sicher, daß dieses Maß eingehalten wird, und korrigieren Sie gegebenenfalls nach. Die Mastposition in der Längsschiffrichtung ist für viele Einheitsklassen ebenfalls vorgeschrieben.

Wenn das Verschieben des Mastes erlaubt ist, kann das als zusätzliches Trimminstrument eingesetzt werden. Auch auf Hochseeyachten kann das J verändert werden, wenn man das Schiff zum Regattasegeln neu vermessen läßt. Wenn man den Mast weiter nach achtern verschiebt, werden Luvgierigkeit und Ruderdruck größer, weil der Segelschwerpunkt ebenfalls nach achtern verlagert wird (siehe Zeichnung 7.1). Ein weiter nach vorn gestellter Mast dagegen reduziert die Tendenz des Bootes zum Anluven und damit den Ruderdruck. Idealerweise sollte das Ruderblatt auf der Kreuz drei bis fünf Grad angestellt sein. Die Pinne beschreibt also einen Winkel von drei bis fünf Grad nach Luv zur Längsschiffslinie, wenn das Boot auf einer geraden Linie segelt.
Drei Grad Anstellwinkel sind bei leichtem Wind angemessen, fünf bei mittlerem bis Starkwind. Der richtige Anstellwinkel gibt dem Ruderblatt Auftrieb, und der ergänzt sich mit dem Auftrieb des Kiels. Der Auftrieb von Ruder und Kiel läßt das Boot nach Luv segeln. Bei einem leegierigen Boot dagegen (die Pinne zeigt nach Lee) kämpfen Ruderblatt und Kiel gegeneinander an.
Sieben Grad Anstellwinkel können noch akzeptabel sein. Nähert man sich aber schon zehn Grad, läßt das auf einen Fehler schließen. Dann nämlich produziert das Ruder zuviel Widerstand. Auf raumen Kursen ist ein größerer Ruderwinkel in Ordnung. Vor dem Wind ist wenig oder kein Anstellwinkel am besten.
Die Mastposition und der richtige Ruderdruck werden durch den Trimm kontrolliert und am besten beim Segeln überprüft (folgt später). Beim Festlegen der Mastposition muß man natürlich irgendwo beginnen, und das geht am besten durch das Kopieren anderer. In einer Einheitsklasse, zum Beispiel Starboot, kann man die Mastposition genau erkennen, wenn das Großsegel geborgen ist. In dieser Klasse ist die Großbaumlänge vorgeschrieben. Man sieht, wie weit der Baum über das Deck herausragt oder ob er mit dem Spiegel abschließt, und hat so eine Auskunft über die Mastposition.
Man kopiert jemanden, der schnell ist und der ein ähnliches Crewgewicht fährt. Ich habe immer besonders gern Bill Buchan, den großen Starbootsegler und Bootsbauer aus Seattle, kopiert. Den hat das auch nie gestört.
Genauso sollten Sie auch aufmerksam beobachten, welche Ausrüstung Ihre Konkurrenz benutzt. Als ich noch ein wenig unauffälliger und das Segeln weniger ernsthaft war, habe ich es geliebt, mich mit den anderen Regattaseglern zu unterhalten und dabei das Material zu vergleichen oder über Trimmeinstellungen zu reden.
Es gibt offensichtliche und subtile Dinge, denen ich meine Aufmerksamkeit schenke. Wenn ein Konkurrent neue Segel von einem anderen oder von demsel-

ben Segelmacher fährt (neue Segel erkennt man oft an ihrer Farbe oder an Packfalten) und plötzlich schnell ist, wird das auch der Grund dafür sein. Auch beim Regattasegeln gilt: „Kenne deinen Konkurrenten“. Und man sollte nicht nur die Namen der Eigner, sondern auch die der Lieferanten wissen. Versuchen Sie auch, sich die wichtigen Grundeinstellungen Ihrer Gegner zu merken. Ich wurde ein guter Segler, indem ich die Ideen von Leuten wie Bill Buchan, Ash Bown, Malin Burnham, Carl Eichenlaub und Pete Bennett studiert habe. Falls ich alle diese Räder hätte neu erfinden müssen, wäre ich nur ein unterdurchschnittlicher Segler geworden.

Wanten und Stagen

Wenn der Mast sauber auf der Mastspur und in der Decksdurchführung sitzt, werden das Vor- und das Achterstag angebracht. Am Anfang sollten beide locker sein, aber den Mast halten können. Als nächstes werden die Oberwanten befestigt. Dann folgen die Unterwanten. Wenn es zwei Paar Unterwanten gibt, sollten die vorderen ein wenig mehr Spannung als die achteren erhalten.
Nun prüfen Sie, ob der Mast genau senkrecht steht und sich nicht nach Backbord oder Steuerbord neigt oder biegt. Denken Sie daran, daß Masttopp, Decksdurchführung und Mastfuß auf einer Ebene in der Schiffsmitte liegen sollen.
Um das zu überprüfen, nehmen Sie das Großfall und bringen es so auf Spannung, daß der Schäkel gerade eben die Deckskante querab vom Mast berührt. Das Fall bleibt belegt. Nun halten Sie das Fall an die Deckskante auf der anderen Schiffsseite. Wenn der Mast gerade steht, ist die Spannung dabei genau dieselbe. Diese Meßmethode funktioniert natürlich nur, wenn die Großfallscheibe in der Mastmitte liegt, was nicht immer zutrifft. Um sicherzustellen, daß man auf beiden Seiten mit derselben Spannung am Fall zieht, habe ich Federwaagen aus dem Angelladen benutzt. Man kann auch ein langes Maßband in den Masttopp ziehen und so überprüfen, ob der Mast gerade steht. Meist tut er das nicht. Dann müssen die Oberwanten verstellt werden. Wenn der Mast senkrecht in der Schiffsmitte steht, wird er im Mastloch verkeilt, damit er nicht seitlich biegen kann.

Wenn seitliche Mastbiegung schnell ist — die Ausnahme zur Regel

Seitliche Mastneigung ist generell langsam. Falls der Mast seitlich geneigt ist, hat das denselben Effekt auf einem Bug wie Krängung. Übertriebene Krängung durch starke seitliche Neigung zwingt die Crew dazu, den Segeln vorzeitig Druck zu nehmen. Das ist so, als würde man den Fuß vom Gaspedal nehmen. Andererseits kann ein biegender Topp auf bestimmten Schiffen in bestimmten Bedingungen schnell sein. Auf einem 7/8-geriggten kleineren Schiff wie der Einheitsklasse J 24 kann das bei mehr Wind zutreffen. Dann fällt der ungestützte Toppteil nach Lee (siehe Zeichnung 5.2). Wenn der Masttopp nach Lee durchhängt, wird der mittlere Teil des Rohres nach Luv gebogen. Dadurch wird auch das Großsegel in diesem Bereich nach Luv gedrückt — die Düse (der Bereich zwischen Vor- und Großsegel) wird vergrößert. Gleichzeitig verwindet das Segel, es twistet, und verliert an Druck. Außerdem wird das Großsegel flacher, was bei mehr Wind schnell ist. Wenn ein kleineres, 7/8-getakeltes Schiff so getrimmt ist, daß der Masttopp bei den richtigen Windbedingungen um die richtige Menge nach Lee sackt, ist diese Automatik besser als ein Segeltrimm, der von den Reaktionen eines Crewmitgliedes abhängt. Falls der Mast aber so getrimmt ist, daß der Topp zu stark durchhängt, kann man das Rigg und dann natürlich auch die Wettfahrt verlieren.

Auf einem Topp- oder einem größeren 7/8-Rigger muß man seitliche Mastbiegung vermeiden, weil der Mast einfach versagen kann. 1974 habe ich eine 32-Fuß-Yacht namens CARPETBAGGER in der Wettfahrtserie Southern Ocean Racing Conference (SORC) vor Florida und den Bahamas geführt. Im Jahr zuvor hatte ein sehr ähnliches, aber größeres Schiff diese Serie beherrscht, und so sah ich unsere Chancen sehr optimistisch.

Unsere Yacht war toppgetakelt, und ich war kein Experte im Trimmen dieser Riggs. In einer Vorbereitungswettfahrt bog der Masttopp durch den Zug der Genua nach Lee durch. Mit jeder Bewegung des Mastes nach Lee wurde das Vorsegel voller. Wir versuchten den Mast besser zu trimmen, ihn also gerade hinzustellen, aber wir konnten den Topp nicht am Biegen hindern. Ich machte mir keine weiteren Sorgen darüber. Es sah zwar für meine Augen nicht gut aus, aber ich dachte, daß der Konstrukteur und die Werft mehr als ich darüber wissen müßten.

Dann brach das Rohr gut einen Meter unter dem Topp ab. Ohne Geld und mit

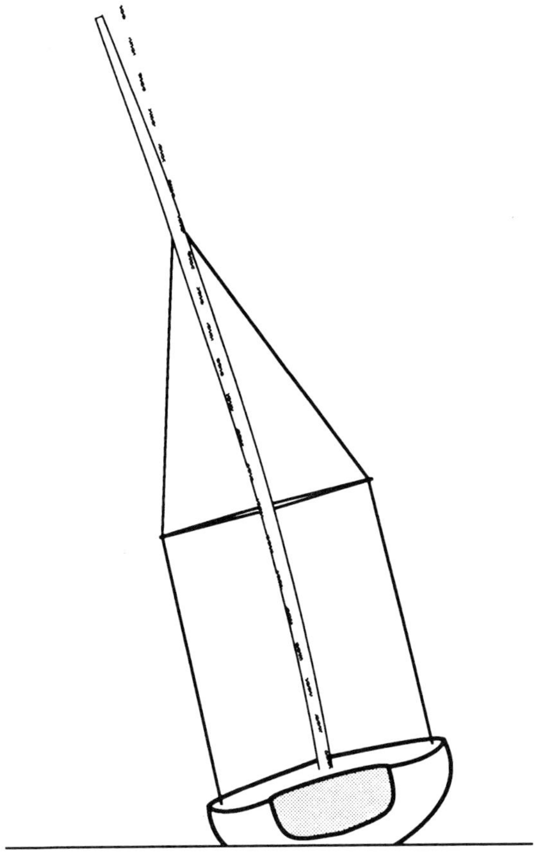

5.2 *Seitliche Mastbiegung kann auf einem kleineren, 7/8-geriggten Boot schnell sein.*

gebrochenem Mast mußte ich um Hilfe betteln gehen. Ich fand in der Nähe des Flughafens von St. Petersburg eine kleine Fabrik, und die schusterte mir aus irgendwelchen Rohren den Mast wieder zusammen. Es stellte sich heraus, daß die Angriffspunkte der Wanten falsch plaziert gewesen waren.
Diese Serie wurde nicht zum Erfolg für uns. Ich glaube, wir landeten irgendwo zwischen dem elften und dem fünfzehnten Platz unserer Klasse.
Man lernt aus dieser Geschichte auch, daß seitliche Mastbiegung das Vorstag weiter durchhängen läßt und daß dadurch das Vorsegel voller wird. Und das ist an der Kreuz bei Wind nicht erwünscht (wie im Kapitel 4 beschrieben).

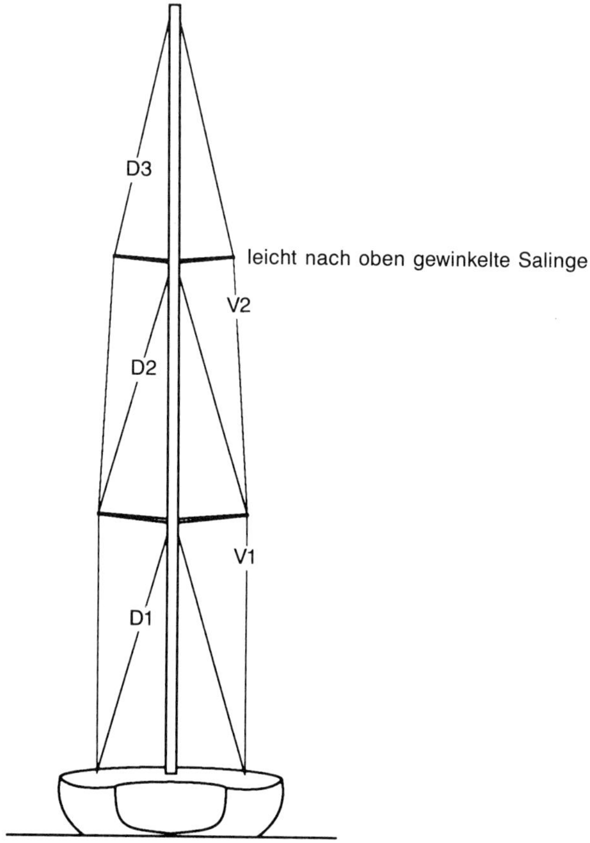

5.3 *Benennung der senkrechten (V) und diagonalen (D) Wanten.*

Mehrere Salingspaare

Einige Boote haben mehrere Salingspaare (siehe Zeichnung 5.3). Dann werden die senkrechten Wanten mit V (vertikal) und die diagonalen mit D von unten nach oben durchnumeriert. Ein durchgehendes Oberwant, das über zwei Salinge läuft, besteht also aus V1, V2 und D3.

Die richtige Wantenspannung vor dem Segeln

Bevor die Wanten auf Spannung gebracht werden, müssen die Salinge horizontal sein oder leicht nach oben zeigen. Sie dürfen niemals nach unten weisen, weil sie dann wegknicken oder brechen können. Die Salinge in der Zeichnung

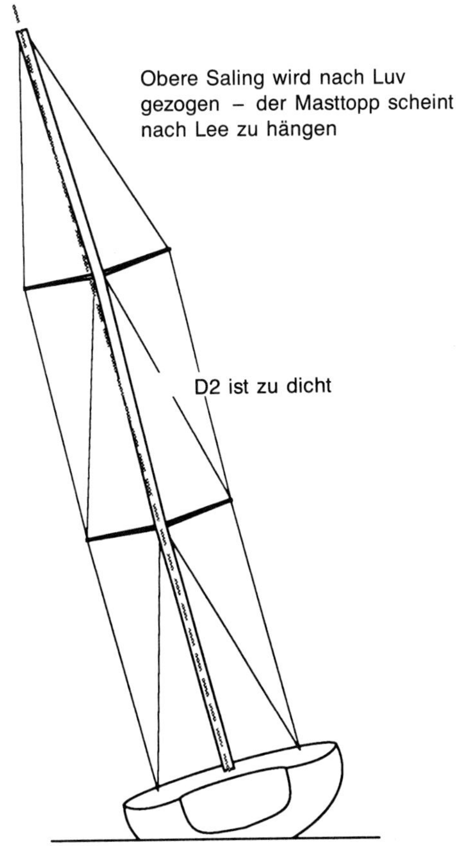

5.4 *Optische Täuschung beim Masttrimm.*

5.3 sind korrekt eingestellt. Sehen Sie sich diese Winkel von Land aus und genau von achtern oder vorn an.

Bringen Sie zuerst die Oberwanten auf Spannung, damit der Masttopp gerade wird, und überprüfen Sie das mit dem Großfall (gleiche Länge zu beiden Deckskanten seitlich des Mastes).

Falls Ihr Rigg mehr als ein Salingspaar hat, bearbeiten Sie als nächstes die Diagonalwanten von unten nach oben. Die D1-Wanten (Unterwanten) müssen den unteren Teil des Mastes auch unter hoher Last (mehr als 25 Grad Krängung) senkrecht halten. Die D2-Wanten müssen den Mast zurück in eine senkrechte Linie ziehen (siehe Zeichnung 5.4). Seien Sie dabei aber aufmerksam und übertreiben Sie nicht: Wenn D2 zu dicht ist, sieht das von unten so aus, als wäre D3 (das Oberwant auf einem Zweisalingsrigg) zu lose. Dann prüfen Sie

wieder per Großfall oder Maßband, ob der Mast genau senkrecht steht. Sehen Sie auch vom Lümmellager aus in der Mastnut nach oben. Ist der Masttopp oder die Mitte außerhalb der Spur? Aber Achtung: Externe Mastschienen könnten etwas ungerade angebracht sein.
Die Leewanten dürfen möglichst keine Lose haben, wenn das Boot mit 20 Grad Krängung segelt. Einige Lehrbücher sagen, daß man dies auch im Hafen mit einem Fall am Steg simulieren kann. Das kann aber hart für den Masttopp, für das Fall und auch für den Steg werden. Es ist besser, den Feintrimm beim Segeln zu erledigen, und optimal ist das bei Windgeschwindigkeiten zwischen 12 und 15 Knoten. Das ist der obere Einsatzbereich der schweren Genua I. Beginnen Sie aber nicht mit der Genua I bei diesem Wind (mehr dazu später in diesem Kapitel).
Falls Sie nur ein Paar Unterwanten haben, drehen Sie mit den Wantenspannern die Lose heraus und drehen dann noch ein wenig weiter. Die Unterwanten dürfen nicht so dicht wie die Oberwanten sein. Wenn das Rigg zwei Paar Unterwanten hat, müssen die vorderen dichter als die achteren sein. Die achteren können einigermaßen lose gefahren werden.

Der Mastfall

Ein Mast kann insgesamt nach achtern geneigt sein, was sich Mastfall nennt (und nichts mit dem laufenden Gut gemeinsam hat). Das hat denselben Effekt wie ein weiter achtern stehender Mast; der Segelschwerpunkt wird nach achtern verlegt. Mehr Mastfall bringt mehr Ruderdruck. Dieses Prinzip wird auf einem Windsurfbrett zum Steuern genutzt: Man kippt den Mast nach hinten, und das Brett luvt an, man neigt den Mast nach vorn, und das Brett fällt ab.
Der Ruderdruck gibt Auskunft über den richtigen Mastfall. Sie erinnern sich, daß drei bis fünf Grad Ruderanstellwinkel an der Kreuz richtig sind, da sich der Auftrieb des Ruders mit dem Auftrieb des Kiels ergänzt. Die Länge des Vorstags legt den Mastfall fest.
Auch die Segelprofile beeinflussen die Größe des Mastfalls. Auf Schiffen wie Starboot, Soling oder Etchell begrenzt zum Beispiel die Länge des Großsegel-Achterlieks den Mastfall. Diese Boote segeln mit möglichst viel Mastfall am besten. Sie erreichen die Grenze des Mastfalls, wenn sich das Großsegel nicht mehr richtig trimmen läßt, weil die Großschot bereits zu blocks ist oder der Großbaum an Deck aufliegt.

Das Gewicht der Crew ist ebenfalls entscheidend. Je schwerer die Crew ist, desto mehr Mastfall kann man fahren. Denn die schwere Crew kann das Boot aufrechter segeln lassen, wodurch der Ruderdruck geringer ausfällt. In den Weltmeisterschaften der Klasse Etchell 22 im Jahre 1990 vor Perth in West-Australien zum Beispiel habe ich mit dem gewichtigen Duo aus Bill Munster, meinem langjährigen Starboot-Vorschoter, und Andreas Josenhans, dem netten Giganten von North Sails East, gesegelt. Aus meiner Erfahrung im America's Cup vor West-Australien heraus- immerhin habe ich damals hier rund 200 Tage gesegelt — erwartete ich viel Wind. Das erwies sich in fünf von sechs Wettfahrten als richtig, es wehten immer durchschnittlich 18 Knoten. Die sechste Wettfahrt sah reichlich mehr Wind.
Die Etchell 22 ist ein offenes Kielboot für drei Personen. Es hat eine Wasserlinienlänge von 6,71 Meter (22 Fuß), mißt 9,30 Meter über alles und wiegt knapp 1,5 Tonnen. Unser Crewgewicht betrug rund 360 Kilogramm, also im Schnitt 120 pro Person. Genau diese Pfunde wollte ich für den erwarteten Wind auf der Kante haben, um mehr Mastfall fahren zu können. Und ich mußte die Segel nicht so früh durch Umtrimmen entlasten wie die anderen Crews. Wir waren mit 34 Kilogramm Abstand die schwerste Crew, als nächste folgten der Australier John Bertrand und seine Mannschaft. Sie erinnern sich vielleicht, daß mich dieser John Bertrand im America's Cup 1983 geschlagen hat. Diese Etchell-WM war nach langer Abwesenheit Bertrands Rückkehr zum Regattasegeln. Mit 360 Kilogramm lebendem Ballast auf dem Schiff fuhren wir wahrscheinlich den größten Mastfall der gesamten Flotte. Wir wurden Zweite hinter dem Engländer Chris Law, der auf der WHITE CRUSADER im 1986/87er America's Cup gesegelt hatte. Peter Gilmour, zu selben Zeit Start-Steuermann der KOOKABURRA und im vergangenen America's Cup-Skipper der SPIRIT OF AUSTRALIA, landete hinter uns auf dem dritten Platz. Dann kam Bertrand.
Sechs Monate später bei den Etchell-Weltmeisterschaften 1991 in der Bucht von San Francisco hatte ich mit Norm Reynolds und wieder Bill Munster eine abermals ansehnliche Crew zusammen, und diesmal konnten wir gewinnen. Seitdem ist in der Etchell-Klasse ein Crew-Gewichtslimit von 285 Kilogramm eingeführt worden.

Die Mastbiegung

Oft spricht man bei einem Großsegel von einem dreieckigen Stück Tuch. Tatsächlich gibt es eine achtern überstehende Rundung, die Achterlieks-Rundung eben, und ein gewölbtes Luvliek, die Vorliekskurve. Die Größe der Vorliekskurve kann von Segel zu Segel beträchtlich variieren. Masten werden wegen der Vorliekskurve gebogen. Wenn die Crew beispielsweise den Mast so weit biegt, daß diese Biegung der Vorliekskurve entspricht, wird das Segel besonders im vorderen Bereich flach (siehe Zeichnung 4.17). Das wird oft an der Kreuz genutzt. Raumschots und vor dem Wind dagegen fährt man keine Mastbiegung und kippt den Mast wenn möglich sogar leicht nach vorn. Dann schiebt der Mast das zusätzliche Tuch der Vorliekskurve in das übrige Tuch; das Großsegel wird voller.

Wie bereits im Kapitel 4 erwähnt, produziert ein volles Segel viel Auftrieb und viel Widerstand, und das ist das richtige Profil für Raumschotskurse. Denn raumschots wirken Auftrieb und auch der Widerstand in die gewünschte Fahrtrichtung und vergrößern so beide die Geschwindigkeit. Das volle Hochwiderstands-Profil ist auch vor dem Wind angemessen. An der Kreuz aber möchte man ein maximal hohes Verhältnis von Auftrieb zu Widerstand. Und ein flacheres Segel kann mehr Auftrieb und weniger Widerstand erzeugen.

Das extremste und auch berühmteste Beispiel für die Auswirkungen der Mastbiegung lieferte die AUSTRALIA I, der Zwölfer, gegen den ich mit der FREEDOM um den America's Cup 1980 gekämpft habe. Beim Frühstück im Handy Lunch, gegenüber der Schiffswerft Williams & Manchester, bekam ich zum ersten Mal davon Wind. Ich war in dem Restaurant genug Stammgast für die Einführung eines „FREEDOM-Burgers“ auf der Speisekarte. Der Inhaber, Gary Hooks, erzählte mir von geheimnisvollen Arbeiten auf der anderen Straßenseite. Ich ging ein bißchen spazieren, kriegte aber nur heraus, daß die Australier irgend etwas mit dem Mast vorhatten.

Dann sah ich es. AUSTRALIA I fuhr einen Mast mit übergroßen Biegemöglichkeiten. Dieser *bendy mast* war schon früher in diesem Sommer auf dem britischen Herausforderer LIONHEART gesehen worden. Jetzt erlaubte er der AUSTRALIA I zusätzliche und dazu nicht vermessene Segelfläche im Toppbereich zu fahren und über eine gigantische Mastbiegung im Topp zu kontrollieren. An der Kreuz wurde der Mast stark nach achtern gebogen und zog so das Großsegel flach. Vor dem Wind erlaubte das gerade getrimmte Rohr ein extra großes und extra tiefes Segel.

Ein im Topp extrem biegsamer Mast verringert auch den induzierten Widerstand (siehe auch Kapitel 2 und 4). Sie werden sich erinnern, daß es sozusagen ein Leck von der Hochdruck-Luvseite eines Segel zur Niederdruck-Leeseite gibt. Dieses Phänomen findet man auch am Kiel, von dessen Hochdruckseite ein Austausch zur Niederdruckseite stattfindet (siehe Zeichnung 2.3). Das ist induzierter Widerstand. Im Kapitel 2 habe ich erläutert, daß sich diese Leckage — egal, ob über oder unter Wasser — als Verwirbelung darstellt. Die für diese Verwirbelung aufgebrachte Energie ist beträchtlich und kann von einem Segel oder einem Kiel nicht für eine Bewegung genutzt werden.
Die Spitze eines dreieckigen Segels arbeitet nicht sehr effektiv. C.A. Marchaj, der Aerodynamiker und hochrespektierte Buchautor, hatte den stark biegenden Mast für die LIONHEART entwickelt. Marchaj fand in Windkanal-Versuchen heraus, daß man das Vorliek eines Zwölfer-Großsegels im Topp um 15 Prozent reduzieren kann, ohne Auswirkungen auf die Leistung zu sehen. Bei ähnlichen Tests entdeckte er, daß durch eine große Mastbiegung im Topp der induzierte Widerstand abnimmt und die Leistung gleichzeitig um vier Prozent besser wird.
Das bedeutet, daß ein Großsegel überlegen ist, das eher wie ein umgedrehtes U als wie ein umgedrehtes V aussieht. Diese U-Form, oder die Ellipse, kennt man auch von einigen Flugzeugflügeln. Seit LIONHEART und AUSTRALIA I wurden auch die Konturen der ursprünglich dreieckigen Segel immer runder. Und so haben sich auch die Kielformen geändert.
Die Segelmacher erzeugen die eher elliptische Form durch eine größere Achterlieksrundung — jene Fläche, die über die gerade Linie zwischen Schothorn und Kopf des Segels hinaussteht — und durch eine größere Fläche im Toppbereich. Die zusätzliche Rundung wird durch Segellatten, idealerweise von durchgehenden Latten gestützt. Durchgehende Latten sieht man in den Großsegeln von Fahrtenyachten immer öfter; beim Regattasegeln sind sie trotz ihrer unbestreitbaren Vorteile zuweilen verboten.
Bevor wir gegen die AUSTRALIA I im America's Cup 1980 an den Start gingen, hielten wir eine Krisensitzung über den *bendy mast* ab. Sollten wir den Mast kopieren oder ignorieren? Es wurde entschieden, daß uns für das Kopieren die Zeit und das Geld fehlen würden. Wir hofften einfach darauf, in anderen Bereichen stärker zu sein und so diesen Vorteil der Australier wieder wettzumachen. AUSTRALIA I siegte mit ihrem flexiblen Masttopp in der ersten Wettfahrt — bis dahin waren seit zehn Jahren die Herausforderer in jeder einzelnen Wettfahrt unterlegen gewesen. Wir konnten die nächsten vier Wettfahrten und damit den Cup gewinnen.

Unter den Gesichtspunkten Segelprofil und weniger induzierten Widerstand sollten auf allen Yachten — egal, ob Fahrtenschiff oder Regattaboot — die Masten gebogen werden können. Denn Großsegel reagieren hypersensibel auf Mastbiegung (siehe Kapitel 4).

Natürlich hängt die Größe der Mastbiegung von dem Masttyp, seiner Konstruktion und seiner Verstagung und Abstützung ebenso ab wie vom Alter und der Belastbarkeit des Rumpfes. Ein Mast mit einem dünnen Profil und dickeren Wandungen kann beispielsweise stärker und sicherer gebogen werden als ein Rohr mit dickem Profil und dünnen Wandungen. Der dünnere Mast erzeugt auch einen geringeren Windwiderstand, der durch eine gestörte Luftströmung rund um das Rohr entsteht. Auf einigen größeren Yachten wird man daher immer dünnere Mastprofile sehen, die durch drei und mehr Salingspaare abgestützt sind. Diese zusätzlichen Stützen erlauben einen dünnen, dickwandigen und damit leichteren Mast zu bauen als einen mit großem Profil und dünnerer Wandung mit nur einem Salingspaar.

1975 habe ich die Regattaserie SORC mit der STINGER gewonnen. Das Rigg mit nur einem Salingspaar war dick wie ein Telefonmast. Wahrscheinlich wäre der Mast auch ohne Wanten und Stagen in einem Hurrikan stehen geblieben. Ich glaube, Lowell North, der mit mir auf der STINGER segelte, waren diese Mastdimensionen schon peinlich.

Zu dieser Zeit machten Lowell North und Tim Stearns gerade Fortschritte in der Rigg-Konstruktion. North, als großer Segelmacher, Starbootsegler und Erfinder, nahm einen kleinen Mast und klebte Kohlefaserstreifen auf die Seiten, um die Querbiegung zu verringern. Stearns war ein Techniker, der im Sport weiterkommen wollte. Die Kohlefaserstreifen sieht man nicht mehr auf den Masten (dafür sind komplette Masten aus Kohlefaser gerade im Kommen), aber die beiden produzierten Riggs, wie man sie prinzipiell auch heute noch sieht. Lowell verstand, daß ein leichterer Mast, der von mehr und längeren Salingen und Wanten abgestützt wird, weniger Windwiderstand hat und weniger stampft (siehe Zeichnung 2.6, Mitte).

Längere Salinge lassen es aber nicht zu, das Vorsegel so dicht zu schoten, wie es getan werden müßte. Das trifft auf moderne IOR-Yachten und die Yachten der neuen America's Cup-Klasse zu. Als Ergebnis flattert der luvseitige Windfaden die meiste Zeit an der Kreuz (das wird im Kapitel 7 „Das Steuern" ausführlich behandelt). Dennoch scheinen weniger Windwiderstand und geringeres Stampfen der Yacht diesen Nachteil wieder wettzumachen.

Obwohl ich davon überzeugt bin, daß der Segelsport sehr stark von Lowell

North profitiert hat, wäre ich nie gern er gewesen. Ich bin von eher konservativer Natur und bin neuen Dingen nie sofort in die Arme gelaufen. Ich habe zu viele Leute an der Spitze mit Problemen gesehen. Lowell hatte seine mit den ersten Masten.

Wege zur Mastbiegung

Meine seglerischen Wurzeln liegen wie die von Lowell North im olympischen Starboot. Ich glaube, daß die großen Vorsprünge, derer wir uns auf den Hochseeregatten in den späten 60er und frühen 70er Jahren erfreut haben, auf unser Verständnis von Mastbiegung und anderen Aspekten des Segeltrimms gegründet waren. Nur so waren wir in der Lage, derart viele Wettfahrten zu gewinnen. Wir segelten damals gegen Dickschiffsegler, die zwar mit einem besseren Material ausgerüstet waren, denen aber die nötige Kleinboot-Erfahrung fehlte. Nur auf einem kleinen Boot können sich Dinge wie Mastbiegung oder Schotwinkel viel stärker auswirken.

Es gibt Dutzende von Möglichkeiten, einen Mast zu biegen. Zum Beispiel die Vorbiegung durch Klötze bei durchgesteckten Masten: Im Mastkragen wird das Rohr durch Klötze an der Hinterseite nach vorn getrieben. Ein an Deck stehender Mast kann mit seinem achteren Teil auf ein Distanzstück gestellt werden, oder man sägt einen Keil heraus. Man kann auch beide Methoden kombinieren. Unter Kompression bringt das erhöhte Hinterteil oder das niedrigere Vorderteil den Mast zum Biegen. Andere konstruktive Maßnahmen, die die Mastbiegung kontrollieren und beeinflussen, sind die Größe der Verjüngung im Masttopp, stellenweise Verstärkungen und die Salingswinkel. Nach achtern angewinkelte (gepfeilte) Salinge erlauben eine Mastbiegung, während nach vorne zeigende Spreizen das begrenzen. Die Zeichnung 5.5 zeigt die verschiedenen Möglichkeiten, ein Rigg zu biegen. Das typische Großsegel für eine typische Yacht ist für ein bis zwei Prozent Mastbiegung konstruiert, 1,5 Prozent ist der Durchschnitt. Wenn der Mast 15 Meter hoch ist, beträgt ein Prozent Mastbiegung 15 Zentimeter. Das wäre die typische Biegung, die in ein Großsegel auf einer herkömmlichen Masttopp-Yacht hineinkonstruiert ist. Ein flexibles 7/8-Rigg gleicher Länge könnte ein Großsegel für 22 Zentimeter Mastbiegung haben, das wären dann 1,5 Prozent. Aber Achtung: Bevor Sie Ihren Mast überhaupt biegen, sollten Sie sicher sein, daß Ihr Boot, der Mast selbst und die Segel dafür geeignet sind.

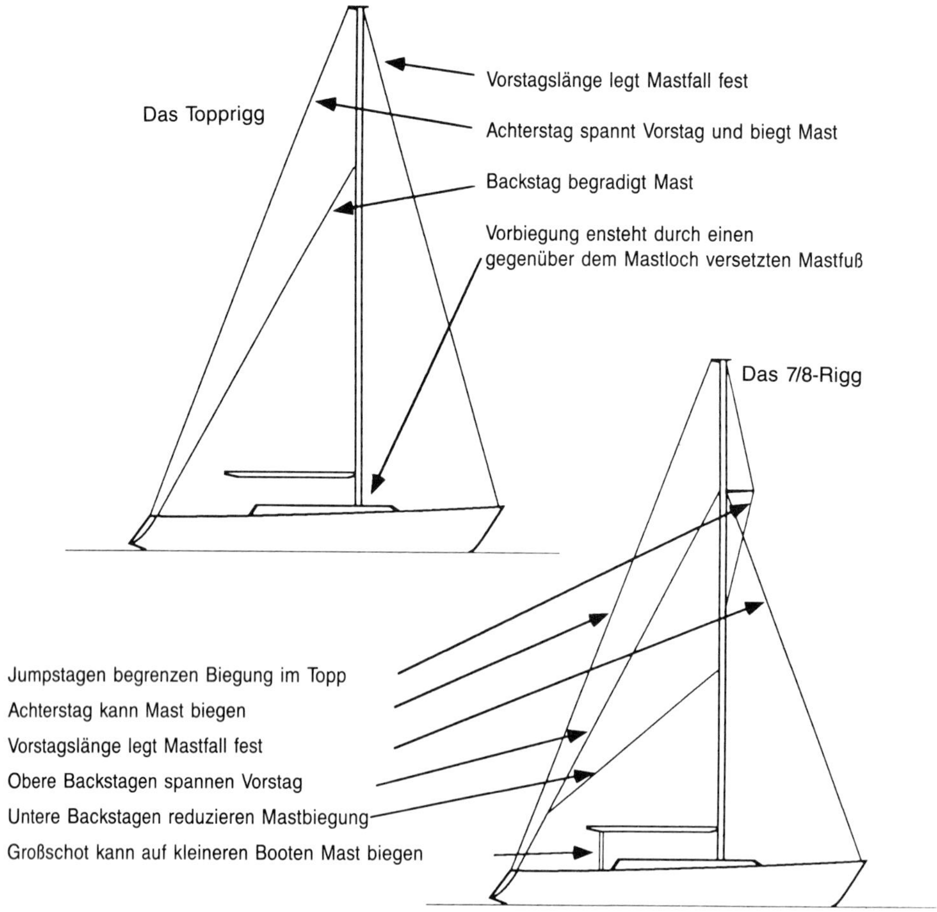

5.5 *So werden Topprigg und 7/8-Rigg gebogen*

Falls Sie nicht wissen, für wieviel Mastbiegung Ihr Großsegel geschneidert ist, biegen Sie den Mast, bis das Großsegel ohne den Einsatz des Vorliekstreckers Überbiegungsfalten zeigt. Das sind die Falten, die vom Schothorn austrahlen. Wenn diese Überbiegungsfalten vom Segelkopf bis nach unten gleich sind, passen die Vorliekskurve des Großsegels und die Mastbiegung zusammen. Falls alle diese Falten im unteren Bereich auftreten, ist der Mast zu stark gebogen. Treten sie im oberen Teil des Segels auf, müssen Sie höchstwahrscheinlich eine größere Vorbiegung fahren (folgt). Ein andere Hilfe beim Auffinden der richtigen Mastbiegung gibt die Tabelle (Zeichnung 4.16).

Die Vorbiegung

Normalerweise wird die Mastbiegung durch die relativen Positionen von Mastfuß, Mast im Decksloch und Masttopp bestimmt. Wenn Sie einen dieser Punkte verschieben, wird der Mast weniger oder stärker biegen.

Die Vorbiegung ist eine Biegung, die durch das Rigg selbst entsteht und sich daher von der Biegung unterscheidet, die der Druck in den Segeln erzeugt. Zur Vorbiegung benutzt man die Wanten, das Vorstag, das Jumpstag usw. (siehe Zeichnung 5.5).

Auf Hochseeyachten wird der Mast durch die Vorbiegung starr eingespannt. Ein Mast biegt anfangs sehr einfach. Dann gibt es irgendwann einen Punkt, an dem sich das Rohr gegen weitere Biegung sträubt und relativ stabil wird. Wenn man die Biegung über diesen Punkt hinaus weiter erhöht, kann der Mast brechen. Durch eine richtig eingestellte Vorbiegung wird das Großsegel der Mastbiegung angepaßt.

Vorbiegung ist auch besonders wichtig für Einheitsklassen, deren Boote normalerweise keine unterschiedlichen Segel für leichten, mittleren und schweren Wind haben. Nur ein Satz Segel für diese große Windspanne erfordert Vorbiegung, besonders bei leichtem Wind.

Wie im vorherigen Kapitel beschrieben, charakterisieren zwei Regeln den Großsegeltrimm an der Kreuz: Die größte Profiltiefe muß bei 50 Prozent (in der Mitte zwischen Vor- und Achterliek) liegen, und die obere Segellatte muß parallel zum Baum stehen.

Ein Großsegel hat meist eine Rundung, also zusätzliches Segeltuch hinter der geraden Linie zwischen Schothorn und Kopf. Und es hat eine Vorliekskurve, also zusätzliches Segeltuch vor der Linie vom Kopf zum Segelhals. Bei moderatem Wind wird das Achterliek oder der achtere Teil des Segels durch den Winddruck nach Lee geschoben. Das wiederum biegt den Masttopp. Diese Biegung durch den Winddruck zieht das zusätzliche Material der Vorliekskurve heraus und plaziert die größte Profiltiefe bei 50 Prozent. Durch den fehlenden Liekdruck bei Leichtwind aber bleibt das zusätzliche Material gerafft am Vorliek stehen. Also liegt auch die größte Profiltiefe weiter vorn als 50 Prozent (siehe Zeichnung 5.6, oben). Auf Einheitsklasse-Yachten, die normalerweise 7/8-geriggt sind, kann man den Mast meist schon nur durch den Großschotzug genug biegen. Wenn Sie aber die Großschot dazu benutzen, wird die obere Latte zu sehr nach Luv zeigen, und das ist ein unerwünschter Effekt. Wenn nun der Mast Vorbiegung erhält, indem Sie das Rohr in der Decksdurchführung

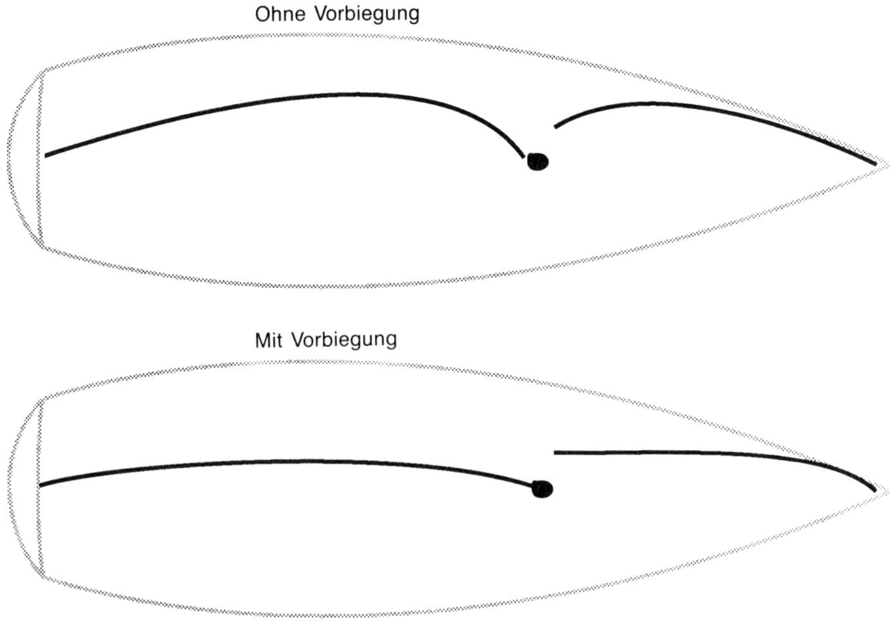

5.6 *So beeinflußt die Mast-Vorbiegung die Segelprofile*

nach vorn drücken oder das Achterstag anziehen, wird das Großsegel besonders im Vorlieksbereich flacher (siehe Zeichnung 5.6, unten). Die größte Profiltiefe rutscht auf optimale 50 Prozent, und die Topplatte behält die richtige Lage.

Wie ein Rigg vorgebogen wird, hängt von den Klassenvorschriften ab und davon, ob der Mast auf dem Kiel oder auf dem Deck steht. Durchgesteckte Masten können (wenn nicht von der Klassenvereinigung oder durch die Regatta-Vermessung verboten) im Mastloch durch Klötze vorgebogen werden. Man nimmt Holz-, Hartgummi- oder Nylonkeile und plaziert diese zwischen Masthinterkante und Deck im Mastloch. Das schiebt den Mast im Deck nach vorn und bringt ihn zu einer gewissen Vorbiegung (siehe Zeichnung 5.7).

Die Vorbiegung beeinflußt auch das Vorsegel. Bei jedem Wind, abgesehen von Flaute, hängt das Vorstag nach Lee und nach achtern etwas durch. Dieser Vorstags-Durchhang ist in der Konstruktion eines Vorsegels berücksichtigt; das Vorliek ist eventuell leicht hohl geschnitten. Nun wird das Vorstag bei Flaute aber nicht von allein durchhängen. Durch die Vorbiegung aber bringt man es dazu (siehe Zeichnung 5.7). Dadurch nimmt das Vorsegel ein besseres und

schnelleres Profil an. Die Wirkung der Vorbiegung auf beide Segel zeigt die Zeichnung 5.6 (unten).
Man kann auch mit unterschiedlichen Segeln auf die verschiedenen Windstärken reagieren. Für Leichtwind wird man dann ein Segel haben, das für ein gerades Vorstag konstruiert ist, und für mittleren Wind eines für ein durchhängendes. Eine weitere Alternative: Bei Leichtwind schlägt man ein Fall am Vorstagbeschlag an und bringt so das Vorstag zum Durchhängen. Fast überflüssig zu sagen, daß es noch viele weitere Wege zur Mastvorbiegung gibt.

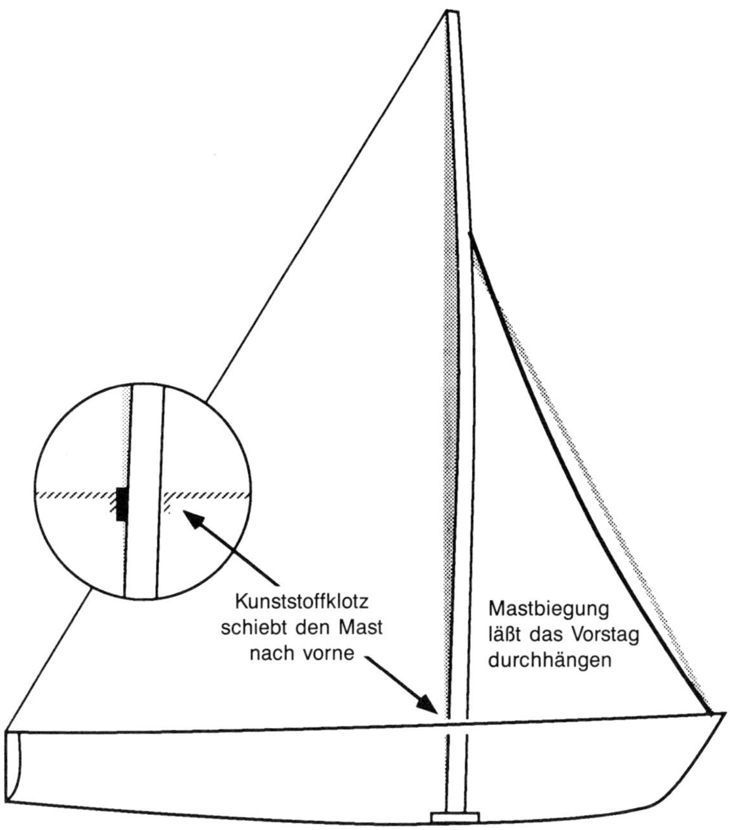

5.7 *Effekt von hinteren Mastklötzen: Mastbiegung und durchhängendes Vorstag.*

Der Ruderdruck

Der Ruderdruck kann ein wichtiger Indikator für den Masttrimm sein. Drei bis fünf Grad Ruderblattlage (Ruderanstellwinkel) nach Lee sind am besten. Diese Winkel sollte man markieren. Bei Pinnensteuerungen werden die Winkel (bezogen auf die Schiffsmittellinie) vom Ruderkoker aus angezeichnet. Bei Radsteuerungen stellt man das Ruderblatt auf die Winkel 0, 2, 4 und 6 Grad ein und kennzeichnet die entsprechende Stellung des Rades mit unterschiedlichen Markierungen (immer am höchsten Punkt des Rades). Die den Winkeln entsprechenden Ausschläge des Ruderblattes ermittelt man folgendermaßen: Die Distanz von der Achterkante des Ruderblattes bis zum Drehpunkt wird ausgemessen. Mit dieser Distanz und den gewünschten Winkeln errechnen Sie über die Tabelle die Abstände von der Ruderblattachterkante zur Längsschiffslinie (siehe Zeichnung 5.8).

Spiel in Rad oder Pinne wird das Ausmessen beeinträchtigen. Da Spiel auch für das Steuern selbst schlecht ist, sollte man es möglichst beseitigen.

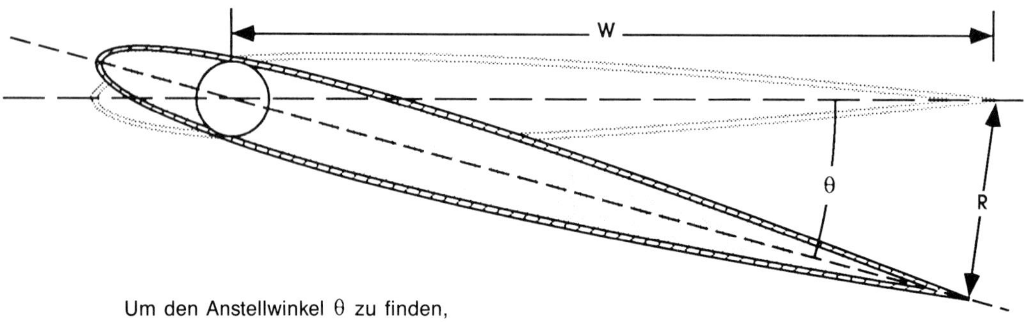

Um den Anstellwinkel θ zu finden, benutzt man die Formel $R = W \times \sin\theta$.

θ	W × sin θ = R
2°	__ x 0.035 = ___
4°	__ x 0.070 = ___
6°	__ x 0.105 = ___

5.8 *Das Messen des Ruder-Anstellwinkels.*

Mastrimm: Testen unter Segeln

Jetzt sind wir bereit zum Segeln und prüfen dabei den Masttrimm. Vergessen Sie nicht die Splinte für die Wantenspanner, das könnte das Rigg kosten. Wo wir gerade über Splinte reden: Biegen Sie die niemals komplett um. Die netten kleinen Kringel erschweren das Ziehen der Splinte, was wichtig ist, wenn der Mast gebrochen ist und am Rumpf schlägt. Außerdem wird ein überbogener Splint schwächer. Man sollte sie nur um 45 Grad aufbiegen. Überlange Splinte können mit einer Zange abgekniffen und mit einer Feile entschärft werden. So bleiben hier keine Segel, Schoten oder Ölzeug hängen. Schließlich sollten Splinte mit Tape abgedeckt werden.

Die optimalen Bedingungen für den Masttrimm-Check liefern 12 bis 15 Knoten Windgeschwindigkeit, was normalerweise das obere Limit der schweren Genua I darstellt. Diese Windgeschwindigkeit und diese Segelgröße bringen die maximale Last auf das Rigg. Wenn weniger Wind weht, kann man den scheinbaren Wind durch Motorkraft künstlich verstärken.

Beginnen Sie aber nicht sofort mit der schweren Genua I bei 12 bis 15 Knoten, sondern mit dem Großsegel allein. Arbeiten Sie die folgende Übung durch. Dann wiederholen Sie den beschriebenen Check zuerst mit der Genua III, dann mit der Genua II und schließlich mit der Genua I. Dieses Herantasten kann einen Schaden am Rigg verhindern helfen.

Das Ziel beim Masttrimm-Check unter Segeln ist ein gerader Mast ohne seitliche Biegung oder Neigung. Ausgehend von einem Rigg mit einem Salingspaar, beginnen Sie auf einem Bug. Von unten mit einem Auge die Mastspur hochpeilend, prüfen Sie, ob der Topp nach Lee weist. Sie wenden und gucken sich wieder den Topp an. Wenn das in Ordnung ist, spannen Sie die unbelasteten Unterwanten in Lee. Man macht dabei nur einige Umdrehungen und zählt sie dabei. Sie wenden. Wenn der Mast jetzt gerade ist, haben Sie richtig gedreht. Wenn er aber immer noch nach Lee durchhängt oder nach Luv zeigt, justiert man wieder dementsprechend das Leewant. Dieses Spiel wiederholen Sie, bis der Mast gerade steht. Die Splinte sollten dabei immer wieder eingesetzt werden.

Schließlich sollten die Wanten gleichmäßig ziemlich dicht sein. Einige Leute denken, daß klappernde Wanten in Lee richtig sind, weil das den Mast nicht zusätzlich belastet. Das ist falsch. Wie schon bereits beim Thema Vorbiegung erwähnt, benötigt man eine beträchtliche Spannung von Luv- und Leewanten, um den Mast richtig an seinem Platz festzuhalten.

Bei einem Rigg mit mehreren Salingspaaren müssen jetzt auch die Zwischenwanten genau justiert werden. Einige Crews tun das beim Segeln und ziehen jemanden in einem Bootsmannsstuhl hoch, um die Wantenspanner an den Salingen verstellen zu können. Weniger akkurat, aber sicherer ist dies im Hafen. Denken Sie daran: Die Unterwanten sollten weniger Spannung als die Oberwanten und die vorderen mehr als die hinteren haben.

Riggtrimm und Ruderdruck

Den Mast nur einfach gerade hinzustellen ist nicht alles. Sie sollten ab 5 Knoten scheinbarem Wind Ruderdruck an Pinne oder Rad verspüren. Wenn Sie die Steuerung loslassen, muß das Boot also den Bug in den Wind drehen. Bei 10 bis 12 Knoten Wind sind drei bis vier Grad Ruderanstellwinkel (Ruderlage) erforderlich, um das Boot geradeaus steuern zu können; bei 14 oder 15 Knoten Wind sind fünf Grad richtig. Benutzen Sie die Tapemarkierungen am Rad oder die Striche unter der Pinne zum Erkennen der richtigen Ruderlage (siehe Zeichnung 5.8). Wenn man am oberen Ende des Einsatzbereiches der Genua I angelangt ist (normalerweise bei 12 bis 15 Knoten), wird der Ruderdruck meist zu groß und muß verringert werden. Das kann durch mehr Twist, also mehr Verwindung oder Verdrehung des Segels, von unten nach oben (das Achterliek sackt weiter nach Lee) erreicht werden. Mehr Twist erhält man durch einen weiter achtern liegenden Holepunkt (siehe Zeichnung 4.14) und/oder eine gefierte Genuaschot und/oder eine gefierte Großschot.
Was tut man aber, wenn bei fünf Knoten kein Ruderdruck da ist oder, noch schlechter, das Boot leegierig ist (das Schiff tendiert zum Abfallen)? Sie können den Mast etwas nach hinten verlagern oder einfach etwas nach achtern neigen (Mastfall). Mastfall ist einfacher herzustellen und beeinflußt normalerweise nicht die Riggvermessung (was bei Regattaschiffen zu bedenken wäre). Um mehr Mastfall einzustellen, muß man meist die Segel bergen. Die Wanten müssen wahrscheinlich gefiert werden, da sonst der Mastfuß nicht verschoben werden kann. Alternativ dazu kann man den Mast im Mastloch bewegen. Dann geben Sie Lose in das Vorstag (via Wantenspanner oder zusätzliche Gelenkstücke) und holen beim Topprigg das Achterstag dichter. Jetzt muß der Mast wieder neu getrimmt werden. Zur Erinnerung: Wenn Sie die Mastposition in Längsschiffrichtung im Deck verändert haben, muß ein Regattaboot neu vermessen werden.

Mastfall ist auch eine Frage des Reviers. Auf meiner Etchell 22 stelle ich für eine Regatta auf dem Leichtwindrevier San Diego mehr Mastfall ein. Das verlagert den Segelschwerpunkt weiter nach achtern vom Lateralschwerpunkt und gibt mir so mehr Ruderdruck bei Leichtwind. Wenn ich in Newport/Rhode Island mit diesem Boot starten will — hier ist mehr Wind wahrscheinlich —, fahre ich weniger Mastfall.

Die Markierungen

Es dauert eine lange Zeit, bis man ein Boot richtig kennengelernt hat, bis man zum Beispiel weiß, was für Spannungen für die Wanten, Stagen, Schoten und Fallen nötig sind, um das Schiff in unterschiedlichen Bedingungen immer optimal zu segeln. Vielleicht sind Sie gut genug, um jede perfekte Einstellung jedesmal sofort wiederzufinden. Ich bin es nicht. Ein Schlüssel zum schnellen Segeln ist das schnelle Reproduzieren der richtigen Trimmeinstellungen. Genauso dient es dem sicheren Segeln, die Grenzen von Rigg und Rumpf zu kennen. Das Achterstag beispielsweise möchte man nicht überspannen, weil die Beschläge oder der Mast selbst brechen können. Das spricht für das Kodieren oder Markieren aller Dinge, die dichtgeholt oder gefiert werden können. Dann notiert man sich auch die schnellen Trimmeinstellungen und die Gefahrenzonen.

Die Fallen erhalten zum Beispiel Maximal-Marken. Die sagen der Crew, wie weit ein Segel hochgezogen werden kann. So verhindert man, daß die Pressung eines Drahtfalls oder der Knoten eines Falls aus Tauwerk in die Rolle gezogen und dabei beschädigt wird. Falls Pressung oder Knoten die Rolle blockieren und darin festklemmen, können Sie eventuell die Genua nicht mehr ohne weiteres bergen und die Rolle selbst nimmt auch Schaden.

Die richtige Marke wird folgendermaßen ermittelt: Sie knoten eine Leine an das Fall und ziehen es hoch, bis der Schäkel noch rund einen halben Meter von der Mastrolle entfernt ist. Dann knoten Sie die Leine am Vorstagbeschlag fest und setzen das Fall mit der Winsch weiter durch. Dadurch straffen Sie das Fall. Eine Person sitzt dabei im Bootsmannsstuhl in Höhe der Rolle im Rigg und beobachtet das Fall. Wenn Knoten oder Pressung beinahe die Rolle berühren, wird das Fall an Deck oder unten am Mast markiert (siehe Zeichnung 5.9). Dazu kann man Farbe, Tape oder Nagellack benutzen; für Fallen aus Tauwerk eignet sich wasserfester Filzstift oder ein Takling. Auf den Mast wird eine Refe-

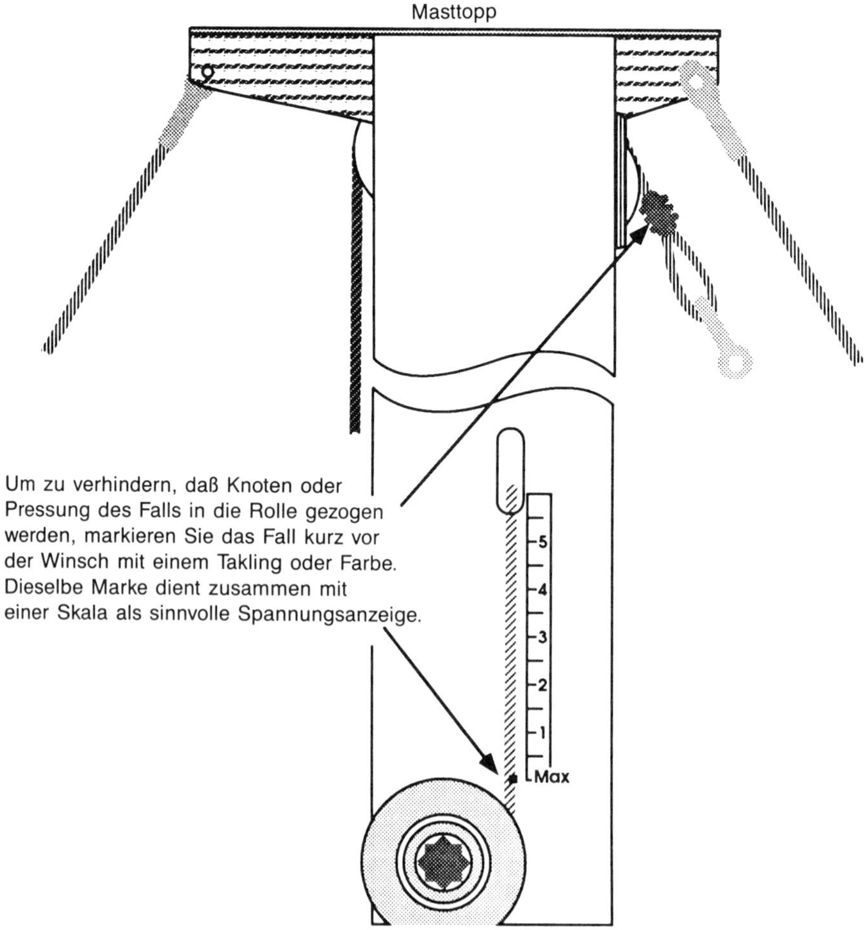

5.9 *Das Markieren von Fallen*

renzmarke geklebt, wozu sich eine Trimmskala eignet (siehe Zeichnung 5.9). Man kann diese Trimmskalen von Yachtausrüstern kaufen oder (optisch unsauberer) selbst aus Klebeband und Filzstift herstellen. Alle Fallen sollten nach der beschriebenen Methode Markierungen erhalten. Hilfreich sind auch verschiedenfarbige Fallen zum einfachen Erkennen.

Auf Regattayachten gibt es ein aufgemaltes schwarzes Band rund um den Masttopp. Das Großsegel darf nicht über dieses Band hinausgezogen werden. Das Fall sollte man entsprechend markieren. Dabei ist wieder eine Person im Masttopp hilfreich, die genau sieht, wann das Kopfbrett des Großsegels seine maximale Position erreicht hat. Markieren Sie auf dem Fall auch die Positionen für die einzelnen Reffs. Pro Reff benötigt man zwei Markierungen. Die erste sagt, ab wann man einfach die vordere Reffkausch am Lümmellager einhaken kann. Die zweite Marke zeigt die richtige Fallenspannung für das jeweilige Reff. Markieren Sie auch die Reffleinen. Ein gerefftes Segel sollte möglichst flach sein, um die Krängung weiter herabzusetzen. Also sollten die Marken den maximalen Zug auf der Reffleine anzeigen.

Wenn Ihr Boot nichtüberlappende Vorsegel hat, markieren Sie die Salinge. An den Positionen 5, 10 und 15 Zentimeter von der Salingsnock aus gemessen, wird rund um die Saling Tape aufgeklebt. Diese Marken geben einen optischen Anhaltspunkt für die Stellung des Achterlieks zum Mast, wodurch eine schnelle Einstellung leicht wiederholt werden kann. Für das Nachtsegeln kann man auch selbstklebende Reflexfolie für diese Markierungen benutzen, wodurch die Marken mit Hilfe einer Taschenlampe besser zu sehen sind.

Markieren Sie auch Cunningham am Mast, Unterliekstrecker am Baum, den Traveller und die Genuaholepunkte an Deck mit den erwähnten Trimmskalen. Dadurch finden Sie ebenfalls schnelle Einstellungen auch schnell wieder. Zum Traveller: Genau von der Längsschiffslinie werden zu beiden Seiten Trimmskalen angebracht. Auch seitlich der Genuaschienen bringt man Trimmskalen an. Der gemittelte Holepunkt eines Vorsegels wird dann mit wasserfestem Filzstift auf dem Schothorn notiert. Auch die Backstagen und das Achterstag erhalten Markierungen und Trimmskalen als Referenzstreifen. Dabei sollte man auch Marken für die maximale Last sowie die richtige Einstellung bei Leichtwind und anderen Bedingungen auf der Trimmskala markieren. Wird das Achterstag mit einer Talje gespannt, werden die Marken auf die Leine gemalt. Die Klemme kann als Referenzmarke dienen.

Wenn Sie ein hydraulisches Achterstag fahren, notieren und markieren Sie die Werte auf der Druckanzeige. Per Kurbel oder Handrad bediente Spanner erhalten eine angeklebte Segellatte mit Trimmskala als Referenzmarke (siehe Zeichnung 5.10). Falls vorhanden, wird auch das Babystag markiert.

Mit Markierungen segeln Sie nach den Zahlen. Die Trimmeinstellungen, die sich als schnell erwiesen haben, werden dann durch die Markierungen und Skalen in Zahlen übersetzt und in einer Tabelle festgehalten. Das liest sich dann beispielsweise so: „Segel: Genua I leicht; Genuafall-Position: 7; Genua-Holepunkt: 3; Traveller: zehn Zentimeter nach Luv; Achterstag-Zug: 900 Kilogramm, Marke 5." Segel und Fallen dehnen sich, Mylar- und Kevlar-Segel schrumpfen und knittern — man muß also auch immer wieder die ermittelten Zahlen in Frage stellen und neue Trimmeinstellungen ausprobieren.

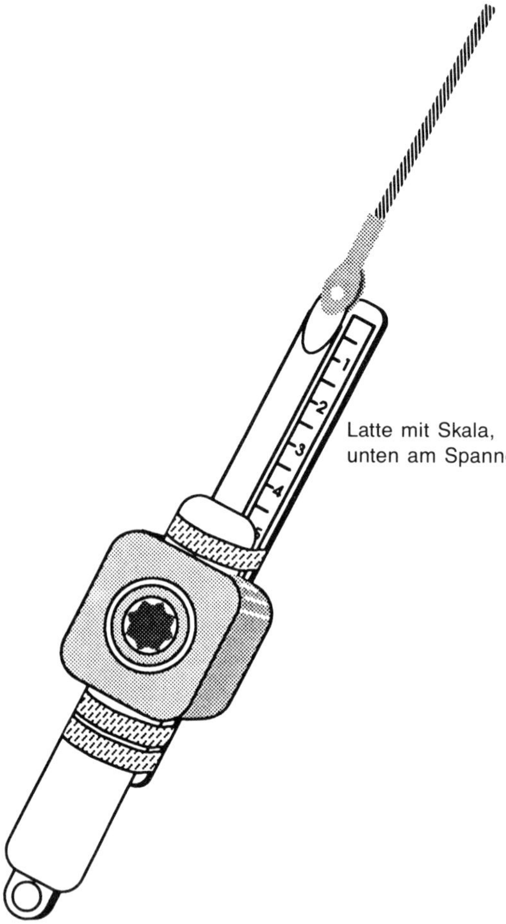

5.10 *So markiert man mechanische Achterstagspanner.*

Falls Sie mit einem durchgeschwenkten Spinnakerbaum halsen, wird der Toppnanten markiert. Die Marke sagt dem Mitsegler am Toppnant, wie weit der gefiert werden muß, um das Vorstag passieren zu können. Wenn der Baum am Mast verstellt werden kann, muß die erforderliche Höhe für die Halse ebenso markiert werden. Durch diese Maßnahmen kann der Spinnakerbaum immer schnell auf die richtige und auf dieselbe Höhe in der Halse hinter dem Vorstag durchgeschwenkt werden. Das erleichtert dem Vorschiffsmann das Einpicken des neuen Achterholers. Zusätzliche Markierungen für den normal angetoppten Baum helfen am Ende der Halse dabei, den Spinnakerbaum wieder auf die richtige Höhe zu bringen.

Schreiben Sie die Einstellungen Ihrer Wanten und Stagen auf. Sie können zum Beispiel einfach mit einer Schieblehre die Länge der eingedrehten oder noch verbleibenden Gewindestangen ausmessen. Oder Sie verwenden ein Meßgerät für die Spannungen (Yachtausrüster). Auch die Stellung des Mastes in Längsschiffrichtung sollte festgehalten werden. Das alles ist besonders wichtig, wenn Sie das Boot oft trailern, also der Mast oft neu eingestellt werden muß.

Um den Mastfall zu messen, benutzen Sie einen Krängungsmesser, der in

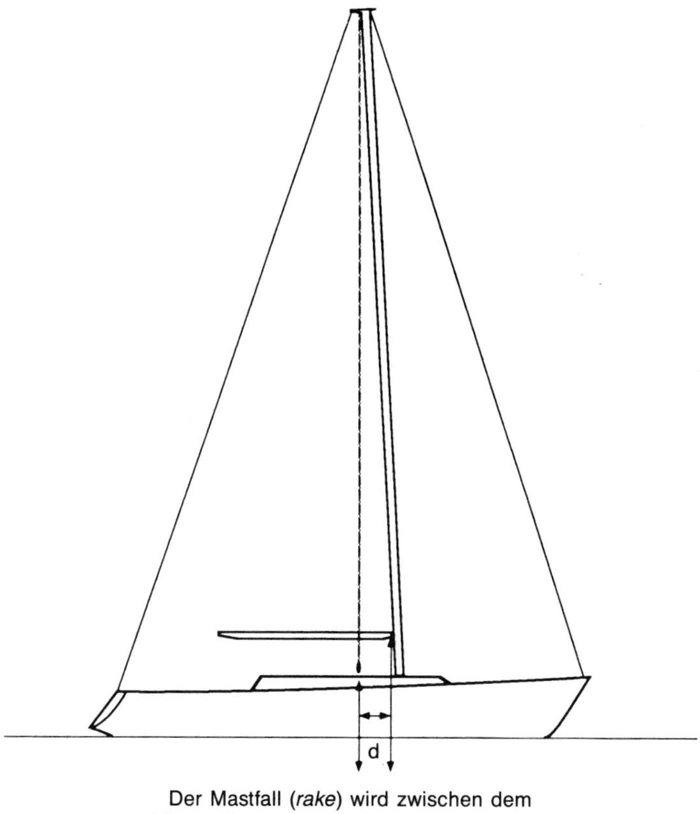

Der Mastfall (*rake*) wird zwischen dem Lümmellager und der Lotleine gemessen.

5.11 *So wird der Mastfall bestimmt.*

Längsschiffrichtung montiert ist. Mit dem wird das Schiff so ausgetrimmt, daß es weder heck- noch buglastig ist. Dazu muß dieser Krängungsmesser natürlich exakt angebracht werden, wenn das Schiff genau auf seiner Wasserlinie oder parallel dazu schwimmt. Wenn das Schiff genau ausgetrimmt ist, setzen Sie das Achterstag wie auf der Kreuz durch (siehe Zeichnung 4.16). Am Großfall wird ein Gewicht befestigt. Sie messen die Distanz vom Lümmellager zu diesem Lot (siehe Zeichnung 5.11).
Die Größe des Mastfalls wird durch die Länge des Vorstags festgelegt. Also ist es auch sinnvoll, dieses Maß zu kennen. Befestigen Sie ein langes Maßband am Fockfall und ziehen Sie es daran bis zum Anschlag nach oben. Sie messen die Distanz bis zum Vorstagbolzen. Durch alle diese Maßnahmen sind schnelle Einstellungen leicht reproduzierbar.

Weight-Watching

Wie bereits im Kapitel 2 beschrieben, ist das Stampfen eines Bootes im Seegang langsam. Um das zu reduzieren, muß überflüssiges Gewicht abgespeckt werden, besonders im Rigg und an Bug und Heck. Konzentrieren Sie das Gewicht wie Segel, Verpflegung und Ausrüstung so tief wie möglich im Boot ungefähr im Zentrum, vorausgesetzt, Ihre Vermessung wird dadurch nicht ungültig.
Auch beim Mast kommt es darauf an, wo das Gewicht konzentriert ist. Gewichte weit oben im Rigg wie Fallenrollen und Antennen haben einen größeren Einfluß auf das Stampfen als Gewichte weiter unten.
Die nachteiligen Auswirkungen des Toppgewichtes werden deutlicher, wenn man nicht an das Stampfen, sondern an die Krängung denkt.
Mit der Zeichnung 2.5 habe ich beschrieben, wie ein 30 Kilogramm schweres Kind, das 1,2 Meter von der Achse einer Schaukel entfernt sitzt, einen 80 Kilogramm schweren Erwachsenen ausbalanciert, der 0,45 Meter von der Achse entfernt sitzt. Das sind Momente (Distanz mal Gewicht), und die werden durch die Mathematik deutlich. Unser Beispiel: $80 \times 0{,}45 = 36$ und $30 \times 1{,}2 = 36$. Was passiert mit der Krängung, wenn wir eine 10 Kilogramm schwere Radarantenne vom Topp eines Mastes entfernen, der 12 Meter über dem Gewichtsschwerpunkt liegt? Das Kielgewicht konzentriert sich in diesem Beispiel 1,5 Meter unterhalb des Gewichtsschwerpunktes der gesamten Yacht. Man kann 80

Kilogramm sparen, wenn die Antenne entfernt wird. Denn: Zum Ausbalancieren der Antenne (10 Kilogramm × 12 Meter = 120) waren 80 Kilogramm mehr Kielgewicht nötig (80 Kilogramm × 1,5 Meter = 120). Anders gesagt: Für jedes Kilogramm, das Sie im Mast sparen, kann der Kiel 8 Kilogramm leichter werden — ohne die Stabilität der Yacht zu verringern. Da man den Kiel wahrscheinlich nicht verändern wird, ist dann die Yacht steifer und kann mehr Segelfläche tragen. Wenn Sie Gewicht im Topp reduzieren, verringern Sie automatisch auch das Stampfen.

Auch das Gewicht der Segel beeinflußt natürlich das Stampfen und die Krängung. Leichte Segel reduzieren dies — ein Grund für die Beliebtheit von Mylar- und den noch leichteren Kevlar-Segeln und die Entwicklung der neuen Tuche aus Kohlefaser oder Flüssigkristallen, wie sie im America's Cup 1992 aufgetaucht sind. Segel unter Deck tragen ebenfalls zum Stampfen bei, wenn sie nicht im Schiffszentrum gestaut werden.

Überflüssiges Gewicht in Bug oder Heck sollte man entfernen. Überflüssig sind die Gegenstände, die nicht während der Wettfahrt benötigt werden, die nicht in den Regeln verlangt werden und die nicht der Sicherheit dienen. Auch auf Fahrtenyachten kann man zumindest den zweiten Anker mit seiner Kette vom Bug entfernen und die Backskiste etwas kritischer durchsehen.

Boote sind Magnete für Ausrüstung. Falls Geschwindigkeit Ihr Ziel ist, entfernen Sie alles, was nicht für die Sicherheit, die Regattaregeln und die Geschwindigkeit erforderlich ist. Wenn Sie das Gewicht Ihres Bootes ändern, muß es neu vermessen werden.

Für das SORC im Jahre 1975 baute Carl Eichenlaub den Eintonner STINGER für mich. Das Schiff wurde in nur 22 Arbeitstagen fertiggestellt. Als man an den Innenausbau ging, rief mich ein aufgeregter Eichenlaub an und fragte nach meinen Vorstellungen. Ich sagte ihm, er solle den Anweisungen des Konstrukteurs folgen — es gab aber keine.

Ich fuhr in die Werft nach San Diego und entwarf grob eine Inneneinrichtung. Dabei habe ich viel von der Ranger 37 übernommen, die das SORC 1973 gewonnen hatte. Um das Stampfen gering zu halten, orderte ich eine Minimal-Einrichtung vor dem Mast. Hier wurde nur ein kleiner Toilettenraum eingebaut. Für ein größeres aufrichtendes Moment ließ ich vier Kojen auf jeder Seite anbringen. Dadurch würde die vierköpfige Freiwache immer in Luv schlafen und so die Krängung verringern. STINGER siegte im SORC. Diese Art der Inneneinrichtung habe ich dann auch auf der HIGH ROLER benutzt, die 1977 in der Klasse A beim SORC gewann. Diese spartanischen Innenlayouts wurden

für IOR-Yachten Standard. Überflüssig zu sagen, daß nicht jeder damit einverstanden war.
Um das Stampfen zu reduzieren, konzentriert man auch das Crewgewicht in der Nähe der waagerechten Querachse, um die das Boot stampft. Diese Achse ist nicht automatisch mit dem Gewichtsschwerpunkt identisch. Ihre Lage wird durch das Gewicht in Bug- und Heck, durch die Mastposition, den Motor-Standort usw. beeinflußt. Für eine Hochseeyacht frage ich immer den Designer nach der Position der Querachse. Auf meinem 92er America's-Cupper zum Beispiel lag diese waagerechte Querachse in Höhe der Hauptwinschen.
Für den Segler ist neben dem Stampfen natürlich die Krängung ein entscheidender Faktor. Tatsächlich ist weniger Krängung wichtiger als weniger Stampfen. Daher sieht man auf den Regattayachten die Crew aufgereiht auf der hohen Kante sitzen. Bei leichterem Wind sitzen sie dagegen oft in Lee. Durch die Krängung können die Segel in ihr vorgegebenes Profil sacken. Außerdem wird auch die benetzte Rumpffläche kleiner. Auf einigen Regattaschiffen verkriecht sich ein Teil der Crew bei weniger Wind unter Deck, was wiederum das Stampfen durch einen niedrigeren Schwerpunkt reduziert.

Der schnelle Mast

Ein schnelles Rigg ist insgesamt und besonders am Topp möglichst leicht. Der Mast muß gerade und aerodynamisch sauber sein, also möglichst wenig Windwiderstand bieten. Ein gerader Mast ist aber mehr die Ausnahme denn die Regel.
Aluminiummasten werden durch einen Prozeß hergestellt, den man extrudieren oder einfach nur ziehen nennt. Vereinfacht dargestellt: Ein Stück Aluminium wird durch eine Form, ein sogenanntes Werkzeug gepreßt. Dieses Werkzeug kann sich bei jedem Herstellungsvorgang leicht verändern. Außerdem verwenden die einzelnen Firmen unterschiedliche Werkzeuge. Wenn Regattasiege für Sie wichtig sind, müssen Sie Ihr Boot peinlich genau auswählen. Kleine Boote sollten deshalb auch nachgewogen werden. Genauso gewissenhaft sollten Sie bei der Auswahl des Riggs vorgehen. Um herauszufinden, ob ein Mast gerade ist, stellt man ihn am besten ins Schiff. Mit identischer Wantenspannung auf beiden Seiten prüfen Sie per Großfall oder Maßband, ob der Mast gerade steht. Besteht diese Möglichkeit vor dem Kauf nicht, funktioniert normalerweise

auch folgende Methode: Der Mast wird mit der Nut nach oben auf gleich hohe Böcke gelegt. Je mehr Böcke Sie verwenden, desto besser. Sie peilen durch die Mastnut und sehen so, ob der Mast gerade ist.
Der Mast sollte gewogen werden. Hilfreich ist auch, seinen Schwerpunkt (Balancepunkt) zu ermitteln. Für einige Einheitsklassen ist das sogar vorgeschrieben. Man möchte einen Mast mit möglichst tiefem Schwerpunkt innerhalb der Regeln. Wenn der Mast nicht zu groß oder zu schwer ist, legen Sie ihn auf einen Bock in der Mitte. Zwei Crewmitglieder halten die Mastenden hoch, und Sie bewegen den Bock nach oben und unten, um den Balancepunkt zu ermitteln. Ein niedriger Balancepunkt, also ein niederiger Schwerpunkt bedeutet einen leichten Masttopp. Und der reduziert das Stampfen.
Alternativ dazu kann man auch das untere Mastende aufbocken und den Topp auf eine Waage legen. So wird in der Starbootklasse sichergestellt, daß der Topp nicht zu leicht ist.
Der Wind sollte möglichst ungehemmt um den Mast nach achtern abfließen können, also aerodynamisch sauber sein. Das spricht unter anderem für im Mast laufende Fallen. Auf unseren America's-Cuppern versuchen wir, die Masten so sauber wie nur irgend möglich zu machen — die Fallen-Austritte beispielsweise überkleben wir teilweise mit Tape. Auch die Beschläge am Mast sollten möglichst wenig Windwiderstand bieten.

Das Überarbeiten von Kiel und Ruder

Jetzt haben Sie sich also ein Boot wie eine J 24 oder eine Etchell 22 gekauft und alles perfektioniert. Die Enden sind leicht, der Mast gerade. Kann das Schiff nun die Weltmeisterschaft gewinnen? Möglicherweise nicht, denn die Profile von Kiel und Ruder sind noch nicht überarbeitet, und das kann für die Schiffsleistung kritisch sein.
Wie im Kapitel 4 behandelt, werden Segelprofile durch die größte Tiefe, die Position dieser Tiefe, das Seitenlängenverhältnis usw. beurteilt. Diese Faktoren sind genauso wichtig für Kiel und Ruder.
Verantwortlich für diese Profile sind der Konstrukteur und dann der Bootsbauer. Was der Designer will und die Werft abliefert, können aber zwei völlig unterschiedliche Dinge sein. Außerdem werden nicht alle Boote für das Regattasegeln verkauft, und die Werft spart sich die Arbeitsstunden, die für eine gewissenhafte Überarbeitung von Kiel und Ruder notwendig sind. Außerdem ist

das Arbeiten mit Blei kein Spaß. Es erfordert spezielle Ausrüstung und Kenntnisse, und Sie sollten sich aus Sicherheitsgründen nur damit befassen, wenn Sie wissen, was Sie da tun.

Das Überarbeiten oder Shapen eines Kiels erinnert an den alten Witz über Michelangelo. Nach seinem Geheimnis bei der Herstellung von Marmor-Skulpturen gefragt, antwortete er: „Ich schneide einfach alles weg, das nicht dazugehört."

Zuerst einmal müssen die Unterwasser-Anhänge den Klassenvorschriften entsprechen. Viele Klassen haben Schablonen für die Toleranzen und Ruder, und Kiel oder Schwert müssen da hineinpassen. Einige Klassen lassen einem weniger Spielraum. Beim Starboot beispielsweise kann man mit dem Kiel nicht viel tun; der ist im wesentlichen eine flache Platte.

Andere Klassen sind da viel liberaler. Wenn Sie eine Etchell 22, J 24, einen Soling oder eine Hochseeyacht haben, können Sie den Kiel bis zu einem gewissen Punkt überarbeiten. Konsultieren Sie aber zuerst immer die Klassen- oder Vermessungsvorschriften. Ich beginne mit der schwierigsten und arbeitsintensivsten Methode, weil die den Prozeß am besten beschreibt.

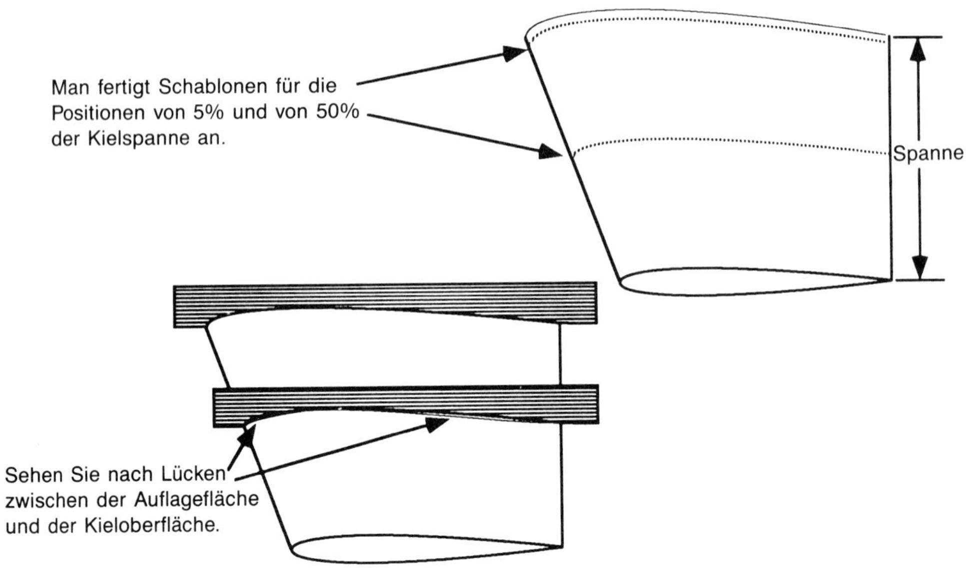

5.12 *Das Nachprofilieren des Kiels.*

Zuerst einmal müssen Sie das optimale Profil für Kiel und Ruder kennen. Dazu vermessen Sie den Kiel auf der Höhe 5 Prozent und 50 Prozent seiner Spanne. An diesen beiden Punkten messen Sie die Dicke des Kiels durch zwei Latten, die parallel zur Schiffsmittellinie angehalten werden. Die maximale Profiltiefe (Dicke) wird durch die Sehnenlänge (das Maß von der Vorder- zur Achterkante in der jeweiligen Höhe) geteilt. Das ist das Tiefenverhältnis. Ein 10 Zentimeter dicker und 100 Zentimeter breiter (Vorderkante-Achterkante) Kiel hat also ein Tiefenverhältnis von 0,1 oder prozentual ausgedrückt zehn Prozent.

Die optimalen Profile — ausgedrückt durch Tiefe, Position der Tiefe, Vorderkante und Hinterkante — für Kiel und Ruder sind die sogenannten NACA-Profile*.

Die finden Sie in einigen Büchern über Yachtbau oder erhalten sie direkt von einem Yacht-Konstrukteur. Mit den entsprechenden Werten aus der Tabelle für die Kieldicke bei 5 und bei 50 Prozent der Spanne von oben gerechnet können Sie Schablonen für diese Stationen sowie für die Vorder- und die Achterkante herstellen.

Dann beginnt der Spaß erst richtig: Per Schablone entdeckte Löcher und Hohlstellen müssen aufgespachtelt, überstehende Punkte weggeschliffen werden. Der Kiel wird sauber auf seiner ganzen Höhe den Schablonen angepaßt und muß symmetrisch werden. Man benutzt daher auch dieselben (umgedrehten) Schablonen auf der anderen Kielseite. Wenn Sie mit dieser Arbeit durch sind, wird der Kiel mit Epoxidharz versiegelt. Während der Arbeiten am Kiel sollten Sie einen Atemschutz tragen. Erkundigen Sie sich nach den Gefahren, die Ihre Materialien mit sich bringen, und sprechen Sie mit Fachleuten über Ihr Vorhaben, bevor Sie sich an den Kiel wagen.

Falls Ihnen diese Arbeiten zu aufwendig sind, können Sie damit eine Bootswerft beauftragen. Auch für die anderen in diesem Kapitel besprochenen Trimmaßnahmen können Sie Profis anheuern. Fragen Sie zum Beispiel Ihren Segelmacher.

* NACA war die Abkürzung für National Advisory Committee for Aeronautics. Die Formen für Oberflächen mit Auftrieb, von der NACA entwickelt und/oder getestet, wurden in der Luftfahrt und dann im Segeln zum Standard. Und die NACA ging schließlich in die US-Weltraumbehörde NASA über.

Die Praxis macht's

Pete Bennett war ein gelernter Segelmacher, und er hat sein gesamtes Leben mit diesem Job verbracht. Ich glaube er begann bei Murphy & Nye. Er arbeitete für Lowell North in San Diego, als ich ihn kennenlernte. Bennett war der beste Segelmacher, den ich je kannte. Er war sogar besser als Lowell North, der erst im Alter von 30 Jahren damit begann.

Bennett war auch ein begnadeter Regattasegler. Im Starboot war er beinahe mit North und Malin Burnham auf einem Level und gewann einzelne Wettfahrten bei den Weltmeisterschaften. Bennett wurde zu meinem persönlichen Segelmacher. Zusammen probierten wir neue Ideen aus. Stunde um Stunde verbrachten wir mit den Tests auf dem Wasser. Bennett testete Segel, weil das sein Leben war. Trotz des Altersunterschiedes waren wir Freunde. Ich brachte in unsere gemeinsame Arbeit mehr eine gute Einstellung als Ideen ein. Ich hatte die Zeit, die Energie und den Enthusiasmus, ihm beim Entwickeln besserer Segel zu helfen.

Mein Gewinn aus dieser Sache war beträchtlich. Ich hatte vor allen anderen die besten Segel. Und ich wußte sie auch zu bedienen. Einige unser Ideen waren extravagant. Bennett bearbeitete zum Beispiel das Achterliek mit dem Heißschneider, anstelle hier wie üblich einen umgeklappten Tuchstreifen aufzunähen. Das verschmolz und versiegelte das Polyester-Tuch und schaffte einen weicheren Abfluß für die anliegende Windströmung. Allerdings verkürzte dies die Lebensdauer des Segels. Nach einiger Zeit löste es sich hinten auf und begann zu flattern. Und eine Liekleine, die das begrenzt, gab es natürlich ohne Achterliekstreifen auch nicht. Ein verantwortungsvoller Segelmacher wird diesen Trick daher nie bei einem bestellten Segel anwenden. Für sich selbst konnte Bennett das aber ausprobieren. Und ich profitierte oft von solchen Experimenten.

Bennett probierte auch verstärkte Achterlieken aus. Die Anzahl der Latten ist in den meisten Klassen begrenzt. Also nähte er zusätzliches Material auf, um dem Achterliek mehr Stabilität zu geben.

Diese Zusammenarbeit brachte mir aber mehr ein als bessere und billigere Segel. Das Ausprobieren und Testen schulte mein Auge für gute Segelprofile und ließ mich an meiner Bootsgeschwindigkeit arbeiten. Durch diese Praxis wurde ich ein besserer Segler. Das Regattasegeln gegen Pete Bennett half ebenfalls dabei. Unsere Zeit auf dem Wasser und mein Profit daraus wurden zur Basis meiner Philosophie „ein Problem zu Tode prügeln“.

Bis zum heutigen Tag liebe ich das Segeln, und damit liebe ich das Testen und Ausprobieren. Für mich gehört beides zusammen. Jack Sutphen, mein langjähriger Sparringspartner im America's Cup, und ich haben immer rund eine Stunde gegeneinander gesegelt, nur um eine Genua gegen eine andere zu testen. Oder wir haben die unterschiedlichen Trimmeinstellungen mit zwei identischen Segeln ausprobiert. Nicht jedermann mag dieses ewige Ausprobieren — es ist aber einer von vielen Schlüsseln zum Erfolg.

Schnelle Einstellungen finden

Wie gesagt sollte alles markiert und kodiert werden, das sich bewegt. Das erlaubt, schnelle Einstellungen zu finden und sie zu wiederholen. Dann probieren Sie Ihre Einstellungen in einer Regatta oder im Training gegen ein anderes Boot aus. Auf der Regattabahn wird man dies natürlich nicht bei einer wichtigen Veranstaltung oder in einer guten Position machen. Wenn Sie aber hinten liegen, die Saison erst beginnt oder die Regatta für Sie unwichtig ist, variieren Sie ruhig Ihre gewohnten Einstellungen. Hat das Erfolg, wird dieser Trimm zum neuen Standard. Basteln Sie jedoch nicht an der Bootsgeschwindigkeit um des Bastelns willen. Wenn Sie aber langsam sind, muß etwas geändert werden. Denken Sie daran, daß hochwertige Segel aus Mylar und Kevlar schrumpfen und knittern und sich damit auch die Einstellungen ändern. Wichtig: Ändern Sie immer nur eine Sache zur Zeit, sonst wissen Sie nachher nicht, welche Maßnahme gut oder schlecht war. Falls Sie ein Dickschiff segeln und keinen Sparringspartner haben, können Sie mit Ihrem Boot gegen die vorhergesagten Bootsgeschwindigkeiten (*Velocity Prediction Program*, VPP) antreten. Die sollte Ihr Konstrukteur haben. Oder Sie sprechen Ihren nationalen Segler-Verband an, der Ihnen möglicherweise die VPPs eines IMS-Schwesterschiffes geben kann. Wenn Ihr Schiff bereits IMS-vermessen ist, finden Sie die Geschwindigkeitsvorgaben in Ihrem Meßbrief.
Segeln gegen Zahlen ist nicht optimal, kann aber helfen.

Der richtige Segeltest

1. Segeln Sie gegen ein möglichst identisches Schiff. Auch die Crews sollten über einen ähnlichen Leistungsstandard verfügen. Ein besserer Steuermann auf einem Boot zum Beispiel macht die Testergebnisse schnell ungültig.
2. Entscheiden Sie, was Sie testen wollen. Beide Crews müssen das wissen.
3. An der Kreuz müssen beide Boote ohne Hindernisse in Luv rund zwei Bootslängen auseinander auf gleicher Höhe liegen. Vor dem Wind gilt derselbe Abstand, und beide Schiffe müssen auch freien Wind haben.
4. Bevor Sie etwas testen, sollten beide Boote normal gegeneinander segeln. Versuchen Sie den Unterschied festzustellen. Wenn ein Boot zum Beispiel eine Bootslänge in vier Minuten gutmacht, benutzen Sie diesen Wert als Korrekturfaktor.
5. Auf einem Boot wird was auch immer ausprobiert. Das andere ändert nichts.
6. Brechen Sie ab, wenn ein Boot deutlich voraus liegt. Denken Sie daran: eine Winddrehung von mehr als zehn Grad richtet jedes Ergebnis zugrunde, und das tut auch ein zu großer Abstand zwischen den Booten.
7. Reden Sie mit der anderen Crew. Wenn beide Crews meinen, daß der Versuch etwas Positives bewirkt hat, wird es wahrscheinlich auch so sein.

KAPITEL 6

Die Crew

Für den America's Cup 1980 wurde ich als Skipper der FREEDOM nominiert. Ich erkannte, daß das entscheidende Stück im Puzzle der Skipper des Trainingsschiffes sein würde, der Sparringspartner. Der beste Weg, um seine Leistung zu steigern, ist, gegen ein anderes Boot im direkten Vergleich zu segeln. Das Problem: Obwohl der Skipper des Sparringspartners im America's Cup extrem wichtig ist, steht er nicht im Rampenlicht.

Ich kannte rund ein halbes Dutzend Segler, von denen ich dachte, sie wären gut in dieser ungeliebten Rolle. Einer war Tom Whidden, ein junger Segelmacher aus Connecticut. Was mich an ihm beeindruckte, war, daß er mit vielen durchschnittlichen Schiffen sehr erfolgreich gewesen war. Ich hatte auch gehört, daß er menschlich in Ordnung und ein Teamplayer sei. Ich war interessiert, weil ich Talent und Loyalität am meisten schätze.

Ich traf Whidden während der Hochseeregatta Southern Ocean Racing Concerence (SORC) in Miami und stellte mich vor. Er hatte keine Zeit und mußte zurück nach Connecticut. Ich fuhr mit ihm zum Flughafen, wollte das Gespräch fortsetzen und flog mit ihm nach Norden. Er war mehr über meine Begleitung verblüfft als über das Angebot. Nach seiner Zusage flog ich zurück nach Florida.

Tom Whidden, mittlerweile Präsident von North Sails, hat sich mit mir durch jeden America's Cup seit 1980 geschlagen. Getreu seiner Fähigkeit, aus allem das Beste zu machen, schaffte Tom 1980 den Weg vom Sparringspartner auf der ENTERPRISE zum Mitsegler auf der FREEDOM, unserem schnellsten Schiff damals. 1983, als wir den Cup verloren, segelte er als Taktiker mit mir auf der

Liberty. 1986/87 fuhr er in derselben Position auf der Stars & Stripes, mit der wir den Pokal zurückholten. Auch 1988 auf dem Katamaran und 1992 im vergangenen America's Cup war er dabei. In all dieser gemeinsam verbrachten Zeit — durch alle Siege und Niederlagen hindurch — wurde er zu meinem besten Freund.

Ich hatte damals gespürt, daß es wichtig ist, Tom Whidden nach Connecticut zu folgen. Ich begleite nicht sehr oft mir unbekannten Menschen in diesen Bundesstaat, aber ich gehe fast überall hin, um die richtigen Leute für mein Vorhaben zu gewinnen. Das richtige Besetzen von Positionen ist eine meiner Stärken.

Abgesehen von Einhandveranstaltungen ist das Yachtsegeln ein Teamsport. Es ist schwierig für einen Skipper, viel besser zu sein als die Leute, die ihn umgeben. „Steuerleute gewinnen eine Wettfahrt, die Crew verliert sie" ist ein gängiges Sprichwort im Segeln. Das unterschreibe ich nicht. Bevor man auf der Regattabahn gewinnt, muß man viel Zeit in die Auswahl der Crew investieren. Bei einer America's Cup-Kampagne sind aus mehreren Hundert Leuten rund sechzehn auszusieben. Bei der großen Anzahl der Interessierten könnte man schnell in Arroganz oder Nachlässigkeit verfallen. Man darf das nicht; die Crewsuche ist wichtig. Der nächste Schritt ist, die rekrutierten Leute auch zu behalten und richtig einzusetzen. Ein großer Teil meines Erfolges gründet sich darauf, daß ich mit diesen Verantwortlichkeiten richtig umgegangen bin.

Nach drei Siegen im America's Cup kann ich die richtigen Leute ohne Probleme für mein Programm gewinnen. Aber auch davor hätte ich einfach Lowell North, den Super-Navigator Ben Mitchell oder Ted Hood zum Mitsegeln eingeladen. Warum nicht gleich oben anfangen? Das Schlimmste ist doch höchstens, daß sie nein sagen.

Meistens sagen sie ja, und durch viele Jas wurde ich erfolgreich. Ich bin ein Verkäufer, und ich benutze das Handwerkszeug dieses Berufs, um eine gute Crew zu bekommen. Man muß sein Programm verkaufen können, ob das nun ein Törn durch das Mittelmeer, die Weltmeisterschaft im Starboot oder der America's Cup ist. Selbst auf das Risiko hin, daß es trivial klingt: Ein bedeutsamer Teil des Lebens ist erfolgreiches Rekrutieren.

Die Positionen auf einer Segelyacht

Die Funktionen auf größeren Segelyachten können einfach bezeichnet werden mit Skipper, Steuermann, Taktiker, Navigator, Großschottrimmer, Vorsegeltrimmer, Vorschiffsmann, Mastmann, Fallenmann und Grinder*.
Diese Reihenfolge der Mitspieler repräsentiert eine allgemein übliche, wenn nicht sogar internationale Hierarchie auf Segelyachten. Auf größeren Yachten wird man für einige Jobs mehrere Personen einsetzen. Auf kleineren Schiffen mit weniger Seglern ist es umgekehrt. Einrichtungen wie Rollgenuas oder -großsegel oder selbstholende Winschen dagegen reduzieren die Anzahl der benötigten Mitsegler.
In den folgenden Beschreibungen der einzelnen Funktionen fehlt der Steuermann, da der im Kapitel 7 behandelt wird. Ich erzähle auch, wie die einzelnen Abläufe und Handlungen zusammengehören, zum Beispiel beim Wenden, Vorsegelwechseln oder —einrollen, beim Reffen mit Smeerreeps oder mit Rollgroßsegeln und beim Spinnakersetzen (Regatta- und Fahrtensegeln), Halsen und Spinnakerbergen.

Der Skipper

Der Skipper ist sozusagen der Geschäftsinhaber. Manchmal steuert er selbst, manchmal läßt er steuern. Ein wichtiges Aufgabengebiet ist die Zusammensetzung der Crew.
Wie gesagt, meine wichtigste Anforderung an ein Crewmitglied ist dessen Einstellung. Ich suche nicht nach den größten, stärksten oder erfahrensten Personen, ich sehe nach denen mit der besten Einstellung. Kann diese Person Befehle annehmen, bricht sie unter Druck nicht zusammen, verpflichtet sie sich komplett und total dem gemeinsamen Vorhaben? Für eine America's Cup-Kampagne sehe ich nach Teamsportlern. Ruderer zum Beispiel sind perfekt. Die starten um vier Uhr morgens in der Kälte und Dunkelheit und rudern bis zum Kollaps — ohne daß ihnen jemand zujubelt.
Ich verlange eine „Verpflichtung gegenüber der Verpflichtung". Das habe ich schon so oft betont, daß es innerhalb wie außerhalb unseres Programms paro-

* Die Seglerinnen unter den Lesern mögen verzeihen, aber andere Bezeichnungen wie zum Beispiel „Vorschiffsperson" klingen einfach furchtbar.

diert wird. In Wahrheit entspricht diese Verpflichtung meinem Naturell. Egal, für wen oder was ich gesegelt habe: Je mehr es zu tun gab, desto fröhlicher war ich. Für mich war das keine Arbeit, es war das ultimative Vergnügen.
Der Skipper plant auch den Tagesablauf. Weiter muß er vor einer Regatta die Segelanweisungen lesen, prüfen, ob das Boot den Vorschriften genügt (also zum Beispiel checken, daß nicht zu viele Segel an Bord sind) und einsatzbereit ist. Das muß er nicht alles selbst erledigen, sondern kann es auch delegieren.

Der Taktiker

Der Taktiker ist Auge und Ohr des Steuermannes. Er sucht — oft in Absprache mit dem Steuermann — den schnellsten Kurs über die Regattabahn, erwägt dabei Gegner, Winddrehungen, Wetterveränderungen, Strom, Abdeckungen und entscheidet, welche Manöver gefahren werden. Er oder sie muß auch die Crew motivieren und bei Laune halten. Der Taktiker muß unter Druck schnelle Entscheidungen fällen und Fehler eingestehen können. Dazu hat er in einigen Manövern mit anzupacken und bedient nicht selten die Backstagen.
1974, während meiner ersten Teilnahme im America's Cup, war ich Taktiker und Startsteuermann auf der COURAGEOUS von Ted Hood (Hood Sails), nachdem ich mit meiner MARINER in den Ausscheidungen unterlegen war. Am 2. September waren COURAGEOUS und der letzte Konkurrent, INTREPID, punktgleich. In dieser letzten Runde der Verteidiger-Ausscheidung hatte jeder den anderen viermal geschlagen, aber über die gesamte Saison gesehen lag INTREPID mit 11:8 Siegen vorn. Und am Ende dieses Tages würde der New York Yacht Club die Verteidigeryacht nominieren. Es blies mit 25 Knoten. Bis dato hatten America's Cup-Yachten noch niemals bei soviel Wind gesegelt, es sei denn ungewollt.
COURAGEOUS hatte die Saison mit Hood Sails begonnen, aber bis zum August immer mehr zu North Sails übergewechselt, was sich gefühlsmäßig als richtig herausstellte. Vor dem Start zu dieser entscheidenden Wettfahrt verlangte nun Hood nach dem Hood- und nicht nach dem North-Großsegel. Das Segel war nicht nur aus seiner eigenen Segelmacherei, sondern auch sieben Jahre alt. Außerdem war es ein Leichtwetter-Großsegel — eine ungewöhnliche Entscheidung, wenn es mit 25 Knoten weht.
Robert McCullough, der Vize-Kommodore des New York Yacht Club, leitete das COURAGEOUS-Syndikat, und er ist ein Mann mit Überzeugungskraft. Als

McCullough das Hood-Großsegel und nicht das von North sah, sprang er sofort an das Funkgerät. Er sagte: „Hier spricht Commodore McCullough. Glaubt ihr nicht, wir sollten das North-Segel setzen?“ Er versuchte ruhig und höflich zu bleiben, obwohl alles auf dem Spiel stand. Ted sagte nur: „Ich muß mir dieses Segel noch ein wenig länger ansehen“. Dreimal versuchte es Mc Cullough mit derselben Bitte. Der letzte Anruf war kein Bitte mehr, es war ein direkter Befehl, das North-Segel zu setzen. Ich gab das weiter an Ted. Der sagte: „Du sagst Bob jetzt, daß ich der Skipper bin und daß wir mit dem starten, was wir jetzt oben haben.“
Hood benutzte nicht nur sein Segel, sondern steuerte auch den Start. Das sollte eigentlich mein Job ein, aber es machte mir nichts aus. Ich fühlte, daß Hood unter diesen Umständen der richtige Mann dafür sein müßte. Er war älter und hatte deutlich mehr Erfahrung mit Zwölfer-Yachten. Als Segelmacher und Segler war Hood festes Bestandteil eines jeden America's Cup seit 1958. Ich dagegen hatte bei diesen Windbedingungen noch nie auf einem Zwölfer gesegelt.
Im Start hielt ich mich zurück. Ich spürte zwar, daß wir etwas spät dran waren, sagte das Ted Hood aber nicht. Wir starteten eine Minute nach dem Schuß, aber auch INTREPID war nicht gerade pünktlich. Ich sagte nichts. Ich war sozusagen neu in dieser Gegend, neu auf diesem Boot und im America's Cup. Und dies war nicht der Moment, mit dem selbstsicheren Hood Befehle zu besprechen. Die Verantwortung lag an diesem schicksalsträchtigen Tag in jeder Beziehung bei ihm.
Dieses Erlebnis zeigt, daß die Fähigkeiten und die Persönlichkeit des Taktikers die des Steuermanns ergänzen muß. Während unserer gemeinsamen Zeit hat Hood nicht alles getan, was ich ihm gesagt habe, aber er konnte viel umsetzen. Er machte mir meinen Job nicht leicht. Hood ist ein so ruhiger, in sich gekehrter Mensch, daß es sehr schwer ist, seine Gedanken zu kennen. Zu diesem Charakter paßt nur ein aktiver, ausdrucksstarker Taktiker.
Ein Taktiker für mich wiederum muß anders sein. Wenn ich einen Plan habe, erzähle ich den der Crew. Wenn ich keinen habe, erkläre ich das ebenso. Wahrscheinlich ist es weniger interessant, bei mir an Bord Taktiker zu sein als bei Ted Hood. Es sei denn, man weiß, wie man mit mir zusammenarbeitet — wie mein langjähriger Taktiker Tom Whidden.
Toms Art, mich zu überzeugen, ist interessant. Wenn ich nicht mit ihm übereinstimme, neige ich zum Weghören. Wenn er nicht mit mir übereinstimmt, versucht er nicht, mich direkt herauszufordern, sondern kommt dann eher auf

Umwegen mit seinem Vorschlag. Zum Beispiel: „John Kolius geht da rüber, John Bertrand auch. Ich glaube, hier verlassen wir gerade das Feld und fahren in die Ecke. Die Jungs in Luv hinter uns haben anscheinend einen Lift und mehr Wind bekommen . . . "

Der Navigator

In der Zeit der modernen elektronischen Navigation mit GPS oder Loran ist die Frage nach dem Standort schnell beantwortet. Der Navigator wird heutzutage mit zusätzlichen Aufgaben betraut und ist stark in die Taktik eingebunden. So kommt es auch nicht selten vor, daß Navigator, Taktiker und Großschottrimmer eine Person sind.

Zurück zu meinem Beispiel, der Wettfahrt COURAGEOUS gegen INTREPID. Die außergewöhnlichste und bedeutsamste taktisch-navigatorische Entscheidung, an die ich mich erinnere, fällte Halsey Herreshoff an jenem windgebeutelten Tag. Wie beschrieben wehte es mit 25 Knoten und mehr, und steile Wellen bescherten uns ekelige Segelbedingungen. Die Sichtweite betrug eine halbe Seemeile.

Wir verließen die Startlinie zu Luv, aber hinter der INTREPID. Beide Schiffe segelten auf Backbordbug weiter. INTREPID fuhr schneller. Als Taktiker mußte ich sagen, ob wir aufschlossen oder Distanz verloren. Ich war mir sicher, daß INTREPID nach einer Wende vor uns liegen würde. Der einzige Weg, den Gegner auf dem Weg zur Luvtonne zu schlagen, war, ihn zum Überstehen zu zwingen (diese taktische Maßnahme wird im Kapitel 10 behandelt). Immer wieder fragte ich Halsey nach der Distanz zur Layline, dem Punkt, von dem aus die Tonne direkt zu erreichen wäre. Nur unter Verrechnung von Zeit und Distanz plus einem Gefühl für die Abdrift — ein laufendes Mitkoppeln im Kopf — sagte er dauernd die verbleibende Zeit an. Schließlich rief er euphorisch aus: „Wir sind da" — ich betete darum, daß er recht habe. Falls er sich irren würde — falls wir vor der Layline wenden würden —, wäre unsere Regattasaison beendet.

Halsey war extrem zuversichtlich und gab diese Sicherheit an mich weiter. Nachdem wir zwei Minuten hinter die Layline gesegelt waren, empfahl ich Hood zu wenden. Wir taten es. Fast zeitgleich ging INTREPID mit rum. Wir segelten 15 weitere Minuten auf dem anderen Bug, bis wir die Tonne in Lee voraus ausmachen konnten. Wir fierten die Schoten auf, und INTREPID mußte noch weiter abfallen. An der Tonne hatten wir unseren Rückstand von 15 Sekunden in eine Führung von 45 Sekunden umgewandelt.

Der Großschottrimmer

Wie in dem vorhergehenden Kapitel beschrieben, beeinflußt das Großsegel das Steuern und die Geschwindigkeit. Es gibt neun Vorrichtungen, die das Großsegel formen, und viele dieser Maßnahmen überschneiden sich. Außerdem beeinflussen sich Großsegel und Genua untereinander. Am wichtigsten ist dabei, daß das Großsegel die Genua in mehr und raumer einfallendem Wind segeln läßt. Das Vorsegel bewirkt, daß das Großsegel in weniger und spitzerem Wind segelt*.

Also muß der Großschottrimmer beide Segel als einen durchgehenden Flügel betrachten und behandeln und nicht als zwei unabhängige einzelne Flügel oder als Doppeldecker sehen.

Der Großschottrimmer muß das künstlerische Auge eines Bildhauers haben. Nicht jeder kann richtig dreidimensional sehen, und noch weniger Menschen können sich an dreidimensionale Formen erinnern (Zu diesen Problemen siehe auch Kapitel 4, Entwicklung des Computers der NEW ZEALAND). Der Großschottrimmer muß sich daran erinnern können, welche Form unter welchen Bedingungen schnell war, und diese dann mit seinen Werkzeugen wie Cunningham, Mastbiegung und Schotspannung exakt wieder herstellen können. All dies macht deutlich, daß es sich bei seinem Job um eine der wichtigsten Funktionen an Bord handelt. Oft ist der Großschottrimmer wichtiger als Navigator oder Taktiker. Wie ich in diesem Buch bereits geschrieben habe: ich bin lieber schnell als schlau.

Da die Mastbiegung so wichtig für die Form der beiden Amwindsegel ist, erstreckt sich die Verantwortlichkeit des Großschottrimmers logischerweise auch auf diesen Bereich. Mit den komplexer gewordenen Riggs sind daher die Anforderungen an den Großschottrimmer gestiegen.

---

* Um diese wechselseitige Beziehung deutlich zu machen, trimmen Sie zunächst beide Segel korrekt für einen Kreuzkurs. Dann nehmen Sie die Genua zu dicht (Achtung vor Schäden durch die Salinge); das Großsegel wird im Vorliek anfangen zu flattern.

Der Vorsegeltrimmer

Er fährt die Genua und normalerweise auch den Spinnaker. Die Feineinstellung der Genua oder der Fock erfolgt vor dem Trimmen des Großsegels (siehe Kapitel 4). Bei der Genua ist die Vorstagsspannung das primäre Werkzeug für die Kontrolle der Profiltiefe — besonders bei dehnungsarmen Segeln aus Mylar und Kevlar. Die Form eines Großsegels kann zusätzlich zur Mastbiegung durch Unterliekstrecker, Flachreff und Vorliekstrecker (Cunningham) beeinflußt werden. Also sollte dem Vorsegeltrimmer das erste Wort zur Mastbiegung gehören, da dieses Trimmwerkzeug für ihn von primärer Wichtigkeit ist. Die Mastbiegung ist für den Großsegeltrimmer nur von sekundärer Bedeutung; er sollte daher die Mastbiegung nicht nur für das Großsegel benutzen. Anders ausgedrückt: Der Vorsegeltrimmer ist ein Spezialist, der hauptsächlich an seinem Segel interessiert ist. Der Großschottrimmer ist ein Generalist, der an Groß- und Vorsegel interessiert ist. Auf vielen Booten werden aber auch beide Positionen mit einer Person besetzt.

Windfäden sind die wichtigsten Hilfsmittel des Vorsegeltrimmers. Auf größeren und aufwendiger ausgestattete Schiffen sind *target boat speeds* (zu erreichende Schiffsgeschwindigkeiten, siehe nächstes Kapitel) zusätzliche oder weiterführende Hilfen für den richtigen Trimm des Segels.

Auf größeren Yachten, auf denen man zwischen verschieden schweren und großen Segeln wählen kann, sollte der Vorsegeltrimmer wissen, für welchen Windbereich (Windgeschwindigkeit und Einfallswinkel) ein Segel geeignet ist. Wenn sich die Bedingungen ändern und das Segel langsam diesen Bereich verläßt, trimmt das Crewmitglied um oder schlägt einen Segelwechsel vor. Saubere und vor allem schnelle Wenden sind eine Hauptaufgabe des Vorsegeltrimmers.

Der Vorschiffsmann

In einer perfekten Segelwelt würde der Vorschiffsmann die Körpergröße von Basketballspieler Magic Johnson, die Kraft von Bodybuilder Arnold Schwarzenegger und die Beweglichkeit und das geringe Gewicht der Turnerin Nadia Comaneci in sich vereinen. Der Vorschiffsmann muß außerdem perfekt koordinieren können und absolut resistent gegen jedes Wetter dieser Erde sein. Und

er muß sich auf seinem kleinen dreieckigen Arbeitsplatz, dem Vorschiff, in jedem Durcheinander durch Wind, Wellen und Manöver halten können.
Der Vorschiffsmann ist die wichtigste Person bei Vorsegelwechseln und Spinnakerhalsen. Beim Start steht er am Bug und gibt per Handzeichen nach hinten durch, wie weit die Startlinie entfernt ist. Das kann ein kritischer Punkt sein, auf einer Yacht der International America's Cup Class zum Beispiel ist der Steuermann fast 20 Meter vom Bug entfernt.
Wenn im Rigg etwas beschädigt ist, muß der Vorschiffsmann, meist einer der leichtesten Mitsegler, nach oben. Den heroischsten Luft-Akt erlebte ich kurz vor dem Start zur fünften Wettfahrt im America's Cup 1983. Mit der LIBERTY führten wir gegenüber der AUSTRALIA II mit 3:1 Siegen; uns fehlte nur noch ein einziger weiterer Triumph. Der Wind wehte mit rund 18 Knoten, aber die Wellen waren deutlich höher als sonst bei dieser Windgeschwindigkeit. Während wir uns wie üblich vor dem Start verschiedene Vorsegel ansahen, pumpte unser Großschottrimmer John Marshall den Hydraulikzylinder auf, der die Mastbiegung im oberen Bereich kontrolliert. Marshall war etwas durcheinander und öffnete das falsche Ventil, er pumpte nicht den Zylinder auf der luvwärtigen Seite, sondern den in Lee auf. Nichts veränderte sich, also pumpte er munter weiter. Ich wendete das Boot. Als sich das Segel auf der anderen Seite füllte, brach der erst jetzt belastete, überforderte Hydraulikzylinder.
Wir zogen unseren Vorschiffsmann Scott Vogel und Tom Rich zum Masttopp hoch. Weder auf der LIBERTY noch auf unserem Tender hatten wir ein Ersatzteil dabei. Also mußte unser schnelles Motorboot zurück zum Stützpunkt, um eines zu holen. 100 Fuß über Deck wurden Scott und Tom wie wild durcheinandergeschüttelt und gegen den Mast geschleudert. Der einzige Kurs, der einigermaßen nett zu ihnen gewesen wäre, war vor dem Wind, aber das hätte uns mit neun Knoten Geschwindigkeit von der Linie und vom Start dieser Wettfahrt weggeführt.
Wir entschieden uns dennoch für einen Vormwindkurs. Um abzubremsen, holten wir das Großsegel dicht und stellten die Trimmklappe (ein zweites Ruderblatt an der Kiel-Achterkante) in die eine und das Ruderblatt in die andere Richtung. Das machte noch das Beste aus der sehr schlimmen Situation. Um die Dinge noch weiter zu komplizieren, war das inzwischen eingetroffene Ersatzteil einige Zentimeter länger als das Original.
An den widerwärtig in der Luft kreisenden Masttopp geklammert, verbrachten Vogel und Rich 45 Minuten mit der Montage des Beschlages. Sie schafften es, obwohl sie genug damit zu tun hatten sich festzuhalten; zudem ist so eine Repa-

ratur selbst im ruhigen Hafen nicht einfach. Dazu der Druck einer immer näher rückenden und entscheidenden Wettfahrt. Wir schafften es, Augenblicke vor dem Zehn-Minuten-Schuß an der Startlinie zu sein. Als wir auf die AUSTRALIA II trafen, hatten wir noch nicht einmal ein Vorsegel oben. John Bertrand, der australische Skipper, verwickelte uns sofort in ein Duell. Das werfe ich ihm nicht vor; ich hätte mit einem geschwächten Gegner genau dasselbe getan. Eine Niederlage mehr für AUSTRALIA II, und die bis dahin so erfolgreiche Saison wäre für sie zuende gewesen.
Als wir damit kämpften, das Vorsegel zu setzen, während wir uns mit dem Gegner auf einem Vormwindkurs beharkten, riß der Vorliekssstreifen ein. Die Crew reagierte schnell und konnte ein anderes Segel setzen. Ich schaffte es, Bertrand über das leewärtige Ende der Startlinie zu jagen. Er war zwei Sekunden zu früh, und bis er wieder neu gestartet war, führten wir deutlich mit 37 Sekunden Vorsprung. Nur vier Minuten nach dem Start brach der überlange Hydraulikzylinder, der Mast hing durch. AUSTRALIA II überholte uns, führte an der Luvtonne mit 23 Sekunden Vorsprung und gewann die Wettfahrt mit 47 Sekunden.
Das Erlebnis war der am frustrierendste Moment in meiner Segelkarriere, tatsächlich auch meines Lebens. Ich habe immer noch „Wenn das nicht geschehen wäre, dann . . . "-Träume aus dieser Wettfahrt. Der gebrochene Hydraulikzylinder war der erste erwähnenswerte Schaden in diesem Sommer.

Der Mastmann

Der Mastmann packt die benötigten Segel, bringt sie an Deck und arbeitet dem Vorschiffsmann zu. Die Hauptaufgabe des Mastmannes ist, die Fallen am Mast hochzuziehen. Körpergröße für mehr Hub ist wichtig: Wenn Sie knapp zwei Meter groß sind und eine Armlänge von eineinhalb Metern haben, können Sie etwa zwei Meter Fall in einem Zug wegreißen. Das bedeutet, daß Sie nur acht Züge brauchen, um ein Segel mit einer Vorliekslänge von 17 Metern zu setzen. Wenn Sie dagegen nur 1,70 Meter groß sind, dürften Sie zehn und mehr Züge benötigen.
Zusätzlich zur benötigten Körpergröße und „Spannweite" muß dieses Crewmitglied ein Segel ohne Winsch vorheißen können. Was man aber nicht tun sollte; ein nicht über die Winsch gesichertes Fall ist gefährlich.
Größe und Kraft sind auch für die andere Hälfte dieses Jobs wichtig. Der Mast-

mann muß die großen und meist trotz Kevlar und Mylar schweren Vorsegel und auch Spinnaker und Stagsegel unter Deck zusammenpacken und an Deck bringen können. Die Genua einer Maxiyacht kann um die 50 Kilogramm wiegen, wenn sie naß ist. Die richtige Person für den beschriebenen Job muß außerdem über einen kräftigen Magen verfügen; nicht jeder arbeitet gerne bei Wind unter Deck.
Wichtig ist auch, das gesamte Segelinventar genau zu kennen und vorausdenken zu können. „Welche Segel könnten als nächste gebraucht werden, und wo liegen sie?“ ist einer der Standardgedanken. Wenn das von oben gewünschte Segel unter zehn anderen liegt, addiert sich die Zeit für das Auffinden und Herauswühlen zum Herausreichen. Wir haben einerseits herausgefunden, daß gerade dieses Suchen, Finden und Herausgeben des Segels in einem Segelwechsel die meiste Zeit verschlingt, andererseits, daß gerade hier am meisten Zeit gespart werden kann.
Diese Unterdecksarbeiten werden auf vielen Booten auch vom Fallenmann ausgeübt.

Der Fallenmann

Auf einem America's Cup-Boot sind die Fallen wie früher auf einem Zwölfer ein separater Arbeitsbereich. Hier arbeitet der Fallenmann kurz hinter dem Mast in einem eigenen kleinen Cockpit, dem Pit (daher der englischsprachige Ausdruck *Pitman*). Er oder sie setzt Segel und läßt sie wieder an Deck. Zur Arbeit gehört auch das An- und Abtoppen des Spinnakerbaumes, zum Beispiel in einer Halse. Aus seiner Position hinter dem Mast beobachtet der Fallenmann auch dessen Biegung.

Die Grinder

Die schwere Arbeit wird auf größeren Segelyacht durch die Grinder, die Kurbler, erledigt. Ihre Größe, Kraft, Ausdauer und ihre Koordinationsfähigkeit ist elementar wichtig. Die Grinder bewegen die Winschen, von denen die Trimmer ihre Schoten abziehen. Auf kleineren Booten kurbeln die Trimmer oft selbst.

Basis-Manöver

Wir haben die Einzelpositionen einer Segelcrew besprochen, jetzt geht es um ihr Zusammenspiel auf einer Fahrten- oder Regattayacht in den grundlegenden Manövern. Das sind: Wenden, Segelwechsel (auf einem Bug oder mit einer Wende), Rollreffen, Reffen mit dem Smeerreep, Reffen mit dem Stoway-Mast und ähnlichen Masten, Reffen mit dem Stoboom und ähnlichen Bäumen, das Packen, Setzen, Halsen und Bergen des Spinnakers.

Wenden

Obwohl das Wenden zur Grundlage des Segelns gehört, machen sich nur wenige Segler wirklich Gedanken über dieses Manöver. Dabei kann der Unterschied zwischen guten und schlechten Wenden eine Wettfahrt entscheiden; falls Sie Ihren Gegner sozusagen auswenden können, ist das eine ebenso offensive Waffe wie ein besseres Großsegel.
In der dritten Wettfahrt des Herausforderer-Finales in Perth am 16. Januar 1987 führten wir an der ersten Tonne mit 27 Sekunden vor KIWI MAGIC. Doch dann befestigte unser Mastmann den Schnappschäkel des Falls nicht richtig, das Segel fiel ins Wasser, und die Neuseeländer lagen an der nächsten Tonne vor uns. Auf der abschließenden 3,25 Seemeilen langen Kreuz wendeten wir 55mal — ein Rekord in den America's Cup-Ausscheidungen — und hofften, daß den gezwungenermaßen mitwendenden Gegnern ein mechanischer oder menschlicher Fehler unterlaufen würde. An diesem Tag wendeten die Kiwis aber genauso gut wie wir und gewannen die Regatta.
Sie leisteten sich keinen taktischen Patzer, nichts klemmte, keine Schot verhakte sich, und so gewannen sie die Wettfahrt.
Ich glaube daran, daß man beim Wenden wie auch bei anderen komplexen Manövern Vorstellungsvermögen benötigt. Ich versuche deshalb, meinen Mitseglern einzutrichtern, daß sie eine perfekte Wende oder Halse auch denken, daß sie ihren eigenen Job, den der anderen und das Zusammenspiel dieser Dinge im Kopf haben.

Richtiges Wenden funktioniert so:

1. Zuerst bringt der Steuermann das Boot auf Geschwindigkeit. Falls man eine per Computer vorgegebene Zielgeschwindigkeit (*target boat speed*, siehe nächstes Kapitel) benutzt, sollte man möglichst mit der Wende warten, bis diese erreicht ist.
2. Der Genuatrimmer klariert die belastete Genuaschot, damit sie sich während des Manövers nirgendwo im Cockpit verhaken kann. Mit Dreigangwinschen muß man sicherstellen, daß auf der Luvwinsch der erste Gang eingelegt ist. Legen Sie in Luv mit der Genuaschot mehrere Törns um die Winsch — nicht zu viele, das kann Überläufer erzeugen, und nicht zu wenige, das hält eventuell nicht unter Last. Bei Leichtwind sind weniger Törns notwendig; man sollte dies alles ausprobieren. Ziehen Sie soweit wie möglich die Lose aus der noch unbelasteten Genuaschot in Luv und aus dem leewärtigen Backstag.
3. Beschleunigen Sie in der Wende, indem der Großschottrimmer den Traveller weiter nach Luv zieht, was den Anstellwinkel vergrößert (siehe Zeichnung 4.12).
4. Der Genuatrimmer sollte die Schot möglichst schnell und kurz bevor das Genua-Vorliek einfällt, loswerfen. Das präzise getimte Loswerfen erfordert Übung sowie ein Gefühl für die Drehgeschwindigkeit und den Winkel des Bugs zum Wind.
5. Unterstützen Sie die Genua auf ihrem Weg durch das Vorsegeldreieck. Auf Booten über 45 Fuß Länge hilft eine Wende-Leine (*tacking line*). Diese Leine ist in eine Kausch (die ungefähr in der Mitte des Unterlieks eingeschlagen wurde) geknotet, läuft nach vorn und wird durch einen Block nach hinten umgelenkt. Der Spinnakerbaum-Niederholer kann auch als Wende-Leine fungieren. Der Mast- oder Fallenmann (in der Wende ansonsten arbeitslos) nimmt die Leine dicht, sobald die Genuaschot gelöst wird. Dadurch rafft er das Segel zusammen, das, so verkleinert, besser vom Mast freikommt. Die Leine wird losgelassen, sobald sich das Segel auf der neuen Leeseite frei entfalten kann.
6. Auf einem kleineren Boot wird die Geschwindigkeit der Wende allein vom Steuermann kontrolliert. Der Steuermann sollte die Wende langsam beginnen und zügig das Schiff weiterdrehen, sobald der Bug in den Wind geht. Auf einem größeren Boot sollte man sich etwas mehr Zeit nehmen. Nutzen Sie das Trägheitsmoment, um in der Mitte der Wende noch etwas Weg nach Luv direkt in den Wind mitzunehmen. Wenn der Baum beginnt, die

Seite zu wechseln, kurbeln Sie das Leebackstag (das neue Luvbackstag) dicht und lösen das alte Luvbackstag.

7. Die Crewmitglieder an den Winden sollten nichts anderes machen, als konzentriert drehen, und nur der Segeltrimmer bestimmt, wann es genug ist. Es hilft, wenn der Vorschiffs- oder der Mastmann das Schothorn der noch nicht voll stehenden Genua greift und damit in Lee nach achtern läuft. Während die Last auf den Winschen steigt, schalten die kurbelnden Mitsegler ihre Gänge bis in den kleinsten durch.
8. Der Vorschiffs- oder der Mastmann hebt die Schürze (der herüberhängende Teil des Segels im unteren Bereich) über die Seereling nach innen.
9. Der Großschottrimmer fiert den Traveller, während die Genua dichter genommen wird.
10. Während die Bootsgeschwindigkeit ansteigt, nimmt der Genuatrimmer langsam die letzten Zentimeter seiner Schot dichter. Er prüft dabei, ob das Achterliek maximal lose ist, ohne dabei zu flattern und korrigiert ggf. mit der Achterlieksleine. Der Steuermann, der für einen schnelleren Geschwindigkeitzuwachs noch nicht die volle Höhe gesteuert hat, geht langsam auf den richtigen Kurs.
11. Der Großschottrimmer zieht den Travellerschlitten nach Luv in die korrekte Position.
12. Die Cockpit-Crew bereitet die unbelastete Luvwinsch für die nächste Wende vor.

Außer bei Leichtwind gilt: Alle Crewmitglieder, die während einer Wende nicht ins Manöver eingebunden sind oder die ihre Aufgabe erledigt haben, setzen sich sofort auf die Luvkante.

Rollwenden

Dieses Manöver wird besonders bei kleineren Schiffen angewendet. Dabei unterstützt das Körpergewicht der Crew die Wirkung des Ruders. Rollwenden sind auf größeren Yachten wie zum Beispiel America's-Cuppern kaum angemessen, da das Crewgewicht weniger Einfluß auf die Krängung nehmen kann.

Rollwenden funktionieren folgendermaßen:

1. Das Boot segelt zum Beispiel auf Steuerbordbug, die Crew sitzt auf der

Backbordkante, also in Luv. Das Boot wird mit dem Ruder in den Wind gesteuert, während die Crew auf ihrer Position verharrt.

2. Sobald der Bug in den Wind zeigt, hängt sich die Crew immer noch auf der Backbordseite extrem nach draußen und krängt das Boot nach Backbord. Das Boot wird in diesem Beispiel nach Backbord gerollt.
3. Kurz bevor die Crew das Wasser berührt, klettern die Mitsegler auf die andere Seite und richten das Boot durch extremes Heraushängen wieder auf.

Die Regel 54.3 der Internationalen Wettsegelbestimmungen (IWB) des Weltseglerverbandes International Yacht Racing Union (IYRU) verhindert allzu große Vorteile durch Rollwenden. Rollwenden sind erlaubt, wenn man nicht schneller aus der Wende herauskommt, als man in sie hineingefahren ist.

Vorsegelwechsel

Auf kleineren Schiffen ist es üblich, das Vorsegel mit Stagreitern am Vorstag zu fahren. Die meisten größeren Fahrtenyachten sind heutzutage mit Rollreffanlagen ausgestattet. Große Regattaschiffe fahren ein Profilvorstag mit zwei Nuten für das Wechseln von Vorsegeln. Der Vorteil dieses Systems ist bekannt; das Boot segelt auch während des Wechselmanövers nie ohne Vorsegel — was mit Stagreitern an nur einem Vorstag nicht möglich ist.
Für das Ineinanderwechseln von Vorsegeln am Profilvorstag gibt es zwei Methoden: das Wechseln in der Wende (hier hat sich auch im deutschsprachigen Raum der Ausdruck *tack change* etabliert) oder das Wechseln der Segel in Lee auf einem Bug. Ein tack change ist einfacher, da das „alte", auszuwechselnde Segel vor der Wende das „neue" Segel kontrolliert und nach der Wende das „alte" Segel sicher in Luv auf dem „neuen" Segel an Deck gleiten kann. Taktische Bedingungen oder die Tatsache, daß sich das auszuwechselnde Segel in der luvwärtigen Nut befindet, können einen tack change nicht wünschenswert oder unmöglich machen.
Bevor ich die beiden Methoden im Detail beschreibe, noch einige Anmerkungen. Wenn die nächste Bahnmarke nicht mehr fern ist, sollte man sich einen Vorsegelwechsel gut (aber nicht lange) überlegen. Ich habe schon einem Wechsel in der Nähe der Tonne widerstanden, obwohl das Segel teilweise eingerissen war. Ich wette, daß ein Vorsegelwechsel mehr Geschwindigkeit kosten kann als ein beschädigtes Segel. Und ich wette außerdem, daß sich so schnell ein Segel

nicht völlig selbst zerstört. Solche Wetten habe ich schon bei vielen Gelegenheiten gewonnen.
Man kann ein Segel unterhalb seines Einsatzbereiches bei zuwenig Wind zum Arbeiten bringen, auch wenn das nicht optimal ist. Sie können das Backstag (oder auf Toppriggern das Achterstag) fieren und so durch mehr Durchhang das Segel für weniger Wind tiefer formen. Sie können den Holepunkt nach vorn fahren und so den Twist (Verwindung) verringern (siehe auch Zeichnung 4.14).
Weht dagegen zuviel Wind für das Vorsegel, fieren Sie die Schot und legen den Holepunkt weiter nach außen und hinten — die Genua wird geöffnet, kann Druck ablassen und wirft weniger Abwinde in das Großsegel.
So läuft der tack change ab:

1. Der Genuatrimmer, der Steuermann oder eine andere kompetente Person entscheidet einen Vorsegelwechsel und wählt nach Wind- und Wellenbedingungen das neue zu setzende Segel aus.
2. Der Fallen- oder der Mastmann bringt das neue Segel an Deck, das in einem länglichen Sack zusammengelegt ist.
3. Der Fallenmann legt das noch belastete Genuafall klar zum Bergen.
4. Der Vorschiffsmann und wenn nötig der Mastmann schaffen das neue Segel nach vorne. Der Vorschiffsmann befestigt den Hals des Segels und führt das Vorliek durch den Vorfädler in die Profilnut ein. Dabei kann es helfen, wenn er ein Messer dabeihat, um ein eventuell ausgefranstes Vorliek gängig zu machen.
5. Der Mastmann löst die luvseitige (unbelastete) Genuaschot vom noch gesetzten Vorsegel und schlägt sie am Schothorn des neuen Segels an.
6. Der Segeltrimmer bringt den luvseitigen (noch unbelasteten) Genuaschotholepunkt auf die richtige Position für das neue Segel. Die sollte auf dem Schothorn des Segels markiert sein (siehe Kapitel 5).
7. Der Vorschiffsmann prüft mit einem Blick nach oben, ob das Fall richtig läuft und schlägt es am Kopf des neuen Segels an.
8. Mast- und Vorschiffsmann sollten sich nochmal vergewissern, ob der Segelwechsel weiterhin gewünscht wird.
9. Auf Befehl setzt der Mastmann das Segel. Er zieht dabei Hand über Hand, bis das nicht mehr geht, während der Fallenmann die Lose aus dem Fall zieht. Dann zieht der Mastmann das Fall vom Mast weg zu sich heran und gibt es wieder frei — der Fallenmann zieht weiter die Lose heraus. Dieser Vorgang wird wiederholt, bis die Reibung so groß wird, daß das Segel hochgekurbelt werden muß.

10. Sobald das Segel gesetzt ist, leitet der Steuermann die Wende ein.
11. Der Genuatrimmer wirft die Genuaschot los.
12. Der andere Genuatrimmer nimmt die neue Genuaschot dicht.
13. In der Wende wird das Fall des alten, zu bergenden Segels komplett losgeworfen.
14. Vorschiffs- und Mastmann ziehen das Segel an Deck und stellen sicher, daß es nicht über Bord geht. Es bleibt für kurze Zeit auf dem Vordeck liegen.
15. Nach zwei Minuten prüft der Steuermann, ob das Boot schneller geworden ist und der Segelwechsel etwas gebracht hat. Falls das Boot kein Speedometer hat, muß das intuitiv geschehen. Vergleichen Sie Ihre Geschwindigkeit immer auch mit der Ihrer Gegner.
16. Die luvwärtige Schot wird von dem alten Segel gelöst und an dem neuen befestigt.
17. Im Cockpit wird der luvwärtige Holepunkt dem leewärtigen angepaßt.
18. Vorschiffs- und Mast- oder Fallenmann falten das Segel zusammen und stauen es möglichst bereits in seinen Sack. Das freigewordene Fall wird mit einem Blick nach oben überprüft und eventuell klariert.

Der Segelwechsel in Lee läuft so ab:

1. Der Segelwechsel wird beschlossen und das neue Segel ausgesucht.
2. Der Fallenmann bringt das neue Segel an Deck.
3. Der Fallenmann legt das belastete Fall klar zum Bergen.
4. Der Mast- oder der Fallenmann bringt das noch unbenutzte zweite Genuafall auf die Leeseite der stehenden Genua. Falls die Genua ein Cunningham (Vorliekstrecker) hat, wird das dichtgenommen und der Hals des noch gesetzten Segels gelöst. Das macht es einfacher, das neue Vorsegel unter dem alten nach Lee zu stopfen.
5. Der Vorschiffsmann trägt die Genua nach vorn, befestigt den Hals und führt das Vorliek durch den Vorfädler und in die leeseitige Nut des Profilvorstags ein.
6. Nach doppeltem Check, daß das Fall richtig läuft, schlägt es der Vorschiffsmann am Segel an.
7. Die luvwärtige oder eine dritte Genuaschot wird am zu setzenden Segel befestigt. Die Trimmer justieren die Holepunkte in Luv und Lee für das neue Segel.
8. Die Vorschiffscrew hält noch mal Rücksprache mit der Schiffsführung.

9. Auf Kommando setzen Mast- und Fallenmann das Segel.
10. Die neue Genuaschot wird dichtgenommen.
11. Der Fallenmann fiert das alte Fall, und der Vorschiffsmann birgt das Segel.
12. Nach zwei Minuten prüft der Steuermann die Bootsgeschwindigkeit.
13. Ein freies Crewmitglied befestigt die luvwärtige Genuaschot am Segel.
14. Das geborgene Segel wird an Deck gefaltet und möglichst in den Sack gestaut. Das frei gewordene Fall wird am Mast angeschlagen, durchgesetzt und für den nächsten Segelwechsel klargelegt.

Rollreffen mit dem Vorsegel

Rollreffgenuas haben viele Vorteile: einfachere Handhabung, geringere Kosten (man benötigt weniger Vorsegel), und sie benötigen keinen Stauraum. Außerdem muß niemand im Reffmanöver auf das Vorschiff.

Diese Tips können hilfreich sein:

1. Vor dem Reffen sollte man das Vorstag durchsetzen, indem das Achterstag (oder auf 7/8-geriggten Schiffen das Backstag) dichtgenommen wird. Dadurch wird das Vorsegel flacher. Das ist besonders wichtig, wenn Ihr Vorsegel nicht durch eingenähten Schaumstoff oder andere Vorrichtungen beim Eindrehen automatisch abgeflacht wird. Außerdem dreht sich das Segel mit einem steifen, möglichst wenig durchhängenden Vorstag leichter ein.
2. Reffen Sie nicht zuviel. Zuwenig Segelfläche kann genauso unangenehm werden wie zuviel, und das Boot läßt sich schlecht steuern. Mit einer Rollreffanlage verkleinert man schnell zu stark, da beim Eindrehen vom Unter- wie vom Achterliek des Segels Fläche reduziert wird. Zur besseren Einschätzung helfen gleichmäßig abgestufte Markierungen (zum Beispiel alle 50 Zentimeter ein Strich mit einem wasserfesten Filzstift) am Unterliek. Noch besser ist es, an diesen Marken selbstklebendes Segeltuch aufzudoppeln. Gereffte Segel werden stark beansprucht, und solche Dopplungen können helfen, die Last zu verteilen. Sinnvoll sind auch farbige Marken. Die kann man dann mit entsprechenden Markierungen für die Genuaholepunkte (siehe Punkt 4) auf der Schiene in Übereinstimmung bringen.
3. Die Schot wird so weit gefiert, daß das Segel gerade nicht im Wind schlägt und einfach auf die gewünschte Größe eingerollt werden kann. Während das

Segel beim Einrollen kleiner wird, muß auch die Schot kontinuierlich mitgefiert werden. Die Schotspannung und der Winddruck reduzieren die Falten im Vorliek des Segels.

4. Der Holepunkt muß beim Einreffen des Segels auf der Schiene nach vorn und beim Ausreffen nach hinten gefahren werden (siehe auch Kapitel 4).
5. Eine Yacht sollte nie mehr als 20 bis 30 Grad krängen. Sonst liegt der Kiel zu schräg, um effektiv zu arbeiten, und das Segeln wird zu unkomfortabel. Falls das Reffen der Genua das Boot nicht genügend entlastet, muß die Großsegelfläche verkleinert werden.
6. Falls Ihr Schiff nach dem Reffen von Groß- und Vorsegel immer noch zuviel Lage schiebt, setzen Sie eine Sturmfock oder ein Schwerwetter-Stagsegel an einem zusätzlichen Vorstag, das erst jetzt angebracht wird. Dann wird das Vorsegel komplett eingerollt oder geborgen. Eine Sturm- oder eine kleine Stagfock reduziert nicht nur die Vorsegelfläche, sondern bringt auch den Segelschwerpunkt weiter nach achtern, da das Sturmsegel hinter dem Vorstag gesetzt wird (siehe Zeichnung 7.1). Das wiederum wirkt einer möglichen Leegierigkeit des Bootes entgegen.

Das Reffen

Bei mehr als 20 bis 30 Grad Schräglage verschlechtern sich die Segeleigenschaften. Geschwindigkeit ist aber nicht alles; viele Fahrtensegler bevorzugen für mehr Komfort und ein beruhigendes Gefühl weniger Lage. Nimmt der Wind zu, sollte man zunächst den Segeltrimm den neuen Bedingungen anpassen. Groß- und Vorsegel sollten so flach wie möglich getrimmt und dabei die größten Profiltiefen (Bauch) nach vorne verschoben werden. Außerdem wird der Genuaschot-Holepunkt nach achtern verlegt (siehe Kapitel 4), um die Verwindung (Twist) des Segels zu vergrößern, und möglichst auch nach außen verschoben. Ein guter Segeltrimm bei Wind reduziert nicht nur die Krängung, sondern erhöht auch die Bootsgeschwindigkeit und macht die Schiffsbewegungen angenehmer.

Irgendwann wird das Reffen natürlich notwendig. Die erste Frage dabei ist, welches Segel zuerst zu verkleinern ist. Meistens ist es richtig, mit dem Vorsegel zu beginnen. Ein Reff im Großsegel verschiebt den Segelschwerpunkt nach vorne. Das kann die Balance des Segelplanes so weit aus dem Gleichgewicht bringen, daß der Bug die Tendenz hat, nach Lee zu setzen. Das Schiff wird

leegierig. Dieses Phänomen kann so stark werden, daß Kreuzen nahezu unmöglich ist.
Die übliche 150-Prozent-Genua repräsentiert auf einem toppgetakelten Schiff rund 65 Prozent der gesamten Segelfläche. Ein Wechsel von der Genua I (150 Prozent) auf die Genua II (rund 130 Prozent) schlägt mit einer Reduzierung der Gesamtsegelfläche von 9 Prozent zu Buche. Ein Reff — normalerweise macht das 20 Prozent der Großsegelfläche aus — bedeutet dagegen eine Verkleinerung der Gesamtsegelfläche um nur 7 Prozent.
Welches Segel zuerst gerefft wird, ist auch eine Frage der Takelung. Normalerweise wird das sehr großflächige Großsegel eines 7/8-getakelten Schiffes früher verkleinert. Auf einem toppgetakelten Schiff dagegen wird das kleinere Großsegel eher später verkürzt.
Aber auch auf 7/8-getakelten Regattayachten wie Admiral's-Cuppern, 50-Fußern und Maxis ist das Reffen aus der Mode gekommen. Diese Schiffe haben jetzt vielfach für Tagesregatten ein Inshore-Großsegel ohne Reffkauschen und Reffgattchen. Abgesehen vom Gewicht dieser Beschläge, bringen die nötigen Verstärkungen zum Verteilen der Zuglasten zuviel Gewicht in das Segel.
Der richtige Zeitpunkt zum Reffen des Großsegels variiert zwar von Boot zu Boot, aber es gibt ein paar grundlegende Tips. Reffen Sie das Groß, wenn Sie mit den Vorsegeln runter bis auf die Genua III oder IV (weniger Vorsegelfläche, als das Dreieck aus Vorstag, Mast und Deck ausmacht) gewechselt haben und die Lage mehr als 20 bis 30 Grad beträgt (je nachdem, was das Maximum hinsichtlich Geschwindigkeit und Komfort darstellt). Reffen Sie auch, wenn das bereits flachgetrimmte und mit dem Traveller nach Lee gefahrene Großsegel schon zur Hälfte seiner Fläche einen deutlichen Gegenbauch zeigt. Weitere Warnsignale sind da, wenn das Ruder unkontrollierbar wird oder das Boot selbst mit einem akkzeptablen Krängungswinkel wenden will.
Die Kombination aus einem großen Vorsegel und einem kleinen Großsegel kann aber auf einem raumen Kurs, mit Windeinfallswinkel über 60 Grad durchaus funktionieren.
Auf alle Fälle sollten Sie reffen, wenn alles mögliche versucht wurde, aber das Schiff nur mit einem komplett flatternden und schlagenden Großsegel unter Kontrolle zu bringen ist.

Das Bindereff

Das Binde- oder Schnellreff wird auf den meisten Regattaschiffen und auf vielen Fahrtenyachten benutzt, besonders wenn das Großsegel durchgelattet ist. Ein Hinweis vorweg an regattasegelnde Crews: Reffen hat für viele schon etwas vom vielzitierten Kampf gegen die Elemente. Jeder will dann dabeisein, mithelfen, sich nützlich machen und sich ebenso fühlen. Beim Regattasegeln sollte man jedoch den Reffvorgang nicht als positive Gemeinschaftsarbeit sehen. Das Manöver muß von wenigen durchgeführt werden, weil unter diesen Bedingungen möglichst viel Crewgewicht auf die Kante gehört.

Das Manöver läuft folgendermaßen ab:

1. Stellen Sie sicher, daß alle benötigten Fallen, Schoten und Strecker klarlaufen und jedes beteiligte Crewmitglied den gesamten Manöverablauf und seine Rolle dabei kennt. Langsames oder unsauberes Reffen kann die Reffleinen verdrehen, die Latten brechen und das Großsegel durch das Schlagen vorschnell ermüden lassen. Wichtig: Falls der Großbaum nicht durch einen Rohrkicker nach oben gedrückt wird, muß eine Dirk angebracht werden. Dazu kann man aber auch zum Beispiel den Spinnakerbaum-Toppnanten benutzen. Vergißt man das, kracht der Baum möglicherweise auf ein Crewmitglied oder beschädigt das Deck, wenn das Großfall gefiert wird. Sofern vorhanden, muß das Leebackstag weit gefiert werden, damit das Großsegel im Manöver nicht dagegenschlägt.
2. Sie lösen die Großschot und fieren das Großfall bis zur erforderlichen Höhe. Sie erinnern aus Kapitel 5, daß es für jeden Reffpunkt zwei Markierungen am Großfall gibt, die an Deck mit einer Gegenmarke übereinstimmen müssen: Die erste Marke am Fall zeigt an, ab wo das Großsegel so weit hinabgelassen wurde, daß die vordere Reffkausch (im Vorliek) einfach über den luvseitigen Haken am Lümmellager gehakt werden kann. Die zweite Marke steht für das korrekt durchgesetzte Großfall des gerefften Segels.
   Beim Reffen vor dem Wind gehen Sie genauso vor. Allerdings kann es nötig sein, die Großschot nicht zu fieren, sondern den Baum nahezu in die Schiffsmitte zu bringen. Dann muß die hintere Reffkausch mit der Reffleine bereits etwas belastet werden, bevor Sie das Großfall fieren.
3. Wenn das Großfall gefiert und die vordere Reffkausch (der neue Hals des Segels) fixiert ist, muß der Fallenmann das Großfall bis auf die zweite

Marke durchsetzen. Ein Segel aus Polyester (Dacron) verträgt eine überhöhte Fallspannung. Ein Laminat-Segel (Mylar, Kevlar und/oder Spectra) verträgt dagegen Überdehnungen schlechter. Dennoch muß das Fall meist mehr durchgesetzt werden, als es auf den ersten Blick nötig erscheint. Sollte das Fall nicht genügend durchgesetzt sein, muß die Crew die Großschot fieren und das Fall nachsetzen. Die exakte Fallspannung zu finden erfordert einige Versuche. Ist sie gefunden, wird das Fall entsprechend markiert.

4. Während das Großfall durchgesetzt wird, ziehen Sie die Reffleine etwas durch, die Spannung auf das Achterliek des Goßsegels bringt. Das reduziert das Schlagen des Großsegels und verhindert, daß sich die Reffleinen vertörnen. Aber: Die Reffleine wird erst dann richtig mit der Winsch auf Spannung gebracht, wenn die vordere Reffkausch befestigt und das Großfall durchgesetzt ist. Kurbeln Sie die Reffleine extrem dicht. Falls das ungewöhnlich anstrengend ist, prüfen Sie, ob die Leine versehentlich das Großsegel mit in den Block zieht. Stellen Sie außerdem sicher, daß Großschot und Großbaumniederholer gut weggefiert sind.

5. Wenn die Reffleine dichtgenommen ist, wird das Segel wieder mit der Großschot getrimmt. Der Ruderdruck sollte jetzt etwas abgenommen haben, und das Schiff müßte besser unter Kontrolle sein. Ein bis zwei Crewmitglieder reichen meist für die beschriebenen Aufgaben aus.

6. Prüfen Sie die Profiltiefe. Ein gerefftes Großsegel sollte sehr flach sein und nicht mehr als acht Prozent Tiefe der Sehnenlänge des jeweiligen Profilstreifens zeigen (siehe Zeichnung 4.6). Ist das Segel zu voll, fieren Sie die Großschot und setzen Großfall oder Reffleine weiter durch.

7. Nach dem Reffvorgang sieht ein Crewmitglied am Mast hoch und checkt, daß die Biegung nicht extrem ist oder das Rohr Pumpbewegungen ausführt. Bei starkem Seegang ist es oft eine gute Maßnahme, ein zusätzliches und tiefer am Mast angreifendes Vorstag zu setzen. Sinnvoll ist es vielleicht auch, das Achterstag (7/8-Rigg: Backstag) etwas zu fieren, um die Mastbiegung oder die Kompression zu reduzieren. Prüfen Sie die Mastbiegung auch im Hinblick auf die Segelform. Die vor dem Reffen richtige Mastbiegung ist danach oft zu stark; das Segel wird zu flach.

8. Aufräumarbeiten sind zuletzt an der Reihe. Dazu gehört, Leinen wieder aufzuschießen und die Dirk oder den Großbaumniederholer wieder richtig einzustellen. Binden Sie das weggereffte Großsegel mit dünnen Bändseln oder Streifen aus Spinnakertuch am Großbaum bei.

9. Falls das Reff voraussichtlich längere Zeit und/oder wegen entsprechender Bedingungen beibehalten wird, sollte man eine zweite Leine durch die achtere Reffkausch und um den Baum binden. Die hält die Reffkausch dicht am Baum, auch wenn die eigentliche Reffleine langsam nachgibt oder sogar bricht.

Reffen mit dem Rollmast

Der besonders in den USA populäre Stoway-Mast und andere ähnlich arbeitende Masten, in oder an denen das Großsegel aufgewickelt wird, sind exzellente arbeitssparende Vorrichtungen für das Setzen, Bergen und Reffen von Großsegeln. Das Reffen läuft fast genauso ab wie mit Vorsegel-Rollreffanlagen. Ted Hood hat ein Patent auf beide Systeme.

Verglichen mit dem Bindereff, ist der Arbeitsablauf sehr simpel:

1. Sie fieren die Großschot, bis das Segel einfällt, aber noch nicht extrem schlägt.
2. Die Wickelanlage wird in Betrieb genommen. Das kann mechanisch mit einer Winsch, elektrisch oder hydraulisch geschehen.
3. Halten Sie beim Einwickeln etwas Zug auf dem Unterliekstrecker, damit das Segel unter Spannung gewickelt wird. Es hilft auch, wenn der Wind etwas Druck auf das Vorliek ausüben kann. Das bedeutet, daß Sie auf Backbordbug gegen den Uhrzeigersinn eindrehen und auf Steuerbordbug im Uhrzeigersinn.

Reffen mit dem Rollbaum

Die oben verdeutlichten Rollreffmasten erfordern bei der Größe und Form der Großsegel Kompromisse. Das Segel muß zum Beispiel mit einem losen Unterliek gefahren werden, das mit dem Baum nur am Schothorn verbunden ist. Das führt zu einem Druckverlust an der Luvseite des Segels, weil etwas Luft zwischen Unterliek und Großbaum entweichen kann (erhöhter induzierter Widerstand). Außerdem sind diese Segel etwas kleiner, als es der Segelplan zulassen würde, weil sie für das Reffen im Achterliek hohl geschnitten werden müssen.

Und schließlich können keine effektiven Segellatten eingebaut werden, weil die nicht einzuwickeln sind.*
Durch die beschriebenen Nachteile und die gestiegene Popularität durchgehender Latten konnten sich verschiedene Reffbäume durchsetzen. Das gilt besonders auf Schiffen mit einem P-Maß (Großsegelvorliek) von bis zu 15 Metern. Bei diesen Systemen wird das Großsegel um eine Stange im Großbaum gewickelt. Das hat seine Vorteile. Durchgehende Latten sind möglich und können auch nötig werden, da man mit einem Reffbaum ein Segel mit großer Achterlieksrundung (die Fläche hinter der gedachten Linie zwischen Schothorn und Kopfbrett) fahren kann, das dann gestützt sein will. Man benötigt weder Fangleinen (*lazy jacks*), Baumpersenninge oder Reffleinen. Andererseits muß das Großsegel sehr präzise nach den Erfordernissen des Baumes geschnitten sein, oder das System versagt. Meiner Meinung nach funktionieren diese Großbäume tagsüber sehr gut, da dann das Einrollen gut zu kontrollieren ist. Nachts bei schlechterer Sicht dagegen wird das schon schwieriger. Aber es segelt ja nicht jeder nachts.

Spinnaker packen

Vor der Wettfahrt sollten alle Spinnaker an Land auf einem sauberen und weichen Untergrund wie zum Beispiel einem trockenen Rasen zusammengelegt werden. Während der Wettfahrt geschieht dies natürlich an Bord und erfordert je nach Schiffsgröße eine bis drei Personen. Beim Packen versuche ich mir vorzustellen, wie das Segel aus dem Sack kommen wird. Diese Überlegung hilft mir dabei, das Segel so zusammenzulegen, daß es sich im Sack oder später unter dem Windeinfluß nicht verdreht.

1. Nehmen Sie das Unterliek in Falten wie bei einem Akkordeon zusammen. Beginnen Sie an einem Schothorn und arbeiten Sie sich zum nächsten vor.
2. Bevor Sie das geraffte Unterliek in den Sack stecken, denken Sie an dessen Ausrichtung. Welche Seite des Sacks wird wo (Bugkorb, Relingsdraht) be-

* Einige Hersteller haben mit aufblasbaren Schläuchen oder aufrollbaren Federstählen als Latten gearbeitet. Diese Maßnahmen sind aber noch als Experimente einzustufen.

festigt? Stopfen Sie das Unterliek in den Sack, aber lassen Sie die beiden Schothörner heraushängen.

3. Beginnend bei einem Schothorn, raffen Sie ein Liek wieder in Akkordeon-Falten zusammen. Dabei lassen Sie jedes Stück des Lieks durch Ihre Finger gleiten und stellen so sicher, daß es nicht verdreht ist. Stopfen Sie diese Seite des Spinnakers in den Beutel. Der Kopf des Segels bleibt draußen.
4. Nehmen Sie das andere Liek zusammen.
5. Sobald alle Seiten des Segels unverdreht im Sack liegen, stopfen Sie das verbleibende Tuch hinterher. Dabei können Sie etwas weniger achtsam sein; es ist eher unwahrscheinlich, daß sich der Bauch des Segels verdreht. Die beiden Schothörner und der Kopf bleiben draußen.
6. Zum Schluß legen Sie den Kopf und die Schothörner in den Sack und binden sie zusammen.

Auf größeren Yachten werden Spinnaker, über die dünne Gummibänder gezogen sind, mit bodenlosen Eimern oder Rohren gepackt. Alle ein bis zwei Meter wird ein Gummiband auf die Spinnakerwurst geschoben, deren Seitenlieken man parallel und dicht nebeneinander legt. Manchmal packen die Crews auch einige Meter Tuch von den Schothörnern ausgehende extra mit Gummiband. Das Ergebnis ist ein auf dem Kopf stehendes Y. Diese Maßnahmen verhindern, daß der Spinnaker während des Setzens Wind fängt und sich frühzeitig öffnet.

Abfallen und Spinnaker setzen

Beim Regattasegeln müssen die Tonnen oft an Backbord gerundet werden (siehe auch Kapitel 10). Meistens erreichen die Yachten die Luvtonne auf der Backbordbug-*layline*. Wenn der nächste Kurs nach der Tonne ein Vormwindkurs ist und der Wind um nicht mehr als zehn Grad nach rechts gedreht hat oder ein Raumschotskurs (auf Backbordbug) ansteht, müssen Sie vor dem Setzen des Spinnakers nicht mehr halsen. Das bunte Tuch wird beim Abfallen gesetzt. Das Abfallen an der Tonne und Setzen des Spinnakers ohne Halse wird in der internationalen Regattaszene *bear away* set genannt. Wenn man halst, bevor der Spi gesetzt wird, ist das ein *jibe-set*.

Ein bear-away set funktioniert so:

1. Der Vorschiffsmann befestigt den Spinnakersack am Relingsdraht oder an der Leeseite des Bugkorbs, je nachdem, was gerade paßt. Auf kleineren Yachten wird der Spinnaker oft auch aus dem Cockpit gesetzt.
2. Der Vorschiffsmann befestigt die Schoten oder Schoten und Achterholer an den Schothörnern des Spinnakers. Vergewissern Sie sich, daß die Leinen sicher befestigt und nicht mit anderen Schoten oder der Seereling vertörnt sind.
3. Der Vorschiffsmann legt den Spinnakerbaum auf die Luvseite des Vorstags, führt den Achterholer durch den Spinnakerbaum-Endbeschlag und bringt den Toppnanten an.
4. Der Fallenmann toppt den Spinnakerbaum insgesamt an, zieht den Spibaum-Niederholer dicht und klariert das Genuafall zum Losschmeißen.
5. Die Cockpit-Crew zieht den Achterholer durch, damit sich das Schothorn dem Spinnakerbaum nähert. Damit der Spinnaker dabei nicht aus dem Sack geweht wird, muß ihn der Vorschiffsmann zusammenhalten. Oder der Spi wird wie oben beschrieben an den Schothörnern mit Gummibändern gepackt.
6. Der Vorschiffs- oder der Mastmann befestigt das Fall am Spinnakerkopf. Manchmal werden die Schnappschäkel dabei sogar mit Tape gesichert. Der Mastmann zieht das Fall hoch und der Fallenmann die Lose durch. Das Fall ist dabei schon um die Winsch gelegt. Das hält einen sich zu früh öffnenden Spinnaker unter Kontrolle.
7. Die Segeltrimmer fieren das Groß- und das Vorsegel, während das Schiff abfällt.
8. Der Achterholer (die Luvschot) des Spinnakers wird simultan zum Abfallen getrimmt.
9. Sobald der Spinnaker oben ist, wird die (Lee-) Schot getrimmt.
10. Der Fallenmann fiert das Genuafall.
11. Der Vorschiffsmann und der Mastmann bergen möglichst schnell die Genua. Eine zu langsam geborgene Genua kann bewirken, daß sich der Spinnaker nicht füllt oder sich verdreht.
12. Das innere Ende des Spinnakerbaumes (am Mast) und das äußere werden sauber ausgerichtet (siehe Kapitel 4).
13. Fieren Sie das Achterstag. Großschot und Großbaumniederholer müssen sauber eingestellt werden.

14. Fieren Sie den Vorliekstrecker (Cunningham) und den Unterliekstrecker, um das Großsegel tiefer zu machen. Das gibt dem Segel mehr Kraft.
15. Der Vorschiffsmann bindet das Vorsegel an der Seereling fest, wenn es wahrscheinlich ist, wenn es wieder verwendet wird. Wenn sich ein Wechsel abzeichnet, sollte das Segel zusammengelegt und in seinen Sack gepackt werden. Denken Sie aber daran, daß Gewicht auf dem Vorschiff die Geschwindigkeit mindern kann. Möglicherweise muß man daher das Packen der Genua verschieben.

Halsen und Spinnaker setzen

1. Der Mast- oder der Vorschiffsmann befestigt den Spinnakersack auf der (aktuellen) Luvseite.
2. Der Vorschiffsmann und die Cockpit-Crew prüfen, ob die Schoten und Achterholer klarlaufen und nicht um Relingsdrähte oder Bugkorb getörnt sind. Diese Leinen müssen außerhalb von allen anderen Dingen verlaufen.
3. Der Vorschiffsmann legt den Achterholer in den Spinnakerbaum-Endbeschlag. Der Baum liegt an Deck unter der Genua auf der (aktuellen) Leeseite des Vorstags.
4. Der Fallenmann legt das Spinnakerfall und den Toppnanten auf die Winschen und bereitet das Genuafall zum Fieren vor.
5. Der Vorschiffsmann überzeugt sich davon, daß die Fallen klarlaufen.
6. Der Vorschiffsmann befestigt den Achterholer und die Schot an den richtigen Seiten des Spinnakers. Der Spibaum kann am Mast schon etwas angetoppt werden. Stellen Sie sicher, daß die luvseitige Genuaschot über Toppnant und Spinnakerbaum verläuft, andernfalls können Sie die Genua nicht halsen.
7. Der Steuermann leitet die Halse ein.
8. Das Großsegel wird gehalst.
9. Die Cockpit-Crew fiert die belastete Genuaschot etwas auf, wirft sie dann los und trimmt die neue leeseitige Genuaschot. Der Vorschiffsmann oder der Mastmann hilft der Genua und der Genuaschot beim Überqueren des Spinnakerbaumes.
10. Ziehen Sie den Spinnakerbaum mit dem Toppnanten nach oben.
11. Trimmen Sie den Achterholer (Spinnaker-Luvschot) bis das Luv-Schothorn den Baum berührt. Achten Sie darauf, daß der Spinnaker nicht früh-

zeitig Wind fängt und dadurch aus dem Sack geweht wird. Gleichzeitig setzen Mast- und Fallenmann den Spinnaker. Erfahrene Crews werden den Spi schon setzen, während das Boot in der Halse gerade vor dem Wind segelt. Der Mastmann am Spinnakerfall und der Steuermann koordinieren dabei ihre Aktionen, so daß der Spinnaker nicht zu früh aufgeht und sich dabei möglicherweise verdreht. Wird der Spinnaker zu früh hochgezogen, verlangsamt oder stoppt der Mastmann seine Arbeit. Gleichzeitig bemüht sich der Steuermann, die Halse zu beschleunigen.

13. Achterholer, Schot und die Höhe des Spinnakerbaumes werden justiert.

14. Die Genua wird geborgen.

15. Fieren Sie Back- und Achterstagen und stellen Sie die Großschot und den Großbaumniederholer korrekt ein.

16. Fieren Sie Vor- und Unterliekstrecker.

17. Der Vorschiffsmann bändselt die Genua an der Seereling fest. Ist ein Genuawechsel zu erwarten, packt er das Segel in den Sack.

Setzen des Blisters

Asymmetrische Spinnaker zum Fahrtensegeln, sogenannte Blister, werden meist in einem Schlauch gesetzt. Diese Vorrichtungen unterscheiden sich ebenso wie die Segel. Die Anweisungen des Herstellers für diese Segel haben daher Vorrang gegenüber den folgenden Ratschlägen, die eher allgemeiner Natur sind.

1. Fixieren Sie den Hals des Blisters (am Ende des längeren Lieks) am Vorstag. Das geschieht entweder mit einem Gurt, Bügel oder einer Kugelkette (Koralle) für die eingerollte Genua oder einem Schäkel für ein nacktes Draht-Vorstag. Diese Befestigung hält den Blister unter Kontrolle.

2. Befestigen Sie den Hals-Stropp auf der Bug-Klampe. Es macht Sinn, sich diesen Hals-Stropp am Blister als Äquivalent zum Vorliekstrecker im Großsegel vorzustellen. Sie ziehen an dieser Leine, und die größte Profiltiefe wird abnehmen und nach vorn wandern. Das Segel wird an Kraft verlieren. Sie fieren den Vorliekstrecker, der größer werdende Bauch wandert nach hinten, und das Segel wird wieder kraftvoller (siehe Punkt 8). Dieser Hals-Stropp kann durch einen Block auch nach hinten umgelenkt und so aus dem Cockpit bedient werden.

3. Führen Sie eine Schot vom Blister-Schothorn außerhalb von allen anderen Leinen und von der Seereling nach achtern durch einen Block in das Cockpit.
4. Setzen Sie den Blister im Schlauch. Je weniger das Segel und der Schlauch durchhängen, desto einfacher ist es, den Schlauch hoch- und wieder runterzuziehen. Wichtig ist aber auch, daß im Masttopp genügend Platz für den zusammengerafften Schlauch und den Trichter zur Verfügung steht.
5. Segeln Sie auf einem spitzen Raumschotskurs.
6. Ziehen Sie mit der externen Kontrolleine den Schlauch nach oben. Falls der Trichter oder Ring, der den Schlauch offen hält, am Schothorn hakt, helfen Sie hier mit der Hand nach.
7. Beim Hochziehen des Schlauchs zieht man langsam die Spinnakerschot dicht. Das Segel wird sich langsam füllen und dabei helfen, den Schlauch nach oben bis zum Masttopp zu schieben. Auf Yachten, die länger sind als 40 Fuß, und auf jedem Boot bei viel Wind, sollte diese Kontrolleine durch einen Block umgelenkt und auf einer Winsch gefahren werden. Dadurch ist die Geschwindigkeit des Trichters nach oben kontrollierbar. Denn: Trichter und Schlauch können, nachdem sich das Segel gefüllt hat, derart schnell nach oben rauschen, daß sich das Crewmitglied an der Kontrolleine die Hände verbrennt.
   Fahren Sie fort, die Kontrolleine zu ziehen, bis der Spinnakerschlauch am Masttopp angelangt ist. Dann kann die Leine am Mast wie ein Fall belegt werden.
8. Die Höhe des Blister-Halses wird durch den scheinbaren Windeinfallswinkel (siehe Kapitel 4) bestimmt. Auf einem spitzen Raumschotskurs (weniger als 90 Grad Windeinfallswinkel) muß der Hals bis zum Niveau des Bugkorbes heruntergezogen werden. Fieren Sie die Schot, bis sich das Vorliek leicht kräuselt. Bei halbem Wind sollte der Blister-Hals auf der Höhe des Großbaumes und vor dem Wind zwischen Großbaum und Höhe des ersten Reffs liegen.

Die Spinnaker-Halse mit durchgeschwenktem Baum

Diese Methode, einen Spinnaker zu halsen, eignet sich für größere Yachten. Früher halste man auf Booten über 25 Fuß Länge mit durchgeschwenktem Baum, und auf kleineren Yachten wurde der Baum vom Mast gelöst und auf die andere Seite gebracht (*end for end*-Halse). Heute gibt es hier keine festen Grenzen mehr; selbst auf einigen 40-Fuß-Yachten (z.B. Eintonnern) wird die end-for-end-Halse gefahren. Welches Verfahren man in der Halse verwendet, hängt letztlich von dem Können der Crew und von der Windstärke ab.
Die Halse mit durchgeschwenktem Baum (*dip pole jibe*) erfordert einen Achterholer (Luvschot) und eine Schot an jedem Schothorn. Das ermöglicht es dem Vorschiffsmann, eine unbelastete Schot in das Baumende zu legen, wodurch man nicht mit dem Spinnaker kämpfen muß.

Die dip-pole jibe funktioniert so:

1. Der Vorschiffsmann nimmt eine Bucht des unbelasteten Lee-Achterholers und geht damit nach vorn zum Bug.
2. Der Fallenmann oder der Mastmann zieht den Spinnakerbaum am Mast nach oben auf seine Marke (siehe Kapitel 5). So kann das äußere Ende des Spinnakerbaumes innerhalb vom Vorstag durchschwingen.
3. Der Großschottrimmer bringt das Großsegel in die Schiffsmitte.
4. Der Steuermann gibt das Kommando („Trip“ oder „Reiß aus“) zum Auspicken des Spinnakerbaumes. Es ist wichtig, daß dieses Kommando vom Steuermann kommt, da er die Kursänderung kontrolliert.
5. Der Fallenmann fiert den Toppnanten und damit das äußere Spinnakerbaum-Ende auf seine Marke (siehe wieder Kapitel 5).
6. Der Vorschiffsmann steht im Bugkorb vor dem Vorstag und zieht den Baum am Niederholer oder einer kurzen Hilfsleine zu sich heran. Er muß aufpassen, daß sich diese Leinen nicht im Endbeschlag verhaken.
7. Sobald der Baum unter dem Vorstag durchgeschwungen ist, legt der Vorschiffsmann den unbelasteten Achterholer in die Klau des Spinnakerbaum-Endbeschlages und achtet dabei darauf, daß sich der Achterholer nicht um den Baum verdreht.
8. Der Steuermann vollzieht die Halse und paßt deren Geschwindigkeit der Crewarbeit an. Falls die Crew zu langsam arbeitet, muß also auch die Kursänderung langsam vollzogen werden. Falls Sie aber extrem langsam

halsen, segeln Sie zu lange direkt vor dem Wind, und es dauert zu lange, bis das Schiff auf dem neuen Bug wieder die optimale Geschwindigkeit erreicht hat.

9. Das Großsegel wird gehalst. Nehmen Sie das neue Luv-Backstag dicht und fieren Sie das andere.
10. Die Segeltrimmer halten den Spinnaker in der Halse rechtwinklig zum Wind, indem der alte Achterholer und die alte Schot gezogen oder gefiert werden.
11. Der Fallenmann toppt den Baum auf die korrekte Position für die Windgeschwindigkeit und den Einfallswinkel an (siehe Kapitel 4). Der Achterholer wird gezogen und die alte Spischot entlastet.
12. Der Fallenmann checkt, ob das mastseitige Baumende auf der gleichen Höhe wie das äußere Baumende am Segel liegt — die Standardstellung.
13. Die Crew nimmt den Spinnakerbaum-Niederholer dicht.
14. Segeln Sie zunächst höher, als es der eigentliche Kurs verlangt, um Geschwindigkeit aufzubauen. Dann fallen Sie auf den optimalen Kurs ab.

Die Blister-Halse

Der Fahrtensegel-Spinnaker wird am besten gehalst, indem er geborgen und auf dem neuen Bug wieder gesetzt wird. Das gilt besonders für Blister im Bergesack und für eine Halse bei viel Wind. Bei Leichtwind ist es aber auch möglich, die Schot außen um das Vorstag herumzutragen, während das Boot langsam halst. Das Segel klappt dann außen um das Vorstag herum.

Die Alternative ist, das Segel mit einer zweiten Schot zu halsen, die außen um das Vorstag bis zum Cockpit läuft. Beide Schoten müssen dann natürlich länger als die doppelte Schiffslänge sein. In der Halse wird die alte Schot gefiert und die neue dichtgeholt, während das Boot langsam vor den Wind geht und halst. Es kann helfen, beide Schoten für das Fieren und das Dichtnehmen markieren. Die Crew fiert die Schot bis zur (Fier-)Marke. Dann kann das Segel einfach das Vorstag passieren, ohne zu weit vor dem Schiff zu wehen. Dann wird die andere Schot bis zur (Trimm-)Marke durchgeholt.

end-for-end-Halse

Hier wird der Spinnakerbaum vom Mast gelöst und auf die andere Seite gebracht. Ein kleineres Boot, das für end-for-end-Halsen ausgerüstet ist, fährt an jedem Spinnaker-Schothorn nur eine Schot. Außerdem muß der Toppnant in der Mitte des Spinnakerbaumes angreifen, und die beiden Endbeschläge müssen identisch sein — der Baum ist symmetrisch.
Ein Vorteil der end-for-end-Halse ist das geringere Gewicht am Spinnaker durch nur zwei anstelle von vier Leinen. Außerdem kann diese Art der Halse schneller sein als eine Halse mit durchgeschwenktem Baum.

Die end-for-end-Halse läuft folgendermaßen ab:

1. Der Steuermann dreht das Schiff vor den Wind.

2. Der Vorschiffsmann hakt den Spinnakerbaum am Mast aus. Bei Wind kann das zum Abenteuer werden, da die noch befestigte Luvschot wie die Sehne eines gigantischen Bogens den Baum wie einen Pfeil wegdrücken will.

3. Der Vorschiffsmann fixiert die Leeschot im Spinnkerbaum-Endbeschlag, ohne die Luvschot auszuklinken. Das kann bei Wind ebenfalls schwierig werden, also fiert die Crew die Luvschot etwas.

4. Halsen Sie sobald beide Schoten in den Baum eingeklinkt sind.

5. Der Vorschiffsmann löst die alte Luvschot (die jetzt in Lee liegt) aus dem Baum und klinkt den dadurch freigewordenen Endbeschlag am Mast ein. Versuchen Sie dabei nicht, den Baum von der Längsschiffslinie wegzudrücken, sondern schieben Sie ihn eher nach vorn in Richtung Vorstag. Das ist einfacher. Zusätzlich oder alternativ dazu muß eventuell die Leeschot deutlich mitgefiert werden — manchmal sogar bis zum Einfallen des Segels —, bis der Baum am Mast eingehakt werden kann.

   Bei starkem Wind mag das Risiko zu groß sein, den Spinnakerbaum zwischenzeitlich an beiden Schoten zu fahren — der Vorschiffsmann könnte die Kontrolle verlieren. Die Alternative ist dann, vor der Halse den Baum zuerst vom Mast und dann von den Schoten auszuklinken. Mit frei fliegendem Spinnaker wird das Boot gehalst. Die Cockpit-Crew hält den Spinnaker mit den Schoten quer zum Wind. Der Baum wird in die neue Luvschot und dann am Mast eingeklinkt. Dabei hilft es wieder, den Baum eher nach vorn herauszudrücken; die Schoten müssen wahrscheinlich zusätzlich gefiert werden.

6. Schot und Achterholer werden getrimmt und der Spinnakerbaum-Niederholer dichtgenommen.

Das Spinnakerbergen

1. Der Fallenmann klariert das Spinnakerfall für das Bergemanöver.
2. Der Mastmann setzt die Genua, und zwar eher zu früh als zu spät.
3. Der Segeltrimmer trimmt seine Genua. Gleichzeitig wird das Spinnakerfall gefiert. Schot und Achterholer bleiben noch dicht. Die Crew sammelt den Spinnaker ein. Sobald der unter Kontrolle ist, werden zuerst die Schot und dann der Achterholer gefiert.
4. Wenn die Leetonne querab liegt, wird sie gerundet und das Boot dabei auf einen Amwindkurs gebracht.
5. Wenn die Tonne querab liegt, nehmen Sie schon das Großsegel dicht. Das hilft dabei, das Boot dichter an den Wind zu steuern.
6. Trimmen Sie die Genua für den Kreuzkurs.
7. Trimmen Sie das Großsegel sauber für die Kreuz, der Traveller sollte dabei nicht in Lee stehen.
8. Räumen Sie das Cockpit so weit auf, daß Sie wenden können. Die Genuaschot muß dabei über dem Spinnakerbaum und klar von der Seereling laufen.
9. Checken Sie Mastbiegung, Fallspannung, Vorliekstrecker und Unterliek.

Spinnaker bergen in der Halse

Die Alternative zum oben beschriebenen einfachen Bergen ist das Spinnakerbergen in der Halse. Das kann zum Beispiel nötig werden, wenn man eine an Backbord zu rundende Tonne auf Backbordbug ansteuert. Durch dieses Manöver bleibt die Schiffsgeschwindigkeit bis zur Tonne erhalten. Wenn das Manöver mißlingt, kann das andererseits sehr teuer werden.

1. Die Genua wird gesetzt.
2. Der Spinnakerbaum wird rechtzeitig ausgeklinkt und weggelegt; die Crew fährt den Spi ohne Baum. Achten Sie darauf, daß weder Spinnakerbaum noch Toppnant die Genuaschoten behindern, weil das Vorsegel sauber gehalst werden muß (die klassische Fehlerquelle).
3. Beginnen Sie das Bergen des Spinnakers wie gewohnt auf der Leeseite. Wenn das Tuch unter Kontrolle ist und das Schiff die Tonne erreicht hat, leiten Sie die Halse ein. Nachdem Groß- und Vorsegel gehalst worden sind,

ist das Bergen vollzogen; der Spi liegt jetzt auf der neuen Luvseite. Nun werden Großsegel und Vorsegel für die Kreuz getrimmt.

Das Bergen des Blisters

1. Fieren Sie die Schot, bis der Blister einfällt.
2. Gleichzeitig ziehen Sie mit der Kontrolleine den Bergeschlauch über das Tuch. Genauso wie beim Hochziehen des Schlauches hilft es auch beim Herunterziehen, wenn das Luvliek möglichst wenig durchhängt. Bergen Sie den Blister und den darübergezogenen Schlauch.
3. Das Vorsegel wird ausgerollt oder gesetzt.

KAPITEL 7

Das Steuern

Eine Segelyacht am Wind zu steuern ist nicht schwierig, jedenfalls in der Theorie. Sind die Segel richtig getrimmt, sollten die Windfäden in Luv hinter dem Vorliek der Genua etwa alle ein bis zwei Sekunden kurz nach oben flattern. Wenn Sie das bei allen Bedingungen erreichen, gehören Sie schon zu den guten Steuerleuten.

Bei glattem Wasser und genügend Wind, wenn also die Segel einen gleichmäßigen Druck erzeugen, wird das fast jedem gelingen. Bei solchen Bedingungen gibt es kaum einen Unterschied zwischen einem Top- Steuermann und einem durchschnittlichen. Die Spreu trennt sich erst vom Weizen, wenn sich Wellen bilden. Besonders, wenn die Wellen kräftiger sind, als sie es nach der Windstärke sein sollten — übrigens typische Bedingungen auf meinem Hausrevier vor der Küste San Diegos.

Einige Boote lassen sich leichter steuern als andere. Moderne Konstruktionen mit ihren verhältnismäßig schmalen Profilen *(high apect)* an Segeln, Kiel und Ruder sind zwar schnell am Wind, aber nicht leicht zu beherrschen. Das liegt daran, daß sich eine anliegende Strömung und damit Auftrieb (Lift) an diesen Profilen leichter entwickelt als an Profilen, die ein kleineres Verhältnis von Länge zur Breite haben. Schiffe mit schmalen und gestreckten Kielflossen, die zusätzlich einen tiefliegenden Ballastschwerpunkt haben (was sie extrem steif macht), sind nervös. Segler sagen dazu auch, ein Schiff segelt in einer schmalen Spur *(in the groove)*. Bei der Konstruktion von Tourenyachten verzichtet man auch auf besonders effektive Kiele und Ruder. Lange und weniger tief gehende Kiele (und Ruder) machen ein Schiff gutmütiger. Ältere Konstruktionen haben einen vollständig durchgezogenen Lateralplan, an dem Kiel und Ruder nicht voneinander getrennt sind (siehe Zeichnung 2.3). Zwar sind solche Schiffe durch ihre große benetzte Oberfläche und einen hohen Formwiderstand langsam, aber sie sind spurtreu und leicht zu steuern.

Wie man ein Segelboot steuert

Auf das Steuern haben drei Dinge Einfluß: das Ruder, die Segel und die Krängung. Wie ein Ruder funktioniert, ist allen Seglern bekannt. Was aber Segel und Krängung bewirken, wissen nicht sehr viele. Auch mit den Segeln allein läßt sich steuern: Holt man das Groß dicht und fiert das Vorsegel, wird ein Schiff anluven; fiert man das Groß und holt das Vorsegel dichter, wird es abfallen. Viele Jollensegler trainieren diese Technik, indem sie ihr Ruder abnehmen.
Auch unterschiedliche Krängung bewirkt durch die sich verändernde Form des eingetauchten Unterwasserschiffes Richtungsänderungen. Betrachtet man ein Boot von oben, ist zu erkennen, daß es ohne Krängung eine symmetrische Form hat. Die Rumpfform entwickelt auf beiden Seiten den gleichen Auftrieb. Jetzt stelle man sich einmal vor, ein Schiff segelt bei starkem Wind auf dem Steuerbordbug und schiebt starke Lage. Die eingetauchte Steuerbordseite des Rumpfes ist nun länger als die Backbordseite. Weger dieser Asymmetrie — mit unterschiedlich starkem Auftrieb — will das Schiff nun in den Wind schießen. Je mehr Lage es schiebt, desto stärker wird sich die Luvgierigkeit ausbilden.

Luvgierigkeit und Steuern

Um gut steuern zu können, müssen sich die Kräfte von Ruder, Segel und Krängung unterstützen. Sie dürfen nicht gegeneinander arbeiten. Die einfachste Art, die drei in eine Balance zu bringen, ist der richtige Ruderdruck (beschrieben in den Kapiteln 4 und 5). Wir erinnern uns, daß 3 bis 5 Grad Ruderdruck *(weatherhelm)* — in Ausnahmefällen auch 6 Grad — optimal sind. Auf Halbwindkursen ist größerer Ruderdruck akzeptierbar, vor dem Wind ist er weniger wünschenswert.
Im Kapitel 2 wurde der Auftrieb an Segeln, Kielen, Schwertern und Rudern beschrieben. Die entstehenden Kräfte auf einer angeströmten Oberfläche und

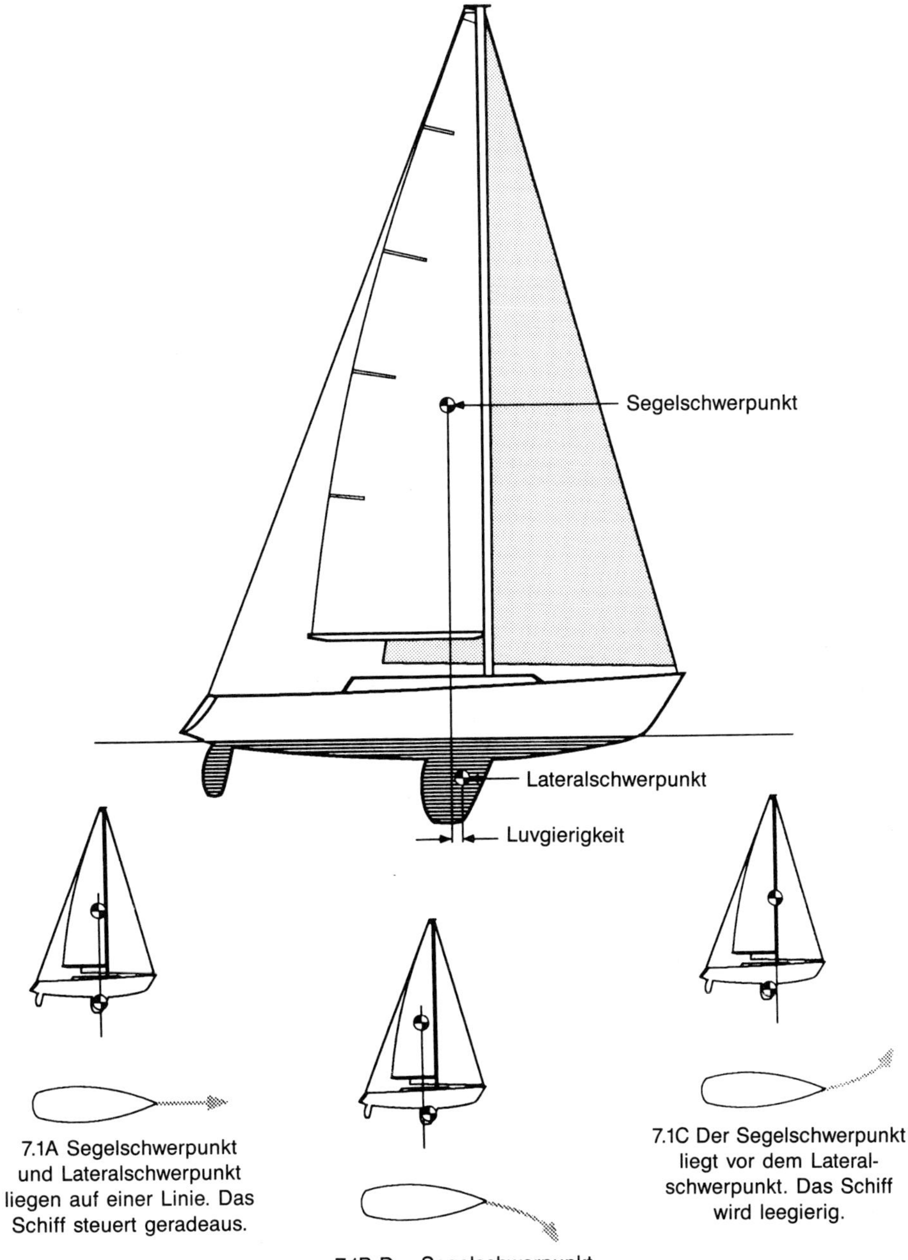

7.1A Segelschwerpunkt und Lateralschwerpunkt liegen auf einer Linie. Das Schiff steuert geradeaus.

7.1B Der Segelschwerpunkt liegt hinter dem Lateralschwerpunkt. Das Schiff wird luvgierig.

7.1C Der Segelschwerpunkt liegt vor dem Lateralschwerpunkt. Das Schiff wird leegierig.

7.1 *Die Position des Segelschwerpunkts zum Lateralschwerpunkt beeinflußt das Steuern.*

deren Richtungen lassen sich zu einem Vektor mit einem Ursprung zusammenfassen. Dieser Punkt heißt im Segelplan Segelschwerpunkt (SS) — siehe dazu die Zeichnung 7.1. Beim Rumpf heißt dieser Punkt Lateralschwerpunkt (LS). Die Positionen beider Schwerpunkte zueinander beeinflußt das Steuern ebenfalls. Liegen beide Punkte direkt übereinander — SS steht genau über LS — steuert ein Schiff geradeaus (Zeichnung 7.1 A). Liegt der Segelschwerpunkt hinter dem Lateralschwerpunkt (Zeichnung 7.1 B und oben), dreht ein Schiff in den Wind, es sei denn, man hindert es durch Gegensteuern daran. Dieses Gegensteuern empfinden wir als Ruderdruck und Luvgierigkeit. Liegt der Segelschwerpunkt vor dem Lateralschwerpunkt (Zeichnung 7.1 C), fällt ein Schiff ab, was wir ebenfalls durch Gegensteuern verhindern. Auch das empfinden wir als Ruderdruck *(lee helm)* und Leegierigkeit.

Ein Windsurfer muß durch ständiges Verlagern des Segelschwerpunktes steuern. Um anzuluven, schwenkt man das Rigg nach achtern. Das bringt den Segelschwerpunkt weit hinter den des Lateralplans (siehe 7.1 B), der Windsurfer steuert selbsttätig bis in den Wind. Will man abfallen, schwenkt man das Rigg vorlich, und SS wandert vor LS (siehe 7.1 C). Um geradeaus zu steuern, wird SS über LS gebracht.

Wie im Kapitel 2 beschrieben, erzeugt ein Segel Auftrieb, wenn es in einen bestimmten Winkel in den Wind gestellt wird. Dieser Winkel heißt Anstellwinkel (Anströmwinkel, siehe Zeichnung 4.12). Auch ein Kiel hat einen Anstellwinkel und entwickelt Auftrieb. Daraus resultiert ein Unterschied des durchs Wasser gesegelten Kurses zum Kurs über Grund (siehe Zeichnung 2.4).

Was passiert mit dem Auftrieb am Ruder? Im Kapitel 6 wurde dargestellt, daß ein Vorsegel der Grund für eine geringere Windgeschwindigkeit im Großsegel ist und auch die Richtung ablenkt. Das gleiche passiert zwischen Kiel und Ruder. Die Anströmgeschwindigkeit am Ruder ist kleiner als am Kiel, und auch der Anstellwinkel des Ruders ist geringer. Ein ganz gerade gestelltes Ruder hat keinen Anstellwinkel, folglich entwickelt es keinen Auftrieb, sondern nur Widerstand. Die optimale Ruderdruckstellung *(weatherhelm)* zwischen 3 und 5 Grad gleicht nicht nur die (gewünschte) Luvgierigkeit aus, sondern durch den nun vorhandenen Anstellwinkel erzeugt das Profil auch Auftrieb. Der Auftrieb am Ruder addiert sich zum Auftrieb des Kiels, was den Lateralschwerpunkt zurückbringt, bis er genau unter dem des Segelplans liegt (siehe Zeichnung 7.1) — die Kräfte liegen in der Balance, das Boot steuert geradeaus.

Mit genügend großer Luvgierigkeit wird ein Boot selbsttätig in den Wind hineinsteuern, wenn man dem Ruderdruck leicht nachgibt, und es wird durch

einen kleinen Zug an der Pinne oder eine minimale Drehung am Rad sofort abfallen.
Ist ein Schiff weder luv- noch leegierig *(neutral helm)*, muß es sowohl beim Abfallen als auch beim Anluven gesteuert werden. Das ist schwierig und erfordert viel Konzentration. Eine zu große Luvgierigkeit ist andererseits auch schädlich. Man muß zu stark mit dem Ruder arbeiten, und das erzeugt, wie ein zu hart geschotetes Segel, mehr bremsenden Widerstand als Auftrieb. Bei extremer Anstellung kann sogar die Strömung abreißen, und es besteht die Gefahr, aus dem Ruder zu laufen.
Weil die Luvgierigkeit von 3 bis 5 Grad so wichtig beim Segeln ist, wird man bei gut aufeinander eingespielten Segeltrimmern und Steuerleuten eine Frage immer wieder hören: „Wie ist der Ruderdruck?" Markierungen an der Pinne oder am Rad, die den Winkel der Luvgierigkeit anzeigen (siehe Zeichnung 5.8), sind deshalb hilfreich.
Der richtige Ruderdruck ist das Wichtigste beim Steuern, aber es gibt noch andere Techniken und ein paar Tricks, die die Fertigkeiten verbessern helfen.

Übung macht den Meister

„Wie komme ich zur Staatsoper?", fragt der Tourist. „Üben, mein Herr, ordentlich üben." In diesem Witz steckt viel Wahrheit. Wer ein Schiff 200 Stunden lang gesteuert hat, ist besser als jemand mit nur 100 Stunden Erfahrung.
Ich habe wohl mehr Zeit am Ruder einer Regattayacht verbracht als sonst jemand auf der Welt. Darauf bin nicht besonders stolz, ich will damit nur sagen, daß Praxis durch nichts zu ersetzen ist.

Steuern Sie von Luv

Steuern von der Luvseite ist besser als von Lee. Nicht nur, weil so auch das Gewicht des Steuermanns hilft, das Schiff auszutrimmen. Ich bevorzuge diese Position vor allem, weil ich von dort die Wellen, den Horizont, den Krängungswinkel, die Windfäden im Vorsegel, das Großsegel und andere Yachten (wenigstens die in Luv) gut sehen kann. Außerdem muß ich den Wind im Gesicht spüren.
Ich finde in Lee zu steuern ist, als ob man im Keller sitzt. Die Ausnahme unter

den Weltklasseseglern ist Ted Hood, mit dem ich 1974 auf der COURAGEOUS den America's Cup gesegelt habe.
Ich sitze nur bei leichtem Wind in Lee. Besonders auf einem Stromrevier, wenn man gegen den Wind treibt, ist es hilfreich, die Windfäden von Lee aus zu beobachten. Sie zeigen nämlich bei Flaute an, ob sich scheinbarer Wind aufbaut. Bei leichtem Wind muß das Schiff ohnehin nach Lee gekrängt werden (das reduziert die benetzte Oberfläche). Leekrängung unterstützt zudem die Luvgierigkeit, und Ruderdruck kann man gerade jetzt gut für das Gefühl gebrauchen. Ein weiterer Grund für die Krängung nach Lee ist, daß sich die Segel besser zu einem wirkungsvollen Profil aushängen anstatt zu schlagen.
Ich habe festgestellt, daß Segler, die von Lee aus steuern, ihr Augenmerk sehr stark auf die Windfäden lenken, deshalb oft zu hoch segeln und Fehler beim Ansteuern der Wellen machen, die sie entweder zu spät oder gar nicht bemerken.

Segeln in der Spur

Der Ausdruck „in der Spur" oder „wie auf Schienen" segeln *(in the groove)* fällt an vielen Stellen dieses Buches. Die Breite der Spur ist für gutes und schnelles Steuern entscheidend. Liegen zwischen dem Flattern des Luv- und des Leefadens nur 1 bis 2 Grad, dann ist die Spur sehr schmal. Wie wird eine schmale oder breite Spur erreicht? Eine Yacht, die in einer schmalen Spur segeln soll, muß (von einer guten Crew) optimal eng geschotet sein, sie erreicht eine höhere Endgeschwindigkeit und muß sehr präzise gesteuert werden. Schon der kleinste Steuerfehler läßt die Genua an der Anschnittkante einfallen, was Einfluß auf die Windströmung über fast das gesamte Profil hat. Auch wenn man den Fehler sofort korrigiert und der Segeltrimmer mithilft, wird Geschwindigkeit verlorengehen. Eine Genua mit der größten Profiltiefe bei 50 Prozent (in der Mitte der Horizontalen gemessen) und einem flachen Anschnitt ist zum Segeln in einer sehr schmalen Spur geeignet (siehe Zeichnung 7.2, oben). Es gibt Segel, die so zugeschnitten werden; sie lassen sich nur bei flachem Wasser einsetzen. Um im Allroundsegel die Profiltiefe in die 50-Prozent-Position zu bringen, muß man die Fallspannung lösen. Damit der Anschnitt flach wird, muß die Vorstagspannung mit dem Backstag (oder Achterstag) erhöht werden (siehe Zeichnung 7.2, Mitte).
In einer breiten Spur steuert es sich leichter, und die Beschleunigung ist größer.

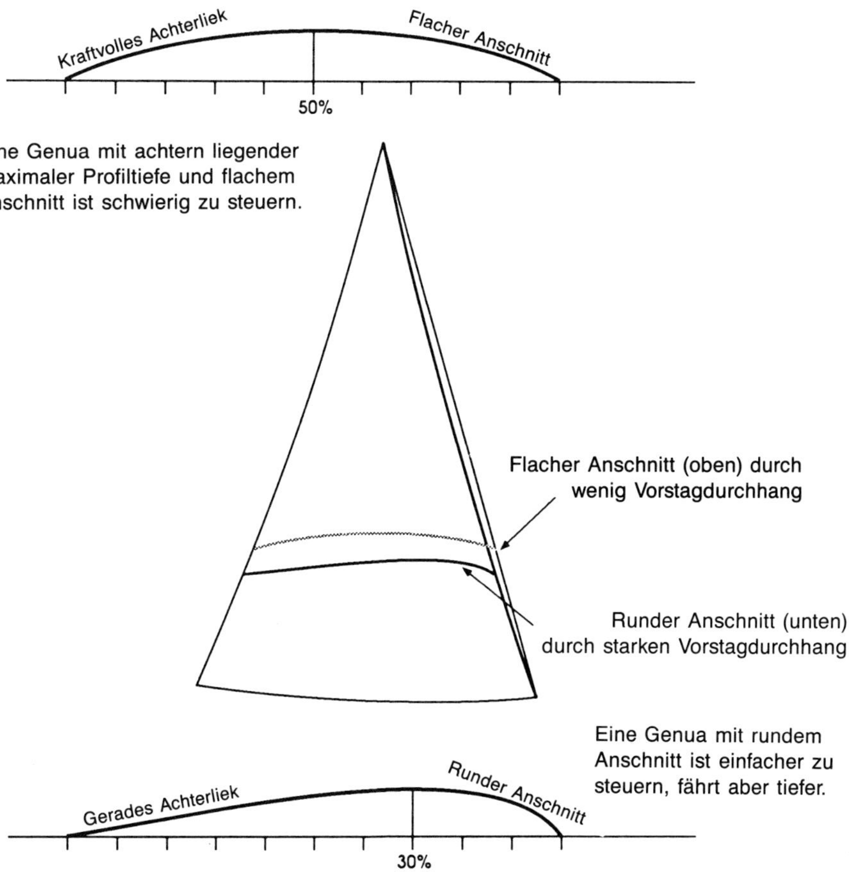

7.2 *Die Position der größten Profiltiefe und der Anschnitt eines Vorsegels beeinflussen das Steuern.*

Man verliert allerdings etwa 1 bis 2 Grad an Höhe und vielleicht 1 oder 2 zehntel Knoten Geschwindigkeit. Eine Genua mit der größten Profiltiefe weiter vorn (bei 30 Prozent zum Beispiel) und einem runden, vollen Anschnitt (siehe Zeichnung 7.2, unten) hat eine breite Spur. Sie verzeiht kleine Steuerfehler oder mangelhafte Konzentration des Steuermanns. Ein vollerer Anschnitt erlaubt es, das Schiff ohne Fahrtverlust anzuluven; oder abzufallen, wenn man Geschwindigkeit braucht. Zum Beispiel nach einer Wende oder einer größeren Welle. Besonders effektiv ist eine so geschnittene (oder getrimmte) Genua bei starkem Seegang. Auch in gestörtem Wind, etwa mitten in einem Feld, leistet sie gute Dienste.

Weil ein Segel mit vorn liegender Profiltiefe und einem runden Anschnitt das Steuern erleichtert, ist es ideal für die Nacht, zum Segeln mit einer Selbststeueranlage oder mit einer kleinen Crew.
Um die Profiltiefe vorlicher zu verlagern, muß die Fallspannung erhöht werden. Die Anschnittkante wird voller, wenn das Vorstag weniger Spannung hat (Backstag oder Achterstag lösen; siehe Zeichnung 7.2, Mitte).
Auf Yachten, die auf hohem sportlichem Niveau gesegelt werden, bestimmen natürlich die Wellenbedingungen und die taktische Konstellation, nicht die Fähigkeiten des Manns am Lenker, die Breite der Spur. Sind die Bedingungen so, daß man maximal hoch segeln kann oder muß, wählt man die schmale Spur (Profiltiefe hinten, flacher Anschnitt).

Spiel in der Ruderanlage

Stellen Sie sich vor, Sie drehen am Lenkrad Ihres Wagens und eine Sekunde lang passiert nichts. Bei einem Auto kann diese Verzögerung durchaus ernste Folgen haben. Ein Segelboot wird durch Lenkungsspiel nur langsam. Sie sollten auf jeden Fall das Spiel der Ruderanlage, egal, ob das einer Pinnen- oder einer Radsteuerung, beseitigen.
Das Gelenk zwischen der Pinne und dem Ausleger ist so ein Problempunkt. Meist besteht es nur aus einem Bolzen, der durch ein Loch in der Pinne gesteckt und mit einer Mutter gesichert wird. Nach einiger Zeit weitet sich die Bohrung, und der Bolzen bekommt Spiel.
Alles in einer Ruderanlage muß fest sein. Ob der Ausleger, das Gelenk, die Pinne oder die Verbindung zwischen Pinne und Ruderkopf. Selbst wenn es viel Arbeit macht, die Anlage zu überarbeiten: tun Sie es im eigenen Interesse.
Viele Segler nehmen Spiel in der Steuerung gar nicht wahr. Es entsteht irgendwann, und man gewöhnt sich mit der Zeit daran. Um solche Probleme zu erkennen, sollte öfter mal ein Crewmitglied am Ruder stehen. Er wird Sie schon auf die eine oder andere Schwäche aufmerksam machen.
Das heißt natürlich nicht, daß man mit solchen Problemen nicht auch leben kann. STINGER war ein Schiff, das in der Rekordzeit von nur 22 Tagen für die Southern Ocean Racing Conference (SORC) gebaut wurde. Die Ruderwelle hatte aus irgendeinem Grund einen zu kleinen Durchmesser. Sie klapperte recht stark. Wir haben mit STINGER zwar das SORC 1975 gewonnen, aber

trotz des schlechten Steuersystems, keinesfalls aber **aufgrund** der klappernden Anlage.
Bei einer Radsteuerung ist es meist nicht leicht, das Spiel zu beseitigen. Man möchte möglichst wenige Reibungskräfte in den Umlenkungen haben, aber auch kein Spiel. Wir verwenden auf America's Cup-Yachten oft Stunden, um dieses Problem zufriedenstellend zu lösen. Nehmen Sie sich auch die Zeit, es wird sich lohnen.

Den Wind in der Hand

Kleine Schiffe vermitteln das beste Gefühl. Auf meinem Starboot merke ich die leisteste Windbö durch mehr Druck an der Pinne, eine leichte Beschleunigung und zunehmende Krängung. Natürlich sieht man eine Bö auch in den sich verändernden Segeln. Ich glaube, ich könnte meinen Star sogar mit verbundenen Augen recht gut steuern. Mit geschlossenen Augen zu üben ist kein schlechtes Training — jedenfalls, solange die Crew den Überblick behält.
Die Sensoren beim Segeln sind vielfältig. Ich lasse mir vor einer wichtigen Serie die Haare kurz schneiden, denn so kann ich auf dem Kopf und im Nacken den Wind besser spüren. Wenn es eine wirklich entscheidende Regatta ist, dann lasse ich mir die Haare vorher länger wachsen und dann kurz schneiden. Das erhöht die Sensibilität.
Besonders bei extremer Flaute ist es schwierig (und wichtig), die Windrichtung zu bestimmen. Der Bootbauer Carl Eichenlaub, mit dem ich als Junge Lightning gesegelt bin, hat immer übelriechende, dicke Zigarren an Bord gequalmt. Ich glaube zwar, er hat damals die Flaute mehr als Ausrede für das Rauchen gebraucht, aber geholfen hat die Zigarre.
Übrigens, auch nach dem Geruch kann man Wind suchen und finden. Ich erinnere mich an eine Wettfahrt im Long Island Sound. Bei nördlicher Brise segelten wir an der Küste Connecticuts entlang, und der Wind starb irgendwann mit dem Sonnenuntergang. Wir trieben vor Eaton's Neck an der Küste vor Long Island bei New York, und plötzlich war der Geruch eines weit südlich von uns liegenden Kraftwerks zu riechen. Das bedeutete, der Wind mußte auf Süd gedreht haben. Weder die Segel noch die Elektronik zeigten irgend etwas an. Wir steuerten Kurs Süd, dem Wind entgegen und gewannen die Wettfahrt.
Auf großen Booten erreicht man mit dem Gefühl weniger als auf kleinen. Deshalb sind Instrumente (vor allem ein Speedometer und ein Windgeschwindig-

keitsmesser) dort besonders wichtig. Diese Instrumente sind nicht teuer, doch unglaublich hilfreich.

Kreuzen auf kleinen Booten ohne Instrumente

Am Kapitelanfang habe ich auf die Bedeutung von Windfäden hingewiesen. Sind die Segel korrekt getrimmt, sollten die Luvfäden etwa alle ein bis zwei Sekunden leicht nach oben kippen. So segelt man, Sie werden sich an das Kapitel 4 erinnern, die maximale Höhe, weil Auftrieb und Widerstand im Segel im richtigen Verhältnis zueinander stehen. Wenn die Windfäden zu häufig nach oben kippen, steuern Sie zu hoch, Sie „knüppeln Höhe". Das ist zwar der kürzere Weg, aber da Ihr Schiff langsamer wird, werden Sie später ankommen.
Wenn die Windfäden niemals nach oben auswehen, steuern Sie vermutlich zu tief, Sie segeln „breit". Das Schiff ist zwar schneller, aber auf einem ungünstigeren Kurs. Wieder werden Sie später ans Ziel gelangen. Irgendwo zwischen breit segeln und Höhe knüppeln liegen der optimale Kurs und die optimale Geschwindigkeit. Es ist wichtig, hier zu erwähnen, daß sowohl Höhe als auch Geschwindigkeit von der Windstärke und der Konstruktion eines Schiffes abhängen.
Natürlich haben auch die Segel Einfluß darauf, wie hoch man segeln kann. Wie erwähnt, erreicht man mit der größten Profiltiefe auf 50 Prozent mehr Höhe am Wind als mit einer vorn liegenden Maximum-Tiefe. Das gleiche gilt für den Kiel. Dessen Form ist ausschlaggebend dafür, wie hoch ein Boot segelt und wie dicht man das Vorsegel schoten kann. Es gibt zum Beispiel sehr kleine Kiele, die eine starke Umströmung benötigen, um effektiv sein zu können. Das heißt, man muß tief und schnell segeln, damit sich die Strömungsgeschwindigkeit erhöht und der Kiel genügend Lift erzeugt.
Auf einigen Schiffen läßt sich die Genua gar nicht so eng schoten, wie man möchte (die Salinge sind zu lang, oder die Schienen liegen zu weit außen; siehe Zeichnung 4.15). In diesem Fall ist man gezwungen, tief und schnell zu segeln.
Wenn Sie ohne Instrumente segeln, beachten Sie die Konkurrenz und entscheiden Sie, wie hoch Sie bei verschiedenen Windstärken steuern wollen. Nur der Vergleich sagt, ob man bei 10 Knoten Windgeschwindigkeit durch volles Steuern schnell oder langsam gegenüber der Konkurrenz ist. Sind Sie zu langsam, stellen Sie Ihr Schiff um und steuern Sie höher. Mit der Zeit werden Sie ein

gutes Gefühl entwickeln, wann Ihr Boot wie gesegelt werden möchte. Man ist am Ziel, wenn man exakt weiß, daß man bei 10 Knoten Wind das Windbändsel alle 3 Sekunden nach oben kippen muß und bei 17 Knoten jede Sekunde. Trainieren Sie gegen ein vergleichbares oder besser noch gegen ein Schwesterschiff. Das hilft, die schnellsten Segeleinstellungen zu finden (siehe dazu auch Kapitel 5).

Es ist nicht leicht, Tips für das Amwindsegeln mit kleinen Booten zu geben, denn es gibt viele verschiedene Typen mit den unterschiedlichsten Eigenarten. Deshalb sollte man sich einige Grundregeln merken:

Konzentrieren Sie sich bei Leichtwind vor allem auf die Geschwindigkeit. Ein Hauptfehler bei leichtem Wind ist das Höhesteuern — man versucht dem scheinbaren Wind zu sehr zu folgen. Nehmen Sie nicht jede kleine Bö durch Anluven mit, sonst stehen Sie plötzlich im Wind oder das Schiff ist am Ende der Bö sogar schon durch den Wind.

Bei Mittelwind beachten Sie die Windfäden. Sie müssen im 1- bis 2-Sekunden-Rhythmus nach oben kippen. Wenn Sie diese Technik perfekt beherrschen, werden Sie die Fäden so kippen können, wie Sie wollen, ohne daß das Schiff auch nur ein zehntel Knoten Geschwindigkeit verliert.

Bei Starkwind ist das Schnellsegeln kein großes Problem. Jetzt ist es der Wind, der das Boot zu stark krängt und es langsam macht. Trimmen Sie die Segel flach, um den Widerstand zu verkleinern (siehe Kapitel 4). Wechseln Sie das Vorsegel oder reffen Sie das Groß, um starke Luvgierigkeit zu vermeiden. Die Windfäden dürfen jetzt immer nach oben kippen.

Bei Starkwind sind normalerweise auch die Wellen sehr hoch. Beobachten Sie diese. Steuern Sie bei unruhiger See eher voll, bei glattem Wasser eher hoch.

Jede Welle, die gegen den Steven schlägt, ist wie ein Boxhieb für ein Schiff. Vermeiden Sie die starken Schläge, weichen Sie großen Wellen aus und suchen Sie sich einen angenehmen Weg durch die See. Natürlich kann man nicht über Stunden jeder Welle ausweichen, aber man sollte versuchen ihre Wirkung möglichst klein zu halten. Dreht man ein Schiff zu seitlich in die Welle, fühlt man deren Kraft über die gesamte Rumpflänge. Bietet man ihr nur den Steven, ist die Wirkung geringer. Die Steuertechnik ist nicht kompliziert. Nähert man sich einer Welle, steuert man höher und fällt wieder ab, wenn sie den Steven passiert hat. Das Abfallen ist wichtig, um für die nächste Passage gerüstet zu sein. Das Schlimmste, was passieren kann, ist, einer großen Welle ohne Speed zu begegnen.

Vor dem Wind auf kleinen Booten ohne Instrumente

Der Unterschied zwischen hoch und langsam oder tief und schnell liegt am Wind in einem Bereich von 10 Grad. Vor dem Wind erweitert sich dieser Winkel leicht auf 25 Grad. (Was man dabei bedenken sollte, ist, daß man am Wind beim langsameren Höhesegeln einen kürzeren Weg wählt, vor dem Wind beim schnelleren Höhesegeln sich jedoch für eine längere Distanz entscheidet). Die Spur von 25 Grad kann man in jedem Regattafeld erkennen. Meist segeln alle Schiffe vor dem Wind einen anderen Kurs.

Für den Steuermann macht der Vormwindkurs durch die fehlende Luvgierigkeit *(weatherhelm)* Probleme. Es fehlt zudem die Krängung, und auch die Windfäden sind keine Hilfe. Vor dem Wind gibt es kaum ein angeströmtes Segelprofil. Was hilft, ist der Druck im Spinnaker, aber nicht jedes Schiff hat einen Spinnaker.

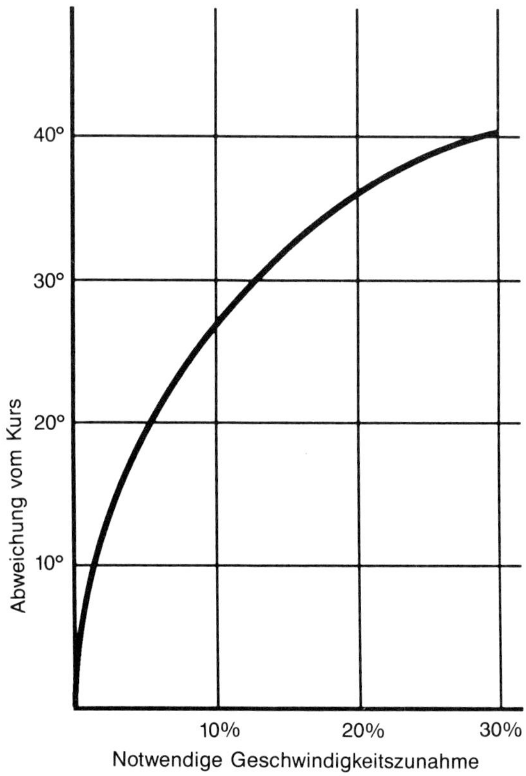

7.3 *Wieviel schneller muß man segeln, um den höheren Kurs vor dem Wind zu kompensieren?*

Um den optimalen Kurs oder Halsenwinkel herauszufinden, sollte man bei kleinen Booten vor allem die Konkurrenz beobachten. Segelt man selbst hoch und deshalb schnell, die Konkurrenz hat aber einen tieferen Kurs gewählt, der sie offensichtlich schneller zur Marke bringt, muß man selbst auch einen tieferen Kurs wählen. Irgendwann wird sich eine genügend große Erfahrung einstellen, um für verschiedene Windstärken den richtigen Halsenwinkel (also den einfallenden scheinbaren Wind) bestimmen zu können. Den Winkel liest man oben im Topp am Verklicker oder Windex ab, hilfreich sind auch Windfäden an den Oberwanten.
Nahezu alle Boote haben einen Kompaß, viele auch das Speedometer. Mit diesen beiden Instrumenten lassen sich die Halsenwinkel, respektive optimale Vormwindkurse, recht einfach ermitteln und steuern. Um einen guten Halsenwinkel zu finden, beginnt man mit dem direkten Kurs auf die Leemarke. Man merkt sich die Geschwindigkeit. Nehmen wir an, der Speed beträgt 5 Knoten. Jetzt steuert man 20 Grad höher. Entsprechend der Grafik in Zeichnung 7.3 muß die Geschwindigkeit um 5 Prozent zunehmen, damit man den längeren Weg durch höhere Geschwindigkeit ausgleicht, also zum gleichen Zeitpunkt die Tonne erreicht. Das heißt, wenn man nicht mindestens 5,25 Knoten erreicht, ist die Annäherungsgeschwindigkeit zur Tonne geringer als die auf dem direkten Weg. Der tiefere Kurs mit der langsameren Geschwindigkeit ist hier der schnellere.

Zielgeschwindigkeit am Wind

Auf großen Yachten sind die Probleme dieselben wie auf kleinen Booten. Soll ich am Wind nun tief oder hoch steuern? Da große Schiffe weit weniger sensibel sind als kleine, vertrauen die Segler nicht so sehr auf den Ruderdruck, sondern vor allem auf die Rückmeldung über Instrumente. Wer an Bord Speedometer und Windgeschwindigkeitsmesser zur Verfügung hat, der kann sich der optimalen Geschwindigkeit am Wind (Zielgeschwindigkeit, *target boat speed*) recht gut annähern.
Auf einer Kreuz kann ein Schiff mit unterschiedlichen Windeinfallswinkeln segeln. Es stellt sich die Frage, ob man schnell und tief oder langsam und hoch steuern möchte (siehe Zeichnung 7.4). Alle möglichen Kurse muß man auswerten, um den optimalen Kurs (oder die optimale Geschwindigkeit) zu finden,

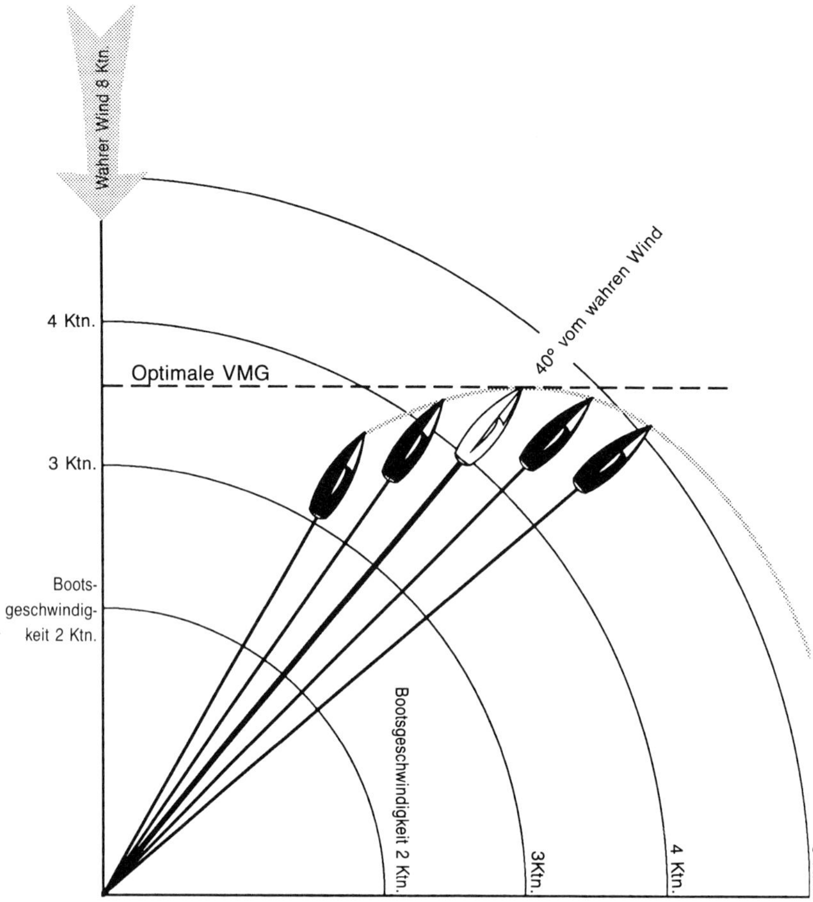

7.4 *Die optimale VMG am Wind wird durch die Formel Bootsgeschwindigkeit × Cosinus des wahren Windeinfallswinkels errechnet.*

der den größten Weggewinn gegen den Wind *(velocity made good, VMG)* bringt. Die Formel für VMG auf einem Kreuzkurs lautet : **Bootsgeschwindigkeit × Cosinus des wahren Windwinkels**. Je höher der Wert VMG, desto schneller wird der Zielpunkt erreicht. Die beste VMG wird irgendwo zwischen dem höchsten Kurs (hoch und langsam) und dem tiefsten (tief und schnell) liegen und ändert sich je nach der Windstärke. In der Zeichnung 7.4 zeigen Kurs und Geschwindigkeit des weißen Bootes die Optimium-VMG. Es wird von allen Booten, vorausgesetzt, die Bedingungen ändern sich nicht, als erstes an der Bahnmarke ankommen.

Man kann sich VMG wie eine Leiter vorstellen (siehe Zeichnung 7.5). Die Seitenteile einer Leiter verlaufen parallel zur Windrichtung, die Stufen stehen im rechten Winkel dazu. Je schneller nun ein Boot beim Kreuzen von Stufe zu Stufe gelangt, desto größer wird VMG sein. Das gleiche passiert vor dem Wind. Je schneller ein Schiff die Stufen hinuntergelangt, desto größer ist das Vormwind-VMG. (Das Leiterprinzip werden wir im nächsten Kapitel auch bei der Erklärung von Winddrehern benutzen).
Vor dem Wind läßt sich die VMG ebenfalls rechnerisch ermitteln. Die Formel lautet: **Bootsgeschwindigkeit** × **Cosinus** Θ (Θ = Abweichung vom Vorwindwinkel). Es gibt natürlich auch Computer, die VMG an Bord errechnen, aber das Ergebnis ist nur die Geschwindigkeit. Sie sind, genau wie die Formel, nicht in der Lage, einen Steuerkurs anzugeben. Das liegt daran, daß VMG nur

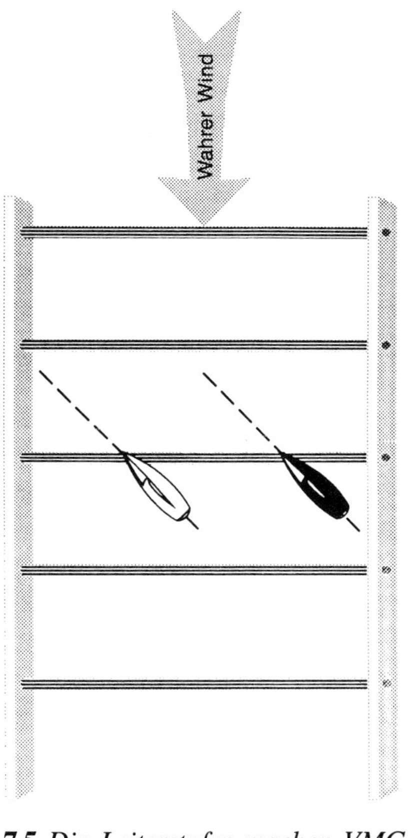

7.5 *Die Leiterstufen machen VMG deutlich.*

den Ist-Zustand errechnet. Ein Beispiel macht das deutlich. Angenommen, wir stellen unser Schiff aus voller Fahrt in den Wind. Da errechnet uns natürlich das Instrument (oder unsere Formel) eine brillante VMG. Nur das können wir nicht durchhalten. Unser Schiff wird in kurzer Zeit seine Fahrt verlieren, wir müssen abfallen, und VMG wird wieder sinken.

Die optimale Geschwindigkeit

Jede Windstärke hat eine ihr zugeordnete optimale Geschwindigkeit. Man nennt sie Zielgeschwindigkeit *(target boat speed)*. Sie ist natürlich abhängig vom Bootstyp und dem scheinbaren Wind, den eine spezielle Konstruktion entwickelt. Zum Beispiel ist die Zielgeschwindigkeit eines Ultraleichtdisplacement-Bootes (ULDB) größer als die einer gleich langen Zwölfmeteryacht. Die Zielgeschwindigkeiten werden vom Konstrukteur durch ein Geschwindigkeits-Vorhersage-Programm errechnet. Sie sind auch Bestandteil eines IMS-Meßbriefes (IMS = *International Measurement System*).

Die Zielgeschwindigkeit wird an Bord eines Schiffes wie folgt angewendet: Beträgt sie bei 8 Knoten Wind für mein Schiff 4,63 Knoten (siehe die dicke Linie in Zeichnung 7.6) und das Speedometer zeigt an, das Schiff segelt 5,04 Knoten, dann bin ich für die Windgeschwindigkeit zu schnell. Ich würde das Ziel eher erreichen, wenn ich etwas Geschwindigkeit zugunsten von mehr Höhe opfern würde. Also muß ich die Segel dichter nehmen, vielleicht sogar die Genuaholepunkte ein wenig zurückversetzen und so weit anluven, bis die Zielgeschwindigkeit unterschritten wird. Bevor das Boot zu langsam wird, muß ich wieder abfallen, unter Umständen die Segel wieder etwas öffnen; so tastet man sich an die neue Zielgeschwindigkeit heran.

Wäre meine Bootsgeschwindigket nur 4,24 Knoten, müßte ich nicht anluven, sondern etwas abfallen und die Segelstellung entsprechend ändern.

Man richtet sich also immer nach der Bootsgeschwindigkeit, nicht nach dem scheinbaren Einfallswinkel des Windes. Warum? Die Bootsgeschwindigkeit ist träger als der Windwinkel und leichter mit den Augen zu erfassen. Wir reagieren ohnehin automatisch auf den Wind. Sind wir zu langsam, fallen wir ab, sind wir zu schnell, luven wir an. Wenn ich am Ruder stehe, habe ich meist nicht die leiseste Ahnung, wie groß der optimale Winkel sein muß. Aber ich habe ein gutes Gefühl dafür, wie schnell das Schiff bei jeder Windstärke sein muß.

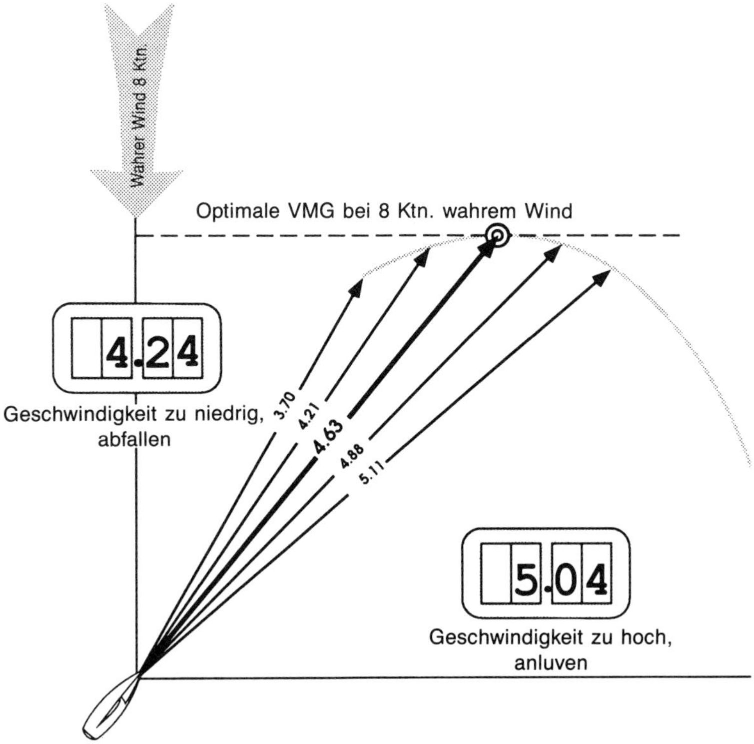

7.6 *Wie benutzt man die Zielgeschwindigkeit am Wind?*

Wir können uns merken: Bei unruhigem Wasser **tief segeln**, bei glattem Wasser **hoch segeln**. Die Zielgeschwindigkeit spiegelt diese Regel wieder. Bei 16 Knoten Wind dürfte die Zielgeschwindigkeit für ein 45-Fuß-Schiff etwa 6,28 Knoten betragen. Es wird nicht besonders schwierig sein, diese Geschwindigkeit zu erreichen, möglicherweise ist sie bei glattem Wasser sogar zu übertreffen. Also werden Sie jetzt höher steuern, um auf die 6,28 Knoten zu kommen. Ist die See unruhig, ändert das an der Zielgeschwindigkeit natürlich nichts, aber es wird nicht einfach sein, sie zu erreichen. Sie müssen einfach tiefer segeln.

Woher kommt die Zielgeschwindigkeit?

Wie im Kapitel 2 erwähnt, ist die Zielgeschwindigkeit ein Ergebnis des Geschwindigkeits-Vorhersage-Programms (VPP, *velocity prediction program*). Eine der ersten VPP-Rechnungen für Yachten wurde 1973 am Massachusetts Institute of Technology (MIT) durchgeführt und war Grundlage für die Vergütungsformel des International Measurement System. Das Rechenprogramm be-

rücksichtigt die Linien einer Yacht, deren Segelfläche, Stabilität, Verdrängung und Details wie den den Propellertyp, und sagt die zu erreichenden Geschwindigkeiten für verschiedene Windbedingungen voraus.
Das Rechenergebnis wird meist als Polardiagramm gezeichnet (siehe Zeichnung 7.7). Die wahren Windeinfallswinkel, vom Kreuzkurs bis zum Vormwindkurs, sind Vektoren. Sie schneiden Bögen, die die Bootsgeschwindigkeit darstellen.
Manchmal wird nur ein Diagramm pro Windstärke gezeichnet, um das Bild nicht zu überladen. Die Zeichnung 7.7 zeigt Bootsgeschwindigkeiten für 3, 5, 7, 10, 14 und 20 Knoten Wind auf einer Grafik. Man findet diese Angaben im

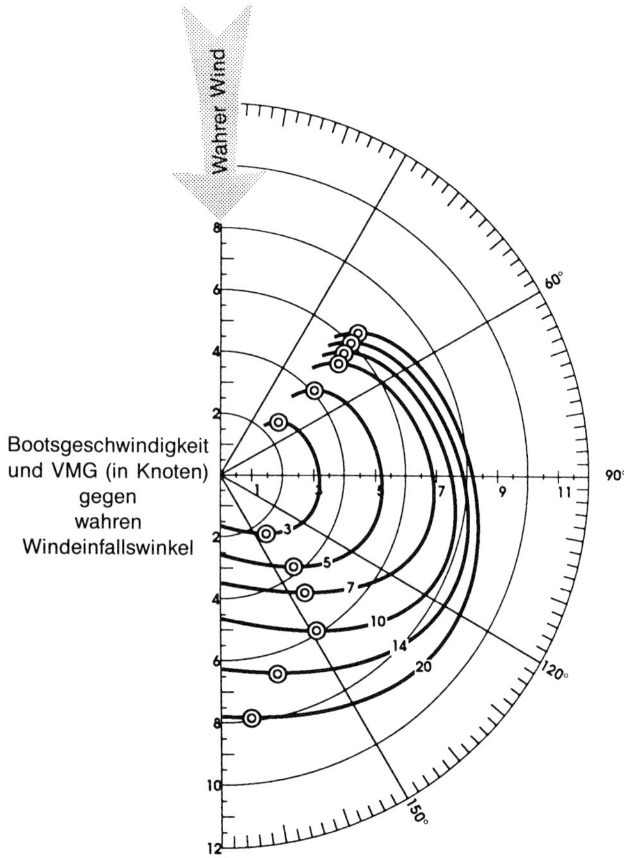

7.7 Polardiagramm einer typischen 37-Fuß-Yacht.

Sektor zwischen 120 und 150 Grad Windeinfall. Die Zielgeschwindigkeit, also die optimale Geschwindigkeit am Wind und vor dem Wind, läßt sich an den fett gezeichneten Kurven ablesen. So beträgt zum Beispiel die Zielgeschwindigkeit am Wind bei 10 Knoten Wind 5,2; bei 20 Knoten Wind 6,2. Für den Vormwindkurs beträgt sie bei 10 Knoten Wind 6 Knoten, bei 20 Knoten 8. Die technischen Abteilungen der nationalen Segelverbände kennen durch ihre Vermessungsarbeit die Zielgeschwindigkeiten von fast allen Serienyachten. Wenn Sie also eine Serienyacht haben, sollten Sie einen Standard-IMS-Meßbrief erwerben. Der zeigt die Zielgeschschwindigkeiten für sechs unterschiedliche wahre Windstärken auf allen wichtigen Segelkursen. Für einen Fahrtensegler ist das bereits genug.

Für Regattasegler ist der IMS-Meßbrief ein guter Start, um das eigene Schiff kennenzulernen. Hilfreicher als der Meßbrief ist ein Optimierungspaket *(performance package)*. Es zeigt Geschwindigkeiten für den wahren und scheinbaren Wind, ebenso Wende- und Halsenwinkel und nennt hydrostatische Daten des Bootes wie Verdrängung, benetzte Oberfläche, Ballastschwerpunkt, Stampfverhalten und Stabilität. Diese Daten helfen, ein Schiff zu optimieren und schneller zu segeln. Wer eine Einzelkonstruktion segelt und Daten über sein Schiff haben möchte, muß einen Vermesser oder den Konstrukteur beauftragen. Der Segelverband hilft Ihnen sicher bei der Suche nach dem richtigen Partner.

Nun sollte man den Zielgeschwindigkeiten im Meßbrief nicht grenzenlos vertrauen. Überprüfen Sie sie auf dem Wasser und korrigieren Sie sie. Versuchen Sie vor allem das Warum herauszufinden, wenn Ihr Schiff zu langsam ist. Es kann das Rigg sein, ein überdehntes Vorsegel, vielleicht aber auch nur ein verstelltes Speedometer. Korrigieren Sie Ihre Elektronik, aber hüten Sie sich davor, ihr grundsätzlich die Schuld an mangelhafter Geschwindigkeit zu geben.

Natürlich kann man die Zielgeschwindigkeit auch selbst ermitteln. Es erfordert eine sorgfältige Buchführung über Windwinkel, Windstärke und Bootsgeschwindigkeit. Im America's Cup arbeiten die Mannschaften für die Erstellung gültiger Zielgschwindigkeitstabellen einige hundert Stunden. Während der Vorbereitungen für den Cup von 1986/87 wurden die Daten von einem Computer aufgezeichnet und immer weiter verfeinert. Wir haben so viel Zeit auf dem Wasser damit verbracht, daß ich heute noch fast alle Zielgeschwindigkeiten der STARS & STRIPES kenne.

Am besten ist es, die Zielgeschwindigkeiten auf eine Klebefolie zu schreiben und neben das Speedometer zu kleben (siehe Zeichnung 7.8). Es gibt Firmen,

Beat

VTW	V
5.0	2.95
6.0	3.40
7.0	4.05
8.0	4.65
9.0	5.10
10.0	5.75
12.0	6.25
14.0	6.50
16.0	6.72
20.0	6.75
24.0	6.80

7.8 *Tabelle mit Zielgeschwindigkeiten für die Kreuz; VTW ist die wahre Windgeschwindigkeit, V ist die Bootsgeschwindigkeit.*

die diese Daten auf einen Mikrochip (EPROM) übertragen, der in den Bordcomputer eingesetzt wird. So kann man über ein Cockpitinstrument ablesen, bei welchem Windwinkel oder welcher Windgeschwindigkeit man wie schnell segeln muß. Auf der Stars & Stripes hatten die Segeltrimmer und der Steuermann so ein Instrument. Zeigte es zum Beispiel −.17, war das Schiff um 17 Hundertstel zu langsam. Auf dem Amwindkurs mußte ich also abfallen und mehr Geschwindigkeit aufbauen. Da der Segeltrimmer an der Genua dieselbe Information hatte, unterstützte er mich. Er fierte die Genua und korrigierte den Holepunkt.

Amwind-Zielgeschwindigkeit und Windstärke

Die Zeichnung 7.9 ist eine andere Darstellung von Polardiagramm-Daten. Hier wird die Zielgeschwindigkeit der wahren Windstärke gegenübergestellt. Der Wind wurde im Diagramm in drei Zonen eingeteilt: 0–10 Knoten, 10–14 Knoten und 14–24 Knoten. In der Zone von 0–10 Knoten steigt die Kurve sehr steil an, fast wie eine Gerade. Eine Yacht von 37 Fuß Länge hat eine Geschwindigkeitszunahme von ungefähr 1/3 Knoten pro Knoten Wind. Da die Steigerung der Zielgeschwindigkeit in diesem Windbereich so groß ist, sollte man ihr grundsätzlich Beachtung schenken.

Über 14 Knoten Wind flacht die Kurve ab und verläuft fast horizontal. Die Geschwindigkeit über 14 Windknoten nimmt nur noch sehr gering zu. Das liegt daran, daß ein Schiff bei dieser Windstärke schon sehr nahe an der eigenen Rumpfgeschwindigkeit segelt (siehe auch Kapitel 2). In diesem Bereich ist die Zielgeschwindigkeit nicht sehr entscheidend.

Der Bereich zwischen 10 und 14 Knoten ist schwierig, und deshalb gewinnt die Zielgeschwindigkeit wieder an Bedeutung. Kleine Windänderungen können sie stark beeinflussen. Außerdem ist dies der Windbereich, in dem wir am meisten segeln.

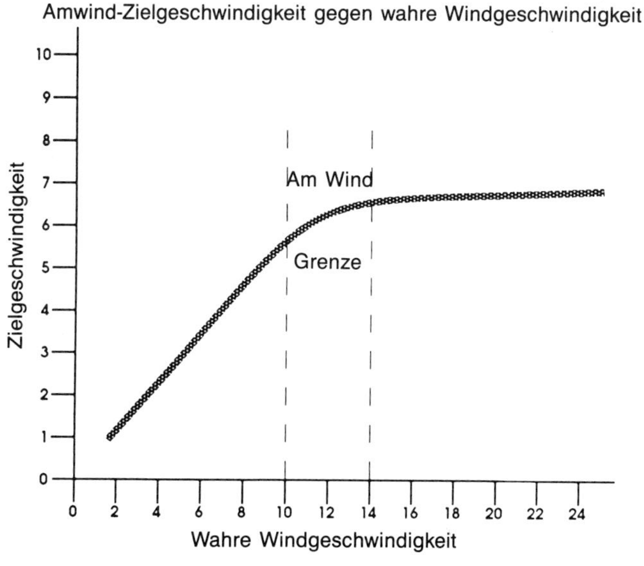

7.9 *Die Zielgeschwindigkeit im Verhältnis zur wahren Windgeschwindigkeit.*

Es gibt ein paar Regeln, die man während einer Wettfahrt beachten sollte. Ist man langsamer als die Zielgeschwindigkeit, hat es keinen Zweck, durch Höhesegeln zu versuchen, einen Gegner auf dem gleichen Bug am Passieren in Luv zu hindern. Man sollte versuchen, die Situation bereits früh zu erkennen; also erst Geschwindigkeit aufnehmen und dann Höhe steuern.
Mit zu niedriger Geschwindigkeit auf dem Steuerbordbug sollte man auch kein vorfahrtberechtigtes Schiff vor dessen Steven zu kreuzen versuchen. Auch hier gilt: erst die Zielgeschwindigkeit erreichen, dann passieren. Zu großen Raum nach Lee sollte man allerdings für solche taktischen Manöver nicht opfern.

Abbacker bei sich ändernder Windstärke

Eines der schwierigsten Dinge im Segeln ist, den Unterschied zwischen einer geschwindigkeitsabhängigen Drehung *(velocity shift)* und einer tatsächlichen Drehung zu erkennen. Das gilt sowohl für Abbacker als für Lifts (Zieher). Mit Hilfe der Zielgeschwindigkeit ist das etwas einfacher, zudem hilft sie uns, die richtige strategische Antwort zu finden.
Erinnern wir uns an das Dreieck für die Erklärung des scheinbaren Windes in der Zeichnung 4.9. Segelt man in ein Windloch hinein, wird TW (wahrer Wind) kürzer. Das ändert die Seitenverhältnisse im Dreieck. Kürzen wir also die Linie TW, muß die Linie AW (scheinbarer Wind) rechts herum drehen. Auf einem Schiff auf dem Steuerbordbug ist die Rechtsdrehung ein Abbacker. Da sich die Windrichtung des wahren Winds gar nicht geändert hat, sondern nur die scheinbare Windgeschwindigkeit, bezeichnen wir die Drehung als geschwindigkeitsabhängige Drehung. Beginnt nun ein Schiff durch die geringere Windstärke langsamer zu werden, wird auch VS im Dreieck kleiner. Mit dem Ergebnis, daß AW wieder den alten Winkel einnimmt.
Stellen Sie sich vor, Sie segeln in ein Windloch, in dem der Wind von 9 auf 5 Knoten nachläßt. Der scheinbare Windwinkel wird vorlich wandern, die Windbändsel aufsteigen, vielleicht wird sogar das Vorliek der Genua einfallen. Diese Informationen sagen dem Steuermann eigentlich, daß er abfallen muß. Aber soll er wirklich?
Bei einer scheinbaren Drehung nicht; man sollte eher höher steuern. Und das liegt an der Zielgschwindigkeit. Segelt man in ein Loch, ist der Bootsspeed für die neue Windstärke eigentlich viel zu hoch. Deshalb kann man ruhig — anders als die Windfäden anzeigen — höher steuern und so lange zusätzlichen Weg

nach Luv (VMG) gutmachen, bis das Schiff so langsam ist, wie es sein sollte. Erst dann fällt man wieder ab. Hätte man sich an die Windfäden gehalten, wären einige Bootslängen nach Luv (VMG) verloren.
Das schwierige ist und bleibt, zu erkennen, ob der Wind abgenommen oder gedreht hat. Wie löst man das Problem? Zuerst einmal müssen Sie herausfinden, ob der Wind abgenommen hat. Blicken Sie auf Ihre Elektronik. Finden Sie heraus, ob Ihr Boot weniger Druck hat und ob es weniger krängt als die Konkurrenz. Wenn Sie meinen, all das träfe zu, dann befinden Sie sich in einem scheinbaren Dreher. Ermitteln Sie, wie groß die Drehung tatsächlich ist. Sind es weniger als 5 Grad oder mehr? Kleine Dreher sind meist nur scheinbare Dreher, keine wirklichen Abbacker. Große Drehungen sind echte Abbacker.
Ist die Drehung klein und der Wind leicht, gehen Sie davon aus, es handelt sich um eine scheinbare Drehung. Halten Sie Kurs oder steuern Sie hoch, bis die Geschwindigkeit einzubrechen beginnt. Bleiben Sie auf jeden Fall auf Kurs, solange Sie nicht wissen, um was für eine Art Drehung es sich handelt. Wissen Sie, daß es sich um einen echten Abbacker handelt, dann fallen Sie ab, so wie es die Windfäden anzeigen.
Denken Sie daran, daß die Winkel im Dreieck die alten Verhältnisse haben werden, sobald das Schiff wieder mit der richtigen Zielgeschwindigkeit segelt. Die Strategie, auf unterschiedliche Drehungen richtig zu reagieren, ist besonders bei Windgeschwindigkeiten im Bereich von 0–10 Knoten wichtig. In diesem Bereich gibt es die größten Geschwindigkeitsänderungen (siehe Zeichnung 7.9), und man kann viel gewinnen oder verlieren.

Lift bei sich ändernder Windstärke

Wenn man eine Bö bemerkt oder in ein Gebiet mit mehr Wind hineinsegelt, wird man einen windgeschwindigkeitsabhängigen (scheinbaren) Lift feststellen. Auch das läßt sich in der Zeichnung 4.9 ablesen. TW wird gößer, AW dreht links. Eine Linksdrehung ist für ein Schiff auf dem Steuerbordbug ein Lift; es kann höher segeln. Bei einer scheinbaren Drehung, ausgelöst durch zunehmenden Wind und nicht durch eine Richtungsänderung, werden die Windfäden in Lee der Genua fallen, was dem Steuermann anzeigt, er soll höher steuern. Soll er wirklich?

Auch in diesem Fall muß man die Zielgeschwindigkeit bedenken. Sie ist in diesem Moment für den neuen Wind zu niedrig. Deswegen sollte man nicht anluven — was jeder Segler in dieser Situation instinktiv machen würde —, sondern abfallen, die Segel fieren und Geschwindigkeit aufbauen. Erst wenn die korrekte Zielgeschwindigkeit erreicht ist, wird man die Segel wieder dichter nehmen und Höhe steuern. Ein scheinbarer Lift läßt sich an der dunkleren Wasserfärbung und am Gefühl (mehr Krängung) leichter erkennen als ein scheinbarer Abbacker. Eine Bö ist fast immer nur ein scheinbarer Lift. Das Schiff krängt, die Segel haben mehr Druck, und man bemerkt die Beschleunigung. Auch bei einem scheinbaren Lift gilt: Wenn Sie nicht wissen, was los ist, halten Sie Kurs.

Zielgeschwindigkeit vor dem Wind

Vor dem Wind steuern ist schwierig, weil es nur wenig Hilfestellung gibt. Ich bin lange nicht mehr als Crew auf einem Schiff gesegelt, aber ich erinnere mich an Ted Turner, zu dessen Mannschaft ich 1974 auf der MARINER gehörte. Ted steuerte vor dem Wind außergewöhnlich gut. Er hatte ein Gefühl dafür, wann er anluven oder abfallen mußte. Turner hatte Talent für den „richtigen Rhythmus" und war meiner Überzeugung nach vor dem Wind viel besser als am Wind. Ich selbst habe leider dieses Rhythmusgefühl nicht, also verlasse ich mich auf die Zielgeschwindigkeit.

Vor dem Wind gibt es für jede Windstärke eine optimale Bootsgeschwindigkeit. Sie bringt ein Schiff am schnellsten an das Ziel, sei es eine Bahnmarke während einer Wettfahrt oder der Hafen, den ein Fahrtensegler anlaufen will. In der Zeichnung 7.10 liegt die optimale Geschwindigkeit für 8 Knoten wahren Wind bei 3,87 Knoten. Ist meine Geschwindigkeit 3,58, bin ich zu langsam. Beträgt sie 4,21, bin ich zu schnell. Ich werde also bei letzterem abfallen und so lange einen näheren Kurs zur Marke wählen, bis die Bootsgeschwindigkeit mit der Zielgeschwindigkeit übereinstimmt.

Hat man die Zielgeschwindigkeit erreicht, sollte man versuchen mit dem richtigen Windwinkel zu segeln, der im Polardiagramm abzulesen ist. Der Winkel Θ ist in Zeichnung 7.10 abzulesen.

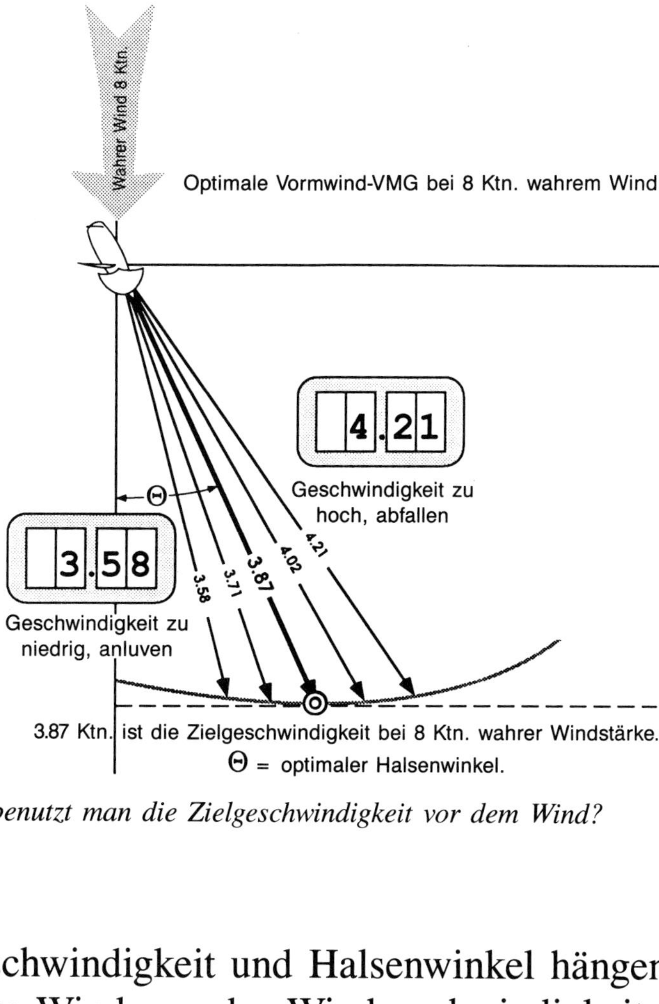

7.10 *Wie benutzt man die Zielgeschwindigkeit vor dem Wind?*

Zielgeschwindigkeit und Halsenwinkel hängen vor dem Wind von der Windgeschwindigkeit ab

Die Darstellung 7.11 zeigt verschiedene Möglichkeiten, mit Hilfe der Polardiagramm-Daten zu segeln (siehe auch Zeichnung 7.7). Oben erkennt man die Abhängigkeit der Zielgeschwindigkeit vor dem Wind von der Windstärke. Unten erkennt man die Abhängigkeit des Halsenwinkels (Windeinfallswinkels) von der Windstärke.
Es gibt in beiden Grafiken der Zeichnung 7.11 drei Zonen. In der oberen, wo die Zielgeschwindigkeit im Verhältnis zur wahren Windgeschwindigkeit dargestellt wird, ist zu erkennen, daß in der ersten Zone (0–8 Knoten) die Kurve

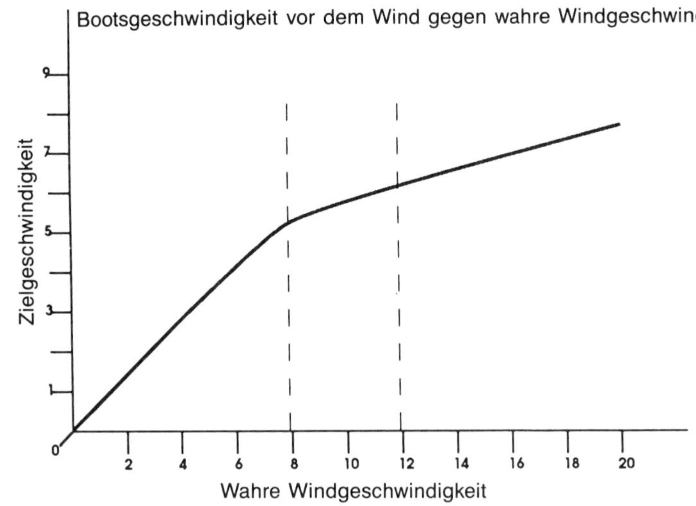

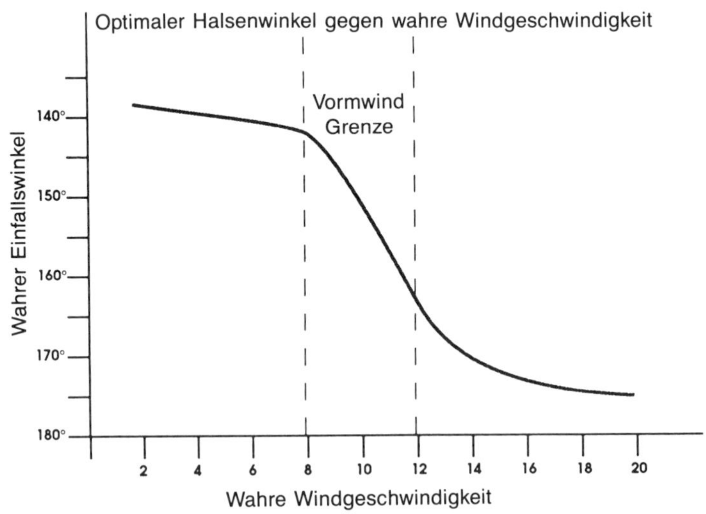

7.11 *Die Zielgeschwindigkeit in Abhängigkeit der wahren Windgeschwindigkeit (oben) und der optimale Halsenwinkel in Abhängigkeit der wahren Windgeschwindigkeit (unten).*

linear und recht steil ansteigt. In dieser Zone nimmt die Geschwindigkeit um etwa einen halben Knoten pro wahren Windknoten zu. Das ist beträchtlich, und darum sollte man im Windbereich von 0–8 Knoten die Zielgeschwindigkeit

unbedingt erreichen. Sie sollten wirklich alles dafür tun und nicht zu lange warten.
In der unteren Grafik steht der optimale Halsenwinkel in Bezug zur wahren Windgeschwindigkeit. Auffällig ist, daß sich die Halsenwinkel im Bereich von 0–8 Knoten Wind kaum verändern. Sie liegen zwischen 145 und 140 Grad. Das liegt an der schnell zunehmenden Bootsgeschwindigkeit.
Interessant ist die mittlere Zone beider Grafiken. Während die Zielgeschwindigkeiten fast konstant gleich bleiben, verändern sich die Halsenwinkel recht stark. Diese Zone nennen manche Segler die Vormwind-Hürde. Nur ein Knoten Windzunahme bedeutet für eine 37-Fuß-Yacht einen veränderten Halsenwinkel von 5 Grad. In der Zone von 8–12 Grad setzt man nicht auf Bootsgeschwindigkeit, sondern vor allem auf den richtigen Halsenwinkel. Über 12 Knoten Wind sind beide Kurven recht gleichmäßig, daß heißt, in dieser Zone lassen sich weder große Gewinne noch Verluste machen.

Zusammenfassung:
Bei 0–8 Knoten Wind konzentrieren Sie sich auf die Zielgeschwindigkeit.
Bei 8–12 Knoten Wind konzentrieren Sie sich auf den Halsenwinkel.
Über 12 Knoten Wind segeln Sie frei. Fallen Sie in Böen ab, um Distanz auf die Marke gutzumachen. Steuern Sie bei weniger Wind hoch, um Geschwindigkeit aufzunehmen (mehr darüber im Kapitel 8).

Der scheinbare Abbacker vor dem Wind

Genau wie am Wind verursacht auch vor dem Wind abnehmende Windgeschwindigkeit einen scheinbaren Abbacker. Wenn Sie in eine Zone mit weniger Wind hineinsegeln, ist die Geschwindigkeit des Schiffes eigentlich zu groß. Darum nutzen Sie jetzt die Gelegenheit abzufallen — machen Sie Leeweg gut, denn das bringt Sie näher zur Leemarke. Steuern Sie erst wieder höher, wenn die Bootsgeschwindigkeit stark nachzulassen beginnt. Wird das Schiff vor dem Wind zu langsam, ist es schwierig, es wieder auf Speed zu bringen.
Verhalten Sie sich neutral, wenn Sie nicht entscheiden können, ob Sie in einen windstärkenabhängigen Abbacker hineingesegelt sind oder nicht. Steuern Sie stur geradeaus.

Der scheinbare Lift vor dem Wind

Nimmt die Windstärke vor dem Wind zu, zum Beispiel in einer Bö, wandert der scheinbare Windwinkel achterlicher. Man hat das Gefühl in einem Lift zu segeln. Segeln Sie also in eine Bö hinein, ist die Zielgeschwindigkeit anfangs zu langsam für die neue Windstärke. Luven Sie deshalb erst einmal an, um schneller zu werden. Wenn Sie jetzt abfallen (es gibt ja die Regel: „in Böen abfallen, in Flauten anluven“), dann würde der scheinbare Windwinkel noch achterlicher wandern. So läßt sich die neue Zielgeschwindigkeit sehr schwer erreichen.

Raumschotskurs

Das Steuern auf einem Raumkurs ist bei leichter bis mittlerer Windstärke keine große Kunst. Segeln Sie den Kompaßkurs und lassen Sie sich möglichst von Konkurrenten in Luv nicht überholen (mehr darüber im Kapitel 10).
Auch Ruderdruck ist auf dem Raumschotskurs kein großes Problem, darum holen Sie aus den Segeln heraus, was drin ist. Trimmen Sie das Profil möglichst voll mit der größten Profiltiefe weit hinten. Die Segeltrimmer müssen dem Kurs des Steuermanns folgen, das heißt, sie müssen die Segel nach den Windbändseln einstellen. Luv- und Leefaden sollten immer anliegen.
Das Steuern bei Starkwind ist eine schwierigere Aufgabe. Zeitweise muß der Steuermann am Rad oder an der Pinne von einer zweiten Person unterstützt werden, um die auftretenden Kräfte in den Griff zu bekommen. Und manchmal sind zwei Personen nicht mal genug. Auf Raumkursen bringt viel Segelfläche eben viel Geschwindigkeit, aber leider auch viel Ruderdruck. Das macht es mühsam, in Ausnahmefälle auch unmöglich. Zuviel Segelfläche verursacht bisweilen ein Aus-dem-Ruder-Laufen des Schiffes. Normalerweise passiert das unter Spinnaker, doch auch Schiffe ohne Spinnaker laufen aus dem Ruder.
Was passiert? Der Spinnaker krängt das Schiff zu stark, und die Krängung erzeugt zusätzlichen Ruderdruck — das Boot schießt in den Wind. Manchmal gelingt es einem Steuermann, das zu verhindern, indem er vor Beginn der starken Krängung abfällt. Wir erinnern uns, daß man auf einem stürmischen Reachkurs das Unterliek des Großsegels nicht auffieren sollte, um den Ruderdruck möglichst gering zu halten (Kapitel 4). Es hilft auch, wenn ein Crewmitglied

mit dem Baumniederholer arbeitet, so daß die Großbaumnock nicht durchs Wasser gezogen wird.

Wie man das In-den-Wind-Schießen vermeidet

Ein Sonnenschuß unter Spinnaker (so nennen die meisten Segler das Aus-dem-Ruder-Laufen) läßt sich nur durch gute Zusammenarbeit von Steuermann und Segeltrimmer verhindern. Manchmal kündigt sich der Vorgang an. Ein Boot beginnt raumschots kräftiger als normal zu rollen und krängt dabei stark nach Luv. Jetzt heißt es Gegenruder geben. Oft bemerkt nur der Steuermann am Ruderdruck, daß er die Kontrolle verliert. Aber es gibt Momente, da geht alles zu schnell.

Gibt es jedoch Anzeichen, werden die Segel nacheinander gefiert. Erst achtern dann vorn. Man beginnt mit der Großschot und dem Baumniederholer, es folgt das Staysail (wenn gesetzt). Dann läßt man die Spinnakerschot los, und zwar schnell und so weit, daß das Segel einfällt. So nimmt man den Druck vom Ruderblatt. Fieren Sie niemals den Achterholer des Spinnakers!

Helfen alle Maßnahmen nicht (meist, weil der Spinnaker nicht schnell genug einfällt), steuern Sie in den Wind hinein, damit der Spinnaker zusammenbrechen kann. Wenn das Schiff anluvt, wandert der scheinbare Windeinfallswinkel achterlicher und krängt es noch stärker. Wie wir wissen, sind Ruderdruck und Krängung keine glückliche Verbindung.

Folgende Maßnahmen von Steuermann und Segeltrimmer machen das In-den-Wind-Schießen erträglich, wenn es schon nicht zu vermeiden ist:

Wenn das Ruder gelegt ist, das Boot aber nicht mehr reagiert, stellen Sie es wieder gerade. Fieren Sie die Segel, wie beschrieben, von achtern nach vorn. Wenn sich das Schiff nach dem Sonnenschuß wieder aufrichtet, wird immer noch genügend Geschwindigkeit vorhanden sein. Mit klappernden Segeln fallen Sie nun hart auf den Raumkurs ab. Das hilft, einen weiteren Sonnenschuß zu verhindern, was normalerweise geschieht, wenn sich der Spinnaker wieder füllt. Nur weil ein Schiff nach dem Aufrichten zu langsam ist, passiert das, und der zweite Schuß fällt normalerweise heftiger aus als der erste. Liegt das Schiff auf raumem Kurs, trimmen Sie die Segel von vorn nach achtern und tasten Sie sich an den alten Kurs wieder heran.

Steuern in der Wende

Ein kleines Schiff durch ein Wendemanöver zu steuern ist, wie bereits erwähnt, keine schwierige Aufgabe. Man beginnt langsam zu drehen und beschleunigt die Drehung, je näher der Steven in den Wind kommt.

Ein großes und schweres Kielschiff zu wenden erfordert eine andere Technik. Man muß den Schwung des Schiffes ausnutzen und Luvweg (VMG) gewinnen. Wie bei den scheinbaren Drehungen beschrieben, läßt sich für kurze Zeit eine größere VMG erreichen, wenn man ein Schiff mit Überhöhe segelt (in diesem Fall eine maximale VMG, die Bootsgeschwindigkeit wird ja direkt gegen den Wind erreicht). Übrigens, so segelt man auch über die Ziellinie.

Wenn man also ein Kielschiff bei glattem Wasser und gutem Wind wendet, sollte man in jeder Wende einige Meter gegen Luv gutmachen. Die Wende wird vielleicht etwas langsamer sein, aber der Weggewinn nach Luv gleicht das allemal aus.

Die Technik funktioniert so: Lassen Sie das Schiff vom Ruderdruck allein in die Wende segeln, und steuern Sie mit Pinne oder Rad möglichst wenig. Bei wenig Wind sollte das Crewgewicht einen Leetrimm erzeugen und das Großsegel stark geschlossen werden. Erst wenn der Bug durch den Wind gegangen ist, unterstützen Sie die Drehung durch aktives Steuern.

Während einer Rollwende (siehe Kapitel 6) sollte der Steuermann auf der Luvseite sitzen bleiben. Aus der neuen Position in Lee kann er sehen, wie sich das Vorsegel wieder füllt. Segelt das Schiff bei leichtem Wind auf dem neuen Bug, sollten die Segel ein Stück gefiert werden. Die Genuaholepunkte können während der Wende außen liegen und müssen erst wieder auf die Innenposition verlegt werden, wenn die Geschwindigkeit ihr Maximum erreicht hat. Bei leichtem Wind muß die Höhe nach einer Wende nicht optimal sein. Bauen Sie erst Geschwindigkeit auf, bevor Sie den richtigen Kurs segeln.

Bei stärkerem Wind ist das anders. Dann wollen Sie mit dichten Segeln aus der Wende kommen und möglichst sofort die maximale Höhe steuern. Versuchen Sie bei Wind und Seegang möglichst schnell auf den neuen Bug zu kommen.

Die Wende ist nicht nur ein Bugwechsel auf der Kreuz, sie ist auch eine taktische Maßnahme, und deshalb sollte man sie nicht durch verräterische Bewegungen an Bord ankündigen. An anderer Stelle habe ich über die ENTERPRISE im America's Cup 1977 geschrieben. Skipper war damals Lowell North und Steuermann Malin Burnham. Burnham war Starbootsegler und konnte sich damals an das Steuerrad nicht gewöhnen. Er baute eine Pinne auf das Rad und konnte so von Luv aus im Sitzen steuern. Um zu wenden, mußte Burnham aufstehen und sich hinter das Rad stellen, was der Konkurrenz signalisierte, daß die ENTERPRISE nun für eine Wende bereit war.

Gleiten und Surfen

Ein leichtes Boot mit einem flachen Boden kann auf Raumschots- oder Vormwindkursen die eigene Bugwelle hinuntergleiten (siehe Kapitel 2). Bei genügend Wind sollten Sie deshalb das Schiff durch Trimmen möglichst gerade segeln und das Crewgewicht weit achtern konzentrieren. Versuchen Sie mit den Segeln und wenig mit dem Ruder zu steuern, denn zuviel Ruderausschlag bremst die Fahrt und behindert unter Umständen gerade den wichtigen Schub in die Gleitphase. Wenn Winddruck fehlt, pumpen Sie mit der Großschot. Aber nicht zu stark und nicht dauernd, denn das verbieten die Wettfahrtregeln. Wenn ein Boot gerade nicht in eine Welle hineinfallen will, hilft es auch, wenn die Crew ihr Gewicht schnell nach vorn bewegt und gleich wieder zurück. Natürlich ist auch diese Technik, aktiv und aggressiv betrieben, den Regeln nach nicht erlaubt. Auf Raum- und Vormwindkursen können von achtern anlaufende Wellen ein Schiff in die Gleitphase hineinschieben.

Größere, schwere Yachten gleiten nicht, sie surfen eine Welle hinunter und manchmal auch über sie hinweg. Deshalb muß eine große Yacht auf Geschwindigkeit gebracht werden, bevor eine von hinten anrollende Welle am Heck eintrifft. Um das zu erreichen, muß der Steuermann das Schiff kurz anluven und, wenn die Welle unter dem Heck hindurchlaufen will, hart abfallen. Man kann nicht jede Welle perfekt erwischen, und nicht jede See eignet sich zum Surfen.

Mit zunehmendem Speed passiert es schon mal, daß sich der Steven in die vorauslaufende Welle bohrt, bevor die nachlaufende das Heck erreicht hat. Fahren Sie nicht hinein, luven Sie an und beginnen das Spiel von vorn.

Manchmal sind die Wellen zwar ideal, aber der Wind ist zu leicht. Oft hilft es schon, das Crewgewicht weiter vorn im Schiff zu plazieren. Das verringert die benetzte Fläche, und mit etwas Glück erwischt man dann einige gute Rutscher.

Günstig sind Wellen, die genau in Windrichtung laufen. Schlecht sind schräg von der Luvseite anlaufende Wellen, die den Steuermann zum Abfallen zwingen. Die Gefahr einer Patenthalse ist groß. Dieses ungewollte Manöver ist nicht nur für das Material gefährlich. Der Baum kann unerwartet halsen, und das führt zu schweren Kopfverletzungen. 1979 ist im SORC in einer Patenthalse ein Crewmitglied durch Kopfverletzungen ums Leben gekommen. Hat man ein 7/8-Rigg, kann der Baum brechen, wenn er auf das Backstag trifft. Auch eine Bullentalje, die die Crew schützt, ist keine ideale Lösung. Halst das Schiff nämlich durch, steht der Baum in Luv fest und das Schiff wird in die Sonne schießen.

Leider gibt es keine wirklich gute Lösung. Eine Bullentalje würde ich nur bei Leicht- oder Mittelwind einsetzen, wenn die Gefahr einer ungewollten Halse gering ist. Bei Wind kann sie zu mehr Problemen führen, als sie löst. Die Crew sollte grundsätzlich vorsichtig sein und die Bewegungen des Schiffes jederzeit nachvollziehen können. Will man eine Bullentalje verwenden, dann sollte man sie nicht auf einer Klampe festsetzen (üblicherweise auf dem Vorschiff), sondern zurück ins Cockpit auf eine Winde lenken. So läßt sich im Falle einer Patenthalse der Großbaum kontrolliert fieren. Ist der Großbaum bei einem 7/8-Rigg in das Backstag geschlagen, befreien Sie ihn vorsichtig aus seiner Falle. Holen Sie erst das zweite Backstag an, bevor Sie ihn gemeinsam mit dem Stag langsam wegfieren.

KAPITEL 8

Strategie: Wind, Wetter und Strom

Ein großer Bereich des Segelns, besonders des Regattasegelns, ist Kopfarbeit — eine Art Schach auf dem Wasser, das von Strategie und Taktik beherrscht wird. Strategie ist nach meiner Definition das Reagieren auf die Faktoren Wind, Wetter und Strom. In den Bereich der Strategie fallen zum Beispiel Entscheidungen, wie man einen Regattakurs oder eine bestimmte Törndistanz möglichst schnell absegeln kann, *ohne* dabei andere Schiffe zu beachten. Schon allein das macht Strategie für Fahrten- und Regattasegler interessant. Zur Strategie kommt die Taktik, die man als Aktionen und Reaktionen aufgrund konkurrierender Boote in einer Wettfahrt definieren könnte.*

Um es anders auszudrücken: Strategische Entscheidungen unterliegen größtenteils Naturgesetzen, taktische der menschlichen Natur; manche meinen im übrigen, letztere seien mit den Gesetzen des Dschungels durchaus vergleichbar.

Obwohl das Augenmerk dieses Kapitels auf der Regattastrategie liegt und es um Wetter, Strom und Winddrehungen geht, so lassen sich die Inhalte doch leicht auch auf das Fahrtensegeln übertragen. Für solche, die das bezweifeln, hier ein Beispiel:

Stellen Sie sich vor, Sie segeln mit Kurs West im Long Island Sound von Westport, Connecticut, nach Greenwich. Der Wind aus Südwest nimmt zu, und die

---

* In Wahrheit lassen sich Strategie und Taktik nicht ganz klar voneinander trennen, denn sie überschneiden sich, wie das Kapitel 10 zeigen wird. Auf die Taktik haben auch die Wettfahrtregeln, beschrieben im Kapitel 9, großen Einfluß.

Tide steht kurz vor dem Wechsel auf Flut. Dem Wetterbericht nach soll demnächst eine Kaltfront passieren. Was machen Sie? Segeln Sie über Backbordbug unter die Küste von Long Island, wo die See vielleicht weniger ruppig ist, oder gehen Sie über Steuerbord an die Küste Connecticuts? Die richtige Antwort: Der Steuerbordschlag in Richtung Connecticut wird Sie schneller nach Greenwich bringen und voraussichtlich sogar weitaus bequemer als unter der Long Island-Küste.

Ist diese Information nun für Fahrten- oder Regattasegler von Bedeutung? Die Antwort ist eindeutig: für beide. Die Grundlagen, solche und andere strategische Entscheidungen treffen zu können, finden sich in diesem Kapitel.

Planung

Ich bin natürlich immer in der Lage, auf einer Segelyacht zu improvisieren, aber mir liegt es mehr, schon vor dem Start einer Wettfahrt einen realistischen Plan zur Verfügung zu haben.

Mein Ziel war es nie, nur in einer bestimmten Situation oder in einer Wettfahrt brillant zu sein. Mein Ziel ist immer, dauerhaft gute Leistungen auf hohem Niveau zu bringen. Diese Philosophie hat sich ausgezahlt.

Um einen guten Plan, ob für eine Wettfahrtserie oder einen Törn, entwickeln zu können, sollte man sich mit folgendem auseinandersetzen: mit dem zu segelnden Kurs, der Windstärke und -richtung, der Segelauswahl, Strom und Tide, den Gegnern, den Segelanweisungen (im Falle einer Wettfahrt) und den Qualitäten der Mannschaft. Lange vor einer Wettfahrt oder einem Törn beginne ich, diese Bausteine zu einem Plan zusammenzufügen.

Später dann verwende ich den Plan, nur Teile davon oder manchmal auch nichts. Trotzdem halte ich meine Vorgehensweise für richtig, denn wer sich nicht frühzeitig mit den möglichen Problemen einer Wettfahrt oder eines Törns auseinandersetzt, dem wird später auf dem Wasser bei sich verändernden Situationen nur wenig Zeit bleiben, richtige Entscheidungen zu treffen.

Meteorologie

Ein entscheidender Teil der Planung ist, den Wind in Richtung(en) und Stärke(n) vorauszusehen. In einem Rennen zu wissen, was der Wind machen wird, ist, als ob man die Börsenkurse von morgen schon heute lesen würde.
Ein Blick auf den America's Cup zeigt, wie die Meteorologen dort arbeiten. Obwohl die Cup-Fachleute natürlich auf hochwertige Technik zurückgreifen können, so sind die Vorgehensweisen eines Meteorologen und die eines Seglers doch gleich. Ein Skipper hat nur weniger Quellen zur Verfügung.
Wetter ist das Produkt eines komplexen Zusammenspiels von Temperaturen, Wolken, Landmassen, Ozeanen, Eis, Staub, Schnee, Vulkanen, verdunstendem Wasser und vielem mehr. Die Herausforderung, das Wetter voraussagen zu können, beschäftigt heute Supercomputer, deren Programme nach der Methode „vereinfachter Annahmen" *(simplified assumptions)* arbeiten. Anders ausgedrückt, Meteorologen überlegen sich, wie das Wetter werden könnte, und überprüfen später den Wahrheitsgehalt ihrer Annahme. Diese Technik ist Gegenstand des Kapitels.
Während der America's Cup-Vorbereitung verwenden wir lokale Wetterinformationen aus einer Zeitspanne von 20 Jahren (wenn verfügbar). Daraus wird, wie es die Wetterleute nennen, eine regionale Klima- Analyse erstellt. Alle Informationen werden vom Computer auf brauchbare Daten hin untersucht, mit denen sich typische Wetterbedingungen zu einer bestimmten Jahreszeit bestimmen lassen. Der Wert dieser Daten ist unterschiedlich. Manchmal unterscheiden sie sich weit von dem, was wir auf der Regattabahn vorfinden, aber einige Male passen unsere Analysen auch genau.
Um die Daten statistisch brauchbarer zu machen, verwenden wir möglichst solche, die zur Jahreszeit genommen worden sind, in der wir später segeln. Für den America's Cup von 1992 in San Diego also Daten von 12.00 Uhr mittags bis etwa 17.15 Uhr in den Monaten von Januar bis Mai. Festgestellt werden im Zehnminuten- oder im Stundenrhythmus die Windstärke und -richtung sowie die Wellenfrequenz und -höhe.
1987 (in Perth) und 1992 haben das für uns Lee Davis und Chris Bedford von Galson Technical Services gemacht. In San Diego brachte Galson zwei Tonnen aus, eine südlich von Point Loma, eine westlich davon. Ebenfalls eingesetzt wurden ein elf Meter hoher Meteorologie-Meßturm in einem Parkgelände an der nahegelegenen Mission Bay und ein Doppler-Akustik-Sounder (SODAR) am Südufer der San Diego Bay (davon später mehr).

Die Datenaufzeichnung beginnt normalerweise zwei Jahre vor der eigentlichen Cupveranstaltung. Diese Zeitspanne ist wichtig, denn es besteht immer die Möglichkeit, daß man ein Jahr mit untypischem Wetter erwischt. Eine Zweijahresmessung gleicht Abnormitäten statistisch aus. Hinzu kommt, daß die Yachtkonstrukteure zwei Jahre vor der Regatta mit ihrer Hauptarbeit beginnen. Meteorologische Analysen beeinflussen eine Reihe von Konstruktionsmerkmalen, wie die Länge der Wasserlinie, die Größe der Segelfläche und das Verhältnis von Ballast zu Verdrängung.

Wetterinformationen lassen sich auf verschiedene Weise darstellen. Recht nützlich ist zum Beispiel die Windrose: eine Grafik, die Windrichtung und -stärke darstellt. (Die Zeichnung 8.1 zeigt eine Windrose für das Gebiet von Newport/Rhode Island.) In einem Computer-Testprogramm, ausgestattet mit allen

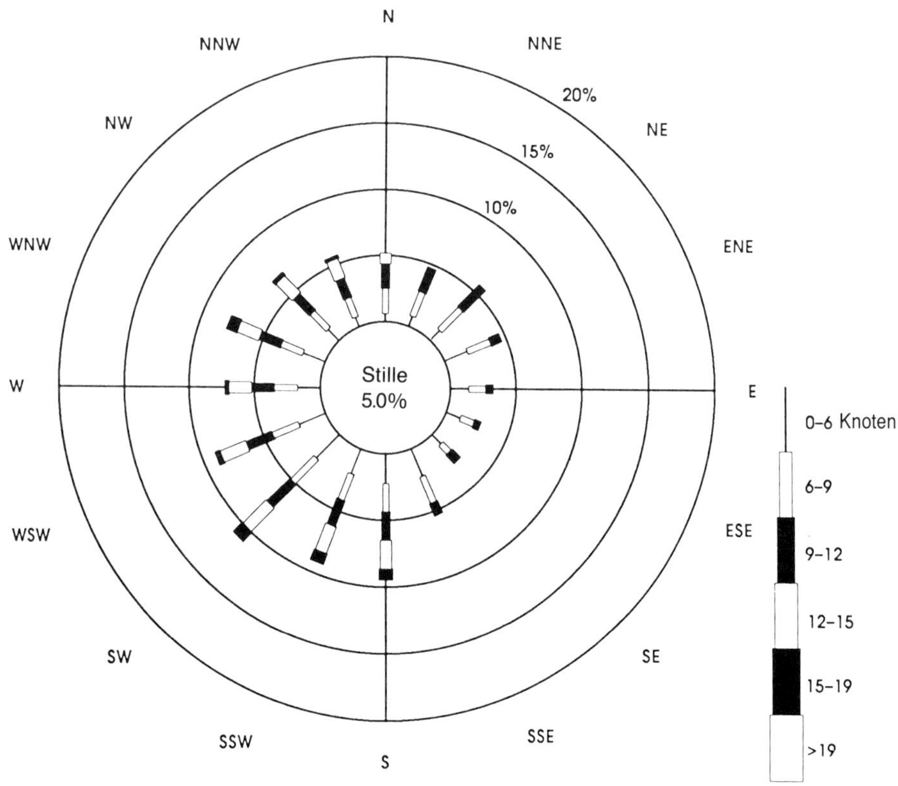

8.1 *Windrose für Newport, Rhode Island. Westliche und südwestliche Winde herrschen vor.*

meteorologischen Daten, lassen die Designer dann verschiedene Konstruktionen bei bestimmten reviertypischen Wetterverhältnissen „segeln". So wird zum Beispiel um 12.20 Uhr bei 10 Knoten Wind aus 180 Grad gestartet. Die See ist kabbelig. Um 12.50 Uhr weht es mit 13 Knoten aus 225 Grad, und so weiter. Mit so einem Wettermodell als Hilfe lassen sich kritische Konstruktionsmerkmale einer Yacht für das Revier erkennen und beseitigen.

Neben dem Einsatz im Konstruktionscomputer verwendet man Wetterinformationen natürlich vor allem für die Vorhersage. Während der Wettfahrten im America's Cup 1986/87 in Westaustralien konnten wir 32 Wettersituationen statistisch modellieren. Von diesen 32 traten 8 Modelle besonders häufig auf. Wir waren in Australien schon früh morgens in der Lage, das richtige Wetter herauszusuchen, und konnten auf der Regattabahn mit hoher Wahrscheinlichkeit prognostizieren, was passierern würde.

Beobachtungen wie in Perth oder San Diego sind aufwendig — sie kosten mehrere hunderttausend Dollar. Trotzdem ist diese Art der Vorbereitung vielen guten Seglern nicht fremd. Alle beginnen mit einer Windvoraussage aufgrund von Beobachtungen (Wolken, Temperatur, Winddreher usw.) und vergleichen sie mit der Wirklichkeit: War die linke Seite besser, war es die Mitte, oder war es rechts?

In Newport wird oft auflandiger Wind vorausgesagt — die Seebrise aus Südwest. Dieser Wind kommt normalerweise erst aus Süd und dreht dann nach Südwest. Anzeichen für die Drehung sind dort kleine Cumulus-Wolken, die sich über dem Land bilden. Sind sie da, heißt es, daß sich das Land erwärmt. Dann kommt der Wind und dreht. Wenn sich diese Wolken nicht bilden, dann wird der Südwester mit großer Wahrscheinlichkeit nicht kommen, allenfalls einige kleine Unregelmäßigkeiten in der Richtung und Stärke aufweisen. Wer solche revierbezogenen Informationen hat, kann sich strategisch auf die Situation hervorragend einstellen.

Im Kapitel 5 habe ich beschrieben, warum ich mich nicht darum kümmere, „wie" einige Dinge funktionieren, solange sie nur überhaupt funktionieren. Es gibt genügend Dinge im Segeln, um die man sich zu kümmern hat, ohne sie begreifen zu müssen. In diesem Kapitel habe ich auf besonders komplizierte Inhalte verzichtet. Es genügt, die entscheidenden Wetterindikatoren für die Strategie zu nutzen.

Wind

Drei Windtypen sind beim Segeln wichtig: gradienter Wind, thermischer Wind und geographischer Wind.

Gradienter Wind

Gradienter Wind entsteht zwischen großen Wettersystemen. Zum Beispiel strömt Wind aus einem Hochdrucksystem in ein Tiefdrucksystem (siehe Zeichnung 8.2). Typisch für gradienten Wind ist, daß er aus der Höhe bis hinunter auf die Erdoberfläche weht und so den Wind, mit dem wir segeln, beeinflußt.

Wind in einem Hochdruckgebiet ist kälter, trockener und dichter als der in einem Tiefdruckgebiet. Solche Luft ist stabil, und hoher Luftdruck ist im allgemeinen mit gutem Wetter verbunden. Wind im Tiefdruckgebiet ist warm, feucht und dünn. Und wir alle wissen, daß niedriger Luftdruck nicht selten schlechtes Wetter bedeutet.

Das Zentrum eines Hochdruckgebietes wird in der Wetterkarte mit einem **H**, das eines Tiefdruckgebietes mit einem **L** (T) bezeichnet. Im Zentrum eines typischen Hochs herrschen 1016 Hektopascal (hPa) oder mehr, im Tief 1010 hPa

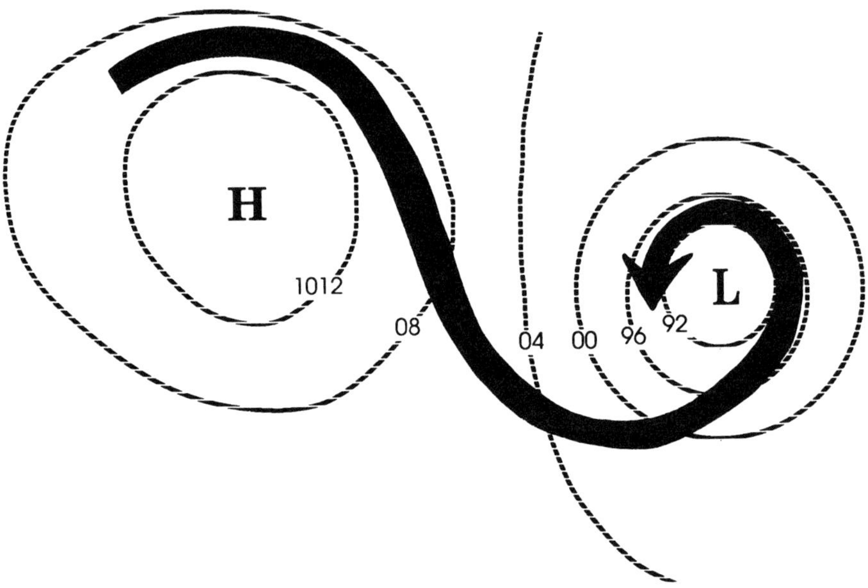

8.2 *Wind weht aus einem Hochdruck- in ein Tiefdruckgebiet. Er weht rechts herum (im Uhrzeigersinn) in einem Hoch und links herum in einem Tief.*

oder weniger. Durch längeres Beobachten eines Barometers läßt sich feststellen, daß bei schnell abfallendem atmosphärischen Druck (1,7 hPa pro Stunde) sich oft ein Tiefdruckgebiet und ein auch Sturm nähern. Sturm ist im allgemeinen mit einem gegen den Uhrzeiger (links herum) drehenden Wind verbunden. Zum Beispiel von Südost nach Nordost. In Nordamerika kennen wir diesen Wind als den ungeliebten Nordoster *(infamous nor'easter)*. Ein steigendes Barometer kündigt zumeist gutes Wetter an, vor allem, wenn der Wind westlich (rechts herum) dreht.

Auf der nördlichen Hälfte der Erdkugel dreht der Wind rechts um ein Hoch und links um ein Tief (siehe Zeichnung 8.2). Er weht immer aus einem Hochdruck- in ein Tiefdruckgebiet. Die Stärke ist dabei abhängig von der Differenz der Luftdrücke in Hoch und Tief. Man kann das mit einem Stein erklären, der einen Berg herunterrollt. Je höher der Berg (Hochdruck) und je tiefer das Tal (Tiefdruck), desto schneller wird der Stein rollen.

Die Richtung des Windes hängt von den Positionen der Druckzentren zueinander ab. Passiert das Zentrum eines Tiefs nördlich vom eigenen Standort (auf der Nordhalbkugel), wird der Wind rechts herum drehen — rechtdrehend ist der Fachausdruck. Passiert das Tief südlich, wird der Wind gegen den Uhrzeigersinn drehen, man nennt das rückdrehend.

Das Passieren von Fronten ist ein weiteres Phänomen, das man beachten sollte. Auf einer Wetterkarte ist die vordere Kante einer Kaltfront als Linie mit kleinen Dreiecken eingezeichnet. Das Passieren so einer Kaltfront kann schlechtes Wetter bedeuten: Starkwind, Gewitter sowie starke Regenschauer sind keine Seltenheit. Kaltfronten nähern sich schnell und meist ohne erkennbare Anzeichen. Manchmal lassen sie sich durch das plötzliche Auftreten von Cumulonimbus-Wolken identifizieren — Segler nennen sie Gewitterwolken. Dieser Ausdruck ist nicht falsch, denn mit Erscheinen der Cumulonimbus-Wolken treten häufig Gewitter und Schauer auf.

Beim Durchzug einer Kaltfront wird der Wind, normalerweise kommt er in solchen Situationen aus Südwest, abrupt nach Nordwest drehen (erinnern wir uns an das Connecticut-Beispiel am Kapitelanfang). Der starke gradiente Wind strömt auf die Oberfläche und beeinflußt die dort herrschende Windrichtung. Ist die Kaltfront durchgezogen, ist der Wind unstabil in Stärke und Richtung. Ist mit solchen Wettersituationen vor einer Wettfahrt zu rechnen, besorge ich mir Wetterkarten aus den letzten Tageszeitungen (über weitere Wetterinformationen später mehr). Dann studiere ich die Bewegungen der Front oder des Tiefs in bezug auf den Regattatermin und meine Position. Die Isobaren — Linien auf der Wetterkarte, die Punkte gleichen Luftdrucks verbinden — geben Auskunft über die Windrichtung. Im allgemeinen weht der Wind parallel zu den Isobaren. Je dichter diese Linien zusammenliegen, um so stärker weht der Wind.

Verglichen mit den Ereignissen beim Durchzug einer Kaltfront, ist das Passieren einer Warmfront wenig dramatisch. Die Front kündigt sich deutlich und frühzeitig an. Normalerweise 12 bis 36 Stunden vorher sind die Zeichen zu erkennen. Die Wolkenbilder (siehe Zeichnung 8.3) ziehen von rechts nach links und verändern sich von Cirrus zu Cirrostartus, zu Altostratus, dann folgen Stratus (Nimbostratus, wenn es regnet), und am Schluß sind Cumulus-Wolken zu erkennen. Auf der Wetterkarte ist eine Warmfront als Linie mit Halbkreisen eingezeichnet. Beim Durchzug wird der Ostwind über Süd nach Südwest drehen.

Es gibt noch eine Mischform aus Kalt- und Warmfront, die Okklusion. Sie ist der Warmfront im Verlauf ähnlich. Beim Passieren wird der Wind über Westen nach Nordwest drehen, ähnlich wie man es bei einer Kaltfront erwartet. Das Kartensymbol einer Okklusion sind Halbkreise und Dreiecke im Wechsel an

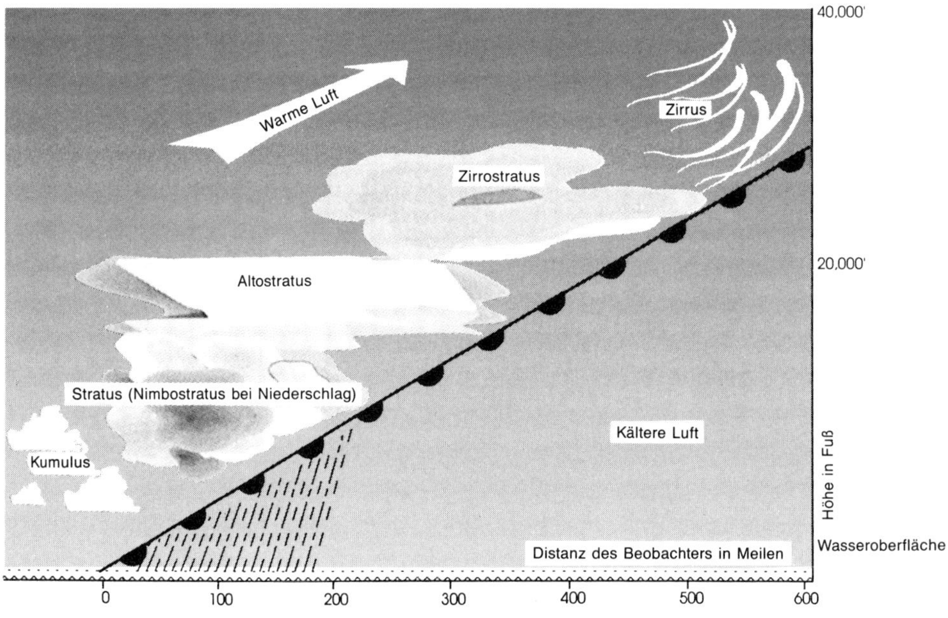

8.3 *Die Annäherung einer Warmfront.*

einer Linie. Sind diese Symbole nicht auf einer Seite der Linie eingezeichnet, sondern stehen sich gegenüber, handelt es sich um eine stationäre Front, die sich, wie der Name sagt, nur sehr langsam oder gar nicht bewegt.

Thermischer Wind

Land erwärmt sich und kühlt schneller ab als Wasser. Die Temperaturdifferenz zwischen Land und Wasser verursacht den sogenannten thermischen Wind. Meist ist das Phänomen regional begrenzt, im Unterschied zu gradientem Wind. An warmen, sonnigen Tagen erhitzt sich das Land schnell. Die Luft über dem Land erwärmt sich und steigt auf, vergleichbar mit dem Aufsteigen eines Heißluftballons. Im Steigen kühlt die Luft wieder ab, und dabei entstehen häufig kleine Cumulus-Wolken (siehe dazu die Zeichnung 8.3). Cumulus-Wolken sind die besten Zeichen, daß sich thermischer Wind, man nennt ihn Seebrise, entwickelt. Die kältere und dichtere Luft, die über dem Wasser liegt, strömt auf das Land zu, um die aufgestiegene Warmluft zu ersetzen. Ein Kreislauf entsteht, denn die obenliegende Warmluft fließt nun in Richtung Meer, wird dabei kälter und fällt wieder ab.

Man kann sich dieses Phänomen wie ein Rad vorstellen (siehe dazu die Zeichnung 8.4). Wenn der Höhenwind (der gradiente Wind) in entgegengesetzte Richtung zum Wind auf der Oberfläche weht, dann wird dieses „thermische Windrad" noch beschleunigt, denn oben wird die aufs Meer zurückfließende Warmluft angeschoben. Es ist auch möglich, daß der gradiente Wind zu stark ist und die Seebrise behindert. Wie wir wissen, hat gradienter Wind die Tendenz, auf die Oberfläche zu fließen. Passiert das, wirkt er wie eine Bremse auf den Thermikkreislauf. Um das Einsetzen und die Stärke einer Seebrise richtig vorhersehen zu können, muß man wissen, welchen Einfluß der gradiente Wind auf sie nehmen wird.

Eine Seebrise entsteht meist draußen auf See und bewegt sich dann, wie eine Minifront, auf die Küste zu. Da eine Seebrise normalerweise kräftiger ist als der übliche Wind, lohnt es sich, einen Schlag auf See hinaus zu machen, um das zu nutzen. Oft läßt sich die Brise auf dem Wasser als dunkle Färbung, manchmal sogar als eine diesige Wand erkennen, die in Richtung Küste zieht.

Je größer der Temperaturunterschied zwischen Land und Wasser ist, desto stärker wird der Seewind sein. Aus diesem Grund treten besonders kräftige thermische Winde auch im Frühjahr auf, wenn das Wasser noch kalt ist. Im Spätsommer sind die Temperaturunterschiede nur gering.

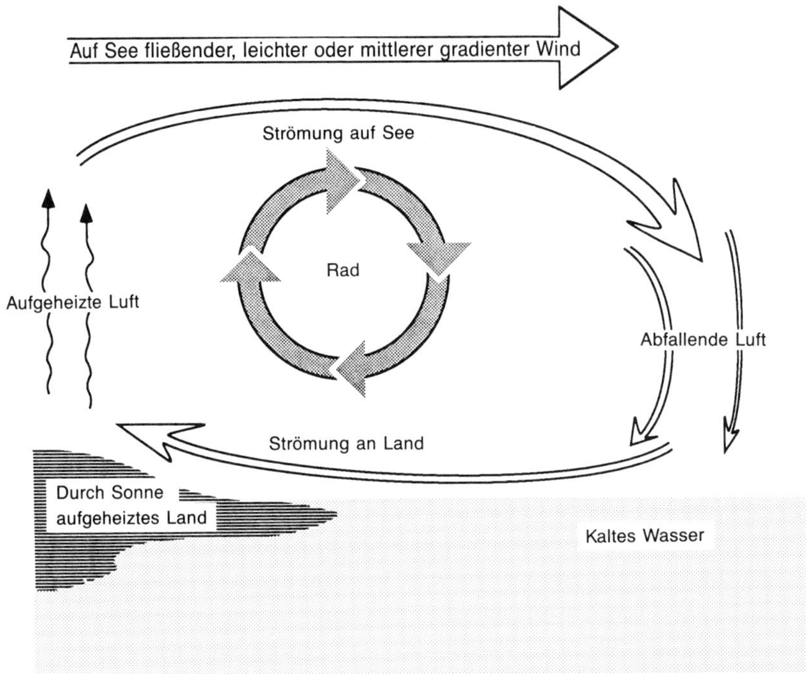

8.4 *Das Thermikrad kommt in Schwung.*

Ein extremes Thermik-Phänomen gibt es in Fremantle/Westaustralien, wo der America's Cup 1987 gesegelt wurde. Dort gibt es meist keine Bewölkung und einen in Gegenrichtung ziehenden gradienten Wind, der das Thermikrad jeden Tag auf eine Geschwindigkeit von 18 bis 26 Knoten antreibt.

Fremantle Doctor nennt die Bevölkerung diese täglich wiederkehrende Seebrise ehrfurchtsvoll, wahrscheinlich, weil man am Rande der heißen Wüste sonst nicht leben könnte. Es gibt im übrigen dort auch die Version, der Wind hieße Fremantle Docker, weil der Seewind aus Südwest früher die Rahsegler an die Docks der Hafenstadt an der Mündung des Swan Rivers blies. Wenn es auch Widersprüche mit dem Namen gibt, wie der Wind entsteht, ist eindeutig: Vor der Küste trifft das kalte, antarktische Wasser des Indischen Ozeans auf die heiße Wüste.

Auf der nördlichen Hälfte der Erdkugel tendieren thermische Winde beim Entstehen nach rechts (im Uhrzeigersinn, rechtdrehend) zu schwenken. Auf der Südhalbkugel hingegen drehen thermische Winde nach links (rückdrehend, gegen den Uhrzeigersinn). Grund dafür ist die Erdrotation, die Wind und Wasserströmung ablenkt (Coriolis-Kraft).

Die Rechtsdrehung auf der Nordhalbkugel beträgt ungefähr fünf Grad pro Stunde. Deshalb wählt man während einer Seebrise im Normalfall die rechte Seite des Kurses (auf der Südhalbkugel würde man entsprechend die linke Seite bevorzugen). Eine Drehung in nur eine Richtung nennt man **bleibende** Drehung, sie ist das Zeichen für die sich entwickelnde Seebrise. Hat sich der Wind zu seiner vollen Stärke ausgebildet, wird aus der bleibenden Drehung oftmals eine schwingende. Ein Wind, der hin- und herpendelt wie ein Metronom. Erst am Nachmittag, wenn die Sonnenkraft abnimmt und der Wind schwächer wird, stellt sich die bleibende Drehung wieder ein. Das ist natürlich auch tagsüber möglich, wenn die Bewölkung zunimmt.
Nachts fällt die Land- unter die Wassertemperatur, so entsteht dann Küstenwind. Dieser Landwind, man nennt ihn gelegentlich auch Abflußwind, beginnt dicht unter dem Ufer zu wehen, und es zahlt sich besonders nach heißen Sommertagen aus, nachts dicht an der Küste entlangzusegeln. Im allgemeinen ist Landwind jedoch nicht so stark wie die Seebrise, und wenn es tagsüber noch stark bewölkt oder sehr kühl war, wird er nur schwach sein.

Geographischer Wind

Geographischer Wind, also Wind, der durch den Einfluß von Landmassen gesteuert wird, ist eine mikrometeorologische Erscheinung. Man muß sich vorstellen, daß sich der Wind, ähnlich wie eine Flüssigkeit, den Weg des geringsten Widerstands sucht. Er weht Flüsse hinunter, in Buchten hinein, um Häuser herum und über Inseln hinweg. Für einen normalen Landmenschen sind geographische Einflüsse auf den Wind schwer zu erkennen. Wie beim Voraussagen von thermischen Winden benötigt man entweder gute Revierkenntnisse oder eine Menge Erfahrung. Natürliche und auch künstliche Hindernisse beeinflussen die Stärke und Richtung des Windes. Hat man zum Beispiel die Wahl zwischen einem Kreuzschlag auf See oder an Land, zahlt sich der Landschlag meist mit einem Zieher *(lift)* aus (siehe dazu die Zeichnung 8.5). Das ist so, weil der Wind durch größere Reibung mit dem Land mehr abgelenkt wird als über dem Wasser. Die Gefahr bei einer Entscheidung für den Landschlag ist, daß man zu nahe kommt und dort die Windgeschwindigkeit nachläßt.
Man geht also mit dem gradienten Wind den Handel mehr Höhe gegen weniger Geschwindigkeit ein. Ist es jedoch ein thermischer Wind, eine Seebrise also, wird er dicht am Ufer sogar stärker wehen. Bevor man nun also eine strategische Entscheidung trifft, sollte man wissen, um was für einen Windtyp es sich handelt.

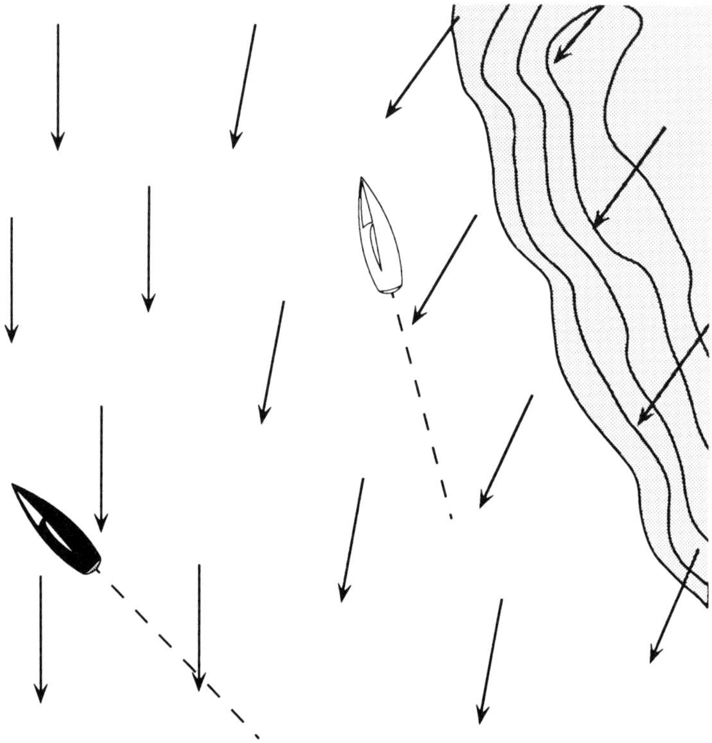

8.5 *Land kann den Wind ablenken. Ein Lift nahe der Küste ist die Folge.*

Während meiner drei America's Cup-Serien in Newport habe ich mit Halsey Herreshoff, einem Nachkommen der berühmten Bootsbauer- und Konstrukteursfamilie, gesegelt. Er ist in Bristol auf Rhode Island geboren und hat viel Zeit auf den Gewässern rund um Newport verbracht. Herreshoff kennt sich natürlich mit dem Wetter dort sehr gut aus, und auf seine Tips konnte man sich stets verlassen.

Wenn ich auf einem mit unbekannten Revier segeln will, suche ich normalerweise vorher Kontakt mit einheimischen Seglern. Sie freuen sich, wenn man Interesse zeigt, und helfen gern. Mich interessieren vor allem die thermischen und geographischen Winde und auch die Strömung.

Woher bekommt man Wetterinformationen?

Wetterinformationen gibt es überall. Lokale Fernseh- und Radiostationen senden Wetterberichte, und nahezu alle Tageszeitungen drucken Karten. Zwar sind sie oft älter und meist nicht sehr genau, doch kann man ihnen durchaus Beachtung schenken. Leider sind Isobaren nur selten in die Wetterkarten von Zeitungen eingezeichnet, und auch Fernsehwetterberichte zeigen diese Linien nur unzureichend. Ganz unnütz sind diese allgemein gehaltenen Berichte dennoch nicht. Immerhin läßt sich feststellen, wie stark der Wind weht, und auch die generelle Richtung stimmt. So helfen sie uns bei der Törnplanung und tragen ein Stück zur Sicherheit auf See bei.

Weitaus wichtiger sind für Segler natürlich die offiziellen Wetterberichte und spezielle Wassersportinformationen, die in Küstenregionen im Radio gesendet werden. Besondere Beachtung sollte man den Stationsmeldungen schenken, aus denen sich thermische Winde, manchmal sogar geographische Ablenkungen ablesen lassen. Stationsmeldungen von Flughäfen (Windstärke und -richtung) sind ebenfalls hilfreich. Sie lassen sich über Funk oder Telefon abhören, übrigens auch Gespräche vom Flugzeugcockpit mit dem Tower (über 118–135.975 MHz). Offizielle Berichte sollte man immer mit dem Wetter vergleichen, das gerade herrscht, und dann daraus eigene Rückschlüsse ziehen. Es geht schließlich darum, aus allen zur Verfügung stehenden Daten für ein bestimmtes Revier eine Prognose zu erstellen, mit der sich eine Strategie entwickeln läßt. (Übrigens, offizielle Wetterberichte geben meiner Erfahrung nach aus Sicherheitsgründen sehr häufig zu hohe Windstärken an. Man sollte das bedenken.)

Es gibt natürlich noch jede Menge andere Wetterinformationen. So zum Beispiel Wetterfax, das man direkt an Bord empfangen kann, ebenso wie professionelle Voraussagen für 12, 20, 36 und 40 Stunden. Natürlich kann man gegen Gebühr Wetterkarten auch über Telefax anfordern. Besser, moderner und natürlich auch teurer sind Satellitenbilder (zum Beispiel vom Meteosat), die den direkten Zustand des Wetters von einer erdnahen Flugbahn aus zirka 800 Kilometer Höhe übertragen. Mit einem Satellitenbild verfügt man über die gleichen Beobachtungen, die auch den Wetterämtern zur Verfügung stehen. Besser kann man sich nicht informieren, denn selbst Wetterfaxberichte sind meist zwischen 6 und 24 Stunden alt. Hinzu kommt, daß der Faxsatellit geostationär auf einer Höhe von 35 000 Kilometern steht, also weitaus größere Gebiete abdeckt und damit ungenauer sein muß.

Man hat zwar als Segler für die Analyse von hochwertigen Informationen keinen Meteorologen zur Hilfe, aber Meteosatbilder lassen sich mit ein wenig Übung ganz gut interpretieren. In einem Computer lassen sich Satellitenbilder auch speichern und auf dem Bildschirm noch vergrößern. So kann man sich das Wetter im Gebiet, in dem man segeln möchte, recht genau ansehen. Sehr teure und hochauflösende Systeme sind in der Lage, Wasserströmungen zu zeigen, sogar Wirbel (wie etwa *Eddies* im Golfstrom an der Küste Floridas) und Temperaturunterschiede von nur einem Grad.
Mit guten VGA-Bildschirmen erreicht man Darstellungen, die denen im Fernsehen ebenbürtig sind. Ein tragbarer 286er Computer mit einer 20-Megabyte-Festplatte und ein EGA-Bildschirm reichen bereits aus, natürlich sind ein 386er mit mehr RAM und ein VGA-Monitor besser. Es gibt in den USA einen Anbieter für ein Bordsystem (Pro Tech Marine, Portsmouth/RI), das auf dem Einseitenband arbeitet. Spaß macht im übrigen ein System für den Hausbetrieb, das Satelliteninformationen über ein Modem per Telefonleitung in den Computer bringt (Accu Weather, Novato/Kalifornien).
Wer sich mehr mit Wetter beschäftigen will, dem rate ich einen Meteorologiekursus zu besuchen. Solche Abendkurse werden in den Wintermonaten in einigen Städten sogar speziell für Segler gemacht.
Bei wichtigen Regatten wie America's Cup, BOC (Einhand-um-die-Welt-Rennen), kann man heute auf die Hilfe von Wetterprofis nicht mehr verzichten. Es gibt sogar Kursberater (Routeure), die den Skippern den schnellsten aktuellen Kurs in einer Langstreckenwettfahrt oder bei einem Rekordversuch über Funk mitteilen. Die Dienstleitungen von Kurs- und Wetterberatern nutzen heute auch schon Langfahrt- oder Weltumsegler.
Moderne Wettervoraussagetechnologie mag manchen beeindrucken, aber man muß ihr, trotz aller Technik, skeptisch gegenüberstehen. Die Vorhersagen sind heute zwar wesentlich genauer als früher, doch sie sind weit entfernt davon, perfekt zu sein. Betrachten Sie sie als Hilfe, nicht als Evangelium.

Strömung

Wenn es auf dem Revier, auf dem Sie segeln, keinen Strom gibt oder der Strom dort immer in dieselbe Richtung fließt, muß man ihn in die Strategie nicht einbeziehen. Aber Vorsicht, Strom gibt es auch dort, wo man ihn nicht vermutet. Er kommt nicht nur auf Ozeanen vor, sondern auch auf Flüssen und Seen.

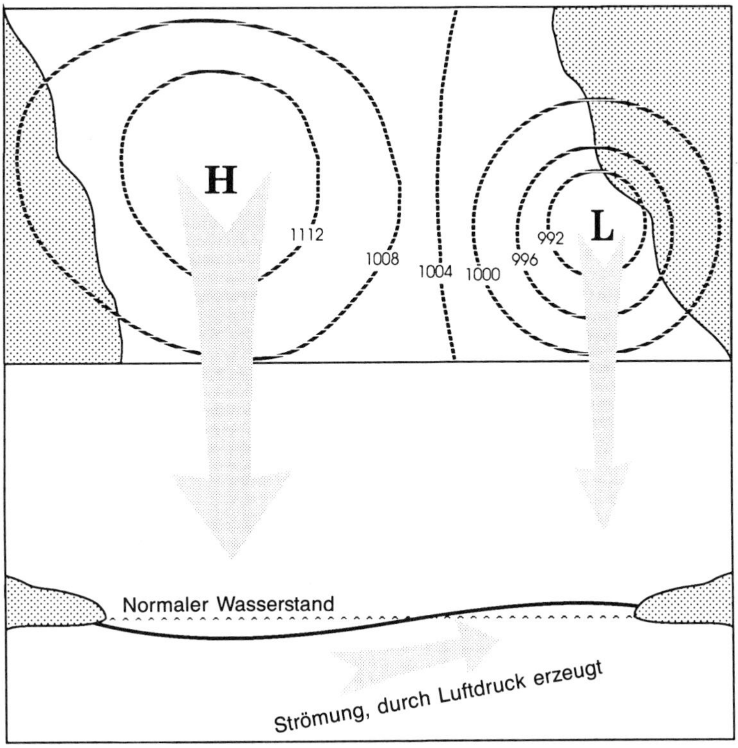

8.6 *Atmosphärischer Druck erzeugt Strömung.*

Was ist Strom? Strömung ist ein horizontaler Wasserfluß, Tide hingegen ist ein vertikaler Fluß. Es gibt keine Tide ohne Strömung, Strömung ohne Tide aber gibt es.

Starker Wind, der einige Zeit aus derselben Richtung über einen See weht, kann in einer Bucht oder auf einer Seeseite ein große Menge Wasser aufstauen. Dreht der Wind oder wird er schwächer, fließt das Wasser wieder zurück. Beides, der Hin- und Rückfluß des Wassers, verursacht Strömung.

Ähnliches passiert, wenn dichte Luft aus einem Hochdruckgebiet auf die Oberfläche fließt und Wasser in Richtung eines Tiefdruckgebietes schiebt (siehe Zeichnung 8.6). Strom entsteht natürlich auch aufgrund der Gravitation. Wir kennen das von Flüssen, wo das Wasser bergab fließt. In den Mündungen, wo sich Flüsse in die Ozeane entleeren, findet man beide Stromarten: Strömung und Tide. Solche Reviere sind für viele Segler eine Herausforderung. Zum Beispiel der Columbia River, Amerikas zweitgrößter Fluß, stellt uns in seiner

Mündung in den Pazifik vor echte Probleme. In Europa sind die schwierigen Verhältnisse des Solent, auf dem der Admiral's Cup gesegelt wird, besonders berüchtigt.
Aber auch normale Seeströme, wie der Golfstrom und der kalifonische Strom, haben extremen Einfluß auf die Strategie.

Tide

Die Anziehungskräfte von Sonne und Mond veranlassen das Wasser der Ozeane, in Wellenform dem Zug des Mondes rund um die Erde zu folgen (siehe Zeichnung 8.7). Auf dem Wellenkamm haben wir den höchsten Punkt der Flut.

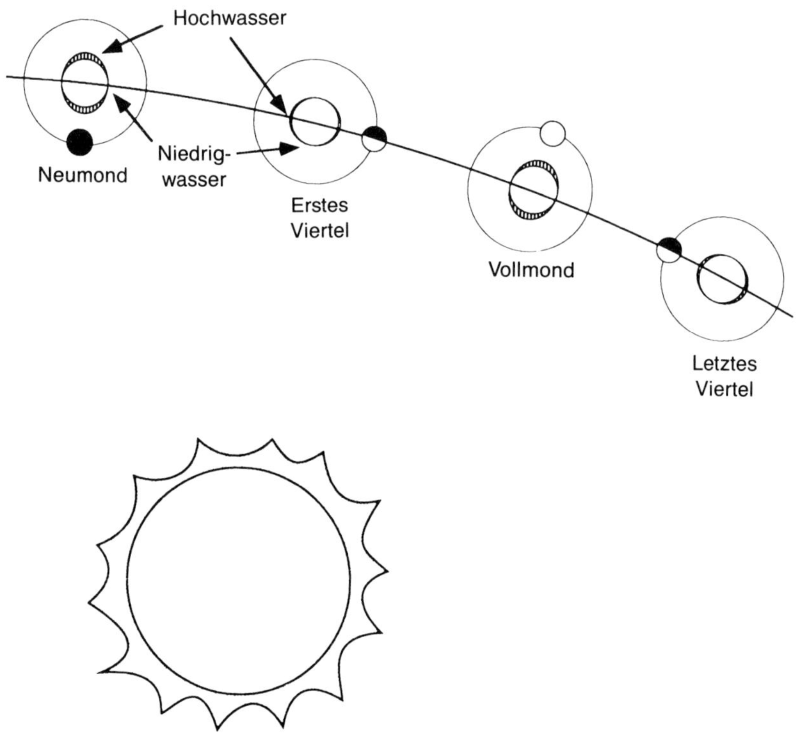

8.7 *Die Stellung von Sonne, Mond und Erde bestimmt die Höhe der Tiden.*

Genau auf der entgegengesetzten Seite der Erdkugel gibt es einen zweiten Wellenkamm, und genau zwischen beiden liegt der niedrigste Stand der Ebbe. Manchmal liegen alle drei Körper — Sonne, Erde und Mond — exakt in einer Linie (Voll-oder Neumondphase). In dieser Konfiguration sind die Tiden höher als normal. Niedrigere Tiden finden wir, wenn Sonne, Erde und Mond im rechten Winkel zueinander stehen (siehe erstes und letztes Viertel in der Zeichnung 8.7).

Es gibt Momente, wo sich die Kräfte von Tidenstrom, Wind und der Druckunterschiede addieren. Das führt zu extrem hohen (oder niedrigen) Wasserständen, vor allem wenn diese Situation während der Neu- oder Vollmondphase auftritt.

Will man sich für eine Wettfahrt auf den Strom vorbereiten, schaut man sich deshalb zuerst die Tidensituation an. Man braucht eine Seekarte, einen Tidenkalender und — wenn verfügbar — einen Stromatlas. Die Seekarte zeigt die Gebiete mit flachem und tiefem Wasser. Ebenso, wie Landformationen den Wind lenken, so dirigieren die Konturen des Meeresbodens den Strom. Im allgemeinen fließt Strom in tiefem Wasser schneller als in flachem. Wenn man also mit mitlaufendem Strom segelt, dann sollte man tiefes Wasser suchen. Kommt der Strom gegenan, dann sucht man sich das flache Wasser. Zum Beispiel nahe am Ufer oder außerhalb des Fahrwassers eines Flusses.

An Landzungen, Flußöffnungen oder großen Hafeneinfahrten gibt es sehr häufig stärkere Stromgeschwindigkeiten, auch das muß man bei der Kurswahl bedenken. Läuft der Strom gegen den Kurs, sollte man solche Gebiete umsegeln, läuft Strom mit, lohnt sich unter Umständen ein etwas längerer Weg.

Die Form der Wellen gibt Aufschluß darüber, was der Strom macht. Steht der Wind gegen die Strömung, sind sie meist kürzer und steiler als normal. Das heißt, wenn man kreuzt, sollte man solche Wellen suchen, denn der Strom schiebt stärker mit (siehe das kreuzende Boot in Zeichnung 8.8). Fließt der Strom in Windrichtung, ist das Wasser eher ruhiger als sonst. Hat man auf einem Vormwindkurs die Wahl zwischen unruhigem und ruhigem Wellengang, wird man erst einmal in ruhigeres Wasser segeln (wie das Boot mit Raumschotskurs in Zeichnung 8.8).

Im Tidenkalender findet man die Zeitabläufe von Ebbe und Flut an unterschiedlichen Orten. Der Tidenatlas hingegen zeigt die Stromrichtung und -geschwindigkeit für jeweils jede Stunde nach Hoch- oder Niedrigwasser.

(Es sei angemerkt, daß Strom immer in die Richtung angegeben wird, in die er fließt. Wind hingegen wird als die Richtung angegeben, aus der er kommt.)

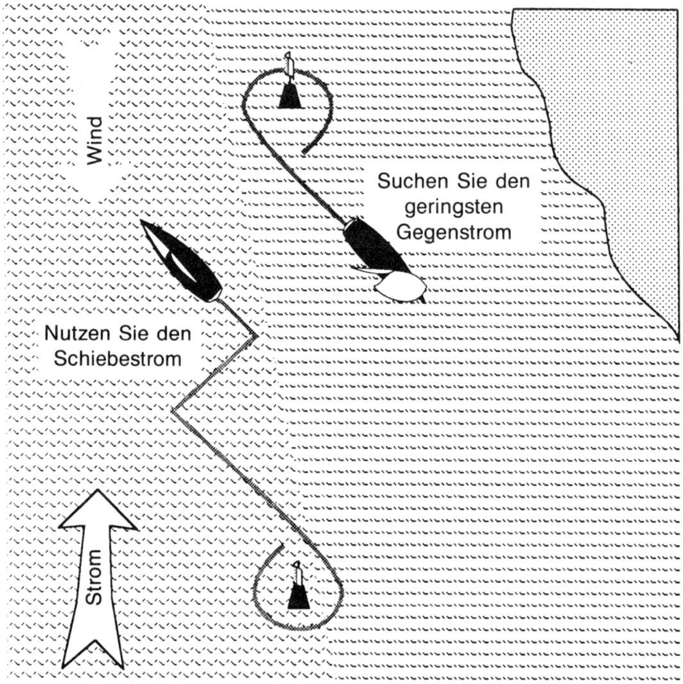

8.8 *Wellen zeigen Strom an.*

Stromatlanten sind nur eine Stütze, und die Genauigkeit hat ihre Grenzen, denn sie berücksichtigen äußere Einflüsse nicht (z.B. Luftdruck und Wind). Die wirklichen Feinheiten wissen nur Revierkenner.

Um eine Wettfahrt (oder einen Törn) zu planen, muß man seine Startzeit und die angenommenen Tonnenrundungszeiten mit dem Stromatlas vergleichen (Fahrtensegler können ihre geplanten Wegpunkte verwenden). Mit den Stromrichtungen und den zu segelnden Kursen läßt sich nun ein Plan aufstellen, was an jeder Bahnmarke (Wegpunkt) zu bedenken ist.

Wie wichtig ist Strom wirklich? Auf Revieren, wie etwa der San Francisco Bay, auf der ich schon viele Starbootwettfahrten gesegelt habe, ist Stromkenntnis oftmals entscheidender, als zu wissen, was der Wind machen wird. Das gleiche gilt für einige Hochseerennen. Ein echter Stromklassiker ist die SORC-Wettfahrt von St. Petersburg nach Ft. Lauderdale rund um Florida herum, aus dem Golf von Mexiko an die Ostküste bei Miami. Der Erfolg hängt fast nur vom optimalen Segeln im mitlaufenden Golfstrom ab. Ben Mitchell, der in

einigen SORC-Serien mein Navigator war, ist vor dem Start stets mit einem Charterflugzeug nach Süden geflogen und hat auf der Höhe von Key West nach Anzeichen des Stroms gesucht. Der Golfstrom, erforscht und kartographiert 1770 von Ben Franklin, windet sich wie ein Fluß von Süden aus der Karibik durch den Atlantik nach Norden an der Küste der USA entlang und fließt dann nach Europa. Die Strömungsgeschwindigkeit des Golfstroms beträgt zwischen 2 und 4 Knoten, dabei mäandriert er stark und sondert Stromwirbel (Eddies) ab. Das Golfstromwasser ist zirka um acht Grad wärmer als das des Atlantiks, und es bietet vielen Pflanzen und Tieren eine optimale Lebensgrundlage. Ein gutes Zeichen für den Strom ist das an der Oberfläche treibende Seegras. Mitchell hat solche Grasfelder mit dem Flugzeug gesucht. Während des Segelns im Golfstrom geht es darum, die Hauptstromachse zu finden, wenn man nach Norden segelt, oder ihr auszuweichen, wenn der Kurs südwärts führt.
Auch das alle zwei Jahre ausgetragene Newport-Bermuda-Race kann durch Stromeinflüsse entschieden werden. Wer mit Hilfe eines Unterwasserthermometers einen schnell fließenden kalten Wirbel (Eddy) findet, der vom warmen Strom abgespalten nach Südosten driftet, gewinnt.

Der Plan

Wind- und Strominformationen erlauben es mir, einen Plan zu entwerfen. Der könnte wie folgt aussehen: Ein sonniger, warmer Vormittag ist vorausgesagt, was darauf hindeutet, daß sich eine Seebrise einstellt. Ich muß erste Anzeichen dafür um etwa 10.30 Uhr, eine halbe Stunde vor dem Start, suchen. Setzt sich die Thermik durch, gilt es herauszufinden, ob sich eine gleichmäßige Rechtsdrehung abzeichnet. Wenn sich die Wettervorhersage als richtig erweist, werde ich auf der rechten Seite der Linie über Backbordbug starten (es sei denn, die Linie ist auf der linken Seite extrem bevorteilt), sobald als möglich werde ich wenden und auf die rechte Seite der Bahn segeln. Diese Seite ist nach meinem Kartenstudium ohnehin bevorteilt, weil sie mich über flaches Wasser aus dem Gegenstrom herausbringt. Wir erinnern uns, daß die Seebrise draußen auf See einsetzt und sich dann in Richtung Küste bewegt.

Die Realität am Wettfahrttag

Kurze Zeit vor dem Start überprüfe ich den Plan. Erst jetzt kann ich feststellen, ob das, was ich über Wind und Strom ermittelt habe, mit der Realität auch übereinstimmt.
Was passiert, wenn mein Plan falsch ist? Ich erwarte eine leichte Seebrise aus Südwest, und hier draußen weht es mit 15 bis 20 Knoten aus Nordwest. Wenn ich früh genug auf der Bahn bin, bleibt Zeit, mich neu zu orientieren. Die meisten Taktikbücher und viele Fachartikel sagen, man sollte eine Stunde vor dem Start an der Linie sein. Mir reicht diese Zeit nicht aus. Eigentlich kann man nie früh genug dort sein, und vor dem Start einer Wettfahrt gibt es immer viel zu tun und wenig Zeit.

Was Frühaufsteher machen

Ich brauche die Zeit vor dem Start, um meine Bootsgeschwindigkeit zu überprüfen, dabei möglichst die gesamte Startkreuz abzusegeln und festzustellen, ob die getroffene Segelauswahl korrekt ist. Jetzt ist der richtige Moment, um die bevorteilte Seite der Startlinie zu bestimmen und eine Entscheidung zu treffen, wo man starten will (es muß nicht unbedingt die bevorteilte sein). Es stellen sich weitere Fragen, auf die man in Ruhe Antworten findet: Wo auf der Bahn will ich segeln; auf wen muß ich achten?
Ist zum Beispiel auf einer Etchells-22-Regatta Vince Brun dabei, dann können Sie sicher sein, ich weiß zu jeder Zeit, wo sich der Goldmedaillengewinner und mehrfache Weltmeister mit seinem Boot aufhält. Das gleiche gilt für Segler, von denen ich weiß, daß sie besondere Revierkenntnisse haben. Wie sagt man doch? Kopieren ist die nobelste Form der Wertschätzung. Scheuen Sie sich nicht, guten Leuten auf die Finger zu schauen, wenn Sie mit dem Regattasegeln beginnen oder noch dazulernen wollen. Ich würde jedem, der mehr über ein Revier oder einen Bootstyp weiß als ich, bis ans Ende der Welt folgen.
Vor dem Start vergewissere ich mich grundsätzlich über die Stromverhältnisse. Dabei helfen die ausgelegten Tonnen oder verankerte Boote. Allerdings muß man vorsichtig sein, besonders an Tonnen, denn oftmals ist das, was wie Strom aussieht, nur ein durch den Wind verändertes Wellenbild. Liegt ein verankertes Boot (zum Beispiel das Startschiff) nicht genau im Wind, ist das schon ein

guter Stromhinweis. Nicht unbedingt für die Richtung des Stroms, aber doch für sein Vorhandensein.
Die älteste, aber immer noch zuverlässigste Art, Stromrichtung und -stärke zu bestimmen, ist der Einsatz eines Stromstocks. Dazu habe ich ein kurzes Stück Besenstiel mit einem beschwerten Ende (damit er senkrecht schwimmt) an Bord. Kurz vor dem Start werfen wir den Stock an einem verankerten Hindernis (Tonne, Bahnmarke) über Bord und messen dann Zeit und Weg.
Ein Beispiel: Vertreibt der Stock in 15 Sekunden exakt um die Länge des eigenen Schiffes von 7,5 Meter, dann beträgt die Stromstärke knapp einen Knoten (7,5 m / 15 sek = 0,5 m/sek × 3600 sek = 1800 m = zirka 1 Knoten).
Nachdem ich Richtung und Stärke kenne, muß ich meinen Plan überprüfen, ihn ändern oder erweitern. Übrigens, vergessen Sie nicht, den Stromstock wieder einzusammeln.
Die verbleibende Zeit sollte man dem Wind widmen. Stellen Sie Stärke und Richtung jetzt noch einmal fest, besprechen Sie mit der Crew die Wahl der Vorsegel (Genuas und Spinnaker) für den anstehenden Regattakurs.
Früh draußen zu sein ermöglicht es, die Segelauswahl der wichtigen Konkurrenten zu studieren. Mir bleibt immer noch Zeit, deren Vorsegelwahl unter Umständen auszuprobieren und mit meiner zu vergleichen. Wenn ich früh genug draußen bin, habe ich längst meist verschiedene Konstellationen miteinander verglichen, mich für die schnellste entschieden und kann mit dem Setzen des Vorsegels (oder mit dem Einreffen) bis zum letzten Augenblick warten.
Wer mit einer Jolle oder einem Kielschiff ohne Motor segelt, sollte bei leichtem Wind oder mitlaufendem Strom stets darauf achten, sich nicht zu weit von der Startlinie zu entfernen. Verlieren Sie nie die Startzeit aus den Augen, wenn Sie die gesamte Startkreuz vor der Wettfahrt absegeln. Wer zu spät kommt, dem hilft auch die beste Vorbereitung nichts.
Hat man genügend Zeit, um die Startkreuz zu segeln, sollte man vor allem an der Bootsgeschwindigkeit arbeiten. Am besten kann man das natürlich gegen ein anderes Schiff; ohne Partner muß man den *target boat speed* (siehe dazu Kapitel 7) benutzen. Kontrollieren Sie jetzt die Positionen der Vorsegelholepunkte, die Mastbiegung und überlegen Sie, ob die Großsegellatten zur Windstärke passen. Wenden Sie einige Male und setzen Sie auf dem Weg zurück zur Linie den Spinnaker und halsen ihn mehrfach, um der Mannschaft Sicherheit zu geben. Das ist besonders wichtig, wenn einige neue Crewmitglieder an Bord sind. Auch während der Übungsmanöver sollte man dem Wind (Richtung und Stärke) große Aufmerksamkeit schenken. Auf welcher Seite weht er stärker?

Von woher kommen die Böen, die man als dunkle Flecken auf dem Wasser ausmachen kann? Stellen Sie sich beim Segeln ruhig hin, um besser über das Wasser blicken zu können. Bei uns in Kalifornien ist das besonders wichtig, denn vor der Küste gibt es eine Menge treibender Seegrasfelder, die dem Bild einer Windbö auf der Wasseroberfläche täuschend ähnlich sind.

Haben Sie einen zuverlässigen Partner, sollte jeweils einer über die linke, der andere über die rechte Seite der Bahn segeln, um zu sehen, welche die bessere ist. Ein gutes Ergebnis vor dem Start muß natürlich nicht heißen, daß es einige Zeit später zum selben Erfolg führen wird. Einige Dreher, Böen und sich ändernder Strom können die Situation sehr schnell verändern.

Auf die gleiche Art läßt sich auch die bessere Seite der Startlinie ermitteln. Ein Boot startet an der Tonne, das andere am Schiff. Welches beim ersten Zusammentreffen die Nase vorn hat, ist am begünstigten Ende gestartet. Trifft ein Boot das andere genau mittschiffs, waren beide Seiten gleich begünstigt, aber so weit wird man es wohl nicht kommen lassen.

Bei solchen Versuchen müssen Winddrehern natürlich besondere Beachtung geschenkt werden, denn sie verfälschen das Ergebnis. Achten sollte man auch darauf, auf welcher Bahnseite weniger Gegenstrom herrscht oder — andersherum — wo es mehr mitschiebenden Strom gibt.

Das gleiche gilt für die Wellen. Ich muß wissen, auf welchem Bug die Wellen direkter auf den Steven treffen, weil das die Fahrt stärker bremst als schräg anlaufende Wellen (siehe auch Kapitel 2). Erinnern Sie sich, was passiert, wenn Wellen gegen den Strom stehen (siehe Zeichnung 8.8)? Da, wo das unruhigere Wellenbild entsteht, ist auf einem Kreuzkurs der bessere Schiebestrom. Dort zu segeln wird sich auszahlen.

Der Winkel zwischen beiden Bugen nennt sich Wendewinkel. Höhere Wellen und leichterer Wind vergrößern diesen Winkel. Das zeigt Zeichnung 8.9. Bei glattem Wasser und mittlerem Wind segelt ein Schiff den kleinsten Wendewinkel, man erreicht die Luvtonne also schneller. Wellen auf einer Wasserfläche sind nicht überall gleich, sie werden von der Bodenkontur, durch Landabdeckung und der Wassertiefe beeinflußt. Man sollte sich sich beim Kreuzen Gebiete mit flachen Wellen suchen. Doch Vorsicht, wenig Wellen können auch wenig Wind oder gar stärkeren gegenlaufenden Strom bedeuten. Es gilt also abzuwägen. Meine Erfahrung ist, daß es in den meisten Fällen besser ist, sich für den stärkeren Wind zu entscheiden.

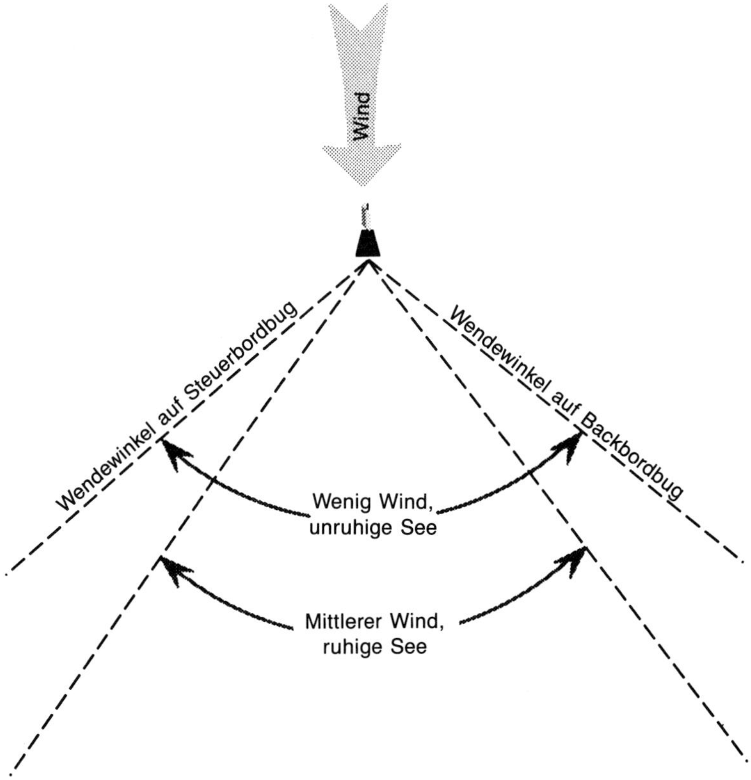

8.9 *Wind- und Wellenbedingungen beeinflussen die Wendewinkel.*

Der Charakter des Windes

Am wichtigsten vor einem Rennen ist es, die Windrichtung zu ermitteln, indem man hoch am Wind abwechselnd auf Steuerbord- und Backbordbug segelt. Alle ein oder zwei Minuten wird nun jeweils der Kompaßkurs beider Buge in eine Tabelle eingetragen. So entsteht ein Tableau wie die Tabelle 8A.

Tabelle 8 A

	Steuerbordbug	Backbordbug
	355	265
	356	262
	358	270
	002	268
	355	260
	346	252
Durchschnitt:	355	263

Wind ist niemals richtungsstabil, sondern er dreht auf unterschiedliche Art. Er *oszilliert* wie ein Pendel, er dreht in eine Richtung, was man *bleibende* Drehung nennt, oder er dreht in eine Hauptrichtung und oszilliert dabei noch hin und zurück. Das nennt sich *oszillierende-bleibende* Drehung. Jede dieser Winddrehungen erfordert eine spezielle taktische Reaktion, deshalb ist es wichtig zu wissen, womit man es zu tun hat.

Mit einer Tabelle wie oben läßt sich das realisieren. Bei einer oszillierenden Drehung werden die Zahlen zwischen einem höchsten und einem niedrigstem Wert hin- und herschwingen (siehe Tabelle 8A). Man muß nur das Zahlenmittel bilden, um die durchschnittliche Windrichtung (ausgedrückt in Kompaßkursen für beide Buge) zu bestimmen. Die durchschnittliche Windrichtung gibt Aufschluß darüber, ob wir bei einer für uns ungünstigen Winddrehung auf dem Kreuzkurs (Abbacker, man muß abfallen) wenden müssen. Wichtig ist zu wissen, in welchem Zeitintervallen der Wind schwingt, auch das hilft bei einer Entscheidung zur Wende und beeinflußt die gesamte Strategie.

Gehen wir davon aus, Sie haben festgestellt, der Wind schwingt in einer Periode von 30 Minuten hin und her und nähert sich nach dem Linksschwingen dem niedrigsten Wert der Tabelle. Sie segeln gerade einen Kurs auf Steuerbordbug von 346 Grad. Nach Ihrer Schätzung sind es noch etwa 15 Minuten auf dem Kreuzkurs bis zur Luvtonne. Bei einer Schwingperiode von 30 Minuten bleiben jetzt also 15 Minuten für die Rechtsdrehung. Für Sie ist der Wind so zum bleibenden (rechts)drehenden Wind geworden. Sie werden also wenden, obwohl der Kurs auf Backbordbug Sie zunächst noch unter die Bahnmarke führt. Die folgende Rechtsdrehung wird Sie direkt und auf dem kürzesten Weg zur Tonne bringen. Haben Sie die Schwingperiode des oszillierenden Windes schon eine Stunde vor dem Start gemessen, dann können Sie jetzt fast sicher

sein, daß Ihre Strategie zum Erfolg führt. Klappt es wider Erwarten nicht, fällt mir leider nur eine Erklärung ein: So ist eben Regattasegeln.
Bei einer bleibenden Drehung würden die Zahlen einer Tabelle entweder kontinuierlich zu- oder abnehmen. Tabelle 8B zeigt einen rechtdrehenden (im Uhrzeigersinn drehenden) Wind.

Tabelle 8 B

Steuerbordbug	Backbordbug
245	158
252	158
253	162
260	168
265	170
268	172

Normalerweise kann man davon ausgehen, wenn der Wind über mehr als eine Stunde bleibend dreht, wird sich das auch weiter fortsetzen. Das muß jedoch nicht immer so sein. Bei der oszillierenden- bleibenden Drehung wird man auf beiden Bugen jeweils hohe und tiefe Kurse feststellen, aber die durchschnittliche Windrichtung wird sich langsam nach links (rückdrehend) oder rechts (rechtdrehend) verschieben. (siehe Tabelle 8C).

Tabelle 8 C

Steuerbordbug	Backbordbug
245	158
242	160
253	159
250	163
255	165
268	170

In den Wind schießen

Einige Segler stellen vor dem Startschuß ihr Schiff direkt in den Wind, um dessen Richtung exakt herauszufinden. Das machen sie besonders dann, wenn sie eine Änderung der Generalrichtung vermuten. Diese Methode ist hilfreich, aber sie ersetzt natürlich die Buchführung auf beiden Bugen nicht, denn nach dem Startschuß kann man schließlich nicht mehr in den Wind schießen. Auf jeden Fall ist es richtig, auch während der Wettfahrt die Zahlen festzuhalten, so verliert man nie den Überblick. Ich benutze dafür einen Fettstift oder einen wasserlöslichen Marker und schreibe die Kurse neben den Kompaß auf beide Deckseiten.

Nach dem Startschuß bin ich meist sehr erregt und verlasse mich auf meinen Instinkt, da hilft es der Konzentration, die Zahlen und den tatsächlichen Kurs mit einem kurzen Blick vergleichen zu können.

Ein anderer Punkt sei an dieser Stelle erwähnt. Aufregende Situationen am Start sind für mich eine Stimulanz. Ich brauche den Adrenalinstoß kurz vor dem Schuß wie eine Droge, er beeinflußt meine Stimmung während der gesamten Wettfahrt. Ich weiß genau, wie weit ich gehen darf. Bin ich zu aufgeregt, versuche ich mich zu beruhigen, schwieriger ist es, wenn ich zu gelassen bin. Dann hilft mir nur, in der Erinnerung zu graben, um mich zu motivieren und anzuheizen. Ich hole mir dann Bilder ins Bewußtsein, die mein Leben geprägt haben. Zum Beispiel, wie ich 1976 die Bronzemedaille gewinne, oder wie ich den America's Cup in Perth in den Himmel strecke.

Segeln bei oszillierendem Wind

Oszillierende Winddrehungen schwingen, wie man dem Namen entnehmen kann, über eine durchnittliche Richtung hin und her (siehe Tabelle 8A) und sind die Art, die man am häufigsten antrifft. Sind Sie sich nicht sicher, mit welchem Wind Sie es zu tun haben, dann unterstellen Sie, es sei oszillierender Wind.

Solche Schwingungen findet man im ausgebildeten thermischen Wind, man darf sie allerdings nicht mit Drehungen im sich gerade entwickelnden thermischen Wind verwechseln (die ja im allgemeinen nur rechtdrehend sind). Oszillationen findet man stark ausgeprägt auch im Landwind (Wind, der über erwärmtes Land auf das Meer weht).

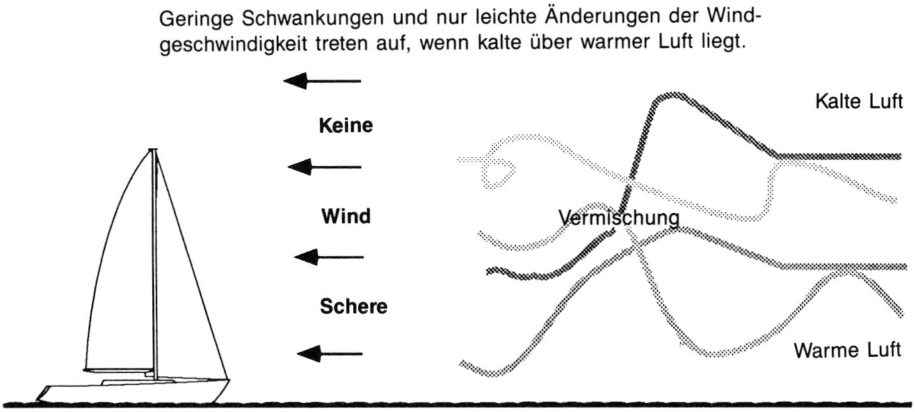

8.10 *Liegt kalte Luft über warmer, weht der Wind stetig und mit geringen Schwankungen.*

Leichte Schwankungen entstehen auch, wenn kalte über warmer Luft liegt. Je höher die Luft steht, um so kälter ist sie. Man kann das gut im Gebirge feststellen. Dort herrschen im Tal zumeist höhere Temperaturen als auf dem Gipfel. Was passiert zwischen den Luftschichten? Die tiefer liegende, warme Luft steigt auf und kühlt ab, während die dichtere, schwerere Kaltluft nach unten sinkt und sich erwärmt (siehe Zeichnung 8.10). Die Schichten zwischen der obersten und untersten Lage sind irgendwann vermischt. Da der Wind in diesem Gemenge versucht, sich in allen Höhen in gleicher Richtung und Stärke auszubilden (siehe die Pfeillängen in Zeichnung 8.10), wird er unten auf dem Wasser mit leichten Schwankungen und kleinen Böen wehen.

Die Strategie bei oszillierendem Wind

In einer oszillierenden Drehung werden Sie bei einem Abbacker (Sie müssen abfallen) wenden anstatt den alten, ehemals hohen (gelifteten) Kurs weiterzusegeln. In Tabelle 8A beträgt der durchnittliche Wind auf Steuerbordbug 355 Grad. Wenn Sie nun hoch am Wind nur noch 358 oder 002 Grad halten können, ist das ein Abbacker und Zeit zu wenden (Zeichnung 8.11). Je schneller ein Boot wenden kann, desto kleiner können die Abbacker sein, auf die man reagiert. Mit einem Starboot würde ich vielleicht schon beim Erreichen des

Durchschnittswindes (355 Grad) wenden, während ich den Katamaran STARS & STRIPES, den wir 1988 im America's Cup gesegelt haben, nicht vor einem Abbacker von zehn oder mehr Grad (005 Grad) wenden würde. Das liegt an den konstruktiven Problemen, die ein Mehrrumpfboot in der Wende hat. Das Schiff stoppt fast bis zum Stillstand, während die Konkurrenz mit 15 Knoten Geschwindigkeit weitersegeln kann. Ein Boot mit 15 Knoten Speed legt in der Sekunde etwa 7,5 Meter zurück, das heißt, man verliert etwa 75 Meter. Da muß sich der Weggewinn durch eine Winddrehung schon lohnen, um eine Wende zu rechtfertigen.

Entscheidend für den richtigen Moment einer Wende ist der durchschnittliche Wind. Wenn Sie zum Beispiel gegenüber dem durchschnittlichen Wind einen um zehn Grad höheren Kurs segeln (345 Grad in Tabelle 8A) und einen Ab-

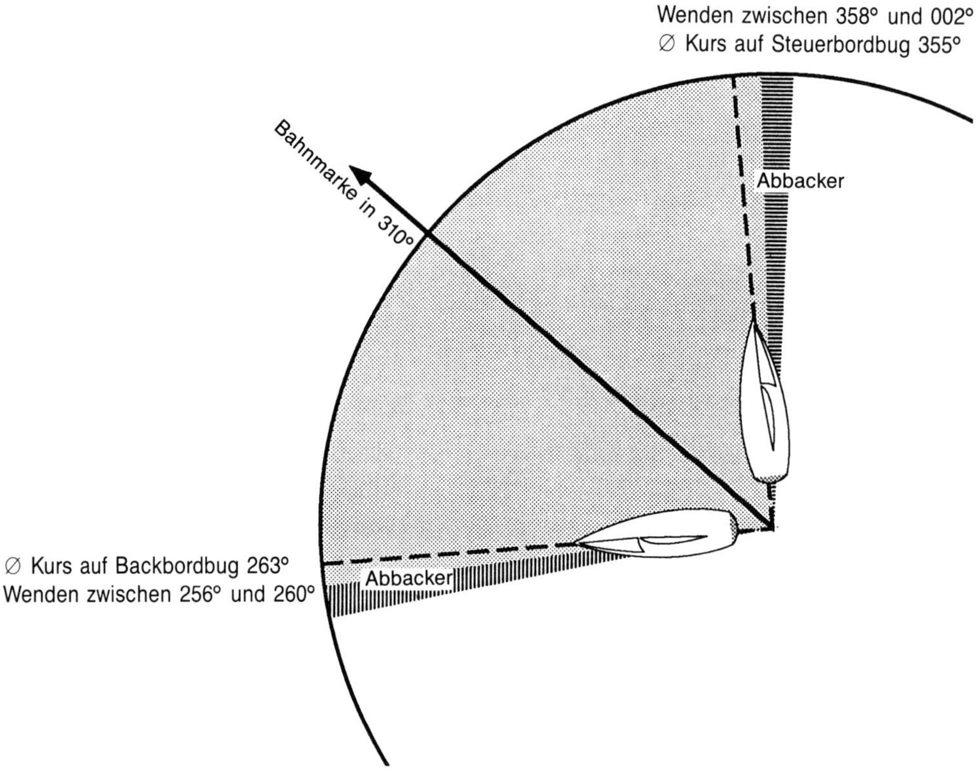

8.11 *Wann soll man wenden?*

backer von fünf Grad bekommen (350 Grad), haben Sie immer noch einen um fünf Grad günstigeren Kurs nach Luv (der Durchschnittswind beträgt 355 Grad). Also wenden Sie jetzt nicht. Warten Sie, bis die Richtung den Durchschnittswind (oder noch darunter) erreicht.
Und noch etwas: Wenn Sie abbacken, wenden Sie nie sofort. Warten Sie einen Moment, bis Sie richtig im neuen Wind segeln. Sonst kann es passieren, daß Sie aus dem Dreher gleich wieder heraussegeln und in den alten Wind zurückkehren.
Bei oszillierender Brise auf die Dreher zu segeln nennt man „im Takt segeln". Zum Beispiel wissen Sie aus den Beobachtungen vor dem Start, daß Sie sich im Moment des Schusses auf Backbordbug auf einem tiefen (abgebackten) Kurs befinden. Deshalb wollen Sie möglichst schnell wenden, um auf Steuerbordbug die Höhe (den Lift) mitnehmen zu können (siehe das weiße Boot in Zeichnung 8.12). In dieser Situation ist der Start auf der rechten Seite der Linie die bessere Entscheidung, so wie es das weiße Boot macht. Aus dieser Position

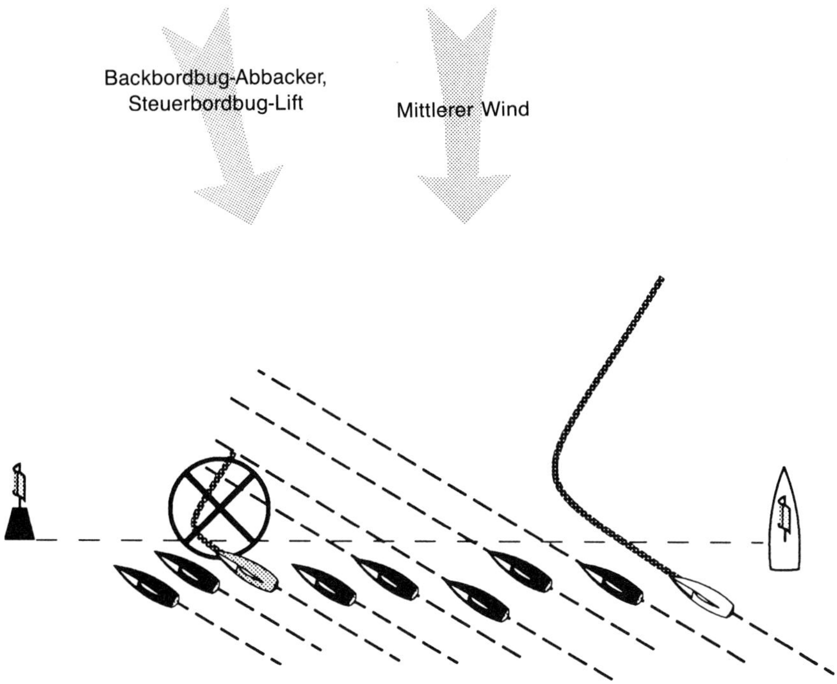

8.12 *Bei oszillierendem Wind sollten Sie möglichst von Anfang an im richtigen Takt segeln. Hier sucht sich das weiße Boot eine günstige Position, um gleich nach dem Start auf den bevorteilten Steuerbordbug wenden zu können.*

läßt sich problemlos wenden, und man muß danach keinem vorfahrtberechtigten Boot auf Backbordbug ausweichen. Auf der linken Linienseite hingegen können die vielen Boote auf Backbordbug eine Wende unter Umständen unmöglich machen. Beachten Sie das graue Boot (am Kreis) in der Zeichnung. (Wir werden dieses Zeichen für schlechtes, verbotenes oder nicht empfehlenswertes Handeln weiter benutzen.)

Wenn Sie auf dem günstigen (gelifteten) Bug liegen, passieren Sie einen Konkurrenten ruhig hinter dem Heck eines Konkurrenten und nehmen auch mal Windturbulenzen eines in Luv liegenden und auf dem gleichen Bug segelnden Schiffes in Kauf. Diese Empfehlung gilt natürlich nicht für ein Match Race, wo es nicht darauf ankommt, so schnell wie möglich die Bahn abzusegeln, sondern nur, einen Konkurrenten zu schlagen. Es gilt auch nicht in einem Feld, in dem Sie nur noch ein oder zwei Schiffe schlagen müssen, um in der Wertung vorn zu liegen.

Bleiben Sie bei oszillierendem Wind grundsätzlich in der Mitte der Bahn und vermeiden Sie die Seiten. Wenn Sie sich einer der anliegenden Linien zur Bahnmarke *(layline)* nähern, sollte Sie jede Möglichkeit nutzen, in die Mitte zurückzugelangen. Wenn Sie also weit auf eine Bahnseite gelangt sind, benutzen Sie jede kleinste Drehung, um zurückzukommen. Liegen Sie in der Mitte, dann wenden Sie nur auf größere Winddrehungen. Andersherum formuliert: Segeln Sie das längere Bein eines Kreuzkurses so früh und so lange wie möglich (siehe Zeichnung 8.13). Normalerweise kann man auf einem Bug eines Kreuzkurses länger (Streckbug) als auf dem anderen (Holbug) segeln. Das längere Bein ist dasjenige, dessen Kompaßkurs näher am Kurs zur Bahnmarke liegt. Die Luvtonne liegt in der Zeichnung in 000 Grad, und die Windrichtung beträgt 010 Grad. Auf Steuerbordbug segelt man mit 050 Grad, auf Backbordbug mit 330 Grad. Folglich ist der Backbordbug das lange Bein (Streckbug), denn 330 liegt näher zu 0 als 50. Segelt man so wie das weiße Boot, bleibt man näher in der Kursmitte und kann auf Winddrehungen besser und gewinnbringender reagieren. Das schwarze Boot wird sich schnell der Anliegelinie nähern und kann dort aus Winddrehern kein Kapital mehr schlagen.

Irgendwann werden Sie gezwungen sein, auf die Anliegelinie zu segeln. Wie sagen erfahrene Segler es treffend: „Laylines sind Gift, der Tod einer Wettfahrt.“ Merken Sie sich einen Grundsatz: Von der Layline gibt es kein Entkommen.

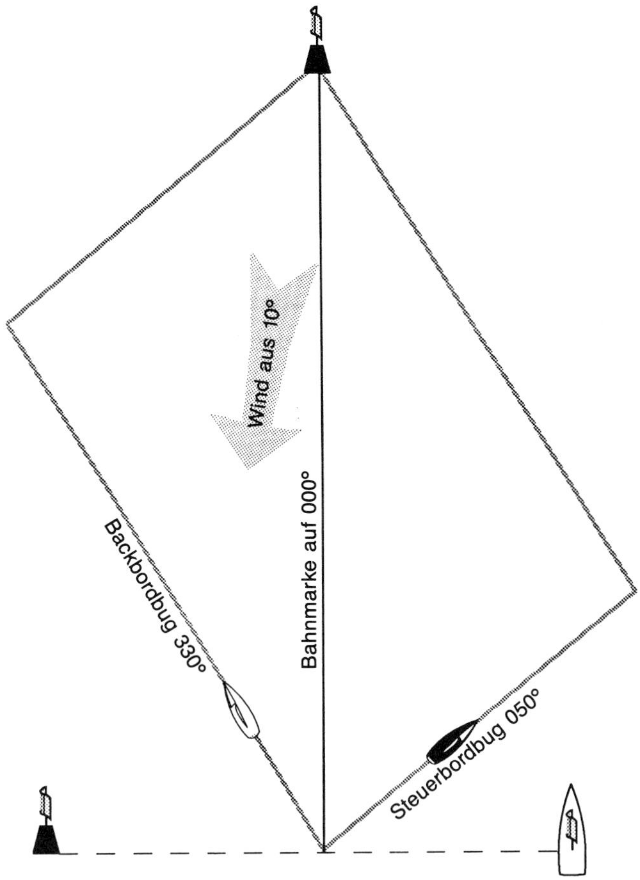

8.13 *Auf einem Kreuzkurs sollte man bei oszillierendem Wind zuerst den längeren Bug (Streckbug) wählen.*

Segeln bei Wind mit bleibender Drehung

Eine bleibende Drehung bewegt sich immer in die gleiche Richtung und schwingt nicht zurück. Gründe dafür sind eine passierende Front (gradienter Wind), eine geographische Drehung oder das Entstehen von Thermik (Seewind).

Die Strategie bei bleibender Drehung

Die Strategie, in einer bleibenden Drehung zu segeln, ist eigentlich simpel. Bei einer bleibenden Drehung, sagen wir einer Linksdrehung (rückdrehender Wind), segelt man in die Richtung, in die der Wind drehen wird. Sie segeln

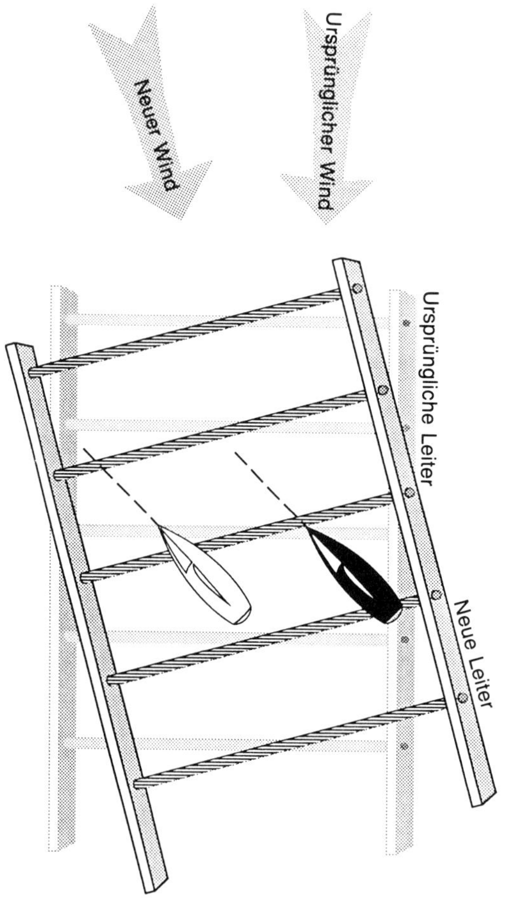

8.14 *Die Leiterstufen zeigen das weiße Boot näher zum neuen Wind. Es liegt in Führung.*

also nach links (siehe Zeichnung 8.14) auf Backbordbug. Bei dieser Situation ist das weiße Schiff in der Zeichnung dem neuen Wind näher und deshalb in Führung. Jedes Boot, das weiter rechts segelt, egal, auf welchem Bug, liegt zurück, weil es vom neuen Wind weiter entfernt ist. Daraus folgt, daß ein am weitesten links segelndes Boot auf der besten Position liegt. Die Verschiebung einer Leitergrafik wie in Zeichnung 8.14 macht das deutlich.

Erinnern wir uns an das Kapitel 7. Die Seitenteile einer imaginären Leiter verlaufen parallel, die Stufen stehen rechtwinklig zum Wind. In Zeichnung 8.14 liegt die ursprüngliche Windleiter unter der neuen Leiter. Beim alten Wind lagen das schwarze und das weiße Boot noch gleichauf. Nach der Linksdrehung erkennen wir, daß das weiße Schiff näher zum Wind, um eine Stufe voraus und damit in Front liegt.

Haben wir es mit einem rechtdrehendem Wind zu tun, segelt man natürlich über Steuerbordbug auf die rechte Seite des Kurses. Bei einer bleibenden Drehung segeln wir also zu Anfang auf dem abgebackten Bug, weil dieser Kurs uns dem Wind entgegenbringt. Wer am weitesten rechts ist, wird nach der Drehung in Führung liegen.

Es gibt natürlich immer ein Risiko, wenn man sich konsequent für eine Bahnseite entscheidet. Stellt man nämlich irgendwann fest, daß der Wind nicht bleibend dreht, sondern oszilliert, dann hat man unter Umständen eine Menge Probleme.

Aber gehen wir mal davon aus, es handelt sich wirklich um eine kontinuierliche Rechts- oder Linksdrehung. Je früher Sie im neuen Wind sind, desto mehr Boote werden hinter Ihnen liegen. Vermeiden Sie es trotzdem, bis zur Anliegelinie zu segeln. Es kann nämlich passieren, daß eine weitere Drehung Sie über den Tonnenkurs hinaus bringt, Sie also eine größere Distanz segeln müssen und eventuell die Führungsposition wieder verlieren. Verhalten Sie sich bei der Annäherung an die Tonne so wie bei oszillierendem Wind. Wenden Sie rechtzeitig und wählen Sie den direkten Anliegekurs erst spät.

Noch einmal zur Erinnerung: Bei oszillierendem Wind wählen Sie die Mitte des Kurses und wenden Sie bei Abbackern. Bei bleibender Drehung segeln Sie auf eine Seite (nach rechts, wenn der Wind rechtdreht; nach links, wenn der Wind rückdreht). Anders ausgedrückt: Wenn Sie bei oszillierendem Wind höher herangehen können (Lift), dann sollten Sie weitersegeln, bis der Wind wieder abbackt, und frühestens wenden, wenn die Windrichtung die durchschnittliche Richtung erreicht hat. Wenn Sie aber bei einer bleibenden Drehung einen Lift bekommen, dann sollten Sie wenden.

Wenn diese Grundregeln die einzigen sind, die Sie aus dem Inhalt meines Buchs verinnerlichen, hat es sich bereits gelohnt. Sie werden ein erfolgreicherer Segler sein.

Woran erkennt man eine bleibende Drehung?

Die Strategie bei einer bleibenden Drehung ist einfach. Festzustellen, ob man in einer bleibenden Drehung oder in einem andern Wind segelt, ist eine echte Herausforderung. Ich erinnere mich an die sechste Wettfahrt im America's Cup von 1983. Wir segelten gegen die AUSTRALIA II vor Newport in einer ordentlichen nordwestlichen Brise von 15 Knoten, einem ganz normalem gradienten

Wind nach dem Durchzug einer Kaltfront. In Newport kommt es häufig vor, daß die thermische Seebrise aus Südwest den gradienten Nordwest am zweiten Tag nach der Kaltfront verdrängt. Das Problem ist, man weiß nie genau, wann das passiert. Ein gradienter Wind von 15 Knoten Stärke wird sich nicht so leicht von einer Seebrise vertreiben lassen, dachte ich mir damals.

Mit der LIBERTY führten wir in der Serie mit 3:2 Siegen und brauchten nur noch diese Wettfahrt zu gewinnen, um den Cup erfolgreich zu verteidigen. Wir hatten den Start mit sieben Sekunden Vorsprung gewonnen. Die AUSTRALIA II war dann nach links hinaus gesegelt, und wir folgten ihr, um sie zu decken. Dann wendete die AUSTRALIA erneut. Diesmal plazierte ich die LIBERTY direkt vor ihren Steven. Wir segelten beide auf einem anhaltenden Linksdreher auf Steuerbordbug, als die AUSTRALIA wendete (siehe die unterlegte Fläche in Zeichnung 8.15).

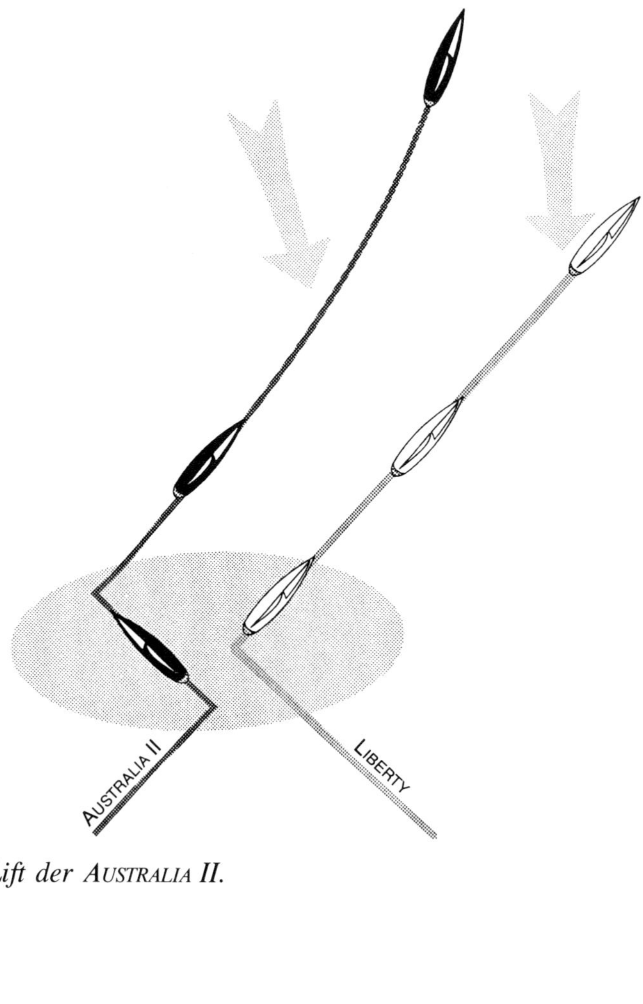

8.15 *Der große Lift der AUSTRALIA II.*

Sie mußte das machen, um sich freizusegeln, nahmen wir an. Schließlich war eine Wende in einem Lift nicht die lukrativste Strategie beim eindeutig herrschenden oszillierenden Wind.
Doch die AUSTRALIA wendete nicht wieder zurück. Sie segelte ein gutes Stück weiter und legte erst weit in Luv über uns auf den alten Bug um. Und dort fanden die Australier eine private Brise, die um einige Knoten stärker wehte und es ihnen ermöglichte, auch höher zu steuern. Mit einem 15 bis 18 Grad günstigeren Kurs zogen sie davon. Das war der Beginn einer außergewöhnlichen bleibenden 100-Grad-Drehung. Die AUSTRALIA führte an der Bahnmarke uneinholbar mit 2:29 Minuten, im Ziel hatte sie einen Vorsprung von 3:25 Minuten.
Ich habe mich oft gefragt, woher die Australier wußten, daß diese Drehung genau zu diesem Zeitpunkt einsetzen würde. Wir haben von Bord aus nichts erkennen können, und auch während der Wettervorbereitung am Morgen wies nichts auf dieses Phänomen hin. Die Australier haben bestimmt nicht Roulett gespielt, sondern schienen zu wissen, daß etwas Besonderes auf sie wartete.
Für mich war dieses Ereignis das einzigartigste während meiner drei America's Cup-Kampagnen von Newport. Nicht einmal Halsey Herreshoff hatte als intimer Kenner des Reviers so etwas vorher schon erlebt. Der Ausgang der Wettfahrt brachte den 3:3-Ausgleich, und nach dem nächsten Rennen gehörte der America's Cup den Australiern.
Ich habe seither oft gehört, ich hätte die AUSTRALIA decken sollen. Viele sind der Meinung, dieses Versäumnis war der Grund dafür, daß wir den America's Cup verloren haben. Ich habe während der Serie von 1983 immer wieder den alten Grundsatz, den Gegner um jeden Preis zu decken, aufgeben müssen. Meine LIBERTY war ein langsames Boot. Hätte ich die schnellere AUSTRALIA II wirklich immer gedeckt, wäre der Cup mit Sicherheit deshalb verloren gegangen. Nur durch eigene Strategie und Taktik war es uns überhaupt möglich, drei Wettfahrten zu gewinnen und den Ausgang über die volle Distanz offenzuhalten.

Die Windschere und eine bleibende Drehung

Ein großer Teil unserer Arbeit im America's Cup hat sich mit Wetterprognosen befaßt — vor allem natürlich damit, Winddrehungen vorauszusagen. Den Schlüssel, mit dem man dem Wind die Zukunft voraussagen kann, findet man in diesem Kapitel. Die Betrachtung des höher fließenden Windes, speziell des vom Bodenwind in der Richtung abweichenden (Windschere, *wind shear*), gibt über die Entwicklung unten großen Aufschluß. Liegen mehrere Windlagen übereinander, verändern sich deren Richtungen gegenüber dem Bodenwind um so stärker, je höher sie vorkommen. Flieger kennen diese gefährliche Situation. Es kann vorkommen, daß ein Pilot beim Anflug sich ganz sicher ist, gegen den Wind zu landen, und unten über dem Boden weht der Wind in eine vollkommen andere Richtung.

Beim Segeln kann eine extreme Windschere von 10 bis 20 Grad eine bleibende Drehung auslösen. (Wir sprechen hier nicht von den unterschiedlichen Richtungen über der Wasseroberfläche und auf Höhe des Masttopps, verursacht durch Reibung des Windes mit dem Wasser, von 3 bis 5 Grad in Kapitel 4, Zeichnung 4.8 und 4.10.) Bei einigen Wetterlagen findet die Höhenluft im Laufe des Tages einen Weg auf die Oberfläche. Wenn das passiert, sollte man wissen, ob eine abnorm große Windscheren-Situation vorliegt. Im America's Cup wissen wir das durch Messen von Windrichtung, -stärke und Temperatur in 100, 500 und 1000 Fuß Höhe. Man muß natürlich so aufwendige Messungen als Normalsegler nicht machen, es gibt einfachere Methoden, eine Windschere von einer Yacht aus festzustellen. Dazu später mehr.

Wir haben bereits gelesen, daß sich Luft beim Aufsteigen abkühlt. Jetzt betrachten wir diese Tasache einmal anders. Bodenluft ist generell wärmer als Höhenluft. Ein Abkühlungsprozeß findet natürlich auch über dem Wasser statt, und im Sommer besonders stark, weil Luft- und Wassertemperatur recht ähnlich sind. Abfallende Kaltluft und aufsteigende Warmluft vermischen sich (siehe Zeichnung 8.10), und in dieser Mixtur versucht der Wind sich in allen Höhen in Geschwindigkeit und Richtung gleich auszubilden. Daraus ergeben sich für uns auf der Oberfläche gute Segelbedingungen: es weht ein gleichmäßiger, nur leicht schwingender Wind, hin und wieder mit kleinen Böen.

Ist das Wasser im Frühjahr und Herbst viel kälter als der Wind darüber, sieht die Situation aber anders aus. Dann nämlich entstehen starke Windscheren (nicht nur in der Richtung, sondern auch mit höheren Geschwindigkeiten oben; siehe Zeichnung 8.16). Wenn der Höhenwind nun auf die Oberfläche hinabfällt, wird er die neue Richtung und Stärke mit hinunterbringen, wir bekommen eine bleibende Drehung.

In der Vorbereitung und während der Cuprennen von 1983 benutzten unsere Wetterexperten ein kompliziertes elektronisches Gerät, das nach dem Doppler-System arbeitete. Akustische Signale wurden von Antennen aufgenommen und als Echo zurückgeschickt. Aus der Veränderung der Signalfrequenz und dem

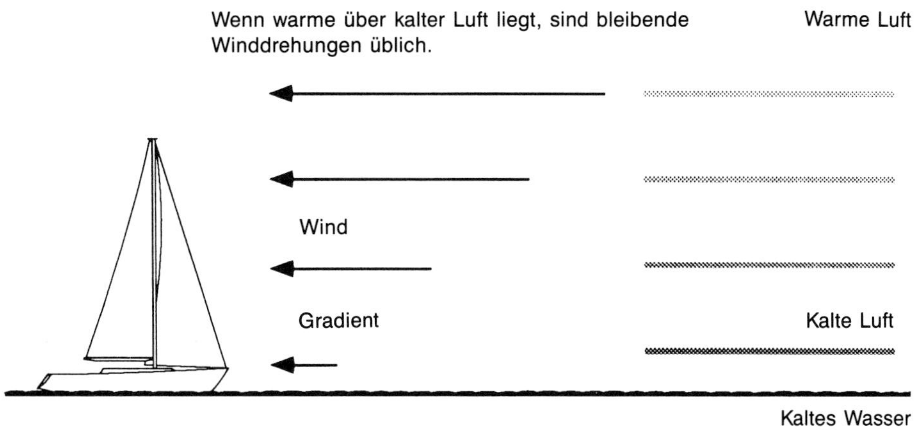

8.16 *Liegt warme über kalter Luft, dreht der Wind meist bleibend.*

entstandenen Zeitverlust durch Windablenkung (längerer Weg) konnte ein Computer Windrichtung und -stärke bestimmen. So bekamen wird alle 15 Minuten einen Zustandsbericht des Windes über dem Regattakurs, gemessen in 50-Meter-Abständen von der Oberfläche bis zu einer Höhe von einem Kilometer.

Mit diesen Informationen waren wir in der Lage vorherzusagen, wie weit und wann der Wind nach links oder rechts pendeln würde. Unsere Windscherenanalyse sagte auch, ob sich eine Seebrise entwickelte und ob Gegenwind in der Höhe stark genug war, das Windrad in Gang zu setzen. Solch aufwendige Meßtechnologie hatte 1983 nur die NASA. Der Blick in die Zukunft war kein Hokospokus eines Wahrsagers, sondern ein wissenschaftlicher Blick in den Himmel. Auf dem Wasser hatten wir zusätzlich noch Meßboote, die die Windrichtung und -geschwindigkeit an der Oberfläche ermittelten, zum Beispiel auf der halben Startkreuzdistanz und oben an der Luvtonne. Die Meldungen unserer Wetterschiffe erhielten wir alle 30 Minuten verschlüsselt über eine Sonderfrequenz bis 10 Minuten vor dem Start (so lange ist eine Unterstützung von außen nach den Regeln noch erlaubt). Ein Funkspruch hatte etwa folgenden Inhalt: „Wir haben einen Thunfisch an der Angel. Position echo, bravo, whiskey, sierra, nevada, tango." Daraus entnahmen wir Windrichtung und -geschwindigkeit über der Wasseroberfläche und in verschiedenen Höhen, was sich daraus entwickeln könnte und die Wellensituation. Natürlich beobachteten Helfer die Seebrise, das Entstehen von Wolken über dem Land oder sich nähernde Fronten, die Einfluß auf die Thermik nehmen könnten.

Unser wichtigstes Wetterfunkgespräch lief immer genau elf Minuten vor dem Start. Wir nannten es den „Elf-Uhr-Report“. Wenn wir dann schon mit dem Match Race beschäftigt waren oder sonst an Bord etwas unklar war, wurde das Gespräch von einem Tender entschlüsselt, auf einen Zettel geschrieben und in den letzten Sekunden vor dem Zehn-Minuten-Schuß in einem aufgeschnittenem Tennisball ins Cockpit der LIBERTY geworfen.

Was hat nun die aufwendige Dopplertechnik gebracht, und wie exakt war sie? 100prozentige Wahrheit kann auch sie nicht bringen, aber immerhin war die Hälfte alle Informationen richtig, und das ist, bezogen auf Windentwicklungen, ja schon fast Wahrsagerei. Ähnliche Technologie haben wir 1986/87 in Perth und 1992 in San Diego eingesetzt.

Die Höhenwindtheorie ist natürlich auch für Nicht- America's Cup-Segler interessant, und das Vorhandensein einer Windschere läßt sich auch mit einfacheren Mitteln feststellen. Ein Segler kann anhand der unterschiedlichen Windeinfallswinkel unten und oben im Segel (zum Beispiel an den Windfäden und am Windex) feststellen, ob es eine große Richtungsdifferenz gibt. Die Schere im Topp geht auf der nördlichen Halbkugel zu 90 Prozent nach rechts auf (Drehung im Uhrzeigersinn). Das heißt, auf Backbordbug wird ein Großsegel oben raumschots segeln und unten kreuzen (auf Steuerbordbug kreuzt es oben, und unten hat es einen raumeren Windeinfall). Extreme Windscheren sind es, die ein Segel oft schwer trimmbar machen, besonders natürlich auf Steuerbordbug. Das macht eine vollkommen unterschiedliche Segeleinstellung auf der Kreuz notwendig. Ein Segeltrimmer hat ganz andere Probleme damit, weil sein Segel auf dem einen Bug (Stb.) viel weniger Druck macht als auf dem anderen.

Viele Segler haben die Windschere auf elektronischen Bordinstrumenten schon gesehen, aber nicht erkannt. Wenn die scheinbaren Windeinfallswinkel, die sonst für beide Buge exakt übereinstimmen, plötzlich extrem voneinander abweichen, liegt mit großer Wahrscheinlichkeit eine Windschere vor. Kann man das auch noch am Segel ablesen und zeigt auch der Windex im Topp an, daß oben die Windrichtung abgelenkt ist, dann steht mit großer Wahrscheinlichkeit eine bleibende Winddrehung ins Haus. Achten Sie einmal darauf. Sie werden folgende Gesetzmäßigkeiten herausfinden:

Die Winddrehung ist meist so groß wie vorher die Windschere.

Je größer die Windschere, desto größer der Dreher.

Je stärker die Schere wird, desto schneller wird der Dreher kommen.

Aus dem Gelernten lassen sich auch andere Rückschlüsse ziehen. Tritt eine

Windschere auf, segelt man in einer bleibenden Drehung. Gibt es keine, ist das ein Anzeichen für oszillierende Drehungen.
Da wir auf der nördlichen Halbkugel davon ausgehen können, daß beim Auftreten eine Windschere der Wind nach rechts dreht, werden wir über den (abbackenden) Steuerbordbug auf die rechte Bahnseite segeln. Leider ist das, wie wir wissen, von der Segelstellung her der schlechtere Bug. Was läßt sich machen, damit sich ein Schiff wenigstens einigermaßen segelt? Man kann den Holepunkt der Genuaschot vorschieben und die Großschot mehr als üblich trimmen und/oder den Traveller weit oben fahren, um möglichst wenig Twist im Segel zu erzeugen. Sie werden zwar unzufrieden sein, aber segeln Sie weiter. Wenn die Rechtsdrehung kommt und Sie das Schiff einigermaßen auf Geschwindigkeit halten konnten, wird sich der Ärger spätestens an der Luvtonne in Freude verwandeln. Und wenn die Drehung nicht kommt oder gar andersherum — dann gibt es vielleicht noch eine Kreuz.

Die oszillierende, bleibende Drehung

Eine schwingende und zugleich bleibende Drehung ist die größte Herausforderung für einen Segler (siehe dazu Tabelle 8C). Die richtige Technik für den Kreuzkurs ist eine Mischung aus den beiden beschriebenen Strategien. Man segelt in die Richtung der erwarteten Drehung und wendet bei einem Abbacker. Es ist nicht leicht, in dieser Windart wirklich immer das Richtige zu entscheiden, besonders, weil in letzter Zeit zunehmend kurze Bahnschenkel in Mode kommen. So werden Sie Ihr Wissen, daß es sich nicht nur um Schwingungen, sondern auch um eine bleibende Generaldrehung handelt, oft nicht umsetzen können. Die Segelzeit auf einer Kreuz ist meist zu kurz, als daß beide Arten auftreten.

Drehungen durch veränderte Windgeschwindigkeiten

Im Kapitel 7 beschäftigten wir uns mit Winddrehungen durch sich verändernde Windgeschwindigkeiten. Zur Erinnerung: Bei einer solchen Drehung verändert der Wind seine Richtung eigentlich gar nicht, sondern nur seine Stärke nimmt zu oder ab. Auf dem Boot aber hat das Einfluß auf die scheinbare Windgeschwindigkeit und damit auf die scheinbare Richtung. Bei abnehmender Wind-

geschwindigkeit dreht der scheinbare Wind vorlicher (ein windgeschwindigkeitsbedingter Abbacker; *velocity header*). Nimmt der Wind zu, raumt der scheinbare Wind, man kann höher segeln *(velocity lift)*.
Wenn Sie wissen, daß Sie in einem Abbacker, ausgelöst durch abnehmenden Wind, segeln, fallen Sie nicht ab, wie es Ihnen die Windfäden vorn in der Genua anzeigen. Befinden Sie sich auf einem Lift, verursacht durch eine Windbö, dann bleiben Sie auch dann auf Kurs und nehmen eher Geschwindigkeit statt der zusätzlichen Höhe mit. Abbacker und Lifts aus sich änderndem Wind sind meist nur kurz, und wenn das Schiff seine dem Wind entsprechende Geschwindigkeit (schneller oder langsamer) erreicht hat, wird man wieder auf dem alten Kurs weitersegeln können.
Hier neun Regeln, die beim Entwickeln einer Strategie für die Kreuz helfen. (Benutzen Sie die Regeln, setzen Sie Prioritäten und entscheiden Sie nach den Umständen.)

1. Segeln Sie immer in die Richtung, aus der mehr Wind kommt, es sei denn, Sie haben bereits zuviel Segel gesetzt.
2. Segeln Sie zum stärkeren Strom hin (in tiefes Wasser), wenn er mitläuft, zum schwächeren Strom hin (flaches Wasser), wenn er entgegensteht.
3. Segeln Sie am Wind in kleineren Wellen, vor dem Wind in größeren Wellen (bis der Seegang für Sie zum Problem wird). Bedenken Sie auf dem Kreuzkurs jedoch, daß sich höherer Seegang durch gegen den Wind setzenden Strom entwickelt (siehe Zeichnung 8.8).
4. Wenn Sie mit schwingenden (oszillierenden) Drehungen segeln, bleibenden Sie auf dem hohen (gelifteten) Bug und wenden Sie bei einem Abbacker.
   a) Wenden Sie nicht, bevor Ihr Kurs den mittleren (durchschnittlichen) Wert erreicht hat (Zeichnung 8.11).
   b) Wenden Sie nie sofort, sondern segeln Sie ein Stück in die Drehung (den Abbacker) hinein.
   c) Auf dem hohen Bug zu segeln ist entscheidend. Passieren Sie querkommende Boote (auch ohne Vorfahrt) ruhig am Heck und segeln Sie im Abwind, wenn es sich nicht umgehen läßt.
   d) Bleiben Sie in der Mitte der Bahn; wählen Sie erst den langen Schlag (Streckbug, Zeichnung 8.13).
   e) Vermeiden Sie die Anliegelinien bis zum Schluß.
5. Wenn Sie in einer bleibenden Drehung segeln, wählen Sie den abgebackten Bug zuerst. Je eher Sie in den neuen Wind kommen, um so besser. Das

Schiff am weitesten links (bei rückdrehendem Wind) oder rechts (bei rechtdrehendem Wind) liegt in Führung.

a) Vermeiden Sie, auf die Anliegelinie zu segeln. Die Gefahr, die Bahnmarke zu überstehen, ist sehr groß.
b) Steuern Sie die Tonne erst spät direkt an.
c) Die Windschere *(wind shear)* ist ein Anzeichen für eine bleibende Drehung. Je größer die Schere, desto größer der Dreher und desto schneller wird er auftreten.

6. Bei oszillierend-drehendem Wind segeln Sie in die Richtung, aus der Sie den neuen Wind erwarten, so, als handele es sich um eine bleibende Drehung.
a) Wenden Sie bei Abbackern.

7. Wenn Sie feststellen, daß Sie bei abnehmendem Wind in einen Abbacker *(velocity header)* geraten, segeln Sie hoch am Wind weiter. Reagieren Sie nicht auf aufsteigende Luvfäden in der Genua. Der Abbacker ist nur von kurzer Dauer.

8. Wenn Sie feststellen, daß Sie bei zunehmendem Wind höher segeln können *(velocity lift)*, steuern Sie voll, anstatt unzuluven. Auch der Lift ist nur von kurzer Dauer.

9. Wenn Sie nicht wissen, ob es sich um eine windgeschwindigkeitsabhängige Drehung oder um eine echte Winddrehung handelt, machen Sie nichts. Halten Sie weiter Ihren Kurs.

Segeln vor dem Wind

Vor dem Wind kann ein Schiff direkt auf die Bahnmarke zusteuern; das ist auf dem Kreuzkurs nicht möglich. Trotzdem ist der direkte Kurs mit Wind genau von achtern oftmals langsam. Man wählt deshalb auch vor dem Wind einen Zickzackkurs und halst jeweils in einen raumen Windeinfallswinkel. Die Windgeschwindigkeit hat dabei einen entscheidenden Einfluß auf den Raumwinkel, den man deshalb auch Halsenwinkel nennt. Bei viel Wind kann ein Schiff direkt vor dem Wind segeln. In mittlerem oder leichtem Wind werden die Halsenwinkel immer größer. Besonders groß sind solche Winkel bei sehr schnellen Konstruktionen, etwa beim Katamaran STARS & STRIPES, mit dem wir im America's Cup 1988 (beschrieben im Kapitel 2) gesegelt sind. An der Kreuz ist es

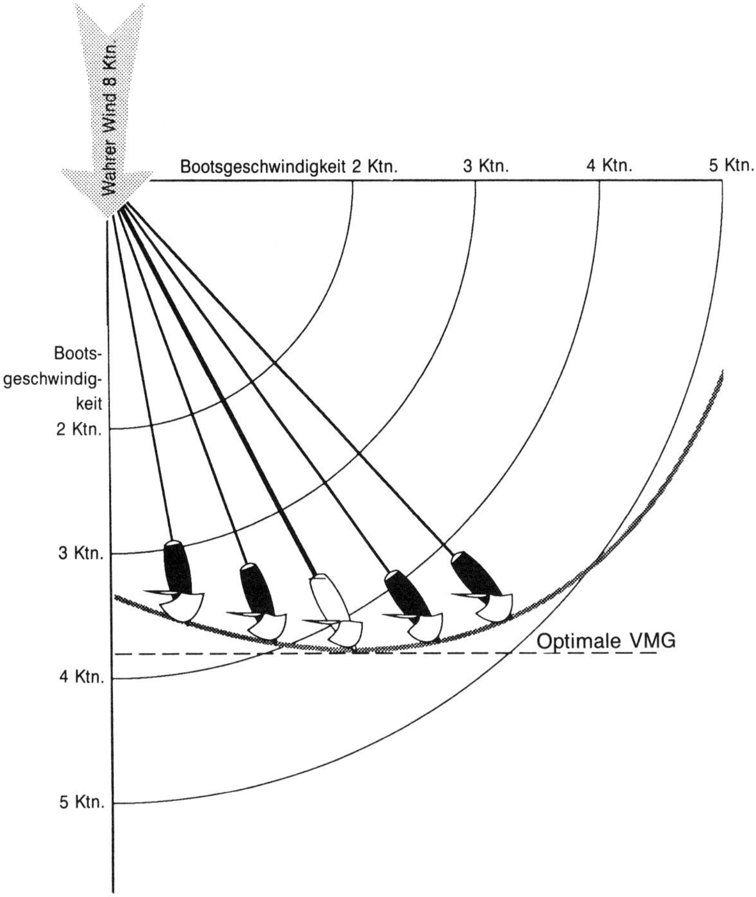

8.17 *Die optimale VMG vor dem Wind wird durch die Formel $V_S \times Cos\ \Theta$ errechnet (V_S ist die Bootsgeschwindigkeit, und Θ ist die Abweichung vom direkten Vormwindkurs).*

recht einfach, zwischen einem langsamen, hohen Kurs und einem schnellen tiefen Kurs die optimale Höhe herauszufinden. Wir haben das schon erörtert. Irgendwo in einem Winkel von zehn Grad zwischen dem höchsten und dem vollsten Kurs liegt das beste Ergebnis *(groove).*

Vor dem Wind liegt dieser Winkel im Bereich von 25 Grad, und dehalb kann man auf einer Vormwindstrecke oft feststellen, daß alle Schiff unterschiedliche Kurse in Richtung Leetonne wählen.

Am Wind wie vor dem Wind gibt es also eine optimale Kombination aus Windeinfallswinkel und Geschwindigkeit (siehe Zeichnung 8.17). Mit dieser Kombination wird das Maximum VMG erreicht (*velocity made good*, schnellste relative Geschwindigkeit; siehe die unterbrochene Linie in der Zeichnung).

Große Yachten finden ihren optimalen Winkel nach Geschwindigkeitsvorgaben *(target boat speed)*, sie wurden im Kapitel 7 erwähnt. Aber oft ist in der Hitze des Gefechts bei einer Tonnenrundung und im Segelmanöver eine Vorgabe oder der richtige Winkel nicht gleich zur Hand. Kleine Segelboote haben normalerweise solche Vorgaben nicht, einige haben nicht mal ein Speedometer. Es gibt eine einfache Regel, an die man sich nach dem Runden einer Bahnmarke halten kann. Segeln Sie bei leichtem bis mittlerem Wind erst einmal den reziproken Amwindkurs der vorhergehenden Kreuz, also parallel zu Schiffen, die noch kreuzen. Der sich daraus ergebende Einfallswinkel wird Sie normalerweise recht nah an den optimalen Vormwindwinkel heranbringen. Wenn sich die Lage beruhigt hat, suchen Sie sich in Ruhe Ihre Geschwindigkeitsvorgabe oder segeln Sie — auf einer Jolle oder einem kleinen Dickschiff ohne Elektronik — einen Kurs, auf dem sich das Boot schnell anfühlt. Das Gefühl ist immer ein guter Indikator für die richtige Geschwindigkeit.

Oszillierende Drehungen vor dem Wind

Vor dem Wind ändern sich einige Gesetzmäßigkeiten. Vieles von dem, was wir für den Kreuzkurs gelernt haben, verkehrt sich vor dem Wind ins Gegenteil. Segelt man gegen den Wind in einer oszillierenden Drehung, muß man bei einem Abbacker wenden. Danach segelt man auf dem höheren (gelifteten) Bug. Bei oszillierenden Drehern vor dem Wind hingegen, halst man bei einem Lift und segelt dann auf dem abgebackten Kurs weiter.

Ein Lift läßt sich natürlich mit dem Kompaß feststellen. Einfacher geht das allerdings mit dem Spinnakertrimm (vorausgesetzt, man hat den Spinnaker gesetzt). Wenn der Spinnaker-Trimmer nämlich den Spinnakerbaum zurückgezogen haben möchte und/oder die Schot fiert, dann befindet man sich auf einem Lift (man müßte bei unveränderter Segelstellung höher herangehen, das würde vom Tonnenkurs wegführen). Jetzt sollten Sie halsen und auf dem abgebackten Bug weitersegeln (siehe Zeichnung 8.18).

Um in den richtigen Takt der Windschwingungen zu kommen, segeln Sie den abgebackten Bug zuerst. Wie schon beschrieben, segelt man meist in oszillierenden Drehungen. Hat man also an der Kreuz solche Dreher wahrgenommen, müssen die auch vor dem Wind festzustellen sein. Strom und Änderungen der Windgeschwingdigkeit (dazu später mehr) und eine bleibende Drehung verändern natürlich die Situation und die Strategie.

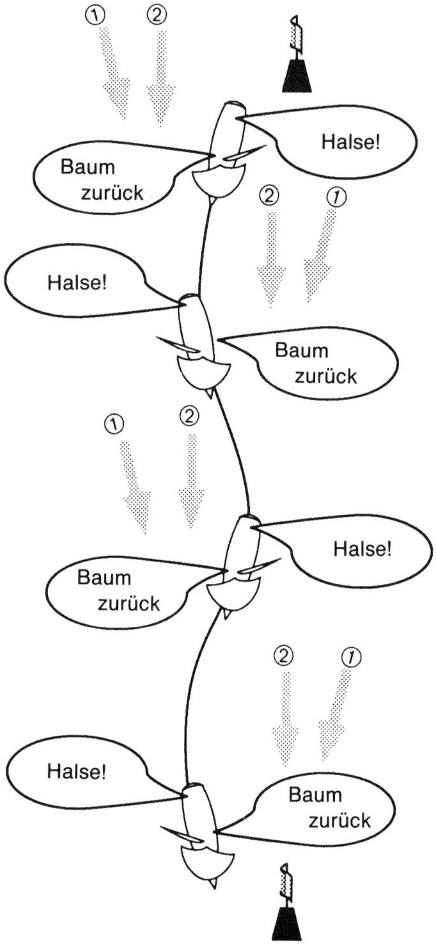

8.18 *Bei oszillierendem Wind auf dem Vormwindkurs halst man bei Lifts. Wenn der Spinnakertrimmer den Baum weiter achterlich ziehen möchte, hat man einen Lift.*

Auch vor dem Wind gilt es, ein frühes Erreichen der Anliegelinien zu vermeiden. Beginnen Sie mit dem längeren Bug (genau wie auf der Kreuz). Das hält Sie nicht nur von den Anliegelinie fern, sondern Sie erreichen auch eine gute VMG auf dem Weg zur Leemarke. Das längere Bein findet man, indem man sich noch einmal die Kreuz ins Gedächtnis ruft. War der Backbordbug dort das lange Bein (siehe Zeichnung 8.13), beginnen Sie den Vormwindgang auf Steuerbordbug. Vergleichen Sie grundsätzlich vor dem Wind Ihre Kompaßkurse auf beiden Bugen mit dem direkten Kurs zur Bahnmarke. Der mit der kleineren Differenz ist der für das lange Bein.

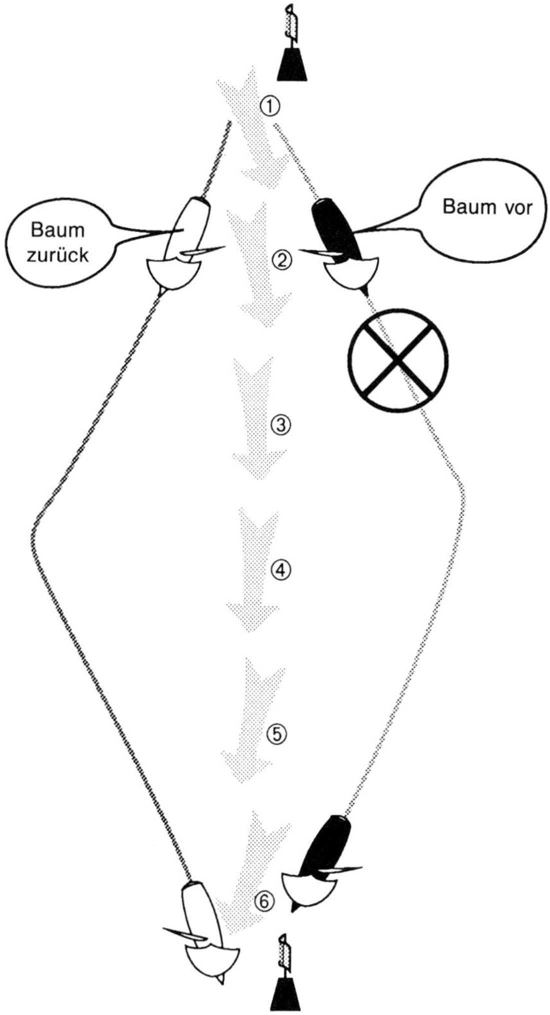

8.19 *Bei bleibender Drehung segelt man zuerst den geliften Bug. Weiß erreicht die Bahnmarke vor Schwarz.*

Bleibende Drehungen vor dem Wind

Wenn Sie bei bleibenden Drehungen vor dem Wind segeln, dann wählen Sie zuerst den höheren (geliften) Bug (siehe das weiße Boot in Zeichnung 8.19). Sollte der Spinnaker-Trimmer den Baum achterlicher trimmen wollen, bleiben Sie auf dem Bug; Sie segeln auf die bevorteilte Seite. Halsen Sie spät — aber vor der Anliegelinie — auf den abgebackten Bug mit Kurs in Richtung Bahnmarke. Natürlich kann auch jetzt stärkerer Wind auf der anderen („falschen“) Seite der Bahn oder Strom eine andere Strategie notwendig machen.

Oszillierende bleibende Drehungen vor dem Wind

Schwingende, gleichzeitig aber bleibende Drehungen machen eine Kombination beider Techniken notwendig. Man beginnt auf jeden Fall zuerst auf dem hohem (gelifteten) Bug und halst bei Lifts.

Drehungen durch veränderte Windgeschwindigkeiten

Sich ändernde scheinbare Windeinfallswinkel bei zu- oder abnehmenden Wind treten auch vor dem Wind auf. Genau wie am Wind ist es nicht immer leicht, festzustellen, ob Wind aufgrund der Windstärke (scheinbar) dreht oder ob es tatsächlich eine Richtungsänderung ist. Angenommen Sie halsen auf einen windgeschwindigkeitsabhängigen Dreher ist das nicht tragisch. Eine Halse kostet weit weniger Geschwindigkeit als eine Wende, zudem bringt sie Sie in den frischeren Wind hinein. Und dort zu segeln ist immer empfehlenswert.

Segeln Sie vor dem Wind auf Geschwindigkeit

Auf dem Kreuzkurs ist das richtige Segeln mit den Drehern das wichtigste Rezept. Vor dem Wind sollten Sie vor allem nach mehr Wind Ausschau halten und Ihren Kurs entsprechend wählen.

Auf einem direkten Vormwindkurs müssen Sie die Bootsgeschwindigkeit von der Windgeschwindigkeit abziehen — das Ergebnis ist die scheinbare Windgeschwindigkeit. Das heißt, vor dem Wind segeln Sie im scheinbaren Wind, der leichter ist als der wahre Wind. Nimmt die Windstärke zu, ist das im allgemeinen kein Beinbruch. Das Schiff wird schneller, aber Segelmanöver sind kaum nötig.

Am Wind jedoch addiert sich die Bootsgeschwindigkeit zum wahren Wind, der scheinbare Wind ist also stärker als der wahre Wind. Steigt jetzt die Windstärke, kann Ihr Schiff leicht überfordert sein, man muß reffen. In Kapitel 7 habe ich über Geschwindigkeitsvorhersagen geschrieben. Vor dem Wind steht die Bootsgeschwindigkeit in direkter Abhängigkeit zur Windstärke. Wenn Sie also mehr Wind bekommen, wird Ihr Schiff schneller sein. Mußten Sie eben noch höher als den direkten Kurs steuern können Sie nun abfallen und einen günstigeren Kurs zur Tonne nehmen.

Suchen Sie auf dem Vormwindkurs immer nach mehr Wind. Dabei schaut man zurück, und wenn man Wind erkennt, sollte man den Kurs entsprechend ändern. Da Wind von achtern schwerer zu erkennen ist als Wind, der an der Kreuz von vorn kommt, sollte man das Suchen einem Crewmitglied übertragen.
Wenn Sie mehr Wind gefunden haben, tun Sie alles, um darin zu bleiben. Segeln Sie parallel mit den Böen, so bleiben sie Ihnen länger erhalten. Merkt man, daß man aus einer Bö herauskommt, sollte man halsen und wieder hineinsegeln. Eine Crew, die Halsenmanöver zu jeder Zeit und problemlos bewältigt, ist vor dem Wind wirklich wichtig.

Strom

Vor dem Wind und an der Kreuz versucht man immer im günstigen Strom zu segeln oder ungünstigen Strom zu vermeiden. Hat man einen Schiebestrom, sollte man das tiefere Wasser suchen, dort fließt er schneller. Entgegengesetzt wird man bei gegenlaufendem Strom in flacheres Wasser segeln. Tidenstrom wechselt seine Richtung, wie wir gelernt haben, zuerst im Flachwasser.
Verändert sich das Wellenbild (kleiner oder größere Wellen, eine andere Form), ist das ein Anzeichen für eine sich verändernde Stromsituation. Wenn Sie vor dem Wind segeln, sollten Sie das glattere Wasser suchen (siehe Zeichnung 8.8), weil Strom in die gleiche Richtung läuft, wie der Wind weht (aber bedenken Sie, glatteres Wasser kann auch ein Zeichen für weniger Wind sein).

Acht Regeln für die Vormwind-Strategie.

1. Segeln Sie Maximum-VMG, die optimale Kombination aus Halsenwinkel und Geschwindigkeit (siehe Zeichnung 8.17)

2. Bei oszillierenden Drehern halsen Sie bei einem Lift (siehe Zeichnung 8.18).

3. Bei einer bleibenden Drehung segeln Sie den höheren (gelifteten) Bug zuerst (siehe Zeichnung 8.19).

4. Bei oszillierenden bleibenden Drehungen segeln Sie den gelifteten Bug zuerst (wie bei bleibender Drehung), aber halsen Sie auf Lifts, wie bei oszillierenden Drehungen.

5. Egal, was der Wind macht, vermeiden Sie das Erreichen der Anliegelinie bis zum Schluß.

6. Windgeschwindigkeitsabhängige Lifts oder Abbacker falsch einzuschätzen ist kein Beinbruch, weil Sie in stärkeren Wind hineinhalsen.
7. Stärkerer Wind und/oder mitschiebender Strom können die Regeln 2,3,4 aussetzen.
8. Suchen Sie immer mehr Wind und steuern Sie dort hinein. Auch durch Abfallen oder Halsen. Halsen kosten weit weniger Fahrt als Wenden.

Raumschotskurse

Beim Segeln werden manche Grundlagen der Geometrie auf den Kopf gestellt. Es ist unbestritten, daß die kürzeste Entfernung zwischen zwei Punkten eine Gerade ist. Aufs Segeln übertragen könnte man sagen, dies sei auch der schnellste Kurs. Nun wissen wir aber, daß man gegen den Wind nicht segeln kann und daß es vor dem Wind häufig langsam ist, den direkten Kurs zu wählen. Auf Raumkursen jedoch ist die Gerade wirklich der schnellste Weg.
Eine einfache Strategie wäre deshalb, auf der direkten Linie *(rhumb line)* zu segeln. Doch leider gibt es auch auf Raumkursen viele Ausnahmen, so daß sich eine immer gültige Regel nicht aufstellen läßt.
Der Raumschotskurs ist meist der schnellste aller möglichen Kurse, deshalb sollte man sich vor allem eins merken: Segel die schnellste Geschwindigkeit. Das heißt, man sollte immer versuchen, das Schiff ins Gleiten zu bekommen oder wenigstens so schnell wie möglich zu machen. Die Rhumb Line kann man dabei außer acht lassen. Ist der direkte Kurs zur Tonne zu hoch am Wind oder es ist zu stürmisch für den Einsatz des Spinnakers, wählt man einen tieferen Kurs und versucht den Spinnaker auf diese Weise zu tragen. Solange man nur wenig unter die Rhumb Line gerät, daß später der Kurs zur Tonne noch mit halbem Wind zu erreichen ist, ist alles in Ordnung. Setzen Sie dann einen Reacher, bergen Sie den Spi und segeln Sie zur Tonne. Aber Vorsicht, bedenken Sie das Mitschwenken des scheinbaren Windes. Kommen Sie zu tief heraus, dann kann es passieren, daß Sie kreuzen müssen.
Man kann raumschots auch mit entgegengesetzter Strategie segeln, indem man zuerst mit der Genua oder dem Reacher über der Rhumb Line segelt. Hat man genug Raum nach Lee, setzt man den Spi und fällt auf die Bahnmarke ab. Diese Strategie hat den Vorteil, daß man in Luv der Konkurrenz segelt, sie also leichter passieren kann.

Sich ändernde Windstärken

Raumschots zu segeln ist ähnlich wie vor dem Wind. Man luvt an, um schneller zu werden. Wird der Wind also flauer, segeln Sie einen höheren Kurs und nutzen dann die Böen, um wieder nach Lee zu kommen. Wenn es sich in Verlaufe der Wettfahrt abzeichnet, daß der Wind stetig zunimmt, dann beginnen Sie den Raumschenkel mit einem hohen Kurs, damit Sie, wenn der Wind noch stärker wird, auf die Bahnmarke abfallen können. Wenn es sich jedoch andeutet, daß der Wind abflauen wird, segeln Sie zu Anfang tief und erst später hoch (siehe Zeichnung 8.20).

Das vielleicht extremste Beispiel dieser Strategie wurde (durch Zufall) im stürmischen Fastnet Race von 1979 angewandt. Dennis Durgan, er sollte im Jahr darauf als Taktiker auf meiner FREEDOM im America's Cup segeln, war Skipper auf einem europäischem Admiral's-Cupper. Als Durgan und seine Crew den Fastnet Rock rundeten, wehte es so extrem stark, daß man anstatt zu reffen einen um 25 Grad tieferen Kurs wählte. Durgans einzige Befürchtung war damals, daß er das englische Festland irgendwann treffen würde. Aber nachdem das Sturmtief durchgezogen war, wurde der Wind leichter und drehte achterlich. Ich segelte das Fastnet auf der amerikanischen WILLIWAW im US-Team und erinnere mich, wie wir nach dem Abflauen raumschots mit konfusen Altseen kämpften. Währenddessen konnte Durgan weit in Lee von uns anluven und mit 14 Knoten Geschwindigkeit die Scilly Islands anliegen. Er und seine Mannschaft erreichten den zweiten Platz nach berechneter Zeit.

Winddrehungen auf dem Raumkurs

Die Strategie bei einer bleibenden (abbackenden) Drehung ist die gleiche wie bei zunehmenden Wind. Segeln Sie anfangs hoch und später, wenn Sie müssen, tief. Tun sie das Gegenteil bei einem bleibenden Lift. Segeln sie erst tief und später hoch. Behandeln Sie also eine bleibende Drehung (Lift) so, als segeln Sie in einer abflauenden Brise (siehe Zeichnung 8.20). Bei oszillierenden Drehungen segeln Sie mit denselben scheinbaren Windeinfallswinkel weiter. Fallen Sie mit Abbackern ab und steuern Sie in Lifts hoch.

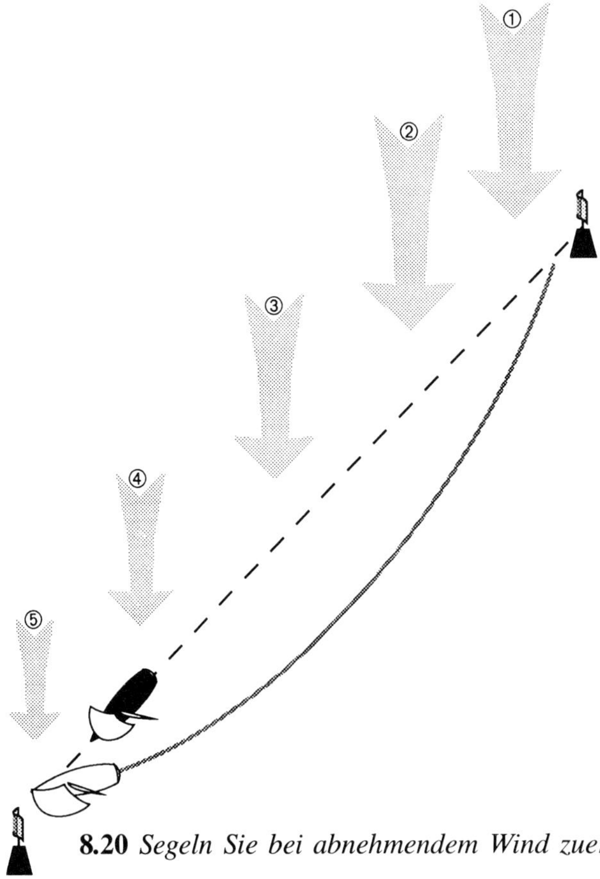

8.20 *Segeln Sie bei abnehmendem Wind zuerst tief und dann hoch.*

Der Schlüssel zu Revierkenntnissen

Uns ist klargeworden, daß die Strategie bei oszillierenden, bleibenden oder oszillierend- bleibenden Winddrehungen unterschiedlich ist. Ebenso verschieden ist sie beim Kreuzen, Vormwind- oder Raumschotssegeln. Das Schwierige ist nicht, die Strategie zu entwickeln, sondern den Charakter des Windes richtig zu erkennen, der ja irgendwo zwischen gradientem, thermischem oder geographischem Wind liegt.

Man braucht Hilfsmittel, zum Beispiel eine Wettervorhersage. Je besser die Vorhersage, um so besser wird das Ergebnis sein. Von der Theorie gelangt man zur Praxis. Vergleichen Sie, was Sie gelesen/gehört haben später mit der Realität auf der Bahn. Sie müssen sich Ereignisse nicht erklären können, notieren Sie nur, was Sie gemacht haben. Etwa so: Ich hatte diese Voraussage, ich sah das, das passierte wirklich, und das habe ich getan.

Die Notizen werden helfen, sich ein Revier zu erschließen. Versuchen Sie den Drehern auf den Grund zu kommen, deren Anzeichen wahrzunehmen und eine Strategie daraus zu entwickeln.

KAPITEL 9

Die Regeln

Als ich mit dem Regattasegeln begann, hatte ich nur eine unvollkommene Vorstellung von den Regeln. Ich wußte, daß eine zu dicht am gegnerischen Boot durchgeführte Wende nicht erlaubt war, aber ich wußte nicht genau, was „zu dicht“ ist. In Wahrheit wußte ich auch nicht, wie die Regeln das Wenden definieren. Ich dachte früher, eine Wende würde beginnen, wenn der Steuermann das Kommando gibt und die Segel anfangen einzufallen.

Eine Unkenntnis der Regeln ist niemals eine Entschuldigung. Der Aufruf 38 der United States Yacht Racing Union, des Dachverbandes der Regattasegler in den Vereinigten Staaten, beinhaltet genau diesen Punkt. Wenn Sie in einem Land leben wollen, müssen Sie dessen Gesetze kennen und respektieren. Wenn Sie Regatten segeln wollen, müssen Sie die Gesetze des Meeres und noch spezieller die Regattaregeln beherrschen.

Ich habe mich an die Regeln auch durch die vielen Wettfahrten gewöhnt, an denen ich teilnahm. Für die meisten Leute dürfte aber das Ausprobieren kein sehr effektiver Weg zum Lernen der Regeln sein. Der kann nämlich auch teuer werden.

Die Regattaregeln sind fast so komplex wie das Gesetzeswerk eines modernen demokratischen Staates, und es gibt zu diesem Thema mehrere Bücher und Videos. Ich beschränke mich hier auf die wichtigsten und gebräuchlichsten Regeln und damit auf ein Kapitel.

Die Internationalen Wettsegelbestimmungen

Die Internationalen Wettsegelbestimmungen, nach denen fast ausschließlich Regatten gesegelt werden, gibt der Weltsegler-Verband International Yacht Racing Union (IYRU) alle vier Jahre nach den Olympischen Spielen neu heraus. Zur Zeit segeln wir nach den Regeln 1993-96, auf die sich die folgenden Anmerkungen beziehen. Die wichtigsten Regeln zum Wegerecht und zum Passieren und Runden von Bahnmarken und Hindernissen ändern sich aber meist nicht von Ausgabe zu Ausgabe.

Es gibt 78 Regeln, die in sechs Kapitel aufgeteilt sind. Außerdem gibt es noch 16 Anhänge und die eventuell abweichenden Regularien der nationalen Verbände, die auch Berufungsentscheidungen herausgeben. Letztere sind zwar selbst nur Interpretationen des Regelwerks, können aber ein tieferes Verständnis für Sinn und Absicht der einzelnen Regeln bringen.

Zum größten Teil sind die Regeln nicht einfach und nicht immer schlüssig. Wenn man sie kennen will, muß man sie auswendig lernen. Ist es das wert? Ich tippe, daß viel mehr Menschen Regatta segeln würden, wenn sie sich nicht durch eigene Unkenntnis oder unvollkommene Vorstellungen abschrecken lassen würden. Wenn Sie Angst haben, es mit einem Gegner direkt aufzunehmen, weil Sie sich über Ihre Rechte und Pflichten nicht im klaren sind, ist das schlecht. Sie schenken Ihrem Konkurrenten einfach zuviel Raum und dadurch Zeit, wenn der die Regeln kennt und benutzt.

Noch ein Wort, bevor wir in das Regelwerk einsteigen: Sie werden mit den Regeln Fehler machen. Selbst die Experten, die die Regelbücher schreiben, machen sie. Ich mache manchmal auch welche. Wenn zu viele Boote einen zu kleinen Platz auf dem Wasser beanspruchen, sind Regelverletzungen unvermeidlich. Wenn Sie einen Fehler gemacht haben, nehmen Sie die Schuld und die Bestrafung auf sich und machen Sie weiter mit dem Spiel. Sie lernen auch dadurch. Zum Verbrecher werden Sie nicht; Regattasegeln ist ein Sport, ein Spiel — nicht mehr und nicht weniger. Lassen Sie sich durch einen Regelfehler nicht den Tag verderben oder durch die Befürchtungen, einen Fehler zu begehen, vom Regattasegeln abhalten. In vergangenen Zeiten bedeutete ein Fehler das Ende der Wettfahrt und damit meist auch der Serie. Wie im Kapitel 3 erwähnt, mußten Alan Raffee und ich in der letzten Wettfahrt der Olympia-Ausscheidungen 1968 Lowell North schlagen, um die USA in den Spielen vertreten zu dürfen. Wir berührten eine Bahnmarke und flogen aus der Wettfahrt raus — Olympia ade. In jüngster Zeit setzen sich schwächere Bestrafungen für

Regelverletzter durch, wie zum Beispiel eine 720-Grad-Drehung oder ein 20prozentiger Punktabzug. Damit läßt es sich besser leben. Tatsächlich ist die Absicht hinter diesen kleineren Bestrafungen, die Yachten weiter segeln zu lassen.

Grundlagen der Regeln

Die modernen Regattaregeln entstanden durch Harold „Mike" Vanderbilt. Der war Skipper von drei erfolgreichen America's-Cuppern zur Zeit der gigantischen J Klasse-Yachten. Vanderbilt führte 1930 die ENTERPRISE, 1934 die RAINBOW und 1937 die RANGER zum Sieg. Er war US-Champion im Bridge und der Erfinder der Nebenform Kontrakt-Bridge. Vielleicht führte seine Liebe zu vielschichtigen Zusammenhängen zur offensichtlichen Komplexität der Regattaregeln. Die Regeln sind komplex, aber sie verhindern Kollisionen, auch in großen Feldern auf engem Raum. Außerdem fördern sie das faire Segeln. Sicherheit und Fairness sind die Ideen, die hinter den Regeln stecken.

Die Regeln sind als Schutzschild, nicht als Schwert gedacht. In der realen Welt aber werden sie als Waffe benutzt, um Wettfahrten zu gewinnen. Beim Regattasegeln muß man unterscheiden, wer die Regeln als Waffe und wer sie als Schutz benutzt. Der Spruch „Kenne deinen Feind" ist hier etwas heftig, aber „Kenne deinen Gegner" mag zutreffend sein.

Der inzwischen verstorbene Tom Blackaller war einer meiner Konkurrenten, den ich als solchen gut kennengelernt habe. Ich habe ihn für seine Fairness und Regeltreue bewundern gelernt. Wenn man vor ihm auf Steuerbordbug durchsegeln konnte, versuchte er nicht, eine Berührung herbeizuführen. Er gab aber dabei auch keinen Zentimeter ab.

Bei einer Ausscheidungswettfahrt im America's Cup vor Perth beispielsweise lag seine USA auf Backbordbug leicht vor unserer STARS & STRIPES. Ich sah eine Chance, auf Steuerbordbug am Ziel vor ihm klarzukommen. Wenn ich das nicht versucht hätte, wäre die Wettfahrt für uns auf alle Fälle verloren gewesen. Ich ergriff die Gelegenheit beim Schopf und kreuzte seinen Kurs. Falls ich falschliegen würde, wäre die Regatta verloren und das Schiff vielleicht beschädigt. Oder schlimmer. Mit knapp 20 Meter langen Yachten gibt es einen Punkt — einen sehr langen Punkt — ohne Rückkehrmöglichkeit. Ich war so dicht am anderen Boot, daß ich beim Vorbeifahren meine Augen schließen mußte. Wir müssen die USA um weniger als 15 Zentimeter verpaßt haben. Blackaller protestierte nicht.

Nicht jeder, gegen den Sie oder ich segle, ist so skrupellos. Meiner Erfahrung nach starten eher die jungen und aggressiveren Teilnehmer, die sich einen Namen machen wollen, mit dem Regelbuch zwischen den Zähnen. Es gibt Leute, deren Kurs ich niemals dicht auf Steuerbordbug kreuzen würde, weil ich weiß, daß die dann sofort stark anluven, um mein Schiff zu berühren. Bei solchen Situationen können Schiedsrichter auf dem Wasser sinnvoll sein, wie es im America's Cup erstmals 1992 praktiziert wurde.

Basis-Regeln

Der erste Teil der Wettsegelbestimmungen befaßt sich mit den grundsätzlichen Regeln und mit Definitionen. Die Grundregeln sind ebenso kurz wie wichtig und haben folgenden Inhalt:

Hilfeleistung: Jede Yacht muß jedem Fahrzeug oder jeder Person in Gefahr jeden nur möglichen Beistand leisten, wenn sie in der Lage ist, dies zu tun. (Falls man dies tut, kann man eine Wiedergutmachung nach der Regel 69 b beantragen.)

Verantwortlichkeit einer Yacht: Es liegt in der Verantwortlichkeit einer Yacht zu entscheiden, ob sie startet oder eine Wettfahrt fortsetzt oder nicht. (Sie kennen Ihr Boot und Ihre Crew besser als das Regattakomitee.)

Faires Segeln: Die Regeln ermöglichen und fordern faires Segeln und sportliches Verhalten. Die Yachten sollen nur durch seglerische Leistungen konkurrieren. Eine Yacht kann aufgrund dieser Regel nur dann bestraft werden, wenn diese Prinzipien eindeutig verletzt werden und keine andere Regel anzuwenden ist (es sei denn Regel 75, grobe Verletzung von Regeln oder Fehlverhalten).

Annahme von Strafen: Wenn Sie merken, daß Sie eine Regel verletzt haben, müssen Sie Ihre Strafe akzeptieren. Sie brechen die Wettfahrt ab oder nehmen eine Ersatzstrafe wie zum Beispiel eine 720-Grad-Drehung hin (falls diese in den Segelanweisungen der Veranstaltung vorgesehen ist). Sie dürfen nicht weitersegeln, als wäre nichts passiert. Falls Sie von der Regatta disqualifiziert werden, weil Sie diese Regel oder das faire Segeln mißachtet haben, können Sie diese Wettfahrt nicht als Streicher werten (Regel 74.5 d).

Begriffsbestimmungen

Der übrige erste Teil der Wettsegelbestimmungen definiert 26 Ausdrücke wie starten, luven, klar achteraus, klar voraus und Überlappung. Diese Dinge mögen eigentlich eindeutig sein, aber die genaue Definition grenzt den Ausdruck ein und schafft klare Fronten.
Nehmen wir zum Beispiel die Definition für „wenden". Die liest sich so: „Eine Yacht wendet von dem Augenblick an, in dem sie durch den Wind gegangen und bis sie auf einen Amwindkurs abgefallen ist." Also beginnt die Wende nicht mit dem Kommando des Skippers. Das Regelbuch spricht erst von einer Wende, wenn das Boot gerade durch den Wind gedreht hat und bis es wieder am Wind segelt. Die Wende umfaßt im Sinne der Regeln also nicht rund 90 Grad Kursänderung, sondern nur 45 Grad. Dieser Unterschied kann wichtig werden, denn wenn man wendet, ist man fast schon vogelfrei und hat nur noch sehr wenige Rechte. Beachten Sie auch, daß der Abschluß der Wende zum Beispiel nichts mit dem Dichtnehmen der Genua zu tun hat; die Wende ist beendet, wenn das Boot wieder auf dem neuen Bug am Wind segelt. Auch das ist nicht unwesentlich: Es kann nämlich bis zu 30 Sekunden dauern, bis die Crew ein großes und weit überlappendes Vorsegel wieder richtig eingetrimmt hat.

Wegerechtsregeln

In der englischen Originalfassung machen die Wegerechtsregeln rund vier Seiten aus. Genaugenommen sagen sie aber nicht, wer wegeberechtigt ist und Vorfahrt hat. Sie sagen, welche Yacht Platz machen, also Raum geben muß. Aber auch die wegeberechtigte Yacht ist nicht völlig frei von Verantwortung. Regel 32 sagt, daß bei einem ernsthaften Schaden eine Yacht zu bestrafen ist, die keinen zumutbaren Versuch zur Vermeidung des Zusammenstoßes unternommen hat. Die Regeln billigen absolut keine Kollision.
Diese Bestimmungen gelten nur für Regatten. Segelyachten außerhalb einer Wettfahrt unterliegen den Internationalen Kollisionsverhütungsregeln (KVR) und zusätzlichen nationalen Vorschriften.
Die Wegerechtsregeln betrachten jede Situation in einer von drei Möglichkeiten, und es ist hilfreich, die Regeln danach zu lesen und anzuwenden: 1) die Boote segeln auf entgegengesetztem Bug; 2) die Boote segeln auf gleichem Bug; 3) eines oder beide Boote wechseln den Bug.

Backbordbug-Steuerbordbug: Regel 36

Die Grundregel 36 — entgegengesetzter Bug — kennen die meisten Segler. Sie besagt, daß sich eine Yacht, die auf Steuerbordbug (Großbaum an Steuerbord) segelt, von einer Yacht, die auf Backbordbug (Großbaum auf Backbord) segelt, freihalten muß. Oder anders gesagt: Eine Yacht mit Wind von Backbord muß sich von einer Yacht mit Wind von Steuerbord freihalten.

Wenn die Steuerbordbug-Yacht (S) eine Backbordbug-Yacht (B) nicht passieren kann, gibt es für S zwei Möglichkeiten: Wenden oder abfallen und hinter dem Heck von B passieren. Es gilt als höflich für die Backbordbug-Yacht, „Raum“ oder „Backbordbug“ zu rufen, aber dieser Hinweis ist nicht vorgeschrieben. Auf jeder Yacht muß nämlich genügend Ausguck gehalten werden. Falls die Backbordbug-Yacht ihren Kurs ändern muß, um eine Kollision zu vermeiden, hat die Steuerbordbug-Yacht die Regel 36 verletzt.

Oft hört man von der Backbordbug-Yacht den Zuruf „Raum!“ und im Gegenzug von der Steuerbordbug-Yacht „Halten Sie Ihren Kurs!“. Keiner dieser Zurufe ist Pflicht, und der zweite ist meistens auch nicht angebracht. Wie bereits weiter oben erwähnt, muß die Backbordbug-Yacht nicht ihren Kurs halten, wenn sie eine Kollision befürchtet (Regel 32). Sie ist sogar gehalten, den Kurs zu ändern, um eine Kollision zu vermeiden, und dann gegen die Steuerbordbug-Yacht Protest einzulegen.

Eine typische Problematik dieser Regel tritt bei drehenden Winden auf. In der Zeichnung 9.1 kann die Steuerbordbug-Yacht Stb (schwarz) zunächst die Backbordbug-Yacht Bb (weiß) passieren. Dann dreht der Wind nach rechts, wodurch Bb einen Lift (Zieher) bekommt und Stb normalerweise einen Abbacker. Die Frage ist nun, ob Bb ihren Kurs halten muß. Gemäß dem Berufungsfall 52 der IYRU darf die Backbordbug-Yacht jederzeit auf eine Winddrehung reagieren, „es sei denn die Backbordbug-Yacht liegt so dicht an einer ausweichpflichtigen Steuerbordbug-Yacht, daß ihre Kursänderung diese am Freihalten hindert“. Das bedeutet also: Wenn Sie auf Backbordbug dicht an einer Steuerbordbug-Yacht segeln und dabei einen Lift bekommen, müssen Sie Ihren Kurs beibehalten. Andere Einschränkungen zur Kursänderung beinhaltet die Regel 35, die ich später erläutere.

Die Regel 36 für Schiffe auf entgegengesetztem Kurs ist sowohl auf Amwind- wie auch auf Vormwindkursen anwendbar (siehe Zeichnung 9.2, rechts). Wenn die klar achteraus liegende Yacht auf Backbordbug segelt, muß sich die Yacht auf Steuerbordbug freihalten. Regel 37.2 allerdings besagt, daß sich eine klar

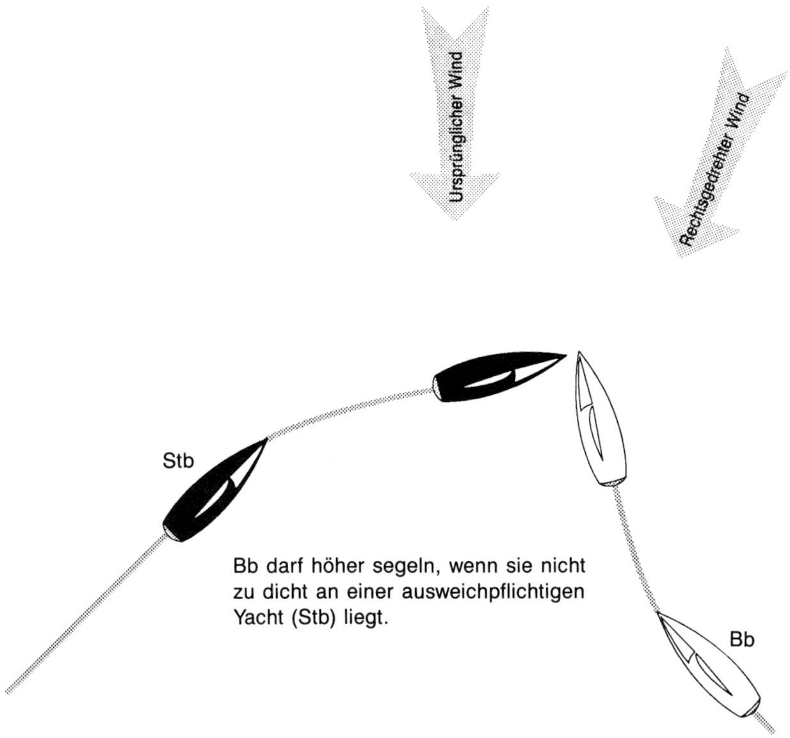

9.1 *Die Regel 36 besagt, daß sich eine Steuerbordbug-Yacht (Stb, schwarz) von einer Backbordbug-Yacht (Bb, weiß) freihalten muß. Die Backbordbug-Yacht darf auf eine Rechtsdrehung reagieren, aber dabei nicht die andere Yacht am Freihalten hindern.*

achteraus liegende Yacht von einer klar voraus liegenden Yacht freihalten muß (siehe Zeichnung 9.2, links). Daß klingt zwar widersprüchlich, aber die Regel 37.2 gilt nur für Yachten auf dem gleichen Bug.
Es gibt einige Ausnahmen für die Backbordbug-Steuerbordbug-Regel. Eine zu früh gestartete Yacht beispielsweise muß sich von allen anderen Booten, egal, auf welchem Bug, freihalten, bis sie wieder neu gestartet ist. Auch eine Yacht auf Backbordbug, die gerade ihre Strafkringel dreht (folgt später), hat keine Vorfahrt. Eine Steuerbordbug-Yacht, die einen Überbordgefallenen rettet oder ankert, gekentert oder aufgelaufen ist, hat außerdem Vorfahrt gegenüber anderen Yachten. Beachten Sie, daß eine Yacht auf Steuerbordbug, die ankert oder aufgelaufen ist, das andere Schiff per Zuruf darauf hinweisen muß. Sie werden

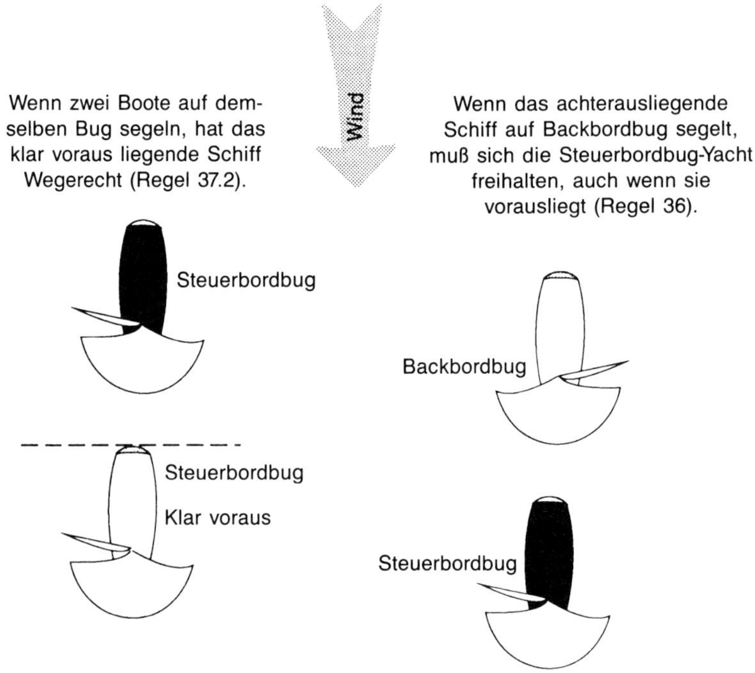

9.2 *Auch vor dem Wind muß sich eine Steuerbordbug-Yacht von einer Backbordbug-Yacht freihalten. Segeln beide Boote auf demselben Bug, sagt Regel 37.2, daß sich die klar achteraus liegende Yacht freihalten muß.*

später noch sehen, daß die Steuerbordbug-Yacht Rechte gegenüber der Backbordbug-Yacht genießt, wenn sie das innere Boot bei der Rundung der Leetonne ist. Das ist aber von einigen Einschränkungen abhängig.

Boote auf gleichem Bug: Regel 37

Die Grundregel 37 behandelt Boote, die auf dem gleichen Bug segeln, ebenfalls eine fundamentale Wettsegelbestimmung. Die Regel unterscheidet zwischen zwei möglichen Bedingungen: Die Boote überlappen sich, oder sie tun es nicht. Falls sie sich nicht überlappen (siehe Zeichnung 9.3, oben links), liegt ein Boot klar voraus und das andere klar achteraus. Die Defintion von „Klar achteraus — Klar voraus; Überlappen" liest sich so: Eine Yacht liegt einer anderen klar achteraus, wenn sich ihr Rumpf und ihre in normaler Lage befindliche Ausrüstung hinter einer angenommenen Linie befindet, die querab zum achterlichsten Punkt des Rumpfes oder der in normaler Lage befindlichen Ausrüstung einer anderen Yacht verläuft. Die andere Yacht liegt dann klar voraus. Yachten überlappen (Zeichnung 9.3, oben rechts), wenn keine klar achteraus liegt oder wenn, obwohl eine klar achteraus liegt, eine dazwischenliegende Yacht beide überlappt.

Beachten Sie in der Zeichnung 9.3 (unten), daß A mit C überlappt, weil B beide überlappt. Übrigens: Sie können sich keine Überlappung sichern, indem Sie zum Beispiel das Spinnakerfall fieren. Die Überlappungsregel ist für Boote auf entgegengesetztem Bug nur beim Runden von Bahnmarken anwendbar (also wann immer die Regel 42 Einsatz findet).

Gemäß der Regel 37.1 muß sich ein luvwärtiges Boot von einem leewärtigen Boot freihalten, wenn es eine Überlappung gibt. Die Zeichnung 9.4 zeigt die

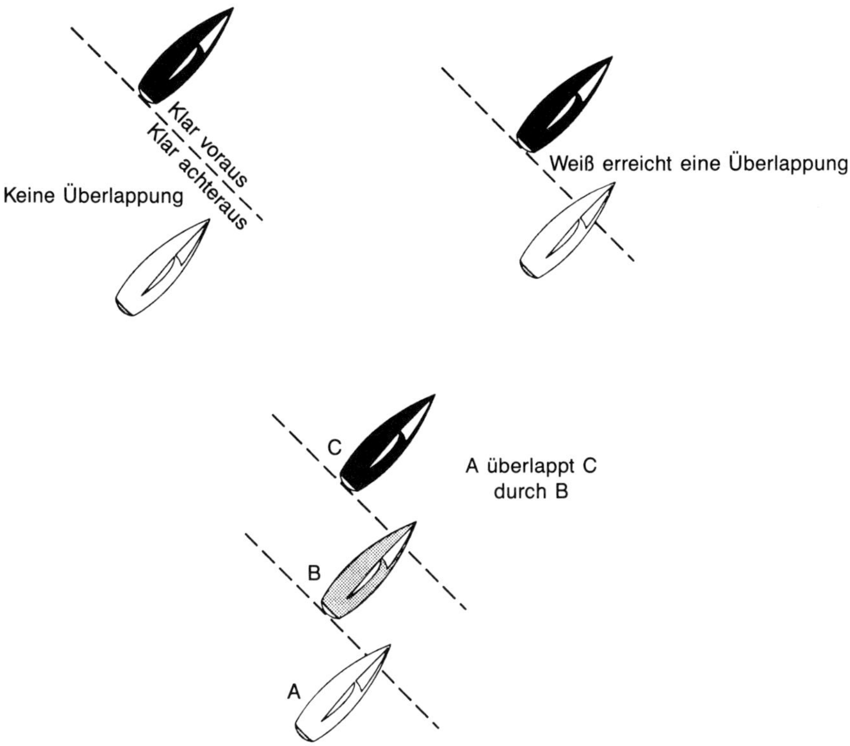

9.3 *Boote befinden sich entweder in einer Überlappung, oder sie tun es nicht. Regel 37.1: Wenn sich Yachten überlappen, muß sich das luvwärtige Schiff freihalten.*

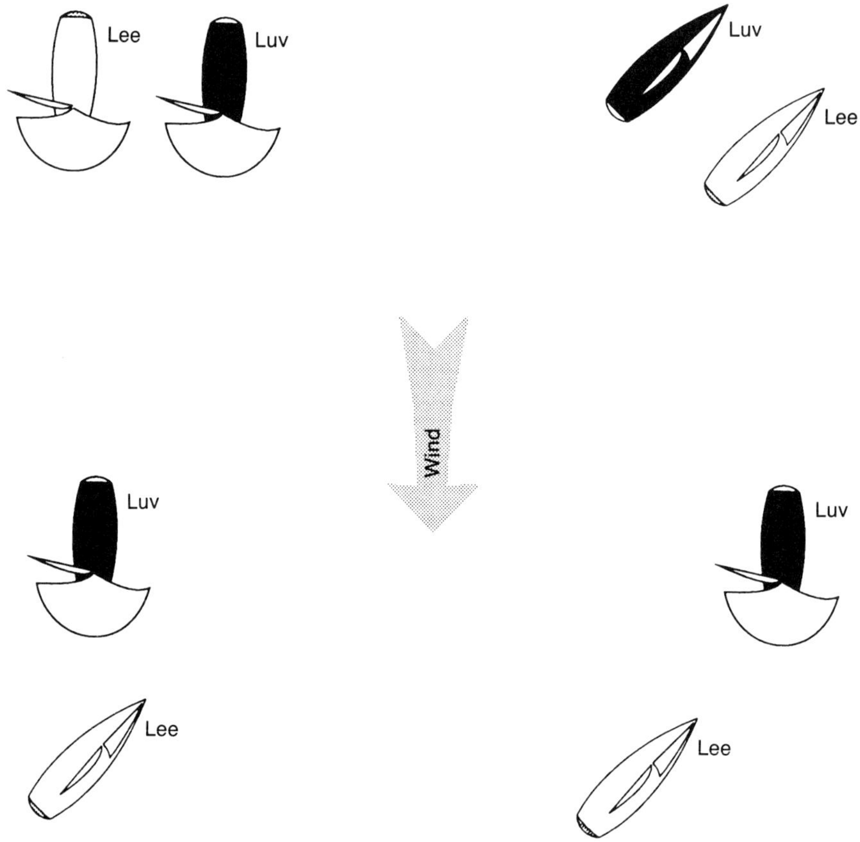

9.4 *Verschiedene Formen der Überlappung. In allen Fällen muß sich die luvwärtige Yacht (schwarz) freihalten.*

möglichen Situationen mit einer Überlappung. In jedem dieser Fälle muß das (schwarze) Luvboot ausweichen. Dabei muß sich das Luvboot nicht nur vom Leeboot selbst, sondern auch von der Crew auf der Kante freihalten.
Was passiert, wenn keine Überlappung besteht (Zeichnung 9.2, links)? Nach der Regel 37.2 muß sich eine klar achteraus liegende Yacht von der klar voraus liegenden freihalten. Das setzt wieder voraus, daß sie auf dem gleichen Bug segeln. Liegen sie auf entgegengesetztem Bug, gilt wieder Backbordbug vor Steuerbordbug (Zeichnung 9.2, rechts).
Vor dem Startschuß gibt es oft schnelle Wechsel zwischen der Anwendbarkeit der Regeln 37.2 und 37.1 (siehe Zeichnung 9.5). Das schwarze Boot wartet mit

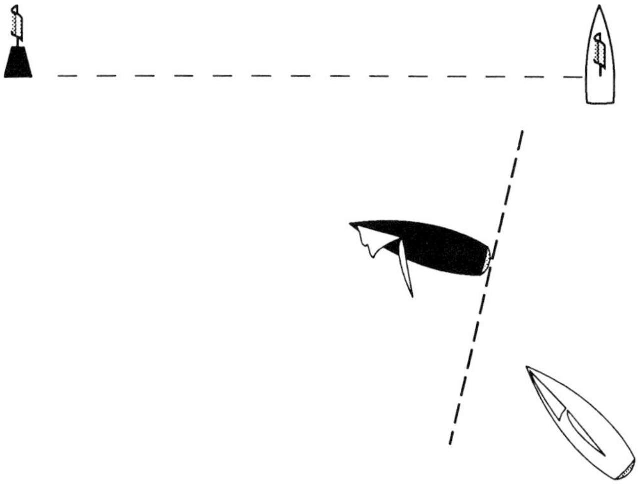

9.5 *Eine übliche Übergangssituation vor dem Start. Das luvwärtige Schiff (schwarz) muß die Überlappung nicht erwarten. Sobald eine Überlappung hergestellt ist, muß die leewärtige Yacht der luvwärtigen großzügigen Raum und die Gelegenheit geben, sich freizuhalten.*

killenden Segeln, um die Zeit zu überbrücken, und das weiße Schiff überholt in Lee. Zuerst gibt es keine Überlappung. Weiß muß sich als klar achteraus liegendes Schiff nach der Regel 37.2 freihalten. Oft fordert die Crew auf dem klar achteraus liegenden Boot das andere Schiff zum Anluven auf, bevor sie eine Überlappung hergestellt hat. Das ist zu früh. Gemäß dem IYRU-Berufungsfall 115 muß die klar voraus liegende Yacht (schwarz) nicht von vornherein annehmen, daß sie sich möglicherweise von einem leewärtigen Boot (weiß) freihalten muß. Das bedeutet: Schwarz muß nicht reagieren, bevor die Überlappung etabliert ist.
Sobald aber die Überlappung besteht, muß sich Schwarz als Luvyacht nach Regel 37.1 freihalten. Dieser Übergang ist das Anliegen der Regel 37.3: „Eine Yacht, die von klar achteraus eine Überlappung in Lee herstellt, muß der Luvyacht zu Beginn genügend Raum und Gelegenheit lassen, sich freizuhalten.“ Raum bedeutet genug Platz, Gelegenheit heißt genug Zeit.

Bugwechsel — Wenden und Halsen: Regel 41

Die dritte Kategorie, nach der in den Wettsegelbestimmungen die Situationen in der Regatta eingestuft werden, ist, daß eines oder mehrere Boote ihren Bug wechseln. Das gilt für Wenden wie auch für Halsen. Die Wende haben wir bereits definiert. Die Begriffsbestimmung des Regelwerks für die Halse: „Eine Yacht beginnt in dem Augenblick zu halsen, in dem das Unterliek ihres Großsegels bei achterlichem Wind die Mittschiffslinie kreuzt. Sie beendet die Halse, wenn das Großsegel auf dem anderen Bug vollsteht."

Die Regel 41.1 behandelt zu dichte Wenden oder Halsen: „Eine Yacht, die entweder wendet oder halst, muß sich von einer Yacht, die auf einem Bug segelt (Wind von Steuerbord oder Wind von Backbord) freihalten. Das ist normalerweise beim Halsen kein Problem, und es ist meist auch nicht wünschenswert, direkt vor einem anderen Boot dieses Manöver durchzuführen.

Zu dicht am Konkurrenten ausgeführte Wenden dagegen sind ein häufiger Grund für Protestverhandlungen. Die genaue Zeiteinteilung ist kritisch. Falls das wendende Boot die Wende zum Abschluß bringt — also regelgetreu auf dem neuen Bug wieder hoch am Wind segelt —, bevor das andere Boot ausweicht, hat das gewendete Boot seine Pflichten nach der Regel 41 erfüllt. Muß dagegen eine Yacht ihren Kurs ändern, bevor das wendende Boot sein Manöver beendet hat, wurde zu dicht gewendet. Obwohl nicht vorgeschrieben, kann ein Zuruf vom wendenden Boot wie „auf Kurs" oder „hoch am Wind" demonstrieren, daß die Wende rechtzeitig abgeschlossen ist. Möglicherweise werden dadurch auch potentielle Zeugen auf diese Tatsache aufmerksam gemacht.

Regel 41.2 behandelt wieder eine sich verändernde Situation. Hier wendet eine Yacht (weißes Boot in der Zeichnung 9.6) auf den Backbordbug, ist damit wegberechtigt, führt aber das Manöver zu dicht am Gegner aus. Die Regel sagt: „Eine Yacht darf nicht in eine Position wenden oder halsen, die ihr Wegerecht gibt, es sei denn, sie tut dies so weit entfernt von einer Yacht, die auf einem Bug segelt, daß diese Yacht, um sich freizuhalten, ihre Kursänderung nicht beginnen muß, bevor die Wende oder Halse beendet worden ist." Wieder ist also der Zeitpunkt entscheidend, in dem das Manöver, also der Bugwechsel vollzogen ist.

Es gibt zwei weitere Teile der Regel 41. Regel 41.3 beinhaltet, daß die Beweislast bei dem Boot liegt, das gewendet oder gehalst hat (das weiße Boot in Zeichnung 9.6). Dieses Boot muß dem Protestkomitee glaubhaft machen, daß

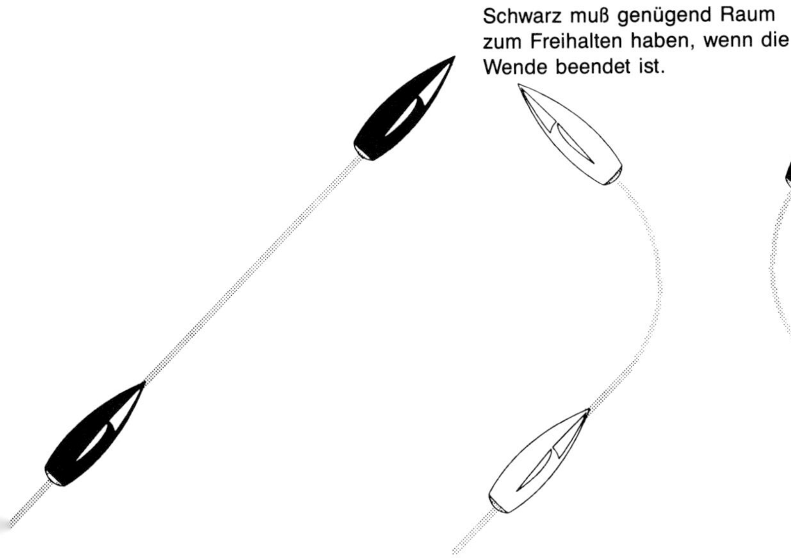

9.6 *(links): Regel 41.2 befaßt sich mit zu dicht ausgeführten Wenden oder Halsen.*
9.7 *(rechts): Bei gleichzeitig wendenden Yachten muß sich die auf der Backbordseite der anderen befindliche Yacht (schwarz) laut Regel 41.4 freihalten.*

es seine Wende oder Halse nicht zu dicht am Gegner vollzogen hat, also das Manöver in Übereinstimmung mit der Regel 41.2 beenden konnte. Das ist ohne Zeugen nicht einfach.

Die Regel 41.4 klärt die Lage für Boote, die gleichzeitig halsen oder wenden (siehe Zeichnung 9.7). Das kann passieren, wenn die Steuerbordbug-Yacht (weiß) hinter dem Heck der Backbordbug-Yacht (schwarz) passieren will und dann beide Boote wenden. Die Situation tritt zum Beispiel auf, wenn die Backbordbug-Yacht versucht, die Steuerbordbug-Yacht durch eine Wende abzudecken und diese sich dann wieder freischlagen will (dieses Manöver nennt man *slam dunk,* siehe Zeichnung 10.22). Wenn dies geschieht, muß sich in unserem Beispiel das schwarze Boot nach der Regel 41.4 freihalten: „Wenn zwei Yachten gleichzeitig wenden oder halsen, so muß sich die an der Backbord-Seite der anderen befindlichen freihalten.“ Oder auch: Rechts hat Recht. Wenn aber eine Yacht halst und die andere wendet gleichzeitig, muß sich die wendende Yacht freihalten.

Einschränkungen von Kursänderungen: Regel 35

Wie bereits erwähnt, hat auch die wegberechtigte Yacht ihre Pflichten. Ein Boot auf Backbordbug darf einem Lift nicht zu dicht an die ausweichpflichtige Yacht folgen (siehe Zeichnung 9.1). Die Regel 35 schützt das benachteiligte Boot vor plötzlichen und unvorhersehbaren Kursänderungen des Gegners. Ein typisches Beispiel ist zu sehen, wenn vor dem Start ein Schiff auf Steuerbord- und das andere auf Backbordbug und beide mit raumen Kursen aufeinander zusegeln. Die Steuerbordbug-Yacht fällt ab, um in Lee der Backbordbug-Yacht zu passieren. Regel 35 sagt, daß die Backbordbug-Yacht jetzt nicht ihrerseits den Kurs ändern und abfallen darf, um dabei den Gegner zu touchieren. Die Match Race-Regeln für Regatten mit nur zwei Booten, ein separater Anhang in den Wettsegelbestimmungen, interpretieren diesen Punkt übrigens etwas liberaler.
Diese Regel „verschiebt nicht die prinzipiellen Rechte und Pflichten, sie gibt dem wegberechtigten Boot lediglich einige bestimmte Einschränkungen" — so sieht es der nordamerikanische Segler-Verband USYRU.

Ausnahmen der Regel 35

Meistens muß sich die wegberechtigte Yacht angemessen verhalten und darf die ausweichende Yacht nicht am Freihalten hindern. Es gibt aber Ausnahmen. Eine Yacht, die gestartet ist, die Startlinie überquert hat und entweder klar voraus oder in Lee liegt, darf beliebig luven (Regel 39.2). Wenn Sie also gestartet sind und ein Gegner möchte Sie in Luv überholen, dürfen Sie scharf und sogar unvorhersehbar anluven. Allerdings gilt auch hier die Regel 32, die eine vermeidbare Kollision bestraft. Beachten Sie, daß ein Leeboot auch mehrere Schiffe luven kann, wenn es das Recht dazu hat (siehe Zeichnung 9.3 unten: Hier darf A sowohl B als auch C luven, da B, A und C überlappt). Regel 40.3 sagt, daß alle Yachten reagieren müssen, selbst wenn dazwischenliegende Yachten ansonsten kein Recht dazu hätten.
Auch um den richtigen Kurs anzunehmen und um zu starten (nur wenn sie auf Backbordbug und die andere Yacht auf Steuerbordbug segelt), darf eine wegberechtigte Yacht ihren Kurs ändern.
Eine weitere übliche Ausnahme ist die vorhersehbare Kursänderung der wegberechtigten Yacht (siehe Zeichnung 9.8). Wenn eine Yacht eine Bahnmarke rundet und auf den richtigen Kurs zur nächsten Tonne geht, ist das eine vorher-

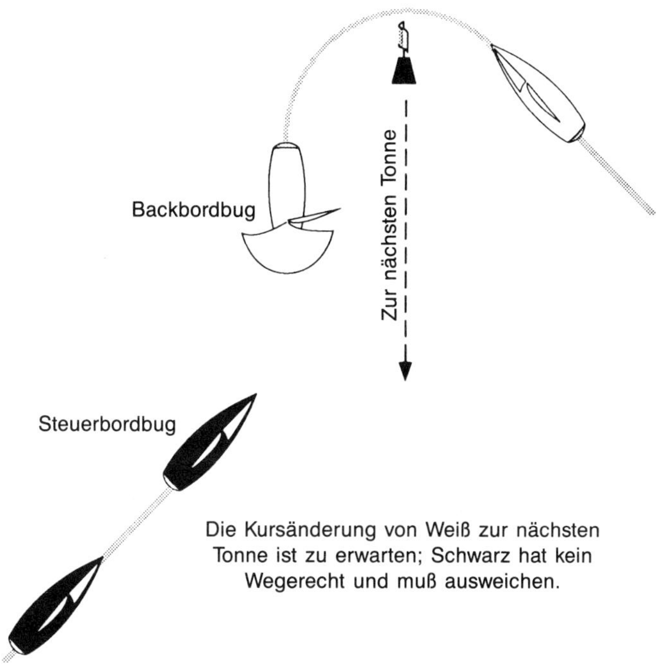

9.8 *Weiß vollzieht eine vorhersehbare Kursänderung; Schwarz muß diese erwarten und sich freihalten.*

sehbare Kursänderung, die die anderen Boote einkalkulieren und sich freihalten müssen.

Luven nach dem Start: Regel 39.1 und 39.2

Die Regel behandelt die Einschränkungen für den richtigen Kurs nach dem Durchsegeln der Startlinie. Hier wird der Begriff „Mast querab“ wichtig. In Zeichnung 9.9 darf das Leeboot in der Position 1 die Luvyacht hochluven. Das Regelbuch definiert das Luven als eine „Kursänderung höher an den Wind“. Dieses Luven muß abgebrochen werden, wenn „. . . der Steuermann der Luvyacht (von seinem normalen Sitzplatz querab peilend und nicht höher am Wind segelnd als die Leeyacht) sich auf gleicher Höhe oder vorlich des Großmastes der Leeyacht befindet“. Das veranschaulicht auch die Zeichnung 9.9. Laut

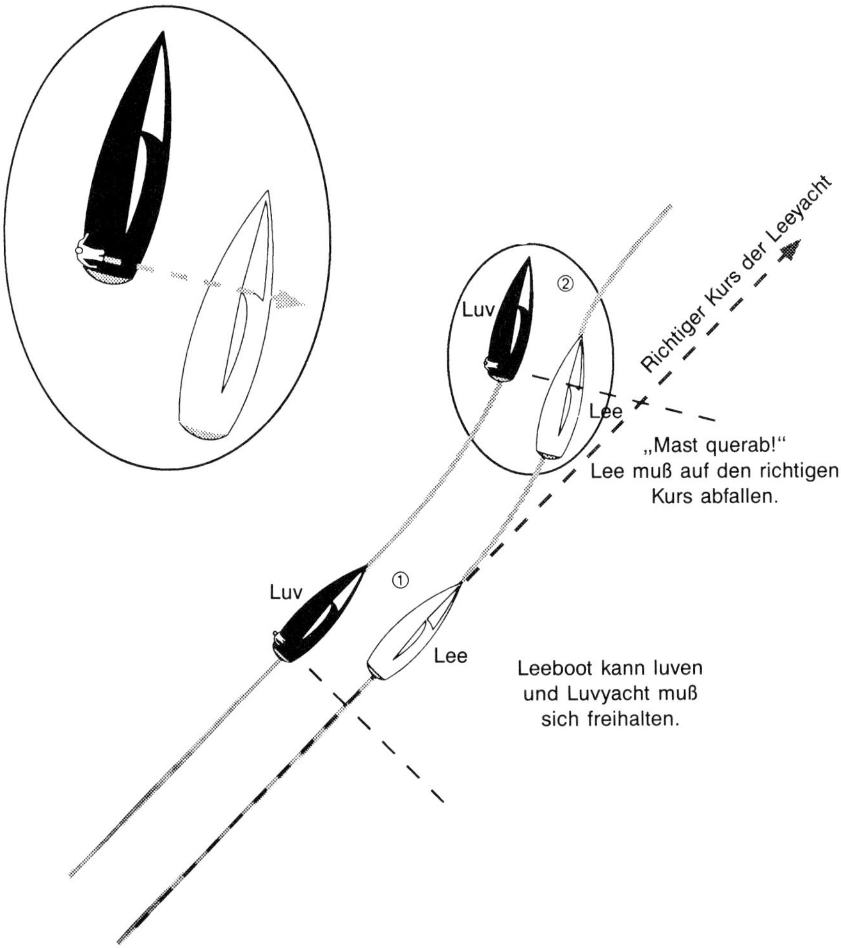

9.9 *Das leewärtige Schiff kann luven, bis die Mast-querab-Position erreicht ist. Der Steuermann der Luvyacht kann nicht einen höheren Kurs als die Leeyacht segeln, um sich eine vorzeitige Mast-querab-Position zu sichern.*

IYRU kann die normale Sitzposition des Steuermanns auf der Luvyacht je nach Windbedingungen variieren. Einen Steuermann auf dem Vorschiff wird Ihnen aber niemand abnehmen. Außerdem darf die Luvyacht nicht höher als die Leeyacht segeln, um sich eine Mast-querab-Situation zu sichern.
Wenn von der Luvyacht der Ruf „Mast querab" (Position 2 in der Zeichnung 9.9) ertönt, muß die Leeyacht auf ihren richtigen Kurs zurückgehen. Aber auch nach dem Ruf „Mast querab" ist die Luvyacht nicht sämtlicher Pflichten ent-

hoben. Denn der richtige Kurs ist, so die IYRU, nicht unbedingt eine gerade Linie zur nächsten Tonne, sondern vielmehr abhängig von vielen Variablen wie beispielsweise Wind, Strömung und Wellen. Nehmen wir an, daß sich eine Leeyacht für einen Kurs entscheidet, der höher als der direkte Weg zur Tonne liegt, weil hier mehr Strom und Wind herrschen. Das ist erlaubt, obwohl „Mast querab" gerufen wurde. Das Luvboot muß sich gemäß der Regel 37.1 freihalten. Der richtige Kurs ist also der schnellstmögliche Weg über die Bahn. Das Sichern einer Mast-querab-Position und ein entsprechender Zuruf sind also eine gute Idee. Nur wenn der Rudergänger der Luvyacht zweifelsfrei den Mast querab sieht, muß kein Zuruf erfolgen. Der Skipper der Leeyacht könnte aber ohne diesen Zuruf annehmen, daß er das Luvrecht hat. Stimmt der Skipper der Leeyacht einer Mast-querab-Position nicht zu, kann er nur noch auf den richtigen Kurs abfallen und nach der Wettfahrt protestieren.
Der Moment des Zurufs kann kritisch sein. Wenn die Crew auf der Luvyacht „Mast querab" ruft und kurz danach kommt es zu einer Berührung, könnte das Protestkomitee entscheiden, daß die Luvyacht der Leeyacht nicht genug Zeit zum Reagieren gegeben hat.
Andere Einschränkungen des Luvrechts treten durch Behinderungen wie eine ankernde Yacht oder die Küste auf, die das Luvschiff am Reagieren und Ausweichen hindern. Eine andere Yacht kann ebenfalls ein Hindernis darstellen. Der Zuruf „Mast querab" friert die Situation ein. Während das Boot weiterhin überlappt, ändert sich nichts. Selbst wenn sich das Boot wieder vorwärts aus der Mast-querab-Position bewegt, erhält sie ihr Luvrecht nicht zurück. Das funktioniert nur, wenn sie sich klar freisegelt und dabei die Überlappung auflöst oder wenn sie mehr als zwei Bootslängen nach Lee geht. Außerdem können Luvrechte durch Halsen oder Wenden zurückerobert werden. Dazu die offizielle Definition für Überlappen: „Ausschließlich im Sinne der Regel 39.1, 39.2 und 40 gilt folgendes: eine Überlappung besteht nicht, solange die Yachten mehr als zwei Bootslängen der längeren Yacht voneinander entfernt sind; wenn eine Leeyacht startet oder wenn eine oder beide Yachten eine Wende oder Halse beenden, beginnt eine bestandene Überlappung ab diesem Zeitpunkt neu."
Auf Langstreckenregatten werden die Luvrechte oft für die Nacht gestrichen. Tatsächlich erfordert ja auch das Einschätzen der Mast-querab-Position klare Sichtverhältnisse. Während einer meiner ersten Teilnahmen am SORC (Southern Ocean Racing Conference in Florida/ USA) bin ich auf einer Redline 41 namens HALLELUJAH mitgesegelt. An Bord waren einige der Segelstars aus

San Diego wie zum Beispiel Lowell North und Dick Deaver. Zu dieser Zeit kannten wir aber nicht viel von der Hochseesegelei, die außerhalb unseres harmlosen Hausreviers lag. Als Fremde in einem anderen Land brachten einige von uns auch erst gar kein Ölzeug mit. Wir wußten nicht, daß es in Florida und vor den Bahamas wehen kann, und so starteten wir mit einer 190prozentigen Genua. Das übergroße Segel blieb die meiste Zeit im Sack, verbrauchte Platz und addierte Sekunden, Minuten und Stunden auf unsere berechnete Zeit — unser Handicap lag gerade durch dieses unbenutzte Segel sehr hoch.

Die Segelanweisungen hatte ich auch nicht gelesen, und die setzten das Luvrecht nach dem zeitlich definierten Sonnenuntergang außer Kraft. Während der Wettfahrt von St. Petersburg nach Fort Lauderdale passierte uns die ALERION mit Halsey Herreshoff und Jack Suthpen an Bord. Beide würden später einmal mit mir zusammen um den America's Cup kämpfen, aber damals waren sie mir unbekannt. Als sie mitten in der Nacht versuchten, uns zu passieren, habe ich sie natürlich hochgeluvt. Plötzlich überhäufte mich jemand mit Flüchen und Beschimpfungen. Jetzt, da ich Jack kenne, bin ich sicher, daß er es war.

Raumer segeln als den richtigen Kurs: Regel 39.3

Die Regel 39.3 befaßt sich mit dem Segeln unterhalb des richtigen Kurses. Die Absicht dieser Regel ist, einem Boot bei einem Durchbruch in Lee eine gewisse Chance einzuräumen. Die Regel sagt folgendes: „Eine Yacht auf einem freien Bahnschenkel darf nicht voller als ihren richtigen Kurs segeln, wenn sie sich klar innerhalb von drei Bootslängen ihrer Länge über alles von einer Yacht befindet, die in Lee oder klar achteraus einen Kurs zu ihrer eigenen Leeseite steuert." Der Ausdruck „Kurs nach Lee" ist dabei wichtig. In der Zeichnung 9.10 steuert das weiße Boot in den Beispielen 1, 2 und 3 einen Kurs nach Lee, um den Gegner zu passieren. Also darf das schwarze Boot keinen raumeren Kurs segeln. Nur im Beispiel 4 hat Schwarz diese Möglichkeit, weil Weiß eben nicht weiter nach Lee steuert.

Wenn das Leeboot mehr als drei Schiffslängen in Lee liegt, erlauben die Regeln dem Luvboot unterhalb des richtigen Kurses zu segeln, also weiter abzufallen. Auch in diesem Punkt sind die Match Race-Regeln liberaler.

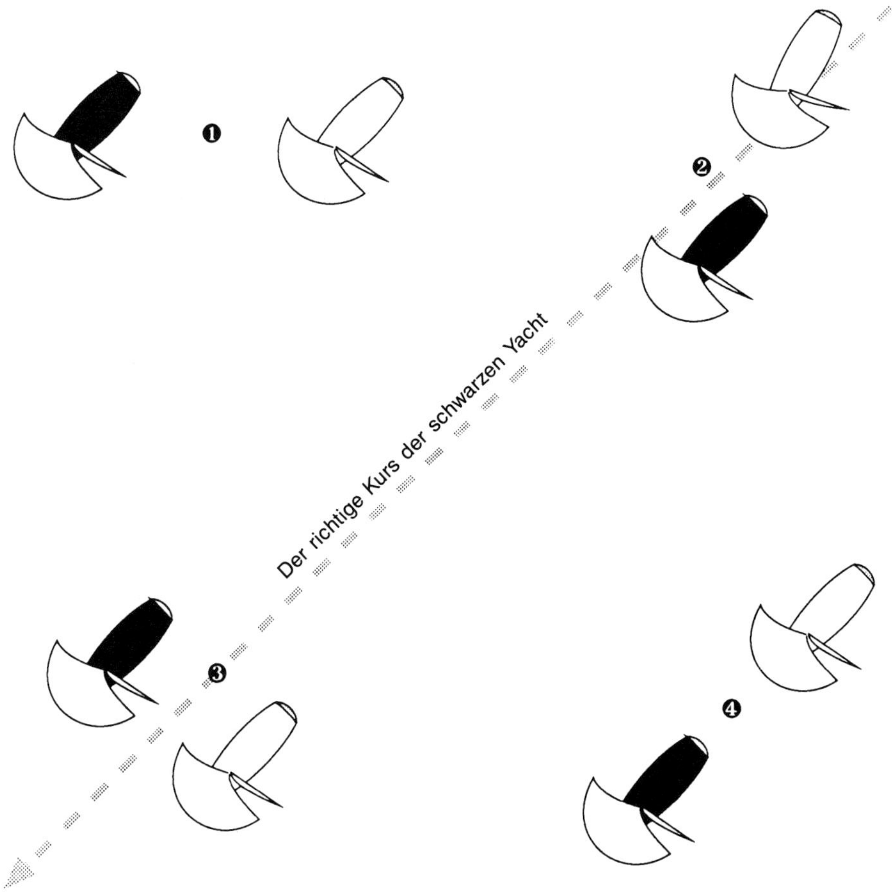

9.10 *Die Regel 39 gibt einer Yacht, die einen Durchbruch in Lee versucht, eine Chance. Da das weiße Schiff in den Beispielen 1, 2 und 3 einen Kurs zum Passieren in Lee steuert, darf Schwarz nicht unter seinem richtigen Kurs steuern. Beispiel 4 ist die Ausnahme.*

Regel 39 nennt den Begriff freier Bahnschenkel. Das ist ein Teilstück der Wettfahrt, auf dem man von einer Tonne die nächste ohne Wende erreicht. An der Kreuz dagegen darf eine Luvyacht unterhalb ihres richtigen Kurses segeln, um eine gegnerische Yacht abzudecken und so zu behindern. Diese Taktik wird im nächsten Kapitel erklärt.

Luven vor dem Start: Regel 38

Startlinien sind Plätze der Begegnung. Um Kollisionen vor dem Start zu verhindern, muß das Anluven langsam und angemessen geschehen, so daß die Luvyachten genug Raum (Platz) und Gelegenheit (Zeit) zum Freihalten bekommen. Der Berufungsfall 233 der nordamerikanischen Segler-Vereinigung (USYRU) rückt das noch mal ins rechte Licht: Das Recht der Luvyacht auf Platz und Zeit ist „ein Schild und nicht ein Schwert". Also muß das Luvboot versuchen sich freizuhalten und nicht die Gelegenheit für einen besseren Start nutzen.

Die Zeichnung 9.11 zeigt, wie das luvwärtige Boot die Segel vor dem Start flattern läßt, während sich das Leeboot nähert. Wie erwähnt, muß die Luv-

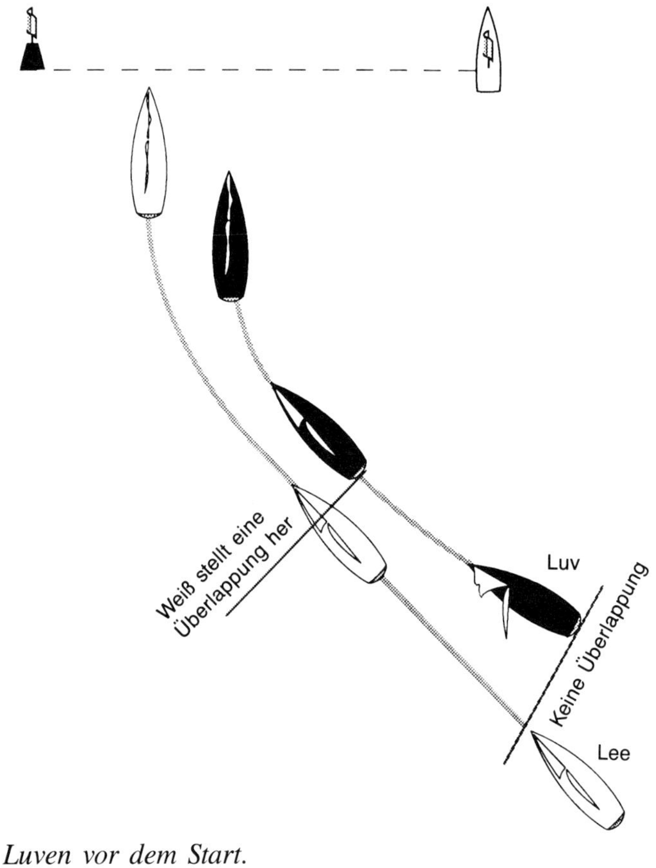

9.11 *Richtiges Luven vor dem Start.*

yacht nicht von einer bevorstehenden Überlappung ausgehen. Die Leeyacht muß sich zunächst als klar achteraus liegendes und überholendes Boot freihalten. Wenn die Überlappung hergestellt wird, muß sie dem Luvboot genügend Zeit und Gelegenheit zum Freihalten geben (Regel 37.3). Außerdem hat das Leeschiff kein Luvrecht, da die Luvyacht in einer Mast-querab-Position liegt. Selbst ohne Luvrecht kann das Leeboot bis auf einen Kurs hart am Wind anluven, aber nicht weiter. Wenn die Mast-querab-Positon durchbrochen wird — was schnell passiert, da das Leeschiff deutlich schneller als das Luvschiff mit den killenden Segeln ist —, darf das Leeschiff wieder bis in den Wind hinein anluven. Das trifft aber erst nach dem Starten und Kreuzen der Startlinie zu.

Das Runden oder Passieren von Bahnmarken und Hindernissen: Regel 42

Regel 42 findet Anwendung, wenn Yachten dabei sind, eine Bahnmarke oder ein Hindernis an derselben Seite zu runden oder zu passieren. Der springende Punkt ist, daß eine außenliegende Yacht jeder inneren überlappenden Yacht dabei Raum geben muß.

Diese Regel ist die längste im gesamten Regelwerk, und sie eröffnet den Teil C im Buch. Der Inhalt von Teil C (Runden oder Passieren von Bahnmarken oder Hindernissen) setzt bei Widersprüchen die Regeln des gerade behandelten Teil B (Grundlegende Wegerechtsregeln und deren Beschränkungen) außer Kraft. Die einzige Ausnahme ist dabei Regel 35 (Einschränkungen der Kursänderung) — jene Regel, die ein ausweichpflichtiges Schiff vor unvorhersehbaren Aktionen der wegberechtigten Yacht schützt.

Regel 42 ist nicht vor dem Start anwendbar, wenn eine Yacht sich zwischen Tonne und Gegner drücken will oder wenn um die Tonne genügend Wasseriefe zur Verfügung steht. Außerdem gilt die Regel nicht, wenn die Tonne eine Luv-Bahnmarke ist und sich die Boote gleichzeitig auf entgegengesetztem Bug befinden (siehe Zeichnung 9.12). Anstelle von Regel 42 werden in der dargestellten Situation die Regeln 36 (Backbordbug — Steuerbordbug) und Regel 41.1 (zu dichtes Wenden) benutzt.

Wenn aber beide Boote auf dem gleichen Bug die Bahnmarke anliegen, gilt wieder Regel 42. Das äußere Boot muß dem innenliegenden überlappenden Boot Raum geben. Wenn die Leeyacht in den Wind schießen muß, um die

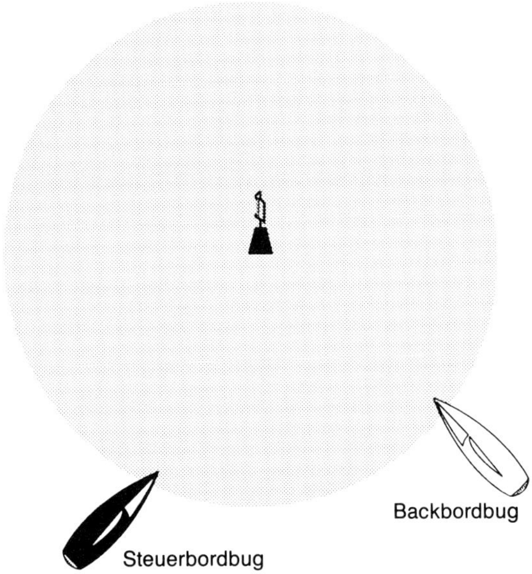

9.12 *Regel 42 („Runden oder Passieren von Bahnmarken und Hindernissen") ist nicht anwendbar, wenn die Boote auf unterschiedlichem Bug segeln. Hier stehen die Regeln 36 (Backbordbug/Steuerbordbug) und 41 (Bugwechsel) über der Regel 42; also hat Weiß Wegerecht.*

Tonne noch runden zu können, muß das Luvschiff Platz machen, selbst wenn es in der Mast-querab-Position liegt.

Bei Überlappung: Regel 42.1

Diese Regel wird angewendet, wenn sich zwei oder mehrere Boote überlappen. Zuerst befaßt sie sich mit den Pflichten der außenliegenden (siehe Zeichnung 9.13, A) und dann mit denen der innenliegenden Yacht (I). Regel 42.1 (a) sagt, daß bei einer bestehenden Überlappung zwischen zwei oder mehreren Booten, die äußere Yacht (A) jedem innenliegenden Schiff (I) Raum zum Passieren der Bahnmarke oder des Hindernisses geben muß.
In der Zeichnung 9.14 sieht man zwei sich überlappende Yachten auf Steuerbordbug auf dem Weg zur Luvtonne. Vor dem Zweilängenkreis (Radius entspricht der doppelten Bootslänge, grauer Ton) unterliegen sie noch den Regeln aus Abschnitt B. Die Luvyacht (Schwarz) muß sich in diesem Beispiel nach Regel 37.1 freihalten. Regel 42 tritt in Kraft, wenn die Boote dabei sind, sich der Marke zu nähern, und das wurde auf den besagten Zweilängenkreis festgelegt.

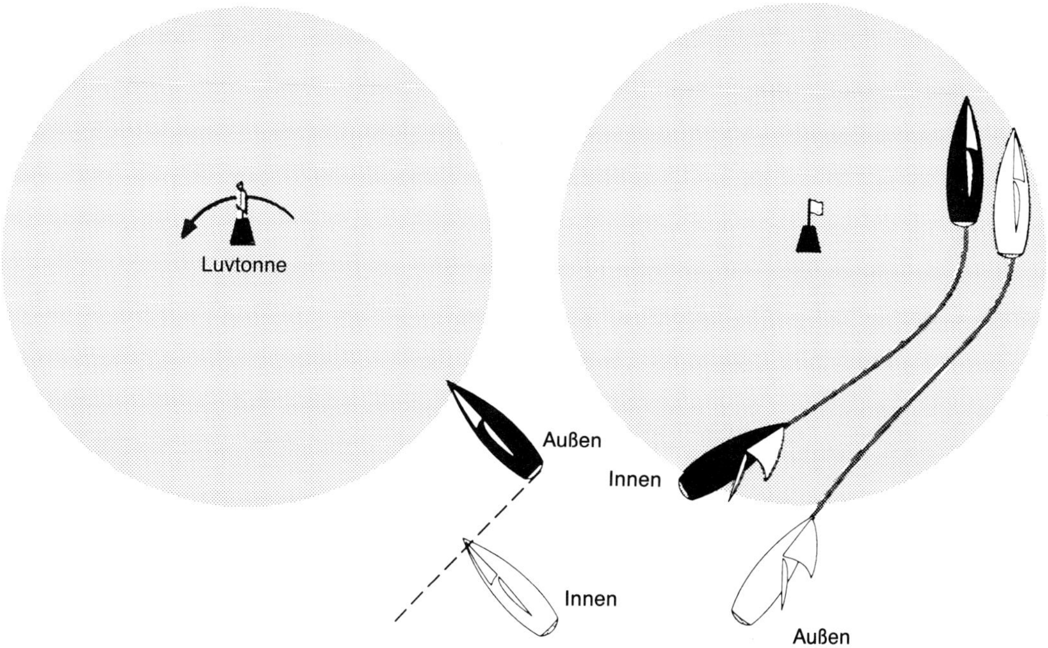

9.13 *(links): Wenn eine Überlappung zwischen zwei oder mehr Booten auf demselben Bug besteht, muß das äußere Boot (schwarz) jedem innenliegenden Boot Raum zum Runden von Bahnmarke oder Hindernis geben. Also hat Weiß das Wegerecht.*

9.14 *(rechts): Vor dem Erreichen des Zweilängenkreises muß die Luvyacht (schwarz) Raum geben. Beim Runden der Bahnmarke muß sich dagegen das äußere Schiff (weiß) freihalten. Hier macht Schwarz allerdings eine großräumige „taktische" Rundung – eine Regelverletzung.*

Seemännisch richtige Tonnenrundung: Regel 42.1 (a)

Wenn eine Überlappung besteht, darf das innenliegende Boot lediglich eine seemännisch richtige, nicht aber eine taktische Tonnenrundung durchführen. Die taktische Tonnenrundung ist aber der optimale Weg dazu: Die Yacht sollte eine Bahnmarke zunächst in einem weiten Bogen angehen und dann in einem engen Bogen verlassen. Das innenliegende Boot in der Zeichnung 9.14 führt eine taktische Rundung (mehr Platz an der nahen Seite der Tonne) durch — eine Verletzung der Regeln. Die Regel sagt auch, daß die außenliegende Yacht der innenliegenden Yacht genug Raum für eine Wende oder eine Halse geben muß, wenn diese Manöver ein Bestandteil des Rundungs- oder Passiermanöver sind. Unter diesem Aspekt gesehen: Darf das innenliegende Boot eine Wende oder Halse hinauszögern? Wenn das innenliegende Boot kein Luvrecht hat, muß es „bei erster zumutbarer Gelegenheit halsen“ (Regel 42.1 [e]). In der Zeichnung 9.14 hat das innere Schiff kein Luvrecht, es liegt ja selbst in Luv — also muß es sofort wenden. Die Bedeutung der Regel wird an der Leetonne besser veranschaulicht. Zeichnung 8.20 zeigt zwei Boote, die sich auf Backbordbug der Leetonne nähern. In diesem Fall darf das innenliegende (weiße) Schiff durch das Luvrecht hinter der Tonne halsen und wenn gewünscht das außenliegende (schwarze) Schiff zu Luv am Runden der Bahnmarke abhalten. Das ist nicht üblich, kommt aber bei Team-Regatten und Match Races zuweilen vor.

Der Zweilängenkreis: Regel 42.1 (b)

Was passiert, wenn die äußere Yacht die Überlappung vor dem Erreichen der Bahnmarke auflöst? Die Regel 42.1 (b) sagt dazu: „Eine außenliegende Yacht, die zu dem Zeitpunkt überlappt ist, zu dem sie eine Entfernung ihrer zweifachen Länge über alles von einer Bahnmarke oder einem Hindernis erreicht hat, muß den erforderlichen Raum geben, auch wenn die Überlappung danach wieder gelöst wird.“ Bei Yachten unterschiedlicher Größe ist also die Länge des außenliegenden Rumpfes entscheidend. Außen muß dann also ausweichen, auch wenn die Überlappung nach Eintritt in den Zweilängenkreis nicht mehr besteht. In der Zeichnung 9.15 überlappen sich in der Position 1 die Yachten I und A vor dem Erreichen des Zweilängenkreises. In der Position 2 löst A die Überlappung auf. Das ist aber zu spät, da A, das führende Boot, bereits in den Zweilängenkreis hineingesegelt ist. Obwohl also die Überlappung aufgelöst ist, muß A der Yacht I Raum geben. Falls man auf der außenliegenden Yacht (A) glaubt, die Überlappung vor dem Erreichen des Zweilängenkreises aufgelöst zu haben, ist es beweispflichtig (Regel 42.1 [c]). Auch hier kann wieder ein rechtzeitiger Zuruf die Verhältnisse klären helfen, ist aber nicht vorgeschrieben.

Die Regel 42.1 (d): Wenn man auf dem innenliegenden Boot denkt, rechtzeitig eine Innen-Überlappung hergestellt zu haben, liegt die Beweislast beim innenliegenden Boot.

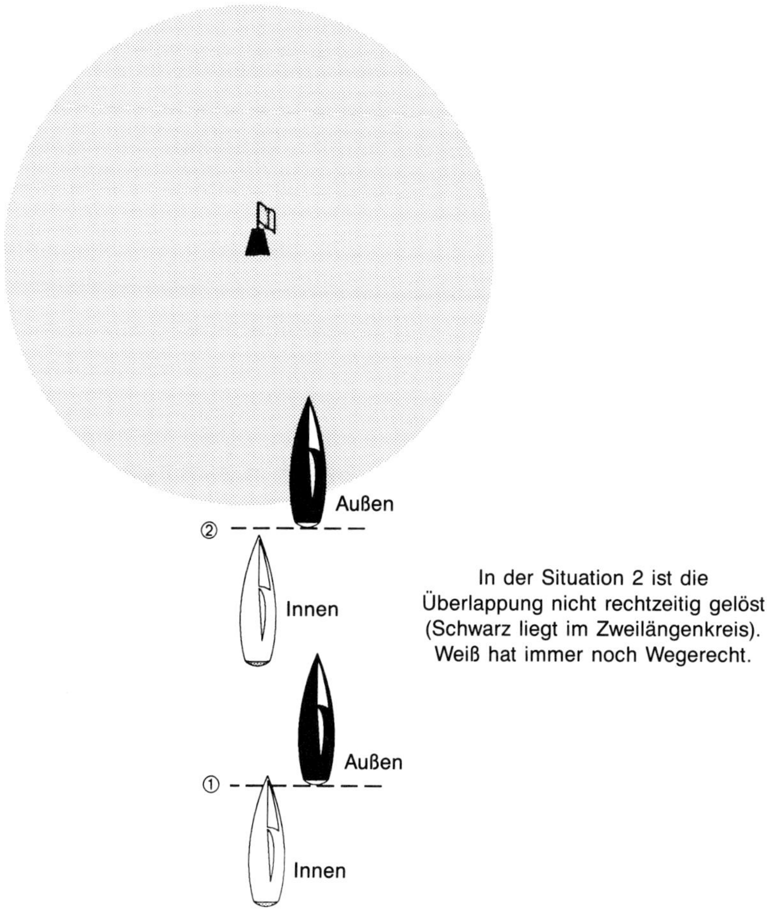

9.15 *Die Überlappung wurde zu spät gelöst – Schwarz befindet sich gut innerhalb des Zweilängenkreises. Weiß hat Raum.*

Was passiert, wenn Sie innen liegen und an Ihre Überlappung glauben, die außenliegende Yacht Ihre Meinung aber nicht teilt? Ihre einzige Möglichkeit ist Abbremsen, das andere Boot passieren lassen und Protest einzureichen. Wenn Sie das tun, können Sie nicht disqualifiziert werden. Vielleicht verlieren Sie den Protest, aber Sie bleiben im Rennen. Wenn Sie aber auf Ihrem vermeintlichen Recht beharren und keinen Platz machen, ist die Chance für einen Rausschmiß groß.

Offensichtlich ist das Sichern oder Lösen einer Überlappung ein kritischer Punkt. Wenn Sie im Protestraum landen, wird das Komitee in den meisten Fällen versuchen, die Situation von Boot zu Boot weit vor der Bahnmarke her-

auszufinden. Wenn beide Protestgegner — oder auch Zeugen — übereinstimmen, daß beispielsweise drei bis fünf Bootslängen vor der Bahnmarke eine Überlappung bestanden hat, wird man wahrscheinlich entscheiden, daß dies auch beim Eintritt in den kritischen Zweilängenkreis der Fall war.
Diese Regel gilt auch für das Passieren oder Runden von Hindernissen. Auch eine wegberechtigte Yacht ist ein Hindernis.
Die Zeichnung 9.16 zeigt eine Backbordbug-Yacht, die vor der Startlinie die Segel flattern läßt. Zwei sich überlappende Schiffe zu Luv nähern sich dem Zweilängenkreis um diese Yacht. A wie auch I wollen das Hinernis in Lee passieren. Also muß das außenliegende Boot dem innenliegenden dazu Raum geben.

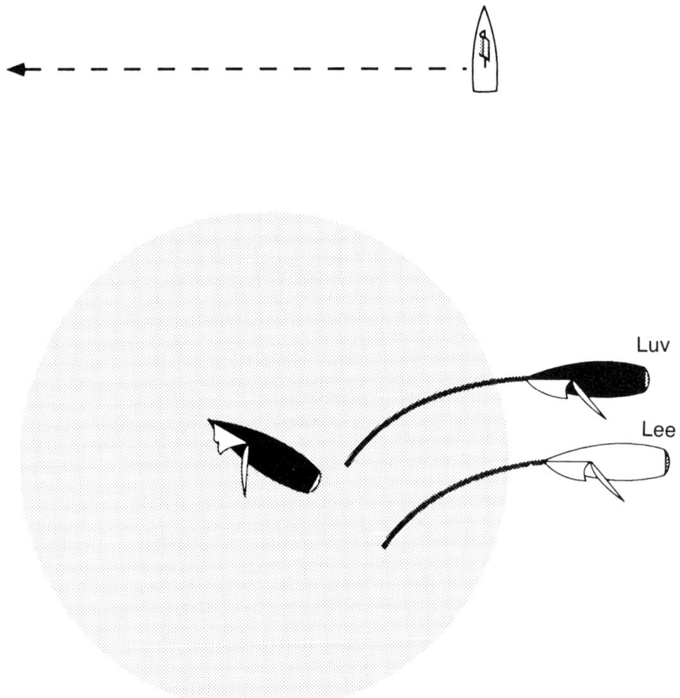

Die Luv- und die Leeyacht wollen das Hindernis in Lee passieren. Wenn die Luvyacht Raum haben möchte, muß die Leeyacht Platz machen.

9.16 *Wenn das innenliegende Schiff ein Hindernis auf der Leeseite passieren möchte, muß die äußere Yacht Raum geben. Hier haben die Regeln des Abschnitts C Vorrang vor denen aus Abschnitt B.*

Ohne Überlappung: Regel 42.2

Diese Regel schafft Klarheit, wenn nicht überlappende Yachten eine Bahnmarke oder ein Hindernis runden wollen. Die Regel 42.2 (a) sagt: „Erreicht eine klar voraus liegende Yacht eine Entfernung ihrer zweifachen Länge über alles von der Bahnmarke oder dem Hindernis, so muß sich die klar achteraus liegende Yacht freihalten, bis beide Yachten das Runde-/Passiermanöver beendet haben, egal, ob die klar vorausliegende Yacht auf demselben Bug bleibt oder halst.“
Was passiert, wenn eine klar voraus liegende Yacht eine schlechte Tonnenrundung fährt und viel Platz zur Bahnmarke läßt? Die Yacht klar achteraus kann versuchen in dieses Loch zu schlüpfen, solange sie nicht das andere Boot stört. Dazu die USYRU (Berufung 38): „Es ist mittlerweile üblich, daß, wenn eine Yacht freiwillig oder unbeabsichtigt einer nicht wegberechtigten Yacht Platz macht, diese unter Beachtung der Regeln diesen Vorteil auf eigenes Risiko nutzen kann.“
Eine Yacht, die um eine Tonne wendet, muß sich an die Regel 41 halten (die wendende oder halsende Yacht muß einer Yacht Raum geben, die auf einem Bug segelt), aber die klar achteraus liegende Yacht „darf nicht über einen Kurs hart am Wind hinaus luven, um die Yacht klar voraus am Wenden um die Bahnmarke herum zu hindern“. Das alles sagt die Regel 42.2 (b). Wenn Sie sich Gedanken über die Möglichkeit einer Wende machen, luven Sie zur Marke an. Das ist erlaubt, weil Sie als vorausliegende Yacht dem klar achteraus liegenden Boot keinen Raum geben müssen. Normalerweise wird der Verfolger dann abfallen und sich an Ihr Heck hängen. In diesem Moment wenden Sie um die Tonne.

Einschränkungen: Regel 42.3

Es gibt Einschränkungen beim Herstellen einer Überlappung. Regel 42.3 (a) sagt, daß zwei Bedingungen erfüllt werden müssen, wenn eine Yacht die Innenüberlappung von klar achteraus herstellt: Die außenliegende Yacht muß imstande sein, Raum zu geben, und die Überlappung muß existieren, bevor das außenliegende Boot den Zweilängenkreis hergestellt hat. Der Ausdruck „imstande sein“: Stellen Sie sich sechs Boote kurz vor der Tonne vor. Kurz vor dem Zweilängenkreis schafft eine siebte Yacht die innere Überlappung. Möglicherweise gibt es nicht mehr genug Zeit zum Reagieren für alle sechs Schiffe; dann kann das innenliegende Schiff keinen Raum beanspruchen.

Längeres Hindernis: Regel 42.3 (b)

Die Regel 42.3 b befaßt sich mit der Situation an längeren Hindernissen wie es zum Beispiel die Küste, ein Flach und ein anderes Boot sein können. Die Regel besagt, daß eine klar achteraus liegende Yacht eine Überlappung zwi-

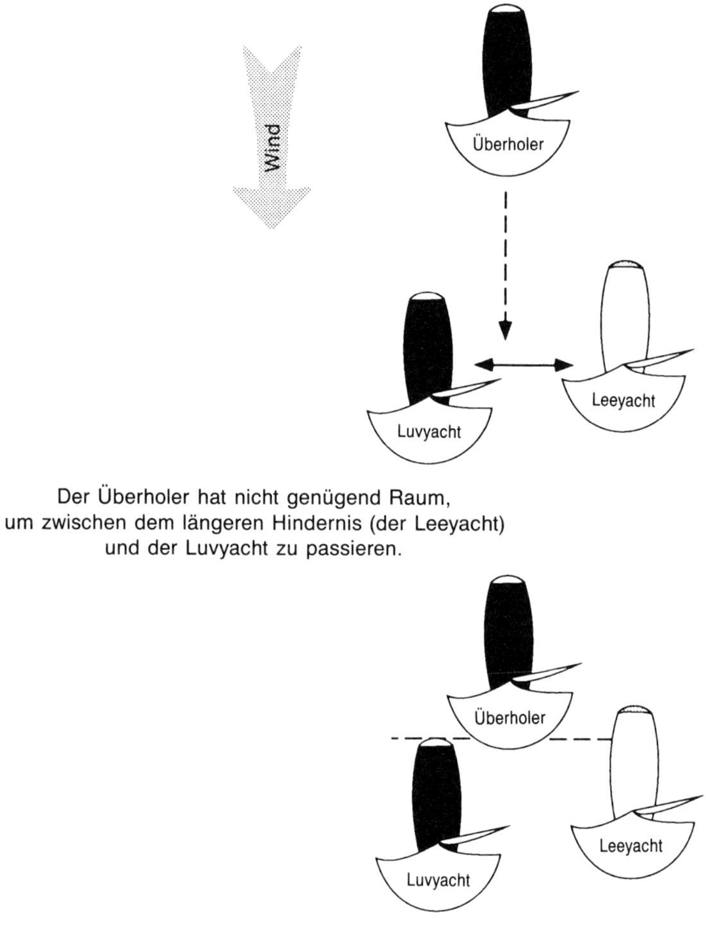

9.17 *Eine Wegerechts-Yacht kann ein längeres Hindernis darstellen.*

schen einer klar voraus liegenden Yacht und einem Hindernis herstellen kann, wenn zu dieser Zeit genug Raum für sie besteht, sicher zwischen beiden zu passieren. Der Zweilängenkreis gilt nicht.
Die Regel geht davon aus, daß ein klar achteraus liegendes Schiff eine innere Überlappung herstellt. Falls dieses innenliegende Boot zu diesem Zeitpunkt zwischen dem außenliegenden Boot und dem Hindernis sicher durchsegeln kann, ohne eines von beiden zu berühren, darf sie dies auch tun. Wenn das Hindernis länger ist, besteht auch das Recht auf Raum für eine längere Zeit. Auch eine wegberechtigte Yacht kann ein längeres Hindernis sein. Zeichnung 9.17 oben zeigt zwei sich überlappende Boote auf Backbordbug. Die Leeyacht stellt hier für die Luvyacht ein längeres Hindernis dar. Als klar voraus liegende Yacht ist das Leeboot wiederum ein längeres Hindernis für das überholende Schiff klar achteraus. Ist es nun dem überholenden Boot erlaubt, zwischen den anderen beiden hindurchzusegeln und dadurch eine Überlappung zwischen Lee- und Luvyacht herzustellen? Der IYRU-Fall 27 sagt dazu nein. Der Grund ist derselbe wie oben beschrieben; es gibt für die überholende Yacht nicht genug Raum zum Passieren zwischen Luv- und Leeyacht (siehe Zeichnung 9.17 unten).

Drängeln am Start: Regel 42 (a)

Die oben beschriebenen Rechte und Pflichten gelten nicht „... an einer Startbahnmarke, die von schiffbarem Wasser umgeben ist... und zwar bei der Annäherung an die Startlinie, um zu starten und bis zum Klarkommen von den Start-Bahnmarken" (Regel 42 a). Das weiße Schiff in der Zeichnung 9.18 kann also die Lücke schließen und muß das schwarze Boot nicht hineinlassen. Wie bereits gesagt, darf das Leeboot das Luvboot nur langsam hochluven (Regel 38). Wenn das Luvboot außerdem eine Mast-querab-Position gesichert hat, darf das Leeboot nicht über einen Kurs hoch am Wind anluven. Man sollte als Luvyacht die Leeyacht über diese Einschränkungen informieren.
Regel 42 a fährt fort: „Jedoch darf eine Leeyacht nach dem Startsignal einer Luvyacht nicht den Raum verwehren, indem sie (I) entweder höher als auf dem Kompaßkurs zur nächsten Bahnmarke oder (II) höher als am Wind segelt.« Sobald die Wettfahrtleitung also das Startsignal gegeben hat, darf das leewärtige Schiff nicht höher als hart am Wind segeln, wenn es sich um eine Kreuz handelt oder nicht höher als der Kompaßkurs zur nächsten Tonne, wenn es sich

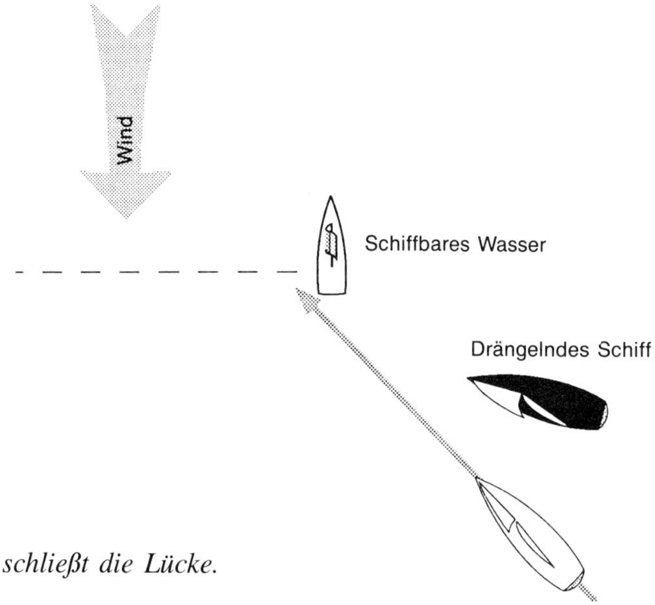

9.18 *Weiß schließt die Lücke.*

um einen freien Bahnschenkel handelt. Falls dies dem luvwärtigen Boot die Tür öffnet, ist das eben so.

Am Wind, Zuruf um Raum zum Wenden an Hindernissen: Regel 43

Bevor man das Recht hat, vor einem Hindernis zu wenden, müssen gemäß Regel 43 drei Bedingungen erfüllt sein. 1) Die Boote müssen auf dem gleichen Bug segeln, und das Leeschiff oder das klar voraus liegende Boot muß hoch am Wind segeln (Zeichnung 9.19: das weiße Boot auf Steuerbordbug hat keinen Anspruch auf Raum zum Wenden). 2) Das Boot in Lee oder klar voraus muß, um eine Berührung mit dem Hindernis zu vermeiden, zu einer wesentlichen Kursänderung gezwungen sein. Falls die Yacht ihren Kurs nur ein wenig korrigieren muß, um das Hindernis passieren zu können, hat sie kein Recht, Raum für eine Wende zu beanspruchen. 3) Das Boot in Lee oder klar voraus kann nicht wenden, ohne die andere Yacht zu berühren (das weiße Boot in Zeichnung 9.20 kann ohne Kollision wenden).
Wenn diese drei Bedingungen gleichzeitig zutreffen, sind besondere Abfolgen von Zurufen und Antworten erforderlich. 1) Die zurufende Yacht fordert Raum

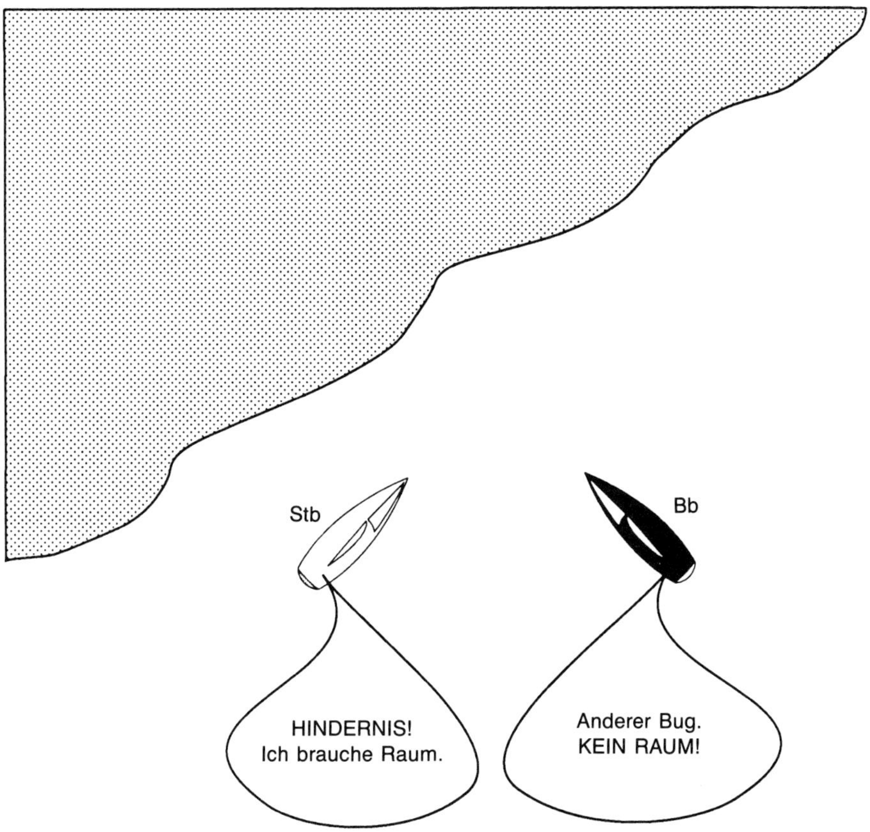

9.19 *Die Steuerbordbug-Yacht (Stb) hat kein Wegerecht, da die Yachten auf entgegengesetztem Bug segeln.*

für eine Wende. Das sollte frühzeitig erfolgen, damit man den Ruf wiederholen kann, wenn das andere Boot nicht hört. 2) Die angerufene Yacht muß entweder sofort wenden oder antwortet „Wenden Sie". 3) Wenn die angerufene Yacht wendet, muß die rufende Yacht folgen, sobald sie die angerufene dabei nicht mehr berühren kann. 4) Wenn die angerufene Yacht „Sie wenden" antwortet, muß die rufende Yacht sofort wenden und die angerufene Yacht muß sich freihalten.

Weichen Sie nicht von dieser Prozedur ab. Die rufende Yacht darf nicht Raum für eine Wende verlangen, eine Antwort erhalten und dann doch nicht wenden

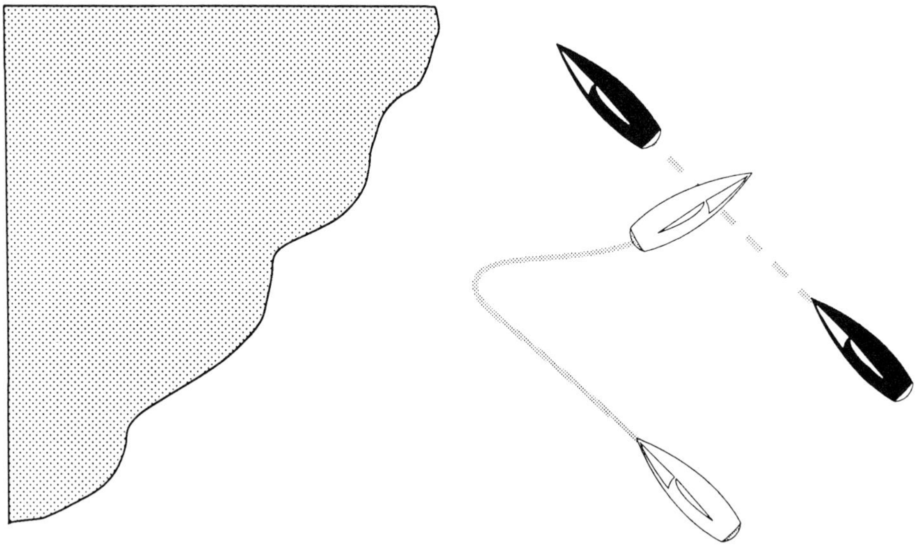

9.20 *Da die weiße Yacht ohne Kollision wenden kann, hat sie keinen Anspruch auf Raum.*

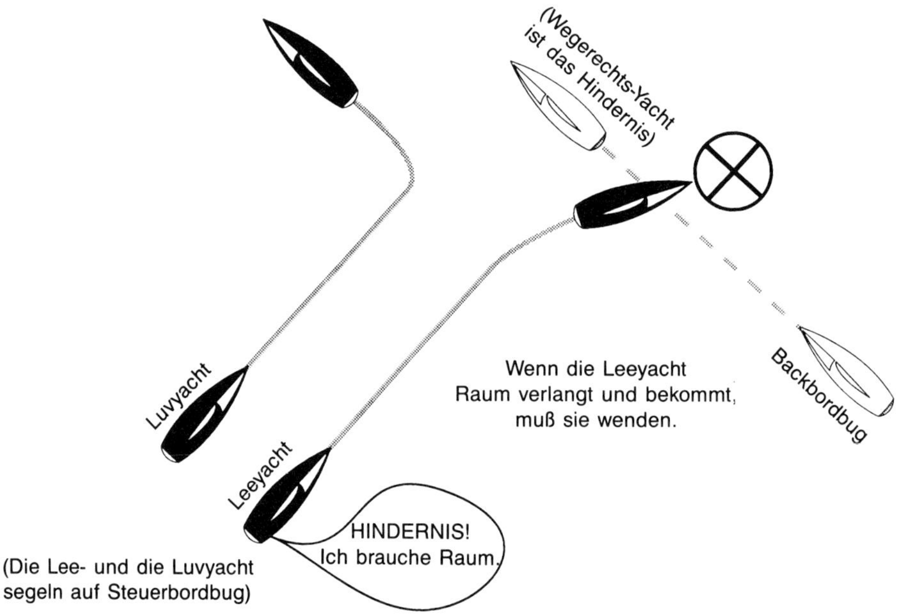

9.21 *Das Hindernis ist die Yacht auf Backbordbug. Die schwarze Leeyacht darf nicht Raum verlangen, dadurch die schwarze Luvyacht zum Wenden bringen und dann selbst nicht wenden.*

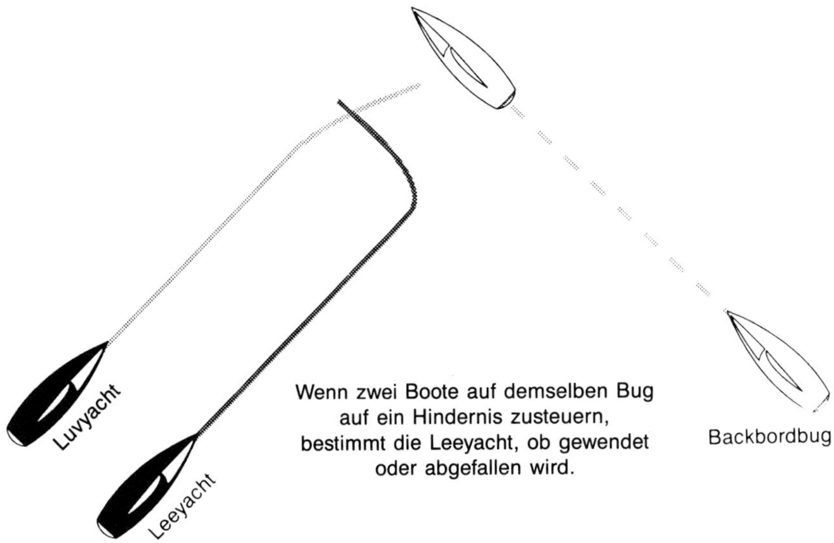

9.22 *Die Leeyacht (nicht die Luvyacht) entscheidet, ob vor dem Hindernis gewendet oder abgefallen wird.*

(siehe Zeichnung 9.21). Beachten Sie auch Zeichnung 9.22: Nach dem USYRU-Berufungsfall 131 entscheidet das Leeschiff, ob gewendet oder abgefallen wird.

Berührung einer Bahnmarke: Regel 52

In früheren Tagen bedeutete das Berühren einer Bahnmarke die sofortige Disqualifikation der Yacht in der jeweiligen Wettfahrt. Später konnte man sich wieder reinwaschen, indem man die Tonne nochmal richtig umrundete. Dann kam die neue Strafe, die noch in der Segelsaison 1992 galt: Nach der Tonnenberührung hatte man sich von anderen Booten freizusegeln und mußte dann zwei 360-Grad-Drehungen (eine 720-Grad-Drehung) in dieselbe Richtung durchführen. Das beeinhaltete zwei Wenden und zwei Halsen. Die neuesten, seit Anfang der Saison 1993 gültigen Regeln sehen nur noch eine 360-Grad-Drehung vor. Während der Drehungen verlieren Sie die meisten Ihrer Rechte. Die erhalten Sie alle zurück, wenn die Strafdrehungen beendet sind und der richtige Kurs zur nächsten Bahnmarke anliegt.

Proteste durch Yachten: Regel 68

Die Spielregeln werden meist durch die Teilnehmer selbst durchgesetzt. Publikumsträchtige Regatten mit Fernsehübertragung oder dicht vor der Küste werden jetzt dagegen oft mit Schiedsrichtern auf dem Wasser oder sogar an Bord bestritten.

Wenn Sie sich gefoult fühlen, sollten Sie Protest einreichen. Fällen Sie Ihre Entscheidung dazu sofort. Die Regel 68.3 (b) verlangt das Setzen der Protestflagge bei der „ersten zumutbaren Gelegenheit" nach dem Vorfall. In der Praxis bedeutet dies nahezu augenblicklich. Weltweit gilt die rote Signalflagge „B" (Bravo oder eine rechteckige rote Flagge) als Protestsignal. Zeigen Sie die Protestflagge bis zum Zieldurchgang und bis die Wettfahrtleitung darauf aufmerksam geworden ist.

Wo wir gerade bei Flaggen sind: Die Regel vier in Teil II („Organisation und Durchführung") behandelt die optischen Signale. Hier werden auch Flaggensignale für Startverschiebung, geänderten Kurs, Abbruch der Wettfahrt, Ersatz einer Bahnmarke durch ein Komitee-Boot oder Bahnverkürzung angegeben. Die verschiedenen internationalen und farbigen Signalflaggen mit ihrer Bedeutung sind bei vielen Schiffshändlern als selbstklebende Folie erhältlich. Die sollte man im Cockpit anbringen, weil die Wettfahrteitung über die Flaggen mit den Teilnehmern kommuniziert.

Regel 68.2 sagt: „Während einer Wettfahrt muß eine Yacht, die an einem Zwischenfall unmittelbar beteiligt ist und beabsichtigt zu protestieren, die andere Yacht hiervon sofort verständigen, indem sie ‚Protest' (oder Worte gleicher Bedeutung) ruft. In allen anderen Fällen, muß eine Yacht, die zu protestieren beabsichtigt, die andere Yacht bei der ersten zumutbaren Gelegenheit entsprechend verständigen."

Falls Sie also Ihren Protestgegner auf dem Wasser nicht informieren können, müssen Sie den Skipper vor dem Einreichen des Protestes an Land sprechen. Sobald eine Regelverletzung auftritt, sollten Sie sich nach potentiellen Zeugen umsehen. Fragen Sie die Crews anderer Yachten, ob sie was gesehen haben und dies aussagen würden. Es ist auch gut, anderen als Zeuge auszuhelfen. Vielleicht brauchen Sie diese Hilfe auch einmal.

Füllen Sie das Protestformular korrekt aus und geben Sie es fristgerecht ab. Regel 68.5 nennt die anzugebenden Einzelheiten: 1) die Identität des Protestgegners, 2) Datum, Zeit und Ort des Vorfalls, 3) die betreffende Regel oder Regeln, die angeblich verletzt worden sein sollen, 4) eine Beschreibung des

Vorfalls, 5) eine Skizze des Vorfalls, sofern nicht bedeutungslos. Sollten Sie die falschen Regeln eingetragen haben, können Sie das während der Protestverhandlung korrigieren. Und zu guter Letzt muß Ihr Protestformular dem Protestgegner vor der Verhandlung einsehbar gemacht werden.

KAPITEL 10

Strategie, Taktik und die Regeln

Im Kapitel 8 haben wir uns mit der Strategie beschäftigt, also der Art, wie man am schnellsten einen Regattakurs oder eine Törndistanz absegeln kann. Es ist ein Puzzle aus Wind, Wetter und Strom. Für einen Törn mag das reichen, eine Regatta ist aber selten ein Spiel mit der gesegelten Zeit allein. Es kommt die Taktik zur Strategie hinzu — das Agieren oder Reagieren auf gegnerische Boote. Die Entscheidung, wohin man segelt, ist manchmal Strategie, manchmal ist es Taktik, meist ist es beides gemeinsam. In diesem Kapitel bringen wir sie zusammen und fügen noch eine dritte Komponente hinzu: die Wettfahrtregeln. Die Regeln haben schließlich Einfluß auf beide Entscheidungen, die strategischen und die taktischen.

Der Countdown

Die letzten zehn Minuten vor dem Start sind immer hektisch. Zuerst muß man seine Startuhr beim Erscheinen des optischen Signals aktivieren. In den IYRU-Regeln (4.3) gibt es zwei Startsysteme. Deutsche Veranstalter setzen gemeinhin beim Zehnminutenschuß die Klassenflagge oder die entsprechenden Zahlenwimpel; beim Fünfminutenschuß die Flagge P (Blau mit Weiß, „Blauer Peter“) und entfernen P beim Startschuß. Normalerweise wird das Setzen und Bergen der Flaggen von Böllerschüssen begleitet, aber es zählen immer nur die optischen Signale. Wenn Sie die Flaggen nicht sehen können, weil Sie zu weit vom Startschiff entfernt liegen, dann aktivieren Sie Ihre Uhr mit dem

Erscheinen der Rauchwolke des Schusses und nicht erst, wenn Sie den Schuß hören.
Ich benutze meist ein besprochenes Tonband für die Zeitnahme und dazu meine Stoppuhr. Auf die Uhr sehe ich allerdings nur in Ausnahmefällen. Das Tonbandgerät ist eine große Hilfe. Ich kann es so besprechen, wie ich die Zeitinformation benötige, und es befreit die Crew vom lästigen Auf-die-Uhr-sehen. Das Tonband gibt alle 15 Sekunden die Restzeit an, in der letzten Minute alle 5 Sekunden. Die Stimme vom Band ist weiblich, weil wir herausgefunden haben, daß eine Frauenstimme die Geräusche an Bord besser durchdringt.
Bei vielen Wettfahrten ist in den Segelanweisungen exakt beschrieben, welche Tonnen in welcher Reihenfolge gerundet werden müssen. Manchmal wird die Bahn aber auch erst mit dem Fünfminutenschuß auf dem Startschiff angezeigt. So kann die Wettfahrtleitung die Windrichtung besser nutzen. Das gilt auch für den Kompaßkurs zur ersten Bahnmarke. Er wird entweder auf einer Tafel oder mit Zahlenwimpeln angegeben. Für diesen Fall sollten Sie das Flaggenalphabet parat haben, es gehört ohnehin auf jede Yacht. Schreiben Sie sich den Kurs mit einem Fettstift auf das Deck oder auf Klebeband.
Führt der Kurs um feste Bahnmarken, sollte der Navigator die Kompaßkurse und Distanzen zu den ersten zwei Tonnen jetzt errechnen und an einer gut sichtbaren Position ins Cockpit schreiben.
Segeln Sie für einen kurzen Augenblick auf dem angegebenen Kurs. Davon ausgehend, daß es sich um eine Kreuz handelt, werden Sie nun Ihre Kursbuchhaltung überprüfen (erinnern Sie sich an die Tabellen 8 A, B, C aus dem Kapitel 8) und gegebenenfalls korrigieren. Segeln Sie auch ein Stück auf dem Kurs zur zweiten Bahnmarke, um herauszufinden, welchen Spinnaker Sie setzen müssen oder ob es möglicherweise gar kein Spinnakerkurs ist. Denken Sie daran, daß in der Nähe der Startlinie der Wind meist gestört ist. Denken Sie auch daran, daß sich der Wind bis zum Erreichen der ersten Tonne ändern kann und damit Ihre vorher getroffene Entscheidung falsch sein könnte. Überprüfen Sie, ob Kiel und Ruder frei von Seegras sind, und stellen Sie fest, ob der Propeller korrekt gefaltet ist und auf der Segelposition steht.
Beim Fünfminutenschuß sollten Sie noch einmal die Genauigkeit der Zeitnahme prüfen. Ist die Abweichung nur gering, stoppen Sie Uhr oder Tonband nicht. Korrigieren Sie den Fehler im Kopf. Denken Sie daran, daß mit dem Fünfminutensignal die Wettfahrtregeln in Kraft treten. Stellen Sie den Motor aus und schicken Sie einen Ausguck auf das Vorschiff, da Sie jetzt leicht abzulenken sind.

Bestimmen Sie die bevorteilte Seite der Linie

Im allgemeinen legt die Wettfahrtleitung die Startlinie im rechten Winkel zum durchschnittlichen Wind aus, und der Kurs zur ersten Bahnmarke führt direkt in den Wind. Die Startline und die erste Tonne sind Orte, wo zu viele Boote sich zuwenig Raum teilen müssen.

Es kommt nur selten vor, daß eine Startlinie rechtwinklig zum Wind liegt. Einen Grund dafür kennen wir aus dem Kapitel 8: Der Wind schwingt konstant hin und her. Bei einer Wettfahrt kommt es nicht darauf an, den Start zu gewinnen, sondern einen Plan umzusetzen. Man will in einer Position segeln, die es ermöglicht, sofort zu wenden, wenn das die Strategie erfordert.

Für diese strategische Situation gibt es ein beispielhaftes Revier: Long Beach in Kalifornien, Austragungsort der olympischen Segelregatten von 1984. Nach dem Start schwingt dort der Wind dauerhaft nach rechts, und, wie wir uns erinnern (Kapitel 8), man segelt in rechtdrehendem Wind zuerst auf dem abgebackten Steuerbordbug, also nach rechts. Das heißt bei einer korrekt liegenden Linie, daß das gesamte Feld auf der rechten Seite starten wird, um sofort auf den Steuerbordbug wenden zu können. Um Ordnung in das Feld zu bekommen, mußte die Wettfahrtleitung von Long Beach die Linie so legen, daß die linke Seite stark bevorteilt war. Man legte die Tonne um etwa zwei Bootslängen weiter in den Wind. Dieser Vorteil war für manchen unwiderstehlich, und es herrschte Ruhe auf der Linie.

Die bevorteilte Linienseite bringt immer einen Weggewinn zur ersten Bahnmarke, egal, ob es sich um eine Startkreuz oder um eine Vormwindstrecke handelt. Um allerdings sicher zu sein, wie die Linie liegt, muß man wissen, von welcher Position auf dem Startschiff die Linie gezogen wird. Der Schnittpunkt der Linie mit dem Schiff (meist ein Flaggenmast) ist Bestandteil der Segelanweisungen.

Es gibt verschiedene Arten, die Linie zu beurteilen. Ein Weg ist, in den Wind zu schießen und so die Richtung zu ermitteln (siehe Zeichnung 10.1). In den Wind stellt man sein Schiff möglichst ohne gesetzte Genua, denn mit einem überlappenden, schlagenden Vorsegel ist es schwer, die Richtung exakt zu erkennen. Die Windrichtung in der Zeichnung beträgt 340°. Hat man das herausgefunden, segelt man von außen auf die Begrenzungstonne der Linie zu (so kann man über Tonne und Startschiff peilen) und bestimmt die Lage; in der Zeichnung liegt sie auf 90°. Der rechte Winkel zu 90° wäre 0°. Da der Wind aber aus 340° kommt, ist die linke Linienseite um 20° bevorteilt.

Man kann auch die Linie vom Startschiff zur Tonne heruntersegeln und das Großsegel so trimmen, daß es im Vorliek gerade nicht einfällt. Dann segelt man die Linie in Gegenrichtung ab, ohne am Segeltrimm etwas zu verändern. Fällt das Großsegel nun stark ein, ist die rechte Seite (am Startschiff) begünstigt; kann man die Schot fieren, ist die linke Seite (an der Tonne) begünstigt.

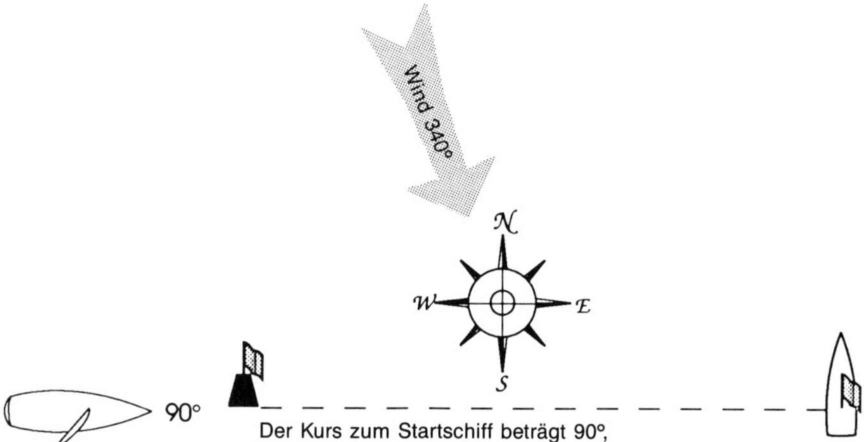

10.1 *Die bevorteilte Seite der Startlinie.*

Ist der Segeltrimm auf beiden Bugen gleich, dann liegt die Linie exakt im rechten Winkel zum Wind und Sie können überall starten.

Zwei Minuten vor dem Start

Zwei Minuten vor dem Startschuß sollte man die Lage der Linie noch einmal überprüfen. Das gilt auch für die Windrichtung und die Kursbuchhaltung. Ist es ein oszillierender Wind, wollen Sie schließlich auch auf dem richtigen (gelifteten) Bug beginnen oder jedenfalls sehr schnell auf diesen Bug wenden. Ist der Backbordbug geliftet, bleiben Sie nach dem Start so lange auf diesem Bug, bis ein Abbacker Sie auf den Durchschnittskurs oder noch darunter bringt (siehe Zeichnung 8.11). Ist der Steuerbordbug geliftet, starten Sie möglichst auf der rechten Linienseite und wenden Sie so schnell es geht (siehe Zeichnung 8.12).

So kommen Sie in den richtigen Takt der Windschwingungen. Man kann natürlich auch versuchen, gleich auf dem Steuerbordbug zu starten, aber das ist eine riskante Sache. Man benötigt ein gutes Timing sowie Platz und sollte nicht vergessen, daß alle Schiffe auf dem Backbordbug das Wegerecht (Regel 36) haben.

Haben Sie herausgefunden, daß der Wind bleibend dreht, starten Sie auf jeden Fall auf der Seite, in die der Wind drehen wird. Also rechts, wenn der Wind im Uhrzeigersinn dreht (Beispiel Long Beach), und links, wenn der Wind gegen die Uhr dreht.

Es ist jetzt auch die Zeit für das „Who is Who". Sie sollten wissen, wen Sie schlagen müssen oder wem Sie folgen wollen. Prägen Sie sich die Silhouette ihres Gegners ein. Sind Sie andererseits jemand, dem man gern folgt, weil Sie vielleicht eine besonders gute Revierkenntnis haben, verstecken Sie sich in der Menge. Das sollten Sie bereits beim Bootskauf bedenken. Wählen Sie niemals schrille Farben, keinen auffälligen Spinnaker oder besondere Segelnummern (ein „normales" Boots fällt übrigens auch den Linienrichtern bei einem Frühstart nicht so stark auf).

Versuchen Sie herauszufinden, wo die schnellen und für Sie wichtigen Konkurrenten starten werden. Innerhalb der letzten zwei Minuten kann man eine normal lange Linie gerade absegeln. Segeln die guten Yachten dorthin, wohin auch Sie segeln, scheint Ihre Strategie offenbar korrekt zu sein. Sind die Konkurrenten auf der anderen Seite, bleibt Ihnen nicht mehr viel Zeit zum Nachdenken. Entweder liegt es daran, daß sich der Konkurrent aus dem Gedränge der bevorteilten Seite heraushält — weil er vielleicht in der Serie schon mit gutem Punktekonto vorn liegt, Sie aber aggressiv segeln müssen — oder Sie liegen mit Ihrer Startegie wirklich falsch.

Es gibt einen anderen Grund, schnelle Yachten ausfindig zu machen. Man muß auf jeden Fall verhindern, daß ein schnelleres oder größeres Schiff (bei einer Regatta mit mehreren Klassen in einem Start) dicht in Lee und etwas voraus startet (siehe Zeichnung 10.2).

Das Schiff in Lee voraus hat eine Position, die man als sichere Leeposition bezeichnet. Es lenkt den Wind ab, in dem man selbst segelt. Als luvwärtiges Schiff (Weiß) segeln Sie im abgebacktem Wind mit weniger Druck. Wenn Sie nicht wenden, kann das in Lee liegende Schiff Sie sogar berühren, und da Sie sich den Regeln entsprechend freihalten müssen (Regel 37.1), wären Sie aus dem Rennen. Die einzige Chance, dieser Situation zu entkommen, ist eine Wende, doch ist das kurz vor oder nach dem Start nicht einfach, weil jetzt fast

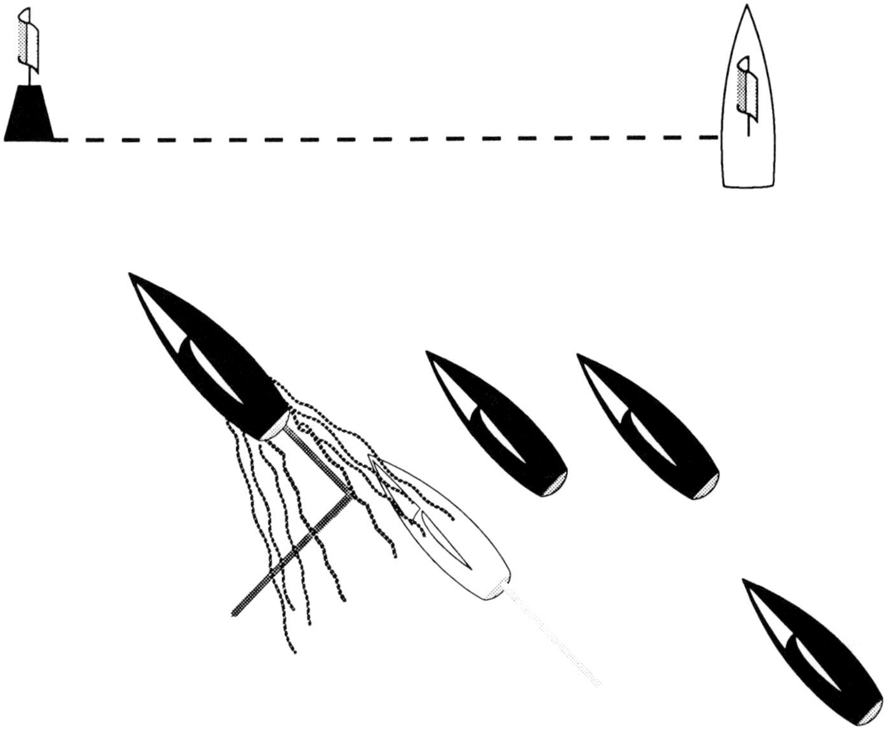

10.2 *Ein größeres oder schnelleres Schiff in Lee zu haben sollte man beim Start vermeiden.*

alle Schiffe auf dem vorfahrtberechtigten Backbordbug (Regel 36) segeln und dicht zusammenliegen. Auch direkt in Luv möchte man kein schnelleres Schiff haben, denn es wird in kurzer Zeit passieren. Immerhin kann aus dieser Lage kein Regelkonflikt entstehen. Man kann solche Situationen vermeiden, wenn man sich Raum in Lee freihält, in den man mit großer Geschwindigkeit kurz vor dem Start hineinsegelt (darüber später mehr).

Strategie kontra gewonnener Start

Einen Start zu gewinnen ist nicht alles. Erster nach dem Kreuzkurs zu sein, oder nach den ersten paar hundert Metern, ist entscheidender. Deshalb muß man nicht nur wissen, wo die bevorteilte Linienseite ist, sondern man muß herausfinden, was der Wind auf der Startkreuz machen wird. Man muß den Start als ersten Schachzug seiner eigenen Strategie betrachten.

Erfahrung, Können und Dynamik spielen eine Rolle bei der Entscheidung, wo man starten will. An der Tonne oder am Schiff sind meist die besten Positionen. Neben anderen Gründen haben die Enden den Vorteil, daß man dort selbst am leichtesten herausfindet, ob man über oder unterhalb der Linie liegt. Auf der Startschiffseite kann man sogar hören, ob man einen Frühstart gemacht hat, denn oft werden die Segelnummern der Frühstarter laut ausgerufen. Um den Frühstartern das klar zu machen, wird üblicherweise die Flagge X gesetzt (blaues Kreuz auf weißem Grund) und ein Signal gegeben. Die Flagge bleibt stehen, bis alle Frühstarter neu gestartet sind, längstens jedoch vier Minuten (siehe Regeln 7.1 und 51.1 [c]). Bei einigen Hochseerennen werden die Segelnummern der Frühstarter auch über Funk ausgerufen; das hängt von den Segelanweisungen ab. Vergessen sollte man nicht, daß der korrekte Start Sache des Seglers ist und nicht der Wettfahrtleitung.

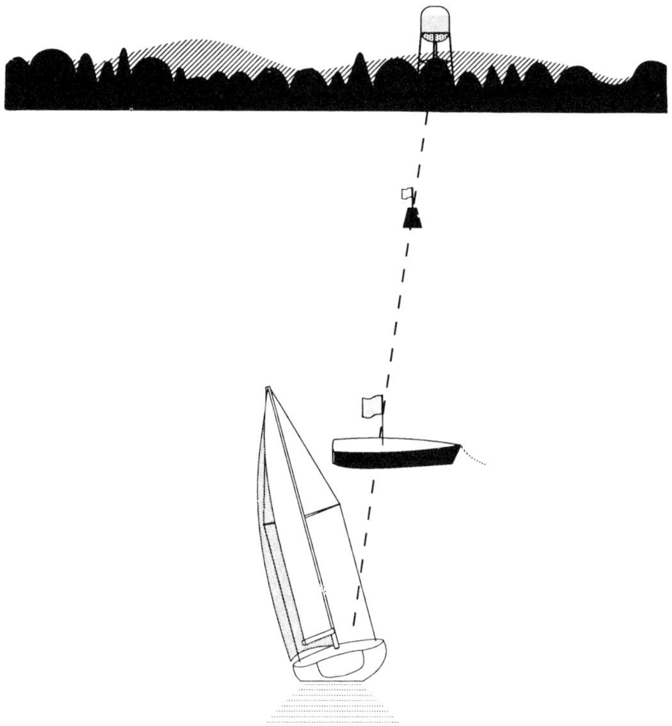

10.3 *Eine Peilmarke an Land hilft, wenn man in der Linienmitte starten möchte.*

Ich gehe einmal davon aus, daß Sie noch nicht erfahren genug sind, aggressiv zu starten, aber eine Seite der Linie stark bevorteilt ist. Starten Sie nicht in der ersten Gruppe, starten Sie in der zweiten.
Es gibt auch die Möglichkeit, in der Mitte zu starten. Das ist bei schwingendem Wind ohnehin eine gute Taktik und auch angebracht, wenn man nicht genau weiß, was der Wind machen wird. Ein Start in der Mitte führt zu einem Kurs durch die Bahnmitte und erlaubt es, auf Abbacker zu wenden und Lifts auszusegeln — das ist die richtige Strategie bei oszillierendem Wind. Üblicherweise ist die Linienmitte beim Start leer.
Es ist allerdings nicht leicht, von der Mitte aus die Linie richtig zu lesen. Man schaut zum Startschiff und dann zur Tonnen und glaubt, man liegt genau auf der Linie. Meist ist man jedoch viel weiter zurück als vermutet. In der Mitte der Linie kann man sich nie mit nur einem Blick orientieren, und deshalb hängen fast alle Starter dort beim Schuß zurück.
Wird die Sicht nach Luv oder Lee durch andere Yachten stark eingeschränkt, passiert manchmal auch das Gegenteil. In der Mitte der Linie bildet sich eine Beule, und dort startende Boote sind zu früh.
Wenn man in der Mitte starten will, ist es hilfreich, eine Peilung (als Kompaßpeilung oder über eine Landmarke) zu benutzen (siehe Zeichnung 10.3). Man segelt dazu von außen auf die Linie zu, bringt beide Flaggen in Peilung und sucht sich ein Objekt an der Küste (oder notiert sich den Kompaßkurs). Liegt man in der Linienmitte stets unterhalb dieser Peilung, macht man auf keinen Fall einen Frühstart.

Die Einminutenregel oder die schwarze Flagge

Ist man zu früh über die Linie gesegelt, ist die Situation fatal, wenn die Einminuten- oder die Schwarze Flagge-Regel gilt, die Frühstarter disziplinieren soll. (Die Anwendung ist in den Segelanweisungen beschrieben.) Wird die Einminutenregel angewendet, darf kein Schiff, auch nicht Teile davon oder ein Crewmitglied, sich innerhalb der letzten 60 Sekunden vor dem Start auf der Kursseite der Linie befinden, sonst muß es durch Umsegeln einer der Bahnenden (Schiff oder Tonne, *round the ends*) hinter die Linie zurückkehren. Diese Strafe trifft Schiffe, die in der Mitte starten, besonders hart. Von dort aus kann man erst um eines der Enden segeln, wenn das Gros des Feldes die Linie nach

dem Start frei gemacht hat. Eine solche Wettfahrt noch zu gewinnen, ist im allgemeinen aussichtslos.
Ist die Schwarze Flagge-Regel angezeigt, bedeutet das für einen Frühstarter, der innerhalb der letzten 60 Sekunden vor dem Start über die Linie segelt, daß er automatisch disqualifiziert wird. Das gilt auch, wenn der Start wegen eines Gesamtrückrufs wiederholt wird. Man darf diese Wettfahrt nicht mitsegeln.

Wie die Linie vom Bug aus angezeigt wird

Die Starttonne erscheint, abhängig vom Standort des Betrachters, nah oder fern. Vor allem, wenn man in der Linienmitte starten will, ist es am sichersten, wenn ein Crewmitglied vom Bug aus die Lage der Linie anzeigt. Eigentlich sollte man unabhängig von der Startposition immer einen Mann an das Vorstag stellen. Wenn es die Bedingungen zulassen, mache ich das sogar auf kleinen Booten, wenn die Einminuten- oder die Schwarze Flagge-Regel angezeigt ist. Wenn sich herausstellt, daß man ohnehin nicht zur rechten Zeit auf die Linie kommen kann, dann wird man natürlich den Mann vom Vorschiff herunterholen, damit er den Bootstrimm nicht unnötig behindert.
Normalerweise wird man das leichteste Crewmitglied aufs Vorschiff schicken. Doch man sollte bedenken, daß nicht jeder die Fähigkeit hat, Zeit und Distanz zur Linie wirklich richtig einzuschätzen. Man braucht Talent dafür. Im America's Cup von 1987 mußten wir deswegen einen Vorschiffsmann an Bord der STARS & STRIPES auswechseln.
Die Kommunikation vom Bug zum Steuermann — „stop, weiter, tiefer, noch eine Bootslänge" — sollte mit Handsignalen gemacht werden und nicht durch Zurufe. Es können Mißverständnisse auftreten, außerdem kann jede andere Crew mithören, was Sie vorhaben.

Die Starttechniken

Wenn man weiß, wo man starten will, stellt sich die Frage, wie man zur rechten Zeit zum richtigen Ort gelangt. Es gibt einige Standardtechniken: den Vanderbilt-Start, die Steuerbord-Annäherung, Luven, den Eintauch-Start, den Steuerbordbug-Start und den Vormwindstart.

Der Vanderbilt-Start

Der Vanderbilt-Start eignet sich besonders gut für große Fahrtenyachten. Macht man ihn korrekt, erreicht man die Linie genau mit dem Schuß und mit voller Fahrt. Und genau das brauchen große Schiffe, die nur schlecht beschleunigen.

Die Technik ist nach Harold „Mike“ Vanderbilt benannt, der auch die erste Fassung der Wettfahrtregeln schrieb, wie bereits erwähnt. Sie funktioniert so:

1. Beginnen Sie das Manöver dort, wo Sie starten wollen, auf dem Steuerbordbug (siehe Zeichnung 10.4).
2. Wenn Sie die Linie kreuzen, errechnen Sie die verbleibende Zeit bis zum Startschuß. Wir gehen davon aus, es sind noch zwei Minuten und zehn Sekunden, also 130 Sekunden.
3. Segeln Sie auf einem Raumkurs von der Linie weg. (Ein Segelboot erreicht raumschots und hoch am Wind etwa dieselbe Geschwindigkeit. Das ist die Theorie hinter der Vanderbilt-Technik.)

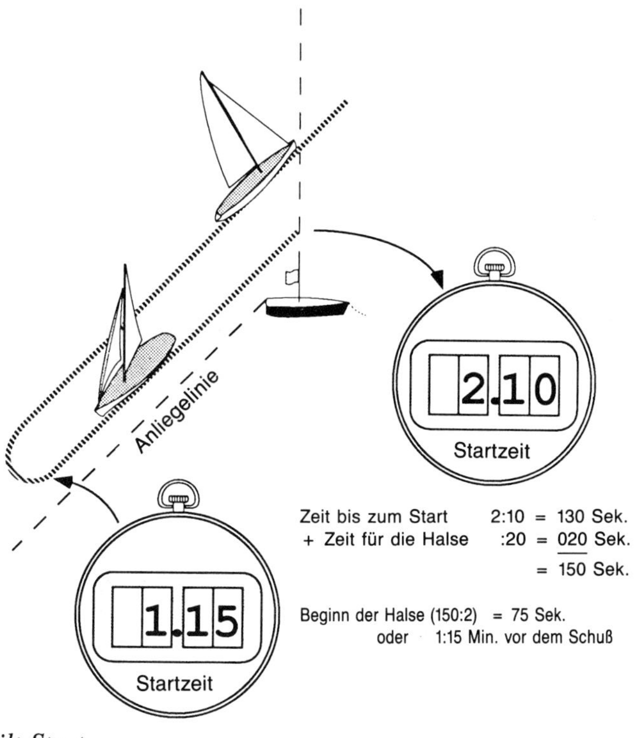

10.4 *Der Vanderbilt-Start.*

4. Um bestimmen zu können, wann der Zeitpunkt für eine Wende oder Halse kommt, stellen Sie folgendes fest: Nehmen Sie die Zeit bis zum Start in Sekunden (130). Addieren Sie die Zeit für eine Wende oder Halse (sagen wir, es sind 20 Sekunden) und teilen Sie den Betrag durch 2. Das Ergebnis ist 75 Sekunden, oder 1:15 Minuten. Wenn die Stoppuhr anzeigt, es sind noch 1:15 bis zum Start, beginnen Sie Ihren Rückweg auf die Linie.
5. Halsen oder wenden Sie jetzt und nehmen Sie hoch am Wind Kurs auf Ihre Startposition. Bedenken Sie, daß eine Wende langsamer ist als eine Halse, aber die Halse Sie weiter nach Lee führt. Eine Wende ist sicherer, vor allem, wenn viele Schiff starten wollen.
   Die Entscheidung, zu wenden oder zu halsen, hängt auch von Ihrer Position ab. Liegen Sie oberhalb der Anliegelinie, halsen Sie; liegen Sie darunter, entscheiden Sie sich für die Wende (siehe Zeichnung 10.4). Haben Sie vorher eine Startposition in der Mitte der Linie gewählt, ist es egal, welches Manöver Sie machen (siehe das Schiff in Zeichnung 10.4, dessen Startposition oberhalb des Startschiffes gewählt wurde). Wenn das Schiff in der Zeichnung allerdings genau am Startschiff starten wollte, wäre eine Wende das bessere Manöver.
   Es ist aber nie leicht, diesen Plan 100-prozentig in die Tat umzusetzen. Nur eine Yacht kann schließlich die Startposition am Schiff belegen, und deshalb ist es besser, sich mit weniger Risiko für einen Platz etwas in Lee davon zu entscheiden. Sagen wir, im ersten Drittel der Linie. Man sollte im übrigen die Linie immer in Drittel unterteilen, das Luv-, das Mittel- und das Leedrittel. Befinden Sie sich beim Schuß auf der Linie und im richtigen Drittel, betrachten Sie den Start als gelungen. Ich selbst gehe nicht immer so konservativ an den Start. Es macht mir viel Spaß, mich ins Getümmel um den besten Platz zu wagen. Die Aufregung bringt meinen Adrenalinspiegel hoch.
   Gibt es mehrere Konkurrenten an der Position, an der Sie wenden oder halsen wollen, bestimmen auch die, was Sie tun. Vermeiden Sie es, andere Yachten von achtern kommend zu überlappen, denn dann können Sie nicht mehr frei entscheiden.
6. Das Ziel ist, die Linie beim Schuß mit hoher Fahrt zu schneiden. Sind Sie zu früh, luven Sie (wird noch beschrieben); sind Sie zu spät, ist nichts mehr zu retten.
7. Unruhige See, Konkurrenten, die Sie beim Manövrieren behindern oder Sie abdecken, bringen den Zeitplan durcheinander. Besonders Strom ist zu

bedenken. Es ist immer besser, zu früh zurückzukehren als zu spät. Abbremsen kann man immer, beschleunigen nie.

Ted Turner benutzte den Vanderbilt-Start auf der COURAGEOUS während der America's Cup-Ausscheidungen von 1980 gegen mich auf der FREEDOM. Vielleicht hat er diese Taktik angewendet, um einen direkten Kontakt zu vermeiden, als wir von unterschiedlichen Seiten der Linie in die Startzone einsegelten. Er segelte sofort auf Raumkurs davon, und wir folgten ihm. Aber folgen Sie einmal einem Schiff, das um die Länge eines Fußballplatzes vor Ihnen segelt. Turner blieb vier Minuten lang auf dem Bug und kam dann zurück. Wir hatten kein gutes Rezept, ihm taktisch zu begegnen. Man kann sich vor den Gegner legen, um ihn abzubremsen und damit zu spät an die Linie kommen zu lassen, oder versuchen, hinter ihn zu kommen, um ihn über die Linie zu drücken. Keiner der beiden Pläne hat aber jemals gut funktioniert.
In Perth hatten wir mit der STARS & STRIPES '87 keinen besonders gut manövrierenden Zwölfer. Das Schiff war lang und schwer und für die Vanderbilt-Taktik prädestiniert. Trotz meiner Vorliebe für enge Startmanöver verzichtete ich darauf, weil das Schiff als behäbige Schwerwetterkonstruktion gegen die wendigere Konkurrenz jeden Start verloren hätte.

Die Steuerbordbug-Annäherung

Anders als die Vanderbilt-Technik ist die Steuerbord-Annäherung etwas für Leute, die schnell auf den Füßen sind. Der Start ist vor allem etwas für Jollen, weil diese Schiffe schnell beschleunigen, präzise manövrieren und dabei wenig Raum benötigen.
Wie der Name sagt, steuert man die Linie auf dem Steuerbordbug an und sucht sich Platz oder ein kleines Loch, um dort hineinzuwenden (siehe das schwarze Schiff in Zeichnung 10.5). Segelt man auf dem Steuerbordbug, muß man jederzeit in der Lage sein zu wenden, wenn sich eine Gelegenheit ergibt. Diese Gelegenheit ergibt sich kaum, wenn die Schiffe auf dem Backbordbug in Luv sehr dicht hintereinander segeln. Haben Sie gewendet, dann ist die Startposition damit festgelegt.
Im Idealfall sollten Sie direkt vor den Bug eines Konkurrenten wenden, und zwar mit so hoher Geschwindigkeit, daß Sie den Bug Ihres Schiff in den Wind voraus bekommen. Das verhindert eine Abdeckung und bringt Sie in die siche-

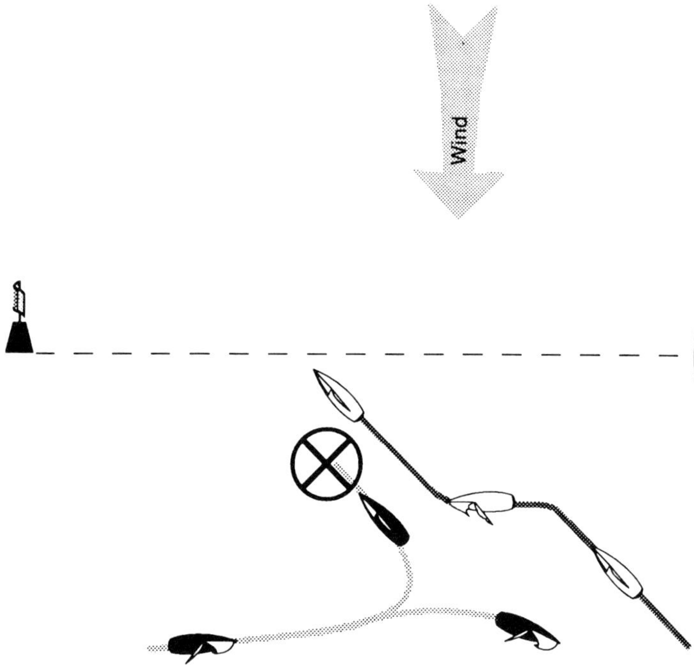

10.5 *Weiß verteidigt ein Loch in Lee.*

re Leeposition. Außerdem wollen Sie möglichst kein Schiff zu nahe in Lee voraus haben, das Sie beim Beschleunigen behindert.

Haben Sie zuwenig Raum, fieren Sie die Segel, segeln Sie langsamer, um sich Raum zu schaffen. Das Problem ist, daß Sie in Lee einen Freiraum öffnen, in den andere hineinsegeln möchten. Darum machen Sie diesen Beschleunigungsraum nicht zu groß. Verteidigen Sie ihn gegen andere aggressiv, die dasselbe machen wollen wie Sie. Bemerken Sie also ein Boot, das sich auf dem Steuerbordbug nähert und in Ihren Leeraum hineinwenden möchte (wie Schwarz in der X-Position), fallen Sie ab und verhindern Sie das Manöver des Konkurrenten. Entweder er wendet nun direkt hinter Sie, oder er segelt weiter. Beides ist wünschenswert.

Ein Schiff auf Gegenkurs ist nicht die einzige Gefahr beim Verteidigen der Position im Start. Auch ein Konkurrent, der auf raumerem Kurs von achtern kommt, ist gefährlich, denn er kann mit hoher Fahrt in Lee passieren und den Raum voraus besetzen. Achten Sie deshalb auf die Bewegungen der Schiffe hinter Ihnen. Egal, was passiert, zur Verteidigung fallen Sie stets ab, damit das andere Schiff keine Überlappungsposition einnehmen kann (siehe Zeichnung

10.5). Wendet ein Schiff hinter Ihnen in einen freien Raum, luven Sie im selben Moment an, bremsen Sie den Konkurrenten, damit eröffnen Sie sich gleichzeitig zusätzlichen Raum in Lee voraus.

Das Luven

Luven wird unter anderem angewendet, um überflüssige Zeit aufzubrauchen. Zum Beispiel beim Vanderbilt-Start. Als Starttechnik ist das Luven besonders für kleine Yachten und Jollen, die schnell beschleunigen, ideal. Unabhängig von der Technik und dem Bootstyp sollte man natürlich immer wissen, wie das eigene Schiff beschleunigt und wie lange es für eine bestimmte Distanz benötigt.

Das ist wie beim Autofahren, wo man jeden anderen Verkehrsteilnehmer im Verhältnis zur eigenen Fahrt und Richtung einschätzt und sich entsprechend verhält. Man muß lernen, Distanz und Fahrt sehr präzise beurteilen zu können. Ich bin so gut darin wie jeder andere. Ich beschäftige mich überall mit dem Problem Zeit und Weg. An Bord, im Auto, im Flugzeug und beim Spazierengehen. An Bord wetten wir oft um einen Dollar, wie lange wir noch bis zur Bahnmarke benötigen.

Warum ist das so wichtig? Beim Segeln ist das richtige Einschätzen einer Distanz, umgesetzt in eine Zeitspanne, immer entscheidend. Nicht nur beim Start. Auch bei einer Backbord-Steuerbord-Situation und sogar beim Anlegen.

Es gibt spezielle Luvtechniken beim Start. Stellen Sie das Schiff nicht in den Wind, segeln Sie besser auf dem alten Kurs weiter und fieren Sie stattdessen die Segel auf. Benutzen Sie die Segel wie ein Gaspedal. Wenn Sie beschleunigen wollen, holen Sie erst die Genua dicht. Das drückt den Bug nach Lee in den Raum, den Sie voraus freigehalten haben — Sie haben doch daran gedacht, oder? Wollen Sie den alten Kurs weitersegeln, holen Sie nur das Großsegel dicht.

Wollen Sie ein Boot achteraus nach Luv drücken und gleichzeitig den Vorausraum erweitern, holen Sie ebenfalls nur das Groß dichter.

Der Eintauchstart

Der Eintauchstart ist angebracht, wenn man weiß, daß es schwierig ist, rechtzeitig auf die Linie zu kommen. Zum Beispiel bei leichtem Wind oder im Gegenstrom. Man wartet vor der Linie,fährt erst zirka eine Minute vor dem Schuß mit raumem Kurs über die Linie und zieht dann mit maximaler Fahrt beim Schuß wieder hoch. Ich habe so einen Start von Lowell North während der Starweltmeisterschaft 1971 in Seattle gesehen. Ich kann mich so genau daran erinnern, weil ich damals an der Tonne nahezu hoffnungslos um Fahrt und Raum kämpfte und Lowell einfach von Luv kam und wieder wegsegelte. Es war ein Lehrstück für mich,und es ist eigentlich unnötig zu bemerken, daß er das Rennen gewonnen hat.

Der Eintauchstart mißlingt natürlich, wenn die Flotte nicht zu spät dran ist und erst recht, wenn sie zu früh ist. Ganz falsch wäre die Taktik bei angezeigter Einminutenregel oder der schwarzen Flagge.

Der Steuerbordbug-Start

Ich habe weit mehr als tausend Wettfahrten gesegelt. Wenn dabei mehr als ein Prozent Starts auf dem Steuerbordbug herausgekommen sind, würde mich das sehr überraschen. Ein Start auf Steuerbord ist nur möglich, wenn die linke Seite der Linie extrem bevorteilt ist. Das kann durch eine Winddrehung kurz vor dem Schuß passieren, aber normalerweise wird die Wettfahrtleitung bei so einer Situation den Start abbrechen.

Bei einem Langstreckenrennen ist diese Situation schon eher gegeben, besonders wenn man über eine feste Startlinie auf die Bahn geschickt wird. Nun wird niemand auf dem Backbordbug gegen eine Flotte auf Steuerbordbug starten, nur um recht zu bekommen, vor allem nicht, wenn man dabei den falschen Kurs segelt.

Bei einem Start auf dem Steuerbordbug muß man sehr diszipliniert sein, besonders weil man sich mitten in einem Feld von Wegerechtschiffen befindet. Eigentlich kann man so einen Start gar nicht planen, sondern nur die Gelegenheit beim Schopfe packen. „Carpe diem", wie Ted Turner sagen würde.

In der vierten Wettfahrt des America's Cup von 1983 ist es mir gelungen, vor der AUSTRALIA II auf dem Steuerbordbug zu starten (siehe Zeichnung 10.6). Mit der LIBERTY segelten wir auf die Backbordseite der Linie, die AUSTRA-

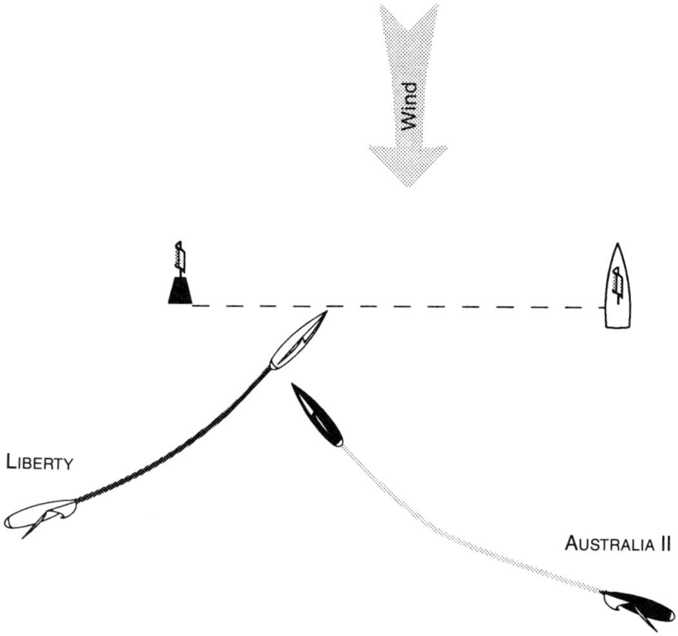

10.6 *LIBERTY startet auf dem Steuerbordbug vor AUSTRALIA II.*

LIA II, gesteuert von John Bertrand, segelte auf die rechte Seite. In Gedanken rechnete ich mir die Amwindkurse beider Schiffe aus. Dabei muß man bedenken, daß es vor dem Start entsprechend der IYRU-Regeln keinen „richtigen Kurs“ gibt. Mit anderen Worten, die AUSTRALIA II konnte bei einer Kreuzung unserer Kurse so hoch am Wind segeln, wie sie wollte. Ich mußte also nicht nur den richtigen Kurs der AUSTRALIA II in Betracht ziehen, sondern auch den maximal höchsten. Es war in diesem Moment weder die Zeit, jemanden an Bord über dessen Meinung zu diesem Problem zu befragen, noch hatte ich ein Interesse daran. Ich glaubte jedenfalls, ich könnte es schaffen, also wagte ich es. Carpe diem.

Bertrand muß im ersten Moment sehr überrascht gewesen sein, denn seine Reaktion verzögerte sich um einige Zehntelsekunden. Wir passierten ihn sicher und gewannen den Start um sechs Sekunden. Es war die Entscheidung. Wir gewannen die Wettfahrt unangefochten mit 43 Sekunden und führten mit 3:1.

Lassen Sie mich noch einen Punkt im Zusammenhang mit so einem Start ansprechen. Gelingt er, hat er einen starken psychologischen Effekt auf den Gegner. Er wird sich, genau wie Sie selbst, noch lange daran erinnern — vielleicht sogar ein Leben lang. Bertrand jedenfalls hat es beeindruckt. Er segelte an diesem Nachmittag nicht besonders gut. Allerdings hielt der Sieg nicht lange vor. Es wurde mein letztes „Hurra“ des Jahres. Die nächsten drei Wettfahrten gingen verloren und damit der America's Cup.

Der Vormwindstart

Bei einem Vormwindstart muß man zunächst die begünstigte Seite herausfinden (es ist die, die am weitesten vor dem Wind liegt). Dann machen Sie eine Annäherung auf dem Backbordbug. Segeln Sie nahe an der Linie entlang und so, daß Sie in Lee von Konkurrenten liegen. So haben Sie jederzeit das Wegerecht. Von hier aus ist es einfach, Zeit und Distanz gegeneinander abzuwägen. Da Sie etwa mit halbem Wind segeln, erreicht Ihr Schiff seine höchste Geschwindigkeit.
Setzen Sie Ihren Spinnaker nicht vor dem Schuß, vor allem nicht, wenn die Möglichkeit besteht, daß Sie zu früh sind. Mit einem Spinnaker kann man nur schlecht anluven, um Zeit zu verbrauchen. Sind Sie allerdings spät dran, setzen Sie den Spi. Beachten Sie in Lee liegende Boote ohne Spinnaker. Die nämlich können Sie stark luven und Ihnen die Starttaktik zerstören. Geben Sie solchen Booten immer ausreichend Platz.

Die Amwindtaktik

Ich habe erwähnt, daß ich am Start gern aggressiv bin. Nach dem Start aber bin ich erst einmal ganz konservativ. Risiko und Gewinn sind wichtige Prinzipien beim Regattasegeln. Man möchte das Risiko vermindern und den Gewinn steigern. Im Kapitel 8 habe ich über die Strategie vor dem Start geschrieben. Ist diese Strategie klar, muß man entscheiden, wie stark man sie umsetzen will. Segelt man in oszillierendem Wind, kann man weniger falsch machen, weil der Wind häufiger dreht. Wenn man nicht weiß, was der Wind machen wird, soll man annehmen, er dreht oszillierend. Bleibend drehender Wind ist oft schwer zu erkennen, wenn nicht eine extreme Windscherensituation darauf hinweist. Auch eine oszillierend-bleibende Drehung ist schwer zu erkennen. Beim Segeln ist die Zukunft schwer zu lesen. Hinzu kommt, daß andere Boote den Weg in die richtige Richtung versperren können. An diesem Punkt treffen sich nun Strategie und Taktik.

Erinnern Sie sich, daß Sie die Startkreuz nicht gewinnen müssen, um die Wettfahrt zu gewinnen. Sie müssen auch eine Wettfahrt nicht gewinnen, um die Serie siegreich zu beenden. Nach dem Start beginne ich immer konservativ, nie mit zu großem Risiko. Setzen Sie nicht gleich alles auf eine Karte wie beim Roulette. Wie macht man das beim Segeln?
Segeln Sie nicht extrem auf eine Seite oder weg von der Konkurrenz. Bleiben Sie in der Nähe. Ecken sind so gefährlich wie ein Glücksspiel.
Ich bin während der Starweltmeisterschaft 1976 einmal auf dem Backbordbug in der Linienmitte gestartet. Konservativer kann man es nicht machen. Nach dem Schuß habe ich festgestellt, daß alle Schiffe in Luv von mir an Höhe verloren und zu mir heruntersackten. Ich hingegen sackte auf die Schiffe in Lee. Ich wußte, daß der Wind stetig nach links drehen würde, also gab es nichts, was ich in diesem Moment hätte verändern können. Hätte ich gegen die Schiffe in Luv verloren, aber gegen die in Lee gewonnen, wäre die richtige Taktik eine Wende gewesen, weil der Wind weiter nach rechts drehen würde. (Diese Rückschlüsse gelten natürlich nur für bleibende Drehungen, nicht für oszillierende Drehungen.)
Nichts in dieser Situation war besonders aufregend und schon lange nicht brillant. Ich hatte keine Spitzenposition, ich war nur gut placiert, und das reichte für den Moment. Damals war meine Bootsgeschwindigkeit so überragend, daß mir eine gute, ausbaufähige Position im Start schon reichte. Mit dieser Strategie habe ich alle fünf Wettfahrten der Serie und damit den Weltmeistertitel gewonnen. Er ist bis heute nach meiner Einschätzung meine sportlich beste Leistung.
Es war Carl Eichenlaub, der mir diese taktische Variante beigebracht hat. Ich wende sie heute noch in großen Feldern an, wenn der Wind bleibend dreht. Eichenlaub hatte eine Gabe, Boote zu beobachten und zu erkennen, wohin man segeln mußte. Er benutzte die sich verändernden Positionen, um sich daraus ein große taktisches Bild zu zeichnen. Ich verdanke den vielen Stunden gemeinsamen Segelns mit ihm eine Menge taktisches Wissen.

Vermeiden Sie Anliegelinien

Wie gesagt, bin ich ein Vertreter des konservativen Segelstils. Für mich gilt, daß die Kursmitte ein sicherer Ort ist und daß die Seiten, insbesondere die Anliegelinie, gefährlich sind. Denken Sie an diese Theorie und geben Sie sie erst auf, wenn Sie etwa fünf bis zehn Bootslängen von der Tonne entfernt liegen. Nehmen wir an, Sie glauben in einer bleibenden Rechtsdrehung zu segeln. Wenn Sie nun auf dem Steuerbordbug die Anliegelinie erreichen und dort wenden, wird eine weitere Drehung Sie über die Tonne hinausbringen (siehe Zeichnung 10.7A). Vielleicht haben Sie den Wind auch falsch eingeschätzt, und er dreht zurück nach links (siehe Zeichnung 10.7B). Jetzt befinden Sie sich auf der falschen Seite der Drehung, und jedes Boot in Lee oder voraus wird gegen Sie gewinnen.

Es kann natürlich auch passieren, daß Sie die Anliegelinie richtig treffen und die Bahnmarke anliegen können. Doch jetzt wird jedes Boot, das Ihren Kurs

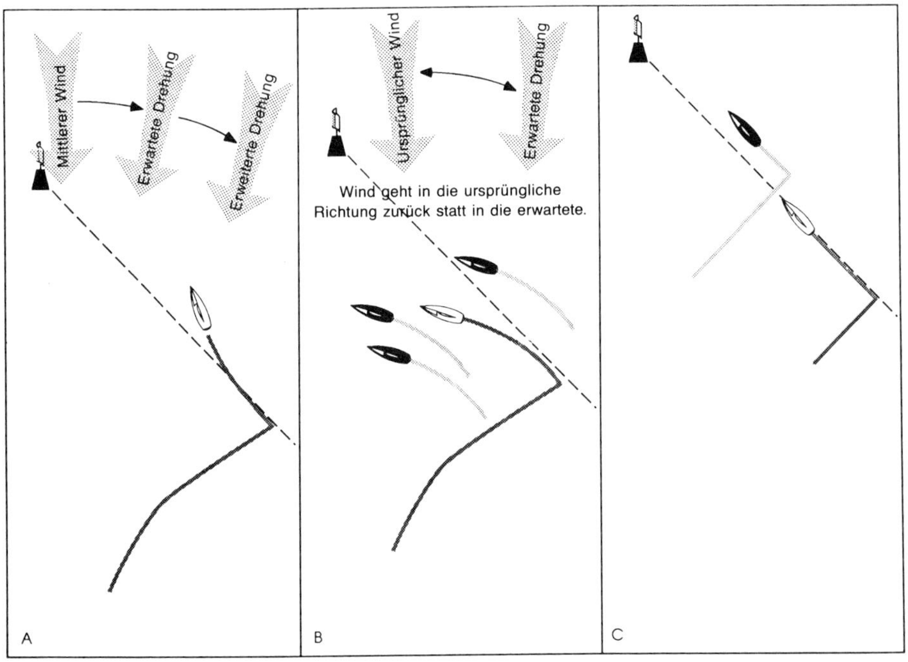

10.7 *Wenn Sie die Anliegelinie zu früh erreichen, können diese drei Dinge passieren. Alle drei sind schlecht.*

kreuzt, vor Ihnen wenden und Sie behindern. Diese drei Dinge können bei zu frühem Erreichen der Anliegelinie passieren, und alle drei sind schlecht.

Die richtige Taktik bei bleibend drehendem Wind ist, in die Richtung des neuen Windes zu segeln, aber nicht bis zur Anliegelinie. Anders ausgedrückt: Lehnen Sie sich an den neuen Wind, aber nicht gegen die Wand. Auf der Anliegelinie oder als Boot, das am weitesten rechts oder links auf der Bahn segelt, spielt man risikoreich. Manches Mal kann man dort zwar viel gewinnen, aber, nach meiner Erfahrung, nicht oft genug.

Gewinne und Verluste durch Winddrehungen

Gewinne und Verluste durch Winddrehungen hängen von drei Dingen ab: erstens von der Richtung der Drehung, zweitens von der Größe und drittens von der Position der Boote zueinander. Je stärker der Wind in der Zeichnung 10.8 nach links dreht, um so größer wird der Gewinn für das Boot sein, das am nächsten zum neuen Wind liegt. Gibt es keine Drehung (siehe den ur-

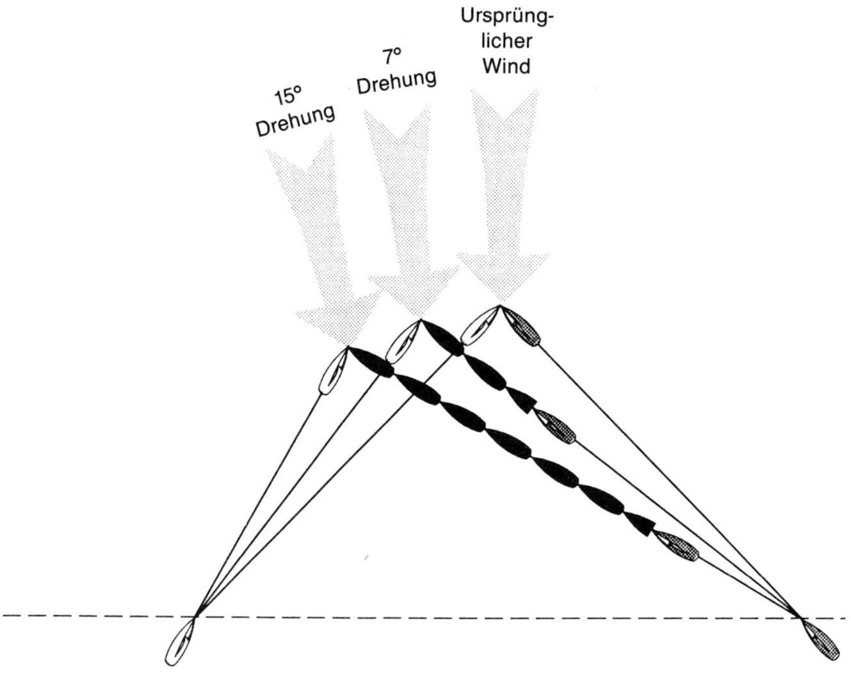

10.8 *Der Weggewinn hängt von der Größe der Winddrehung ab.*

sprünglichen Wind in der Zeichnung), liegen die Boote auf Backbord- und Steuerbordbug gleichauf. Bei einer Drehung von 7° nach links gewinnt das Boot auf dem Steuerbordbug etwa zweieinhalb Bootslängen.
Bei einer 15-Grad-Drehung beträgt die gewonnene Distanz bereits sechseinhalb Bootslängen.
Je weiter zwei Boote auseinander liegen, um so größer wird der Gewinn (siehe Zeichnung 10.9). Beträgt die Distanz bei einer Drehung von 16° fünf Bootslängen, ist der Gewinn etwa zwei Längen. Liegen beide Schiffe um zehn Bootslängen auseinander, wäre der Distanzgewinn doppelt so groß.

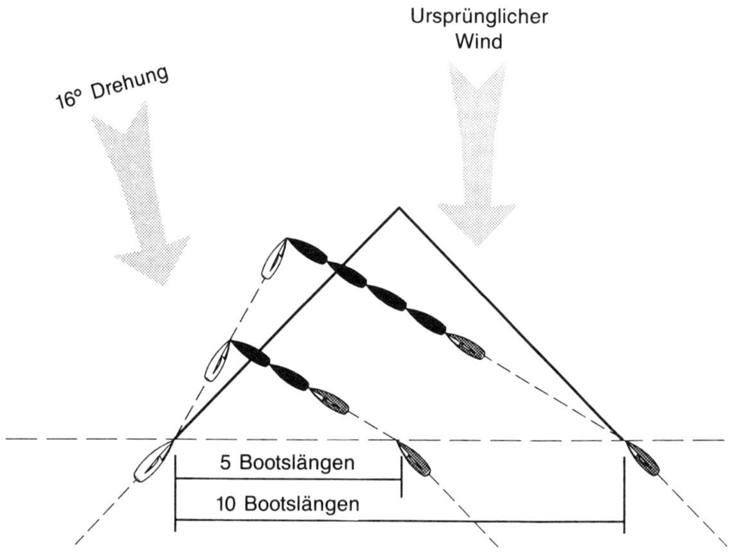

10.9 *Der Weggewinn hängt auch davon ab, wie weit zwei Schiffe auseinanderliegen.*

Sichern Sie gewonnene Distanz

Wenn Sie einen Weggewinn gegenüber der Konkurrenz bemerken und sich auf der richtigen Seite der Drehung befinden, wenden Sie und kreuzen Sie den Kurs der anderen Boote, um den Gewinn zu realisieren (siehe Weiß in Zeichnung 10.10). Im Aktiengeschäft bezeichnet man das als Gewinnmitnahme. Wenden Sie nicht und der Wind dreht in die alte Richtung zurück, ist der

Gewinn wieder verloren. An der Wall Street würde man vom Papiergewinn sprechen. Machen Sie also Kasse, bevor der Gewinn zu einem Verlust wird.
Denken Sie auch daran, wenn nicht Sie, daß ein Konkurrent zu den Gewinnern gehört. Will ein Konkurrent wenden und Ihren Kurs kreuzen, um den Gewinn einzustreichen, lassen Sie ihn nicht passieren (siehe Grau in der Zeichnung 10.10). Wenn Sie vor den Bug und in Lee des kreuzenden Schiffes auf dessen Kurs wenden, haben Sie bei der nächsten oszillierenden Drehung eine gute Chance, selbst Vorteile zu ziehen.
Passieren und Gewinne einstecken ist besonders bei oszillierendem Wind die richtige Taktik. Wenn der Wind nicht oszilliert, oder Sie ihn nicht erkennen können, bringt es Ihnen immerhin einen kleinen Profit ein.
Auf jeden Fall ist es eine konservative Maßnahme. Es kann natürlich sein, daß man sich an einem Punkt der Wettfahrt befindet, wo längere Schläge wichtiger sind. Wenn man sich am Schluß eines Rennens befindet und die Boote, die man schlagen will, rechts von der eigenen Position liegen, wird man sicherlich bei einer Linksdrehung wenden (siehe Zeichnung 10.10). Wenn diese Boote links

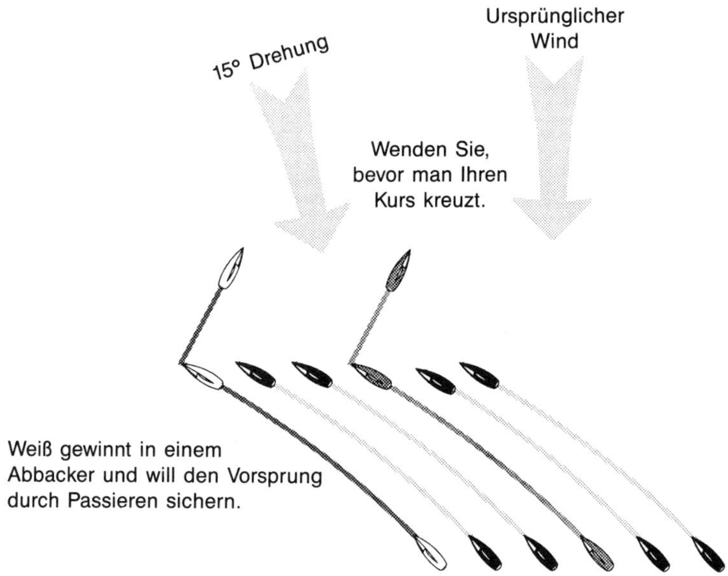

10.10 *Hat man einen Vorsprung erreicht (weißes Boot), sollte man den Kurs des anderen kreuzen und diesen Vorsprung sichern. Andererseits, lassen Sie kein Boot passieren und sich seinen Vorsprung Ihnen gegenüber sichern.*

liegen, ist eine Wende falsch. Dreht der Wind nach links, gewinnen die Konkurrenten; dreht er nach rechts, gewinnt man selbst. Es macht überhaupt keinen Sinn, jetzt noch weiter nach rechts zu segeln, als man es ohnehin schon getan hat.

Tief in den Abbacker; hoch in den Lift

Wenn Sie einen Abbacker erkennen, segeln Sie tief (siehe Zeichnung 10.11). Nehmen Sie also möglichst viel Geschwindigkeit auf, anstatt durch Hochsteuern einen Luvgewinn zu machen. Tiefes Segeln entfernt Sie von einem

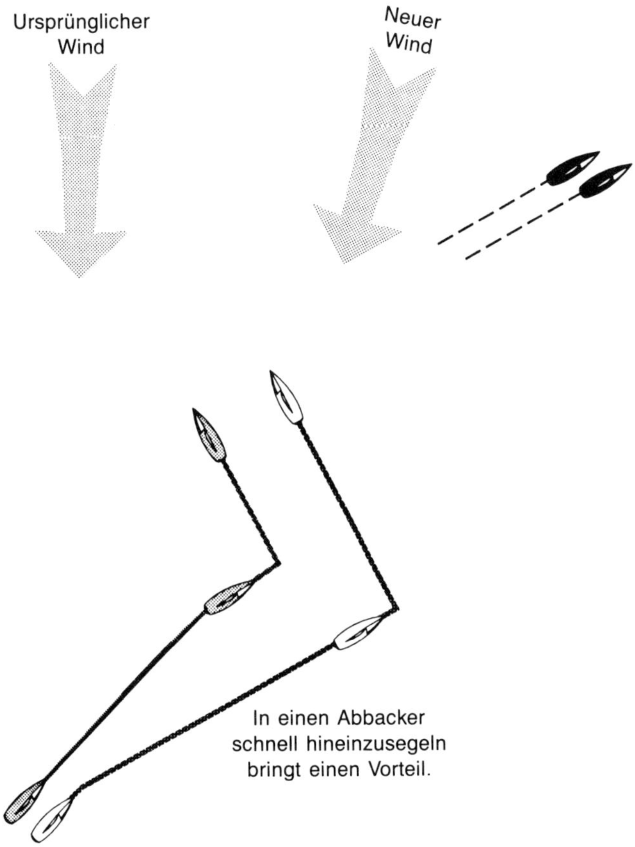

10.11 *Wenn Sie einen Abbacker früh erkennen, segeln Sie mit hoher Geschwindigkeit (wie Weiß) hinein.*

Konkurrenten, der diese Taktik nicht anwendet, und wird sich bei Erreichen des Drehers als Gewinn auszahlen. Das Schwierige ist, den Abbacker auch wirklich zu erkennen. An Schiffen, die in Luv segeln — die schwarzen Yachten in Zeichnung 10.11 —, läßt sich abbackender Wind ausmachen.
Erkennen Sie einen Lift, stellen Sie Ihr Schiff hoch, um ihn so früh wie möglich zu erreichen.

„Beißen Sie in den sauren Apfel"

Sie haben mit einer Drehung nach links gerechnet und stattdessen ist eine bleibende Rechtsdrehung eingetreten. Oder Sie dachten, Sie würden in oszillierendem Wind segeln, aber die Drehung ist bleibend. Jetzt liegen Sie vermutlich hinten. Was tun? Fangen Sie von vorn an und segeln Sie jetzt in die richtige Richtung.
Die Alternative wäre die Hoffnung, daß der Wind wieder zurückschwingt. Aber Hoffnung ist, nach meiner Erfahrung, beim Segeln die schlechteste Medizin. Um es anders auszudrücken: „Lieber zu spät als nie."

Bei Führung decken; bei Rückstand trennen

Große Abstände zur Konkurrenz (Entfernungen nach Luv oder Lee) können gefährlich sein. Bei einer Winddrehung wären die Gewinne zwar riesig, Verluste aber auch.
Eine Möglichkeit, das Risiko durch Drehungen zu verringern, wenn man in Führung liegt, ist, die Abstände nach Luv oder Lee gegenüber der Konkurrenz möglichst gering zu halten. Decken Sie, wenn Sie vorn liegen (siehe Weiß in Zeichnung 10.12). Das gilt besonders für das Match Racing und Klassenregatten, wo es nicht darauf ankommt, mit welchem Abstand man eine Wettfahrt gewinnt. Bei Wettfahrten unterschiedlich großer Schiffe, die nach einer Zeitberechnungsformel gegeneinander gewertet werden, muß man abwägen, denn man segelt auch gegen die Uhr.
Liegen Sie zurück, versuchen Sie sich vom Führenden zu trennen (siehe Zeichnung 10.12). Diese Taktik ist am Anfang einer Wettfahrt nicht so wichtig wie am Ende. Und im ersten Rennen einer Serie nicht so entscheidend wie zum

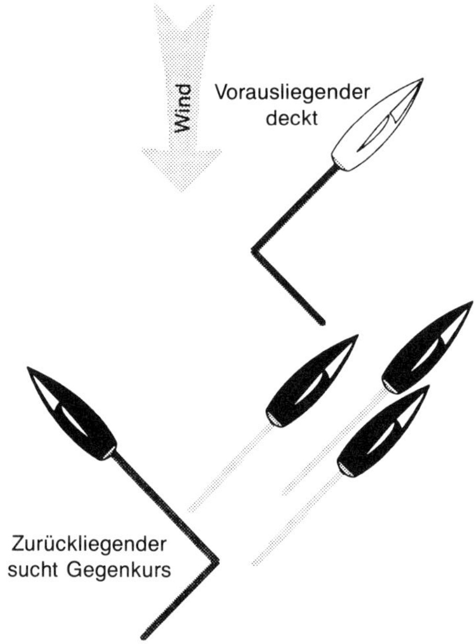

10.12 *Decken Sie, wenn Sie voraus liegen. Liegen Sie zurück, wählen Sie den Gegenkurs.*

Schluß. Erst zum Ende einer Wettfahrt oder Serie läuft die Zeit gegen den Zurückliegenden.

Wege mit ungestörtem Wind

Auf dem richtigen Bug zu segeln ist wichtig, besonders, wenn der Wind mit über fünf Knoten Stärke weht. Aber auch ungestörter Wind ist zu bedenken. Auf Amwind- oder Kreuzkursen müssen Sie die Wege mit freiem Wind lesen können. Die scheinbare, nicht die wahre Windrichtung zeigt das Gebiet mit gestörtem Wind an. Das gilt für alle Kurse. Wenn Sie also glauben, Sie segeln im Abwind einer anderen Yacht, betrachten Sie den Windex auf dem Masttopp oder die Windfäden in den Segeln. Sie weisen direkt in die Richtung des gestörten Windes. Zeigt der Windex-Pfeil direkt auf Sie, verlassen Sie die Gefahrenzone möglichst umgehend. Bei leichtem Wind ist diese Zone viel größer als bei viel Wind.

Auf dem Kreuzkurs ist es besonders wichtig, in freiem Wind zu segeln. Wählen Sie die freie Spur, wann immer es möglich ist. Wer zu lange zögert, verliert. Natürlich muß man bei diesen taktischen Entscheidungen mögliche Winddrehungen mit einbeziehen. Je leichter der Wind ist, desto wichtiger ist es jedoch, mit freiem Wind zu segeln.

Die enge Deckung

Freien Wind sollten Sie suchen, gestörten Wind sollten Sie benutzen. Es gibt mehrere Möglichkeiten, den eigenen Windschatten (die Zone mit gestörtem Wind) einzusetzen, um Konkurrenten zu behindern. Die bekannteste Art ist die enge Deckung. In der Zeichnung 10.13 hat Weiß eine Position in Luv und voraus gewählt. Wir erinnern uns, der Windschatten breitet sich in Richtung des scheinbaren Windes aus.

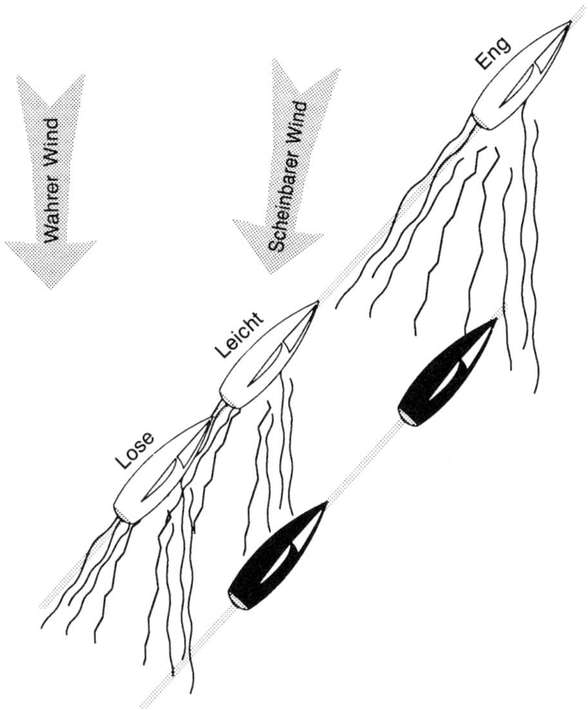

10.13 *Enge, leichte und lose Deckung.*

Wie man dem Namen entnehmen kann, ist die enge Deckung ein aggressives Manöver.
In Zeichnung 10.13 kann das erste schwarze Boot aus der engen Deckung herauswenden. Das ist die richtige Taktik, wenn eine Linksdrehung zu erwarten ist oder auf der linken Seite der Bahn stärkerer Wind liegt. Ist jedoch die rechte Seite die bessere, würde Schwarz davon wegsegeln. Schwarz bleibt in dieser Situation nur die Möglichkeit, durch einen tieferen Kurs Geschwindigkeit gutzumachen. Natürlich kann Weiß ebenfalls abfallen und so die Kontrolle aufrechterhalten. Wie im vorhergehenden Kapitel bereits erwähnt, gilt die Regel 39 nicht für Amwindkurse.
Die enge Deckung ist im Match Racing meist der Auslöser für ein Wendeduell, mit dem die zurückliegende Yacht versucht, die Deckung zu durchbrechen. Im Flottenrennen sind Wendeduelle unüblich. Erst zum Ende einer Serie, wenn nur noch zwei Boote um den Sieg kämpfen und die Konkurrenten keine Rolle mehr spielen, kann man Wendeduelle beobachten.
Lassen Sie sich in einem Flottenrennen nicht zu leicht zu einer engen Deckung verführen. Es gibt das Sprichwort: „Man trifft sich im Leben immer zweimal."
Die enge Deckung ist etwa so freundlich, wie ein Tritt in den Hintern. Wer also zu oft direkt auf den Gegner wendet, wird sich kaum Freunde machen. Es gibt durchaus andere und ebenso effektive Manöver, die jedoch weniger aggressiv erscheinen.

Die offene Deckung

Die enge Deckung ist wie ein Schlag in den Magen, die offene Deckung hingegen ist eine freundschaftliche Annäherung (siehe das hintere weiße Schiff in der Zeichnung 10.13). Weiß hat die Kontrolle, aber behindert Schwarz nicht. Man kann ein einzelnes Boot oder eine Gruppe mit der offenen Deckung kontrollieren, indem man sich zwischen Gegner und Bahnmarke legt.

Die leichte Deckung

Eine leichte Deckung ist eine Kombination aus enger und offener (siehe das mittlere weiße Boot in Zeichnung 10.13). Schwarz muß nur ein wenig tiefer steuern, um aus der gestörten Zone herauszukommen, und so macht Weiß einen kleinen Gewinn. Die leichte Deckung ist ein gutes Mittel, ein anderes Boot zu kontrollieren, ohne es zu einer Wende mit Kurs auf die andere Seite der Bahn zu zwingen. Man führt den Gegner auf die Seite, auf der man ihn haben möchte.

Die Deckung im Match Race

Ich habe einen großen Teil meines Lebens mit Match Racing verbracht. Um die Wahrheit zu sagen, es ist nicht unbedingt die Art des Segelns, die ich bevorzuge. Match Racing ist wie Schachspielen — meist gegen einen Großmeister. Flottenrennen sind Schachpartien gegen viele Gegner zur gleichen Zeit. Zwar sind nicht alle Großmeister, aber an jedem Tag kann irgendeiner die Partie spannend machen.

Die meisten Segler, die dieses Buch lesen, werden nie in einem Match Race starten. Trotzdem widme ich mich diesem Thema, weil man durch die Boot-gegen-Boot-Situation taktische Grundlagen leichter erkennbar machen kann. Hinzu kommt, daß die Regeln aus dem Flottenrennen stammen.

In einem Match Race versucht man, das gegnerische Boot auf oder über die Anliegelinie zu drängen (zum Beispiel durch eine leichte Deckung). Will der Konkurrent von diesem Kurs entweichen und wendet auf einen Weg in die Kursmitte zurück, nimmt man ihn in die enge Deckung. Die typische Antwort darauf ist eine erneute Wende. Segelt er jetzt wieder in Richtung Anliegelinie, läßt man ihn unter leichter Deckung gewähren. Warum wollen wir den Gegner auf der Anliegelinie haben? Wir wissen, daß diese Linie möglichst zu vermeiden ist. Dort kann man als führendes Boot am meisten Schaden anrichten.

An anderer Stelle habe ich über das letzte Rennen der America's Cup-Ausscheidungen von 1974 zwischen COURAGEOUS und INTREPID geschrieben — mein Cupdebüt. Ich segelte auf der COURAGEOUS als Taktiker, eine Position, die ich erst im Verlaufe der Kampagne erreichte. Die INTREPID hatte während der zweiten Kreuz stark aufgeholt. Sie war bei Wind schneller als die COURAGEOUS. Als wir uns der Anliegelinie näherten, lag sie gerade noch um zwei Bootlängen zurück. Die Wettfahrt war entscheidend, denn der Gewinn oder Verlust entschied über den Erfolg der gesamten Kampagne — kein Wunder also, daß ich stark erregt war. Es gab mehr Strom und Seegang, als ich es bis dahin realisiert hatte. Das Ergebnis war eine zu frühe Wende. Wir mußten das Schiff kräftig hochstellen, um die Bahnmarke runden zu können. Eine Zwölfmeteryacht ist ein schweres Schiff, sie hat genug Masse, um so ein Manöver machen zu können. Mein Irrtum hatte nur Vorteile. INTREPID fiel von zwei auf vier Bootslängen zurück, nur weil sie auf der Anliegelinie segelte. An der Tonne hatte sie kaum noch Fahrt, während wir in der Halse unseren Spinnaker setzten und auf und davon segelten. Es war das Ende des Sommers für sie, und wir auf der COURAGEOUS durften den America's Cup verteidigen.

Das Unterwenden

Wenn Sie auf dem Steuerbordbug eine Yacht auf dem Backbordbug passieren oder knapp passieren können, ist ein Unterwendemanöver ebenso aggressiv und zerstörerisch wie eine enge Deckung. Statt zu passieren, wendet das Boot mit Steuerbordbug unter und vor den Bug des Bootes mit Backbordschoten (siehe Zeichnung 10.14).

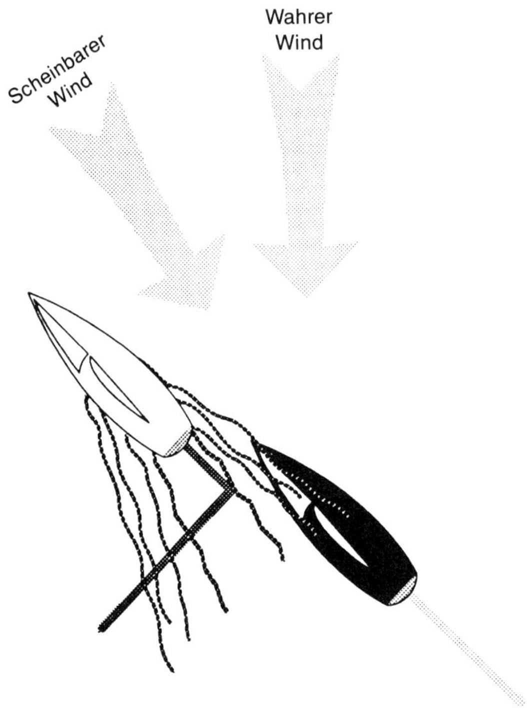

10.14 *Weiß wendet in die Position vor den Leebug.*

Das Prinzip der Leebugwende wurde im Kapitel 5 in anderem Zusammenhang beschrieben. Ich habe dort erklärt, wie Groß- und Vorsegel voneinander abhängig sind. Bei einem Leebugmanöver passiert dasselbe wie an einem Segelplan. Das in Lee voraus liegende Boot übernimmt die Rolle des Vorsegels und segelt in mehr Wind mit einem besseren Anströmwinkel. Das zurückliegende Schiff hat die Rolle des Großsegels. Es segelt in einem Abbacker und mit weniger Wind.

Eine Leebugwende erfordert gutes Bootshandling und ein exaktes Timing. Am besten gelingt sie bei glattem Wasser und Mittelwind. Man kann mit der Leebugwende ein Boot auf der Anliegelinie hindern, die Marke zu erreichen, man kann sie auch wie eine enge Deckung benutzen, um ein Boot von der bevorteilten Seite der Bahn zu drängen. Um sich gegen eine Leebugwende zu wehren, muß das mit Backbordschoten segelnde Boot (Weiß in Zeichnung 10.15) kurz vor dem Zusammentreffen abfallen. Das ist auf dem Kreuzkurs erlaubt. Diese

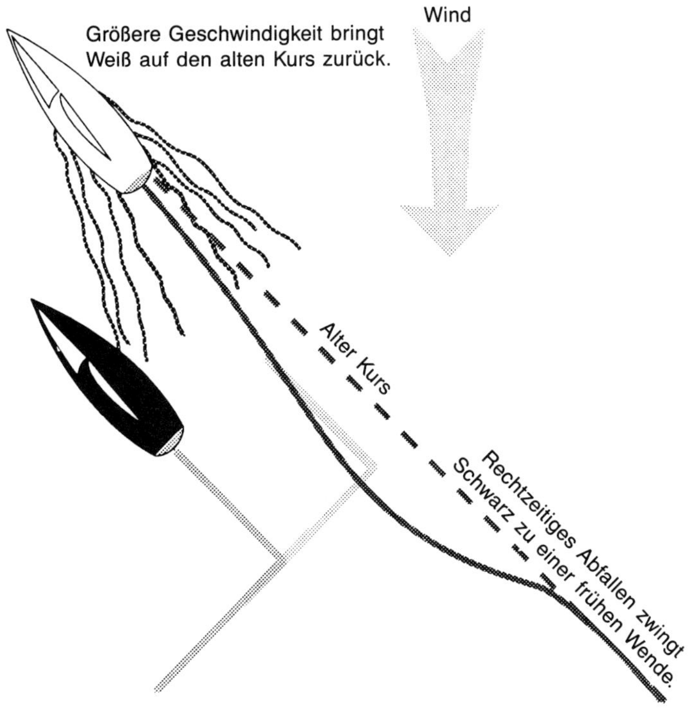

10.15 *Weiß verhindert eine Wende unter seinen Leebug.*

Kursänderung zwingt die auf Steuerbordbug segelnde Yacht, die Wende zu früh einzuleiten. Im Moment der Wende zieht die jetzt schneller segelnde weiße Yacht hoch und kann Schwarz, bei richtigem Timing, in Luv passieren.

Passieren oder nicht?

Das Leebugmanöver hängt davon ab, ob ein Schiff auf dem Steuerbordbug in der Lage ist, ein Schiff auf Backbordbug zu passieren oder knapp zu passieren.

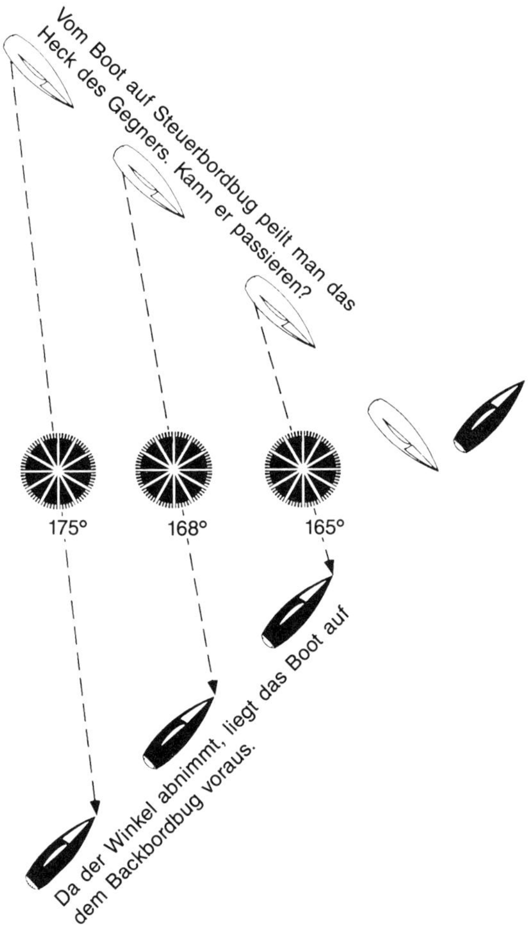

10.16 *Wie findert man heraus, ob ein Schiff auf dem Gegenbug voraus oder zurück liegt?*

Es gibt Segler, die können mit einem Blick erkennen, ob sie voraus, zurück- oder gleichauf liegen. Die meisten von uns haben diese Gabe leider nicht. Auf größeren Schiffen benutzt man zur Positionsbestimmung einen kleinen Peilkompaß. In der Zeichnung 10.16 wird eine Seitenpeilung vom Heck der weißen Yacht auf den Bug der schwarzen Yacht genommen. Kurz danach werden zwei weitere Peilungen gemacht.
Wenn die Gradzahlen, wie in der Zeichnung, abnehmen, liegt das Schiff auf dem Backbordbug (Schwarz) vorn. Würden die Zahlen zunehmen, wäre Weiß in Führung und könnte passieren. Blieben die Zahlen gleich, wäre eine Kollision die Folge.
Machen Sie Peilungen, fällen Sie Entscheidungen, wenn Sie noch genügend Zeit haben. Wenn die Situation brenzlig wird, lassen Sie den Plan fallen. Wind-

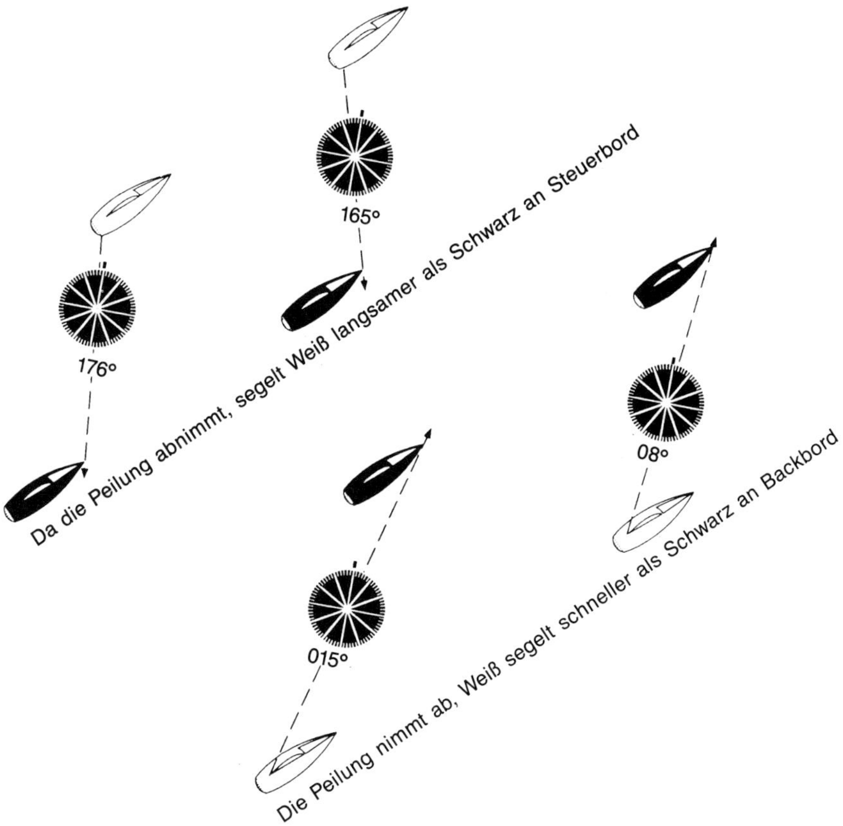

10.17 *Wie findet man heraus, ob ein Schiff auf gleichem Bug voraus oder zurück liegt?*

drehungen, Strom und vieles andere können das Ergebnis eines knappen Manövers dramatisch beeinflussen. Das Ergebnis der Wettfahrt ist nur in den seltensten Fällen von einer engen Kreuzung abhängig.
Man kann durch Peilen auch feststellen, ob man schneller oder langsamer segelt als ein Schiff auf dem gleichen Bug (siehe Zeichnung 10.17). Wenn Sie ein Schiff rechts von der eigenen Position mehrfach peilen (oben links in der Zeichnung) und die Peilungen abnehmen, dann segeln Sie langsamer. Nehmen sie zu, segeln Sie schneller.
Peilt man ein Schiff auf der linken Seite (unten in der Zeichnung) und die Peilungen nehmen ab, ist man schneller.

Wendewinkel

Auf kleinen Schiffen hat normalerweise kein Crewmitglied genügend Zeit, sich mit dem Peilkompaß zu beschäftigen. Auf einer Jolle sind deshalb auf das

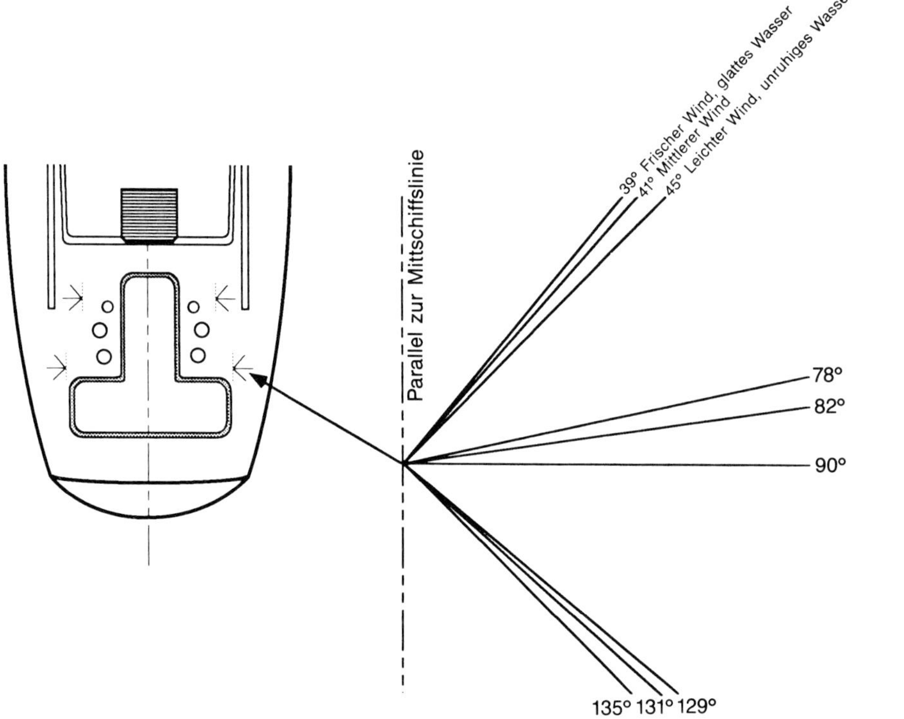

10.18 *Zeichnen Sie Wendewinkel, Anliegelinien und Leiterstufen auf das Deck.*

Deck gezeichnete Wendewinkel, das sind relative Winkel, hilfreich bei der Entscheidung, ob man ein Boot auf dem anderen Bug passieren kann oder nicht. Wendewinkel sagen auch aus, ob man gegenüber einem Boot auf demselben Bug voraus oder zurückliegt und ob man die Anliegelinie erreicht hat, von der man die Bahnmarke auf dem anderen Bug direkt anliegen kann. Solche Wendewinkel an Deck kann man natürlich nicht nur auf Jollen gebrauchen.
Um solche Winkel zeichnen zu können, muß die Mitschiffslinie auf das Seitendeck übertragen werden (siehe Zeichnung 10.18). Eine Leine von der Mastmitte zum Achterstag hilft dabei. Markieren Sie die Mittschiffslinie(n) parallel zur gespannten Leine wie in der Zeichnung. Je länger die Winkel gezeichnet werden, desto besser können Sie später damit arbeiten. Jetzt zeichnen Sie die Wendewinkel für die drei wichtigsten Segelbedingungen ein: für leichten, mittleren und schweren Wind. Verschiede Bootstypen haben natürlich verschiedene Wendewinkel. (Wendewinkel kennen wir schon aus dem Kapitel 8 von der Kursbuchhaltung.) Wenn Sie sich vorher bei den wichtigsten Wetter- und Wellenbedingungen die Kurse notiert haben, haben Sie jetzt bereits die korrekten Wendewinkel für das Deck.

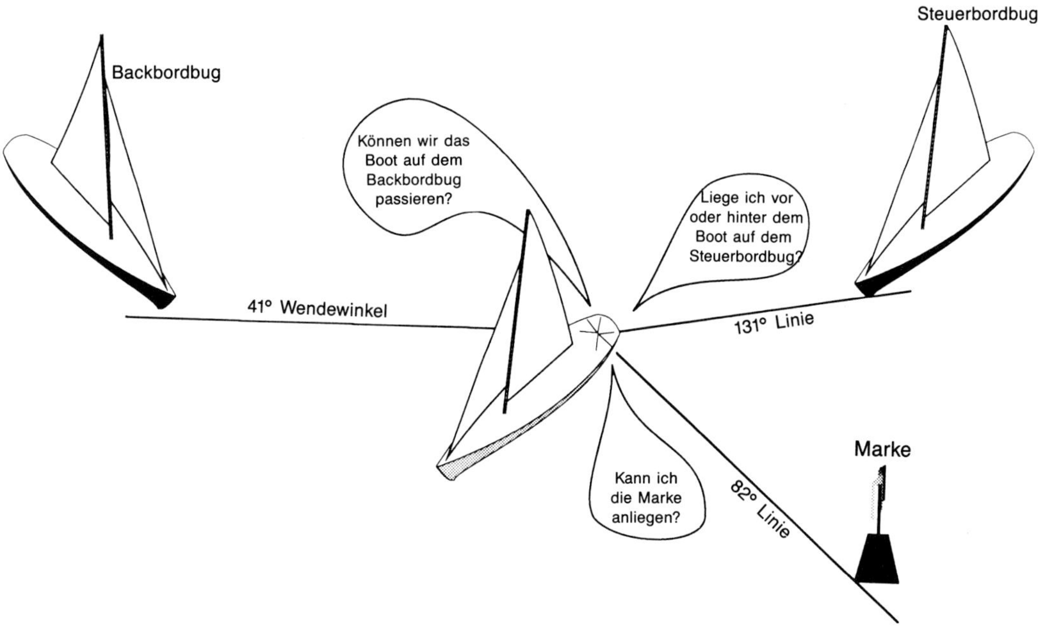

10.19 *Benutzen Sie Wendewinkel, um herauszufinden, ob Sie voraus oder zurück liegen und ob Sie die Bahnmarke anliegen können.*

Halbieren Sie die Winkel und zeichnen Sie sie auf das Deck an die Mittschiffslinie (siehe die drei Winkel oben in der Zeichnung 10.18). Vielleicht liegen sie bei 39° bei frischem Wind und glatter See, bei 41° für mittleren Wind und bei 45° bei leichtem Wind und unruhiger Welle.

Als nächstes nehmen Sie die drei Winkel und addieren jeweils 90° hinzu. Zum Beispiel ergibt das für den 45°-Winkel 135°. Zeichnen Sie diesen Winkel (auch die 129°- und 131°-Linien) ein. Diese Linien dienen uns als Leiterstufen, die wir aus den Kapiteln 7 und 8 kennen. Zum Schluß verdoppeln Sie die Wendewinkel und zeichen sie ebenfalls ein. Es sind die Anliegewinkel (die mittleren drei Linien in der Zeichnung). Benutzen Sie die drei oberen Winkel, um herauszufinden, ob Sie ein Boot passieren können oder nicht (siehe Zeichnung 10.19). Liegt dieses Boot auf dem Backbordbug (Schwarz ganz links) und hinter der Linie, kann das graue Boot in der Mitte passieren. Grau hätte eine gute Gelegenheit, eine Leebugwende zu machen (siehe Zeichnung 10.14).

Benutzen Sie die mittleren Winkel, um herauszufinden, ob Sie eine Marke anliegen können (liegt die Marke in Peilung mit der Linie, befinden Sie sich auf der Anliegelinie).

Benutzen Sie die unteren Winkel, um herauszufinden, ob Sie vor oder hinter einem Boot auf demselben Bug liegen. In Kapitel 7 sprachen wir von der gleichen oder von unterschiedlichen Leisterstufen. Bei mittlerem Wind ist jedes Schiff hinter der 131°-Linie hinter Ihnen (oder auf einer tieferen Leiterstufe). Jedes Boot vor dieser Linie liegt voraus. Alle Schiffe, die auf dieser Linie liegen, wie Schwarz ganz rechts, liegen gleichauf mit Grau.

Dieser Winkel sagt auch, ob man Platz zum Wenden und Passieren hat. Würde Grau auf den Backbordbug wenden, müßte Schwarz (rechts in der Zeichnung) entweder ebenfalls wenden oder das Heck von Grau passieren. Auf jeden Fall wäre Grau in Führung. Ein guter Moment für Grau, sich den Vorsprung zu sichern.

Das Wissen, ob man voraus oder zurückliegt, ist ein wichtiges taktisches Werkzeug. Im Amerca's Cup 1987 benutzten wir für die Messungen den Handpeilkompaß, die Wendewinkel und einen Stadimeter; das ist eine Meßoptik, die mit dem Bordcomputer verbunden war. Der Stadimeter war eine neue Waffe im Cupkrieg. Unser Navigator in Perth, Peter Isler, visierte mit dem Gerät die Profilstreifen im gegnerischen Großsegel an. Die Entfernung der Profilstreifen zueinander sind, dank der Zwölfmeter-Regeln, immer gleich, und Segelmacher kleben drei von ihnen ins Groß. Mit dieser bekannten Größe ist es einfach, die Entfernung zum Gegner zu ermitteln.

Stadimeter sind in der Navigation keine neue Erfindung. Unser Gerät stammte aus dem Zweiten Weltkrieg (Hersteller war die Schick Razor Company), und wir haben es überarbeitet. Neu war die Verbindung mit dem Computer, der aus der gemessenen Distanz und einer Kompaßpeilung errechnete, wie weit wir voraus oder zurücklagen (in Metern oder Zeit).

Solche Informationen helfen natürlich bei taktischen Entscheidungen. Ich startete damals immer konservativ in Lee des Gegners, auf gleicher Höhe und möglichst gemeinsam mit ihm auf dem Backbordbug. Mit der STARS & STRIPES segelten wir stets die Zielgeschwindigkeit (abhängig von der Windgeschwindigkeit, siehe Kapitel 7). Dann stellten wir fest, ob wir schneller oder langsamer als der Gegner waren. Sagte uns der Stadimeter, wir waren schneller, erhöhten wir durch tieferes Segeln unseren Speed. Das ließ dem Gegner in Luv zwei Möglichkeiten: Entweder fiel er ebenfalls ab oder segelte die eigene Zielgeschwindigkeit, was ihn von uns entfernte. In der Geschwindigkeit mit der STARS & STRIPES mitzuhalten war nicht ganz einfach, denn das Schiff hatte eine lange Wasserlinie und viel Stabilität. Die meisten Schiffe, die diese Taktik gegen uns wählten, sackten in kürzester Zeit auf uns herunter und wurden durch den Abwind zu einer Wende gezwungen. In diesem Moment hatten wir eine sichere Führungsposition.

Sich von uns zu entfernen war meist auch keine lohnende Taktik. Wie beschrieben, ist es eine gefährliche Sache, sich bei einer Winddrehung zu entfernen. Wir haben in Perth große Gewinne mit Abbackern, dem Auseinandersegeln auf gleichem Bug und der genauen Kenntnis der Passiermöglichkeit (siehe Zeichnung 10.10) realisieren können. Nur ein Lift bringt das Boot in Luv nach vorn, vorausgesetzt, es ist eine bleibende Drehung. Ist es jedoch oszillierender Wind — das war vor Perth die Regel —, muß man in Lee nur auf die Rückdrehung warten. (Das Boot in Luv hat keine Möglichkeit, den Weggewinn durch Passieren eines Leeschiffes zu realisieren.)

Wagte ein Gegner mit uns einen Geschwindigkeitsvergleich, gewannen wir im Normalfall; drehte der Wind zu unseren Gunsten, gewannen wir auch; drehte er gegen uns, verloren oder gewannen wir, abhängig davon, ob es eine bleibende oder eine oszillierende Drehung war. Drei von vier möglichen Gewinnchancen waren auf unserer Seite — keine schlechte Gewinnaufteilung.

Die KIWI MAGIC wendete diese Taktik gegen uns im vierten Rennen des Herausfordererfinales an. Wir lagen damals in der Serie mit 2:1 in Führung. Der Wind wehte mit 26 Knoten und oszillierte zwischen 209° und 217°. Wir starteten auf dem Backbordbug nahe an der Tonne (siehe Zeichnung 10.20) und

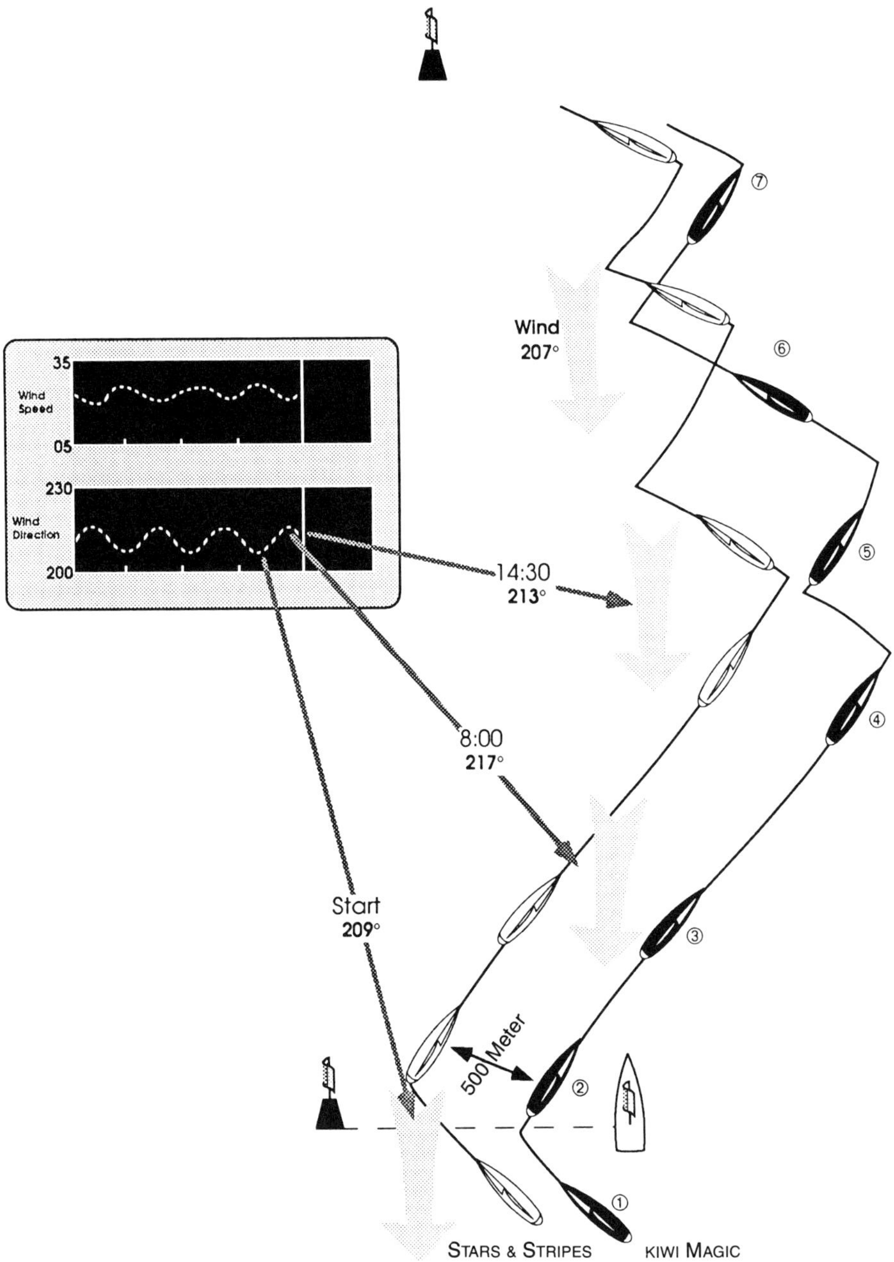

10.20 *Der taktische Fehler der* KIWI MAGIC *im Herausfordererfinale.*

hatten zuvor die Neuseeländer zur Wende gezwungen. Deshalb starteten sie über den Steuerbordbug nahe am Schiff. Kurz nach dem Schuß wendeten wir und segelten parallel und in Luv der KIWI MAGIC. Die Entfernung betrug laut Stadimeter 440 Meter, und wir führten mit eineinhalb Bootslängen. Der Wind war auf einer Rechtsschwingung, das brachte die Neuseeländer in Führung. Der Schlüssel der Startkreuz, vielleicht des gesamten Rennens, lag bei den Neuseeländern und ihrer Entscheidung, zu wenden. Eigentlich hätten sie sofort wenden müssen, denn der Wind drehte noch weiter nach rechts. Sie wären auf den gelifteten Bug gekommen, hätten ihren Vorsprung realisiert und wir segelten auf dem abgebackten Bug.
Aber KIWI MAGIC wendete nicht. Entweder der Taktiker wußte nicht, daß er in Führung lag, oder er vermutete, der Wind würde noch wesentlich weiter drehen. Wir hatten ein Instrument an Bord (siehe Zeichnung), das die vorhergehenden Winddrehungen als Kurven aufzeichnete, und interessanterweise hatten die Neuseeländer dasselbe Instrument. Der Wind war so weit rechts, wie er es in den vorhergegangenen zehn Minuten der Wettfahrt nie war. Als die Kiwis wendeten, genau um 14:30 Uhr, schwang der Wind nach links zurück und wir hatten die Führung zurück.
Nun wendeten wir sehr eng auf die Neuseeländer, als sie versuchten, die Mitte der Bahn auf dem Backbordbug zu erreichen, und ließen sie in freiem Wind auf dem Steuerbordbug segeln. Wir wollten sie auf die Anliegelinie bringen, wo, wie schon erwähnt, das führende Boot einen großen Schaden anrichten kann. Unser Vorsprung an der Luvmarke betrug genau 32 Sekunden.

Das Heck passieren

Wenn ein Schiff auf dem Steuerbordbug einen Querkommer nicht vor dem Bug passieren kann, gibt es die Möglichkeit, hinter dem Heck vorbeizusegeln. Auf jeden Fall wird man das Heck passieren, wenn man auf dem Steuerbordbug auf die begünstigte rechte Bahnseite segeln will. Es gibt ein perfektes Passiermanöver, das — wenn es korrekt ausgeführt wird — die ehemals zurückliegende Yacht bei der nächsten Begegnung in Führung bringt.
Zeichnung 10.21 zeigt die richtige und die falsche Technik. Weiß macht es richtig und beginnt mit dem Abfallen frühzeitig. Opfern Sie auf jeden Fall nur so viel Leedistanz wie nötig. Beim Abfallen muß man die Segel fieren, damit das Schiff Geschwindigkeit aufnehmen kann. Das gleicht unter Umständen nicht

nur den Umweg wieder aus, sondern bringt das Steuerbordbug-Schiff beim nächsten Zusammentreffen in Führung. Nach dem Hochziehen direkt am Heck des Gegners, bringt die Extra-Geschwindigkeit für einen kurzen Moment auch Extra-Höhe. Führt man allerdings das Manöver so aus, wie das graue Schiff in der Zeichnung, wird man kaum einen Vorteil haben.

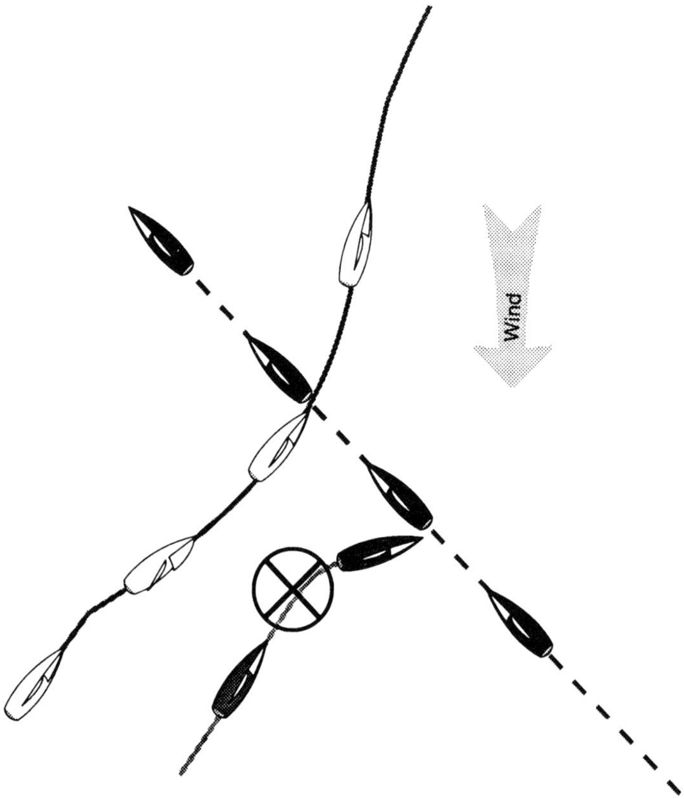

10.21 *Richtiges und falsches Passieren hinter dem Heck.*

Das Passieren — gut und schlecht ausgeführt

Das *Slam Dunk-Manöver* ist eine spektakuläre Wende auf den Gegner, direkt nachdem man dessen Steven passiert hat (Passierwende). Es wird besonders im America's Cup und in hochrangigen Match Race-Serien angewendet. Der Begriff Slam Dunk stammt aus dem Basketball. Wie und warum er im Segelsport benutzt wird, weiß eigentlich niemand. Man benutzt diese Passierwende meist, wenn sich zwei Schiffe der Anliegelinie nähern (siehe Zeichnung 10.22). Hier passiert Schwarz das Heck von Weiß an der Position 1. Kurz nach der Passage wendet Weiß auf den Steuerbordbug (Position 2).

Gelingt das Manöver, kann Weiß die Mast-querab-Position beanspruchen und so das leewärtige Schiff (Schwarz) am Luven hindern. Aufgrund von Regel 41.2 darf Schwarz auch nicht wenden. Von dieser taktischen Position aus kann

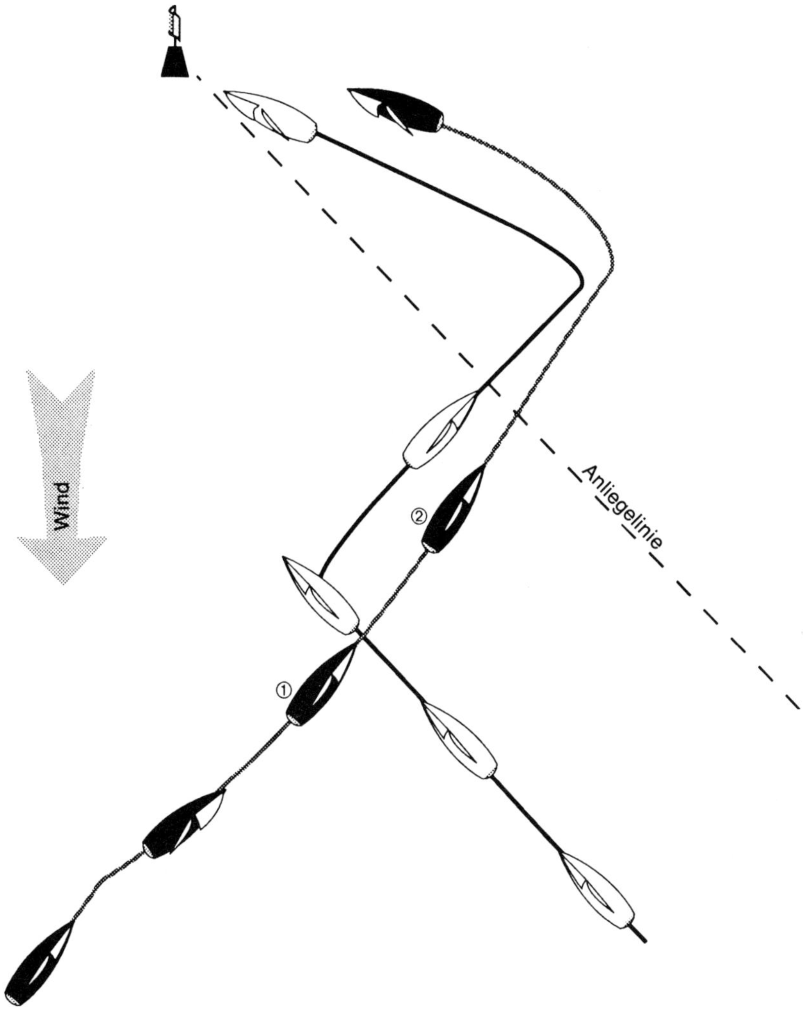

10.22 *Das **Slam-Dunk**-Manöver.*

Weiß nun Schwarz auf oder hinter die Anliegelinie bringen und bestimmen, wann auf die Bahnmarke gewendet wird.
Der erste war Lowell North mit der ENTERPRISE, der ein Slam Dunk-Manöver im America's Cup wagte. Das war 1977 in den Ausscheidungsrennen gegen die INDEPENDENCE von Ted Hood.

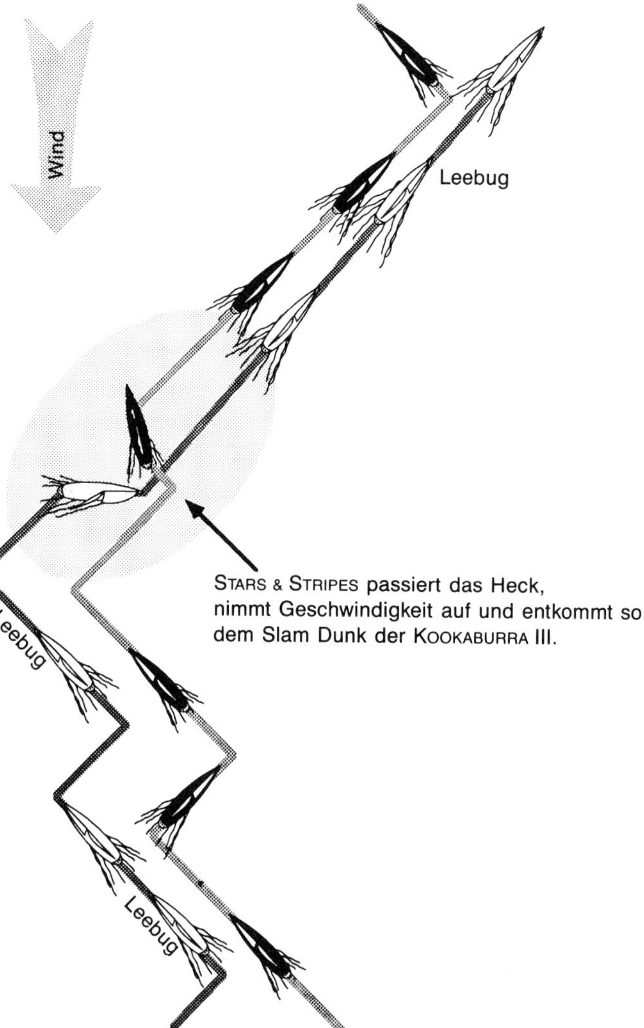

10.23 *Die STARS & STRIPES entkommt einem Slam-Dunk-Versuch der KOOKABURRA III und gelangt nach drei Leebugsituationen in Führung.*

Hood war so überrascht, daß er protestierte, aber der Protest wurde zurückgewiesen. North gewann mit dieser grandiosen Wendentechnik immerhin zwei Wettfahrten in den Ausschewidung und warf die INDEPENDENCE damit aus der Wertung.

Im dritten Rennen des America's Cups von 1987 entkamen wir einem Slam Dunk-Versuch der KOOKABURRA III (siehe das graue Oval in Zeichnung 10.23). Die Australier (Schwarz) konnten nach der Wende ihren Steven nicht weit genug nach vorn bringen, und so gelangten wir (Weiß) in die sichere Leeposition (oben in der Zeichnung) und zwangen die KOOKABURRA III kurze Zeit später zur Wende. Bereits vorher hatten wir zweimal in die sichere Leeposition gewendet, konnten aber nicht in Führung gehen.

Bedenken Sie, daß so ein gelungenes Manöver nicht unbedingt zum Erfolg führen muß. Es gibt andere, elegantere Methoden. Stellen Sie sich vor, Sie segeln auf dem Backbordbug und segeln auf die bevorteilte linke Seite der Bahn. Sie benutzen Ihre Wendewinkel oder den Peilkompaß und finden heraus, daß ein sich näherndes Schiff auf dem Steuerbordbug Sie auf keinen Fall vor dem Steven wird passieren können. Der Gegner hat nun zwei Möglichkeiten: Er kann wenden oder hinter Ihrem Heck durchsegeln. Auf keinen Fall sollten Sie den Gegner wenden lassen, denn er segelt ja im Moment auf die falsche Seite. Seien Sie ganz Gentleman, fallen Sie unmerklich ab und rufen Sie kurz vor dem Zusammentreffen laut und deutlich: „Segeln Sie vorn durch." Man wird Sie als netten Menschen schätzen.

Annäherung an die Luvtonne

Besonders auf den letzten 200 Metern vor der Luvtonne können große Gewinne oder Verluste enstehen. Die Crew an Bord wird nachlässig, denkt schon an den Spinnaker oder daran, ob sie die Tonne auch wirklich schafft. Wir kennen die Backbordbug-Paraden, bei denen Schiff auf Schiff auf die Bahnmarke wie in einer Polonaise zufährt. Ein bißchen mehr Aggressivität bei der Annäherung kann deshalb nicht schaden.

Wie bereits erwähnt, sollte man die Wendewinkel bei der Annäherung benutzen (siehe Zeichung 10.19). Liegt die Tonne auf oder hinter der Winkellinie, wird man sie voraussichtlich erreichen. Aber denken Sie daran, Strom kann die Situation verändern, ebenso der Abwind der vor Ihnen segelnden Yachten oder Winddrehungen. Anliegelinien sind sehr beweglich.

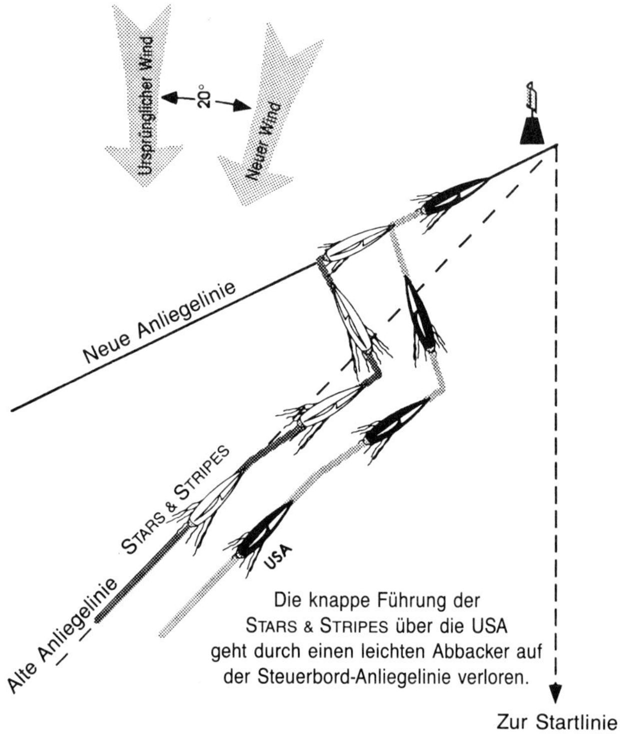

10.24 *Stars & Stripes zeigt, warum Anliegelinien gefährlich sind. In einem Winddreher verliert sie die Führung an die Usa.*

Die Gefährlichkeit von Anliegelinien wurde mir zuletzt in einer Ausscheidungsregatta 1987 im America's Cup gegen Tom Blackallers Usa klar (siehe Zeichnung 10.24). Wir näherten uns damals nebeneinander der Tonne auf dem Backbordbug. Unsere Stars & Stripes hatte einen kleinen Vorsprung gegenüber der Usa und lag in Luv. Dann drehte der Wind um 20 Grad nach rechts, also zugunsten Blackallers, wir wendeten gleichzeitig, aber die Usa erreichte die Tonne vor uns.

Wie mehrfach angemerkt, sind Anliegelinien gefährlich. Vermeiden Sie sie bis zum letzten Moment (siehe Zeichnung 10.25). Liegen Sie hinten, segeln Sie niemals auf die Backbord-Anliegelinie wie das graue Schiff in der Zeichnung. Das ist ein häufiger Fehler von unerfahrenen Regattaseglern. Es ist auf jeden Fall besser, die Tonne parallel und in Lee der Backbord-Anliegelinie anzu-

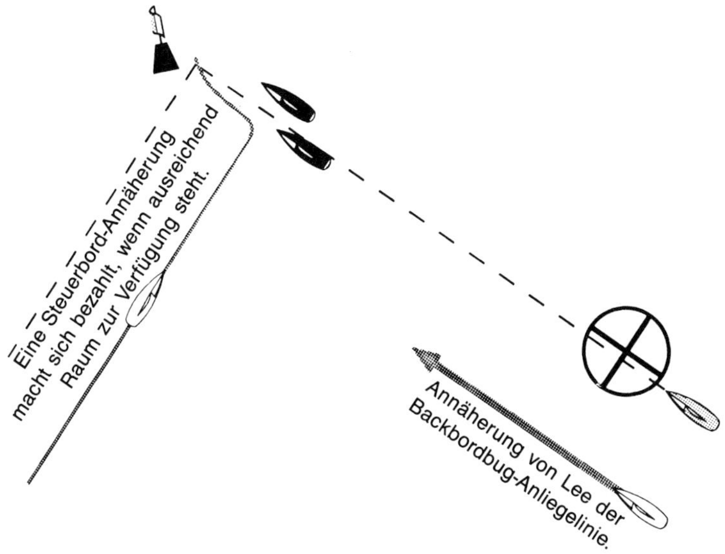

10.25 *Am besten steuert man eine Bahnmarke unterhalb der Anliegelinien auf Backbord- oder Steuerbordbug an.*

laufen (wie Weiß in Lee von Grau). Weiß sollte nur wenden, wenn es Abwind von Grau bekommt oder kurz bevor ein weiteres Schiff voraus in Luv von ihm wendet. Das Schlimmste, was passieren kann, ist, daß Weiß zweimal wenden muß, um die Tonne zu erreichen. Das Beste wäre eine Winddrehung nach rechts (Weiß erhält die Innenposition) oder nach links (Weiß hätte nach der Wende die Führung). Auf der Backbord-Anliegelinie zu segeln macht eigentlich nur Sinn, wenn es Böen gibt, die die Schiffe in Lee nicht bekommen. Nähert man sich der Wendemarke auf der Steuerbord-Anliegelinie, segelt man sehr häufig in freiem Wind.

Das Problem ist, direkt an der Tonne Platz für eine Wende zu finden. Hinzu kommt, daß man für das Spinnakermanöver nur wenig Zeit hat, weil man den Spinnakerbaum nicht frühzeitig setzen kann.

Auf jeden Fall muß ein Schiff auf dem Steuerbordbug immer wenden, um die Marke runden zu können. Gewöhnlich wird man vor einem auf Backbordbug segelnden Schiff eine Leebugwende machen (sichere Leeposition; siehe Zeichnung 10.26 A). Die Abwehr des Backbordbug-Bootes ist, kurz vorher ein wenig abzufallen (siehe 10.15).

Das Steuerbord-Schiff kann natürlich auch das Heck des Wegerecht-Schiffes

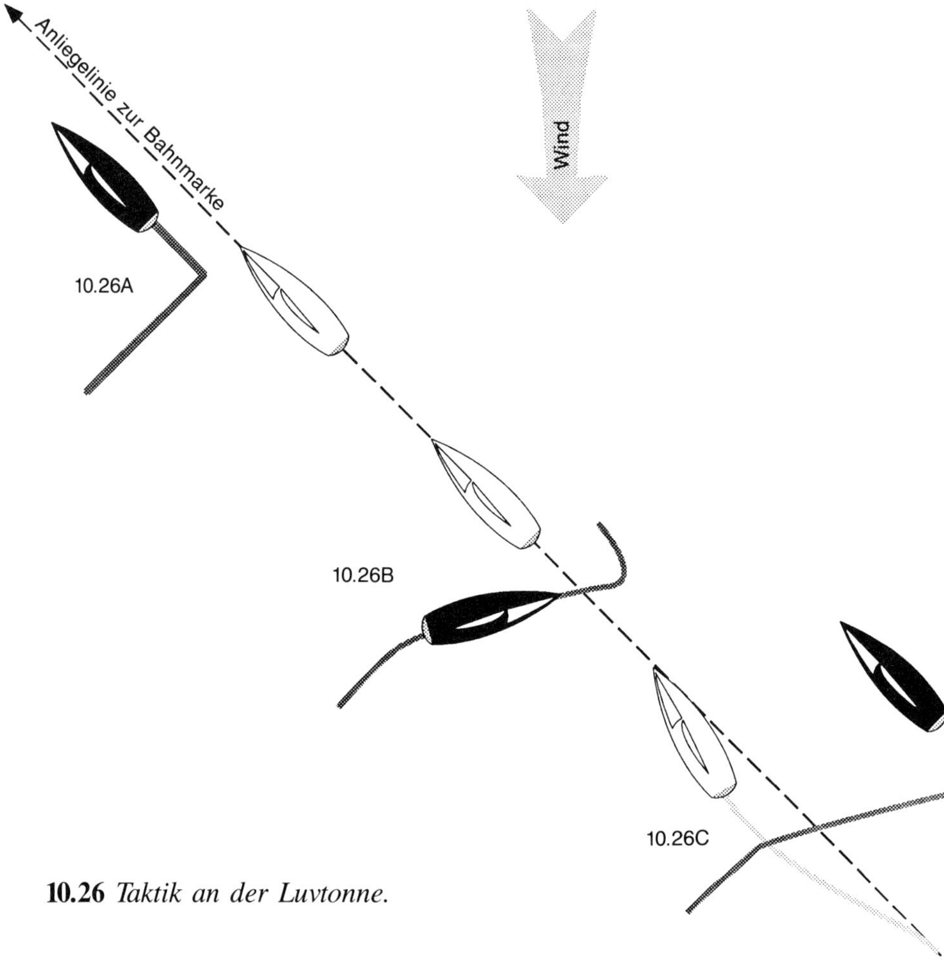

10.26 *Taktik an der Luvtonne.*

kreuzen (siehe Zeichnung 10.26B), wenn vor dem nächsten sich nähernden Schiff genügend Platz vorhanden ist.

Gehen wir davon aus, daß das Backbord-Schiff die Tonne anliegen kann, dann wird es dort auch führen, wenn es von einem Schiff auf dem Steuerbordbug am Heck passiert wird. Hat es aber den Tonnenkurs bereits überstanden, sollte es bei der Annäherung des Backbordbug-Schiffes tief steuern, um vorzutäuschen, es könne noch nicht anliegen.

Gelingt das Manöver, wird das Steuerbord-Schiff nicht unterwenden, sondern das Heck nehmen und so die Tonne noch stärker überstehen (siehe 10.26C).

Das Runden der Luvtonne

Normalerweise nähern sich alle Schiffe der Luvtonne auf der Backbord-Anliegelinie (vorausgesetzt, der Dreieckskurs führt, wie üblich, links herum). Den Regeln nach hat das innenliegende Boot das Recht auf Raum zum Runden, wenn es über ihm liegende Konkurrenten überlappt und diese Überlappung beim Eintreten in den Zweilängenkreis besteht. In der Zeichnung 10.27 hat Weiß die Überlappung vor dem Zweilängenkreis hergestellt. Das Recht zu haben und es auch durchsetzen zu können sind jedoch zwei Paar Schuhe. Schwarz kann auf Weiß abfallen und durch eine enge Deckung den Anspruch auf Raum an der Tonne wirkungslos machen. (Je dichter das deckende Schiff heranfährt, desto stärker kann es den Gegner bremsen.)

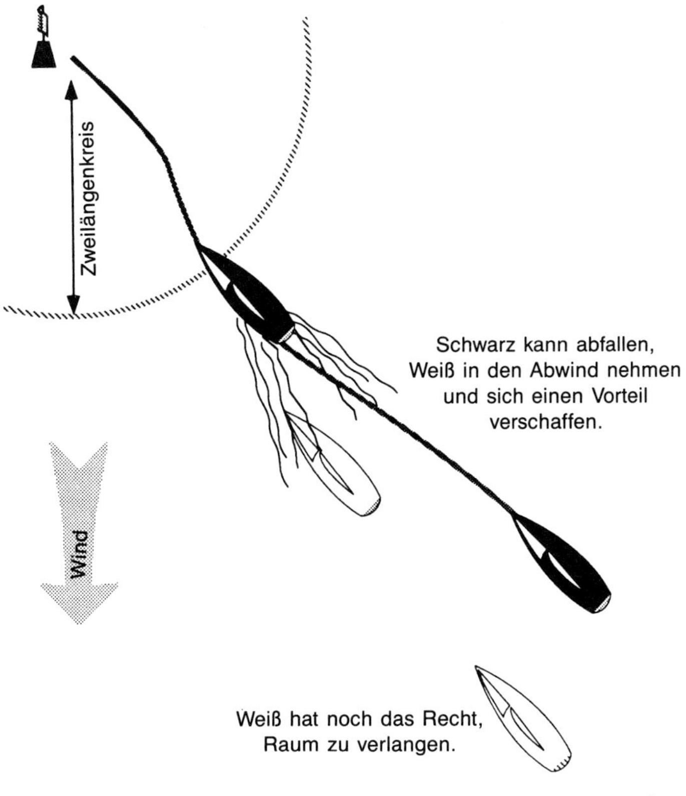

10.27 *Bei Annäherung an die Luvtonne bremst Schwarz durch tiefes Segeln Weiß so stark ab, daß Weiß keinen Raum zum Runden der Marke verlangen kann.*

Abfallen oder halsen beim Spinnakersetzen?

Diese Frage stellt sich an jeder Luvtonne, wenn der nachfolgende Kurs vorm Wind zu segeln ist.
Befinden Sie sich auf einem Backbordbug-Lift (der Wind hat mehr als 10° seit dem Start nach rechts gedreht), sollten Sie vor dem Setzen erst halsen. Segelt man ein sehr schweres Boot oder weht nur leichter Wind, ist es besser, den Spinnaker beim Abfallen zu setzen und später zu halsen. Das enge Runden bremst sonst die Geschwindigkeit zu stark. Betrug die Drehung allerdings 15° oder mehr, dann ist die Halse vor dem Setzen immer die bessere Entscheidung. Sie sollten eine Halse aber unterlassen, wenn Sie dadurch auf dem Steuerbordbug in die noch hinter Ihnen auf dem Backbordbug kreuzende Flotte geraten. Das Setzen nach der Halse hat neben dem richtigen Ausnutzen einer Winddrehung zwei Vorteile. Es bringt Sie auf die Innenposition zum Runden der nächsten Bahnmarke, und es ist bei stärkerem Wind das schnellere Manöver.

Vormwind-Taktik

Beim Regattasegeln ist es besser, voraus zu liegen, als hinterherzusegeln. Vorm Wind hat jedoch das zurückliegende Schiff Gelegenheit, aufzuholen. Voraussetzung ist, daß es nahe genug hinter dem vorausliegenden Boot segelt, um dessen Wind beeinflussen zu können. Ein Vorteil ist, daß Böen oder Winddreher immer von achtern kommen. Auch der Windschatten ist eine starke Waffe. An der Luvtonne ein kurzes Stück zurückzuliegen ist also nicht unbedingt ein großer Nachteil. Diese Meinung vertreten einige; ich liege lieber in Führung und verteidige diese Position mit allen Mitteln.
Der Windex auf dem Masttopp zeigt immer genau in das Zentrum der Windstörung (des eigenen Windschattens). Positionieren Sie sich also so, daß das vor Ihnen segelnde Boot genau dort liegt. Zuerst erreicht der Windschatten das Großsegel des Konkurrenten, dann den Spinnaker. Ist die Abdeckung wirksam, kann man es am unruhigen Stand des Spinnakers bemerken oder gar an dessen Zusammenfallen.
Liegt das störende Boot hinter Ihnen, haben Sie zwei Möglichkeiten. Luven Sie an oder halsen Sie aus dem Schatten heraus. Was Sie machen, hängt von der Strategie und der Taktik ab. Segeln Sie gerade auf die bevorteilte Seite, aus dem Strom heraus oder in stärkeren Wind hinein, luven Sie an. Sonst halsen Sie.

Man kann auch durch eine Scheinhalse dem Windschatten des zurückliegenden Bootes entwischen. Das gelang uns in Perth 1987 gegen die CANADA II, die in Lee achteraus segelte und auf unsere Halse wartete, um uns dann abdecken zu können. Ich ließ das Großsegel zum Manöver dichtholen, drehte das Heck langsam in den Wind und gab dem Vorschiffsmann Scott Vogel laut die Anweisung, den Baum von der Schot zu lösen. Die CANADA II begann ihr Manöver im gleichen Moment, aber wir gingen (wie abgesprochen) auf den alten Kurs zurück.

Verteidigen Sie die Innenposition

Das innenliegende Boot hat das Recht, an der Tonne Raum zu verlangen. Aus diesem Grund ist es gerade vor dem Wind wichtig, diese Position zu verteidigen, und deshalb setzt man gern oben an der Luvtonne den Spinnaker nach einer Halse. So liegt man von Anfang an auf der inneren (linken) Seite des Bahnschenkels. Diese Position hat den Vorteil, daß man nach einer erneuten Halse bei der Annäherung auf die Leemarke auf dem vorfahrtsberechtigten Backbordbug segelt. Es ist immer schwierig (meist sogar dumm), sich vor dem Wind, besonders in der Nähe einer Bahnmarke, mit einem Backbordbug-Schiff anzulegen, denn das hat viele Rechte auf seiner Seite. Liegen Sie also innen, versuchen Sie dort zu bleiben. Kreuzen Sie möglichst kein Steuerbordbug-Schiff, sondern halsen Sie wieder auf die Innenseite. Das Schiff auf dem Backbordbug hat das Recht dazu.

Liegen Sie außen, segeln Sie hinter dem Heck anderer Schiffe hindurch, um auf die Innenseite zu gelangen.

Bleiben Sie zwischen der Konkurrenz und der Leetonne

Ich habe bereits erwähnt, daß man sich bei einer losen Deckung zwischen dem Gegner und der Luvtonne aufhalten sollte. Vorm Wind ist das eine Position zwischen dem Gegner und der Leetonne. Ziehen Sie im Geiste beim Segeln eine imaginäre Linie zwischen Ihrem Konkurrenten und der Bahnmarke. Je weiter Sie sich von dieser Linie entfernen, um so größer ist das Risiko bei einer Winddrehung die Führung zu verlieren.

Die siebte Wettfahrt im America's Cup von 1983 wird als das Rennen des Jahrhunderts bezeichnet. Vieles von dem, über das ich in diesem Kapitel schreibe, ist auf dem fünften Bahnschenkel, einem Vormwindgang, passiert. Am Ende des vierten Schenkels, einer Kreuz, rundeten wir mit der LIBERTY mit einem Vorsprung von 52 Sekunden vor der AUSTRALIA II die Luvtonne.
Die Führung war allerdings nur in der Theorie beruhigend. Die AUSTRALIA II hatte in den sechs Wettfahrten zuvor vor dem Wind durchschnittlich etwa eine Minute pro Schenkel gewonnen. Beide Crews entschieden sich für ein Spinnakermanöver ohne Halse und segelten auf die rechte Bahnseite über den Backbordbug (siehe Zeichnung 10.28). Wir lagen also ideal zwischen dem Gegner und der nächsten Tonne. Die Australier begannen wieder, wie befürchtet, aufzuholen, und ihr Windschatten behinderte den Stand unseres Spinnakers schon nach kurzer Zeit. Wir erinnerten uns an die Minute, und wir wußten, daß wir verlieren würden, wenn wir nichts an der taktischen Situation veränderten.
Also halsten wir auf den Steuerbordbug, um dem Windschatten auszuweichen. Dieses Manöver brachte uns auf die Bahninnenseite (und damit in die Raumposition an der Tonne). Ein weiterer Vorteil der Halse war, daß wir uns vom unruhigen Wasser entfernten, das die große Zuschauerflotte aufgewühlt hatte. Als wir ein Stück gesegelt waren, bemerkten wir ein kleine Winddrehung. Es war ein Lift, auf den wir sofort halsten (die richtige Taktik bei oszillierendem

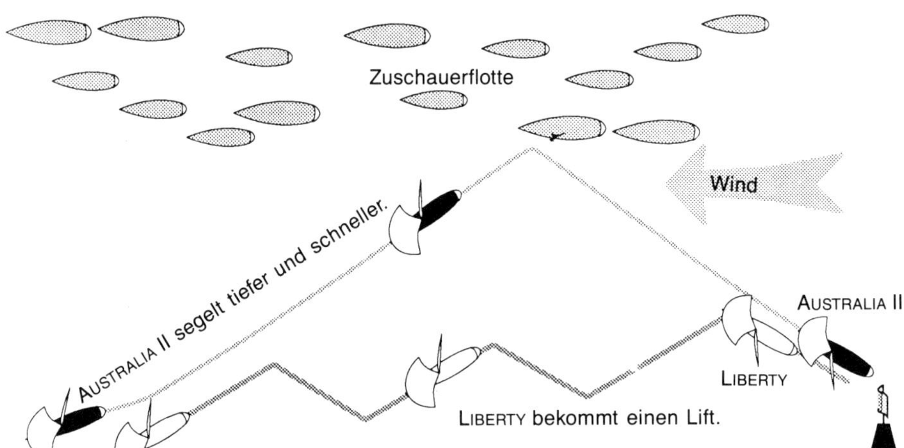

10.28 *LIBERTY verliert den America's Cup auf dem letzten Vormwindgang im letzten Rennen des Cupfinales 1983 an AUSTRALIA II.*

Wind). Kurze Zeit später halsten wir beide auf den Steuerbordbug zurück. Es gab an der Position der AUSTRALIA II nichts schönzureden. Unser Vorsprung war schon weg, oben unter der Zuschauerflotte hatten die Australier mehr Wind gefunden. Es war keine Winddrehung, wie viele damals glaubten, es war einfach stärkerer Wind für ein schnelleres Schiff.
Auch unsere Vermutung, die Zuschauerflotte könnte die Australier behindern, stellte sich als falsch heraus. Mit zwei weiteren Halsen kamen wir näher an den Kurs der AUSTRALIA II heran. Wir lagen immer noch gleichauf und hatten als Trumpfkarte die Innenposition. Es war, wie sich alsbald herausstellte, unser letzter Trumpf. Kurze Zeit später nämlich segelte die AUSTARLIA II tiefer und

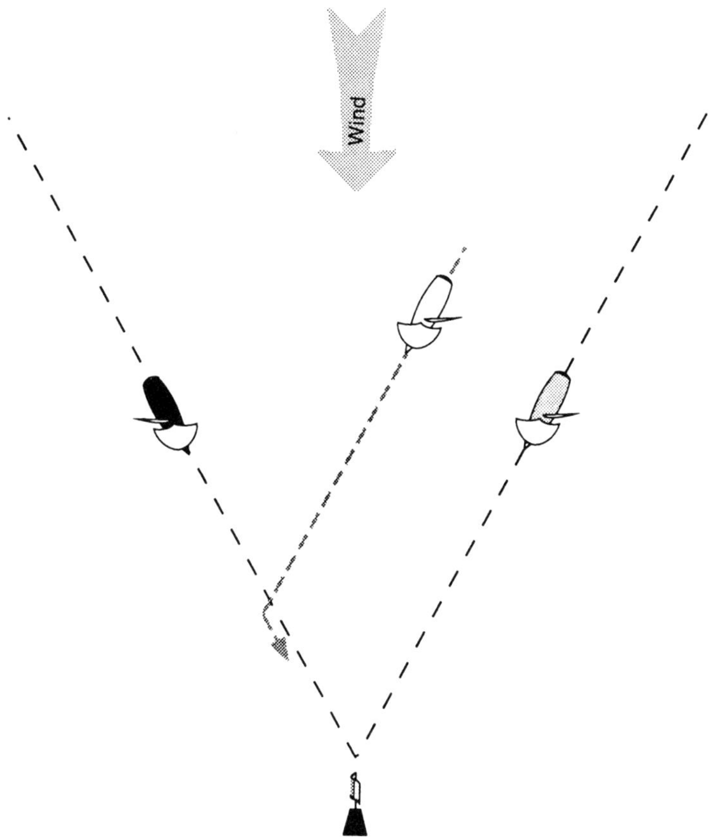

10.29 *Backbord- und Steuerbordbug-Annäherung an die Leemarke.*

schneller als wir — eine furchtbare Kombination vor dem Wind, wie jeder Regattasegler bestätigen wird (siehe dazu auch Zeichnung 8.17). Es dauerte ein paar Minuten, dann war der America's Cup verloren.

Vormwind-Anliegelinien auf die Bahnmarke

Wenn man sich auf der Steuerbordbug-Anliegelinie der Leebahnmarke nähert, kann eine Winddrehung der Grund dafür sein, daß man Boote, die nicht auf der Anliegelinie segeln, verliert (siehe Schwarz in Zeichnung 10.29). Beispielsweise dreht der Wind achterlich, und Schwarz wird geliftet. Um die Tonne erreichen zu können, muß Schwarz nun einen tieferen Kurs zum scheinbaren Wind segeln und wird damit langsamer.
Boote auf der Steuerbordbug-Anliegelinie können von innenliegenden Konkurrenten leicht abgedeckt werden, die zudem noch beim Runden Raum verlangen können. Einziger Vorteil einer Annäherung über Steuerbord ist, daß ein besseres Rundungsmanöver möglich ist. Man kann die Genua rechtzeitig setzen und den Spinnaker spät bergen.
Die Backbordbug-Anliegelinie (siehe Grau in Zeichnung 10.29) hat natürlich denselben Nachteil bei Winddrehungen und Abdecksituationen. Aber man hat auf diesem Bug stets das Wegerecht und die Innenposition beim Runden. Zu bedenken ist, daß das Bergemanöver in der Halse nicht einfach ist (siehe Kapitel 6). Nimmt man die Spinnaker vor der Halse weg, wird das Schiff sehr langsam.
Der Kompromiß ist die richtige Lösung. In der Zeichnung nähert sich Weiß der Tonne innerhalb beider Anliegelinien auf dem Backbordbug und behält sich so die Option vor, noch auf Winddrehungen reagieren zu können. Nahe an der Marke wird Weiß die Steuerbord-Anliegelinie und damit das einfachere Rundungsmanöver wählen.

Runden der Leetonne

Wenn Sie um Ihre Innenposition zum Runden der Tonne nicht kämpfen müssen, bergen Sie den Spinnaker lieber zu früh als zu spät.
Optimal rundet man eine Tonne mit einem weiten Bogen von außen (Beginn

der Drehung etwa mit einer Bootslänge Abstand zur Tonne) und kommt dann auf dem maximalen Kreuzkurs und mit hoher Fahrt innen wieder heraus, ohne einen Wegverlust nach Lee zu haben (siehe Zeichnung 9.14). Man sagt, „weit beginnen und eng zu enden“ ist die taktische Rundung, allerdings mit einigen Regelbeschränkungen. Folgt Ihnen bei diesem Manöver ein Boot relativ dicht hinter dem Heck, sollten Sie auf dem Kreuzkurs gleich etwas zu hoch steuern und das andere Boot in den Abwind nehmen. Liegen Sie selbst zurück und können oder wollen nicht sofort in den freien Wind wenden, dann halten Sie tief und versuchen, durch die gestörte Windzone hindurchzusegeln.
Ein Rundungsmanöver nahe zu beginnen und weit zu beenden ist vielleicht aus Gründen der Seemannschaft sicherer, es eröffnet dicht folgenden Konkurrenten jedoch Möglichkeiten, zu passieren. Zum Beispiel kann ein Nachfolger in den Spalt zwischen Heck und Tonne hineinstoßen, wenn das führende Boot die Rundung beendet hat. Gelingt das, ist das führende Boot nicht mehr in der Lage zu wenden.
Liegen Sie außen und müssen dem innenliegenden Boot Raum geben, kann es sich auszahlen, wenn Sie Ihr Schiff abbremsen (siehe Weiß in Zeichnung 10.30). Nehmen Sie den Spinnaker früher weg als gewöhnlich, segeln Sie, wenn es sein muß, einen kleinen Umweg. Macht das innere Boot eine sichere Rundung (erst eng, dann weit), dann wählen Sie die taktische. Stimmt Ihr Timing, dann liegen Sie nach dem Anluven in Luv und blockieren das führende Schiff.

Die Kreuzstrategie an der Leetonne

Bevor Sie die Leetonne runden, sollten Sie sich über die Strategie für die nachfolgende Kreuz im klaren sein. Entscheiden Sie anhand der Windstärke, der Windrichtung und Ihrer Position in der Serie oder im Rennen, was Sie machen wollen. Liegen Sie gut, ist es weniger entscheidend, auf die richtigte Seite zu segeln als die Konkurrenz zu decken.
Wenn also das Boot hinter Ihnen das ist, das Sie schlagen müssen, und wenn es auf einen Lift wendet, werden Sie auch wenden. Auch wenn diese Wende bei oszillierendem Wind nicht gerade die beste Strategie ist.
Liegen Sie zurück, dann sollten Sie beginnen, ein wenig gegen die Taktikregeln zu segeln. Seien Sie ruhig mal ein „Ich-bin-gegen-alles-Typ“ und wenden Sie in einen Lift hinein.

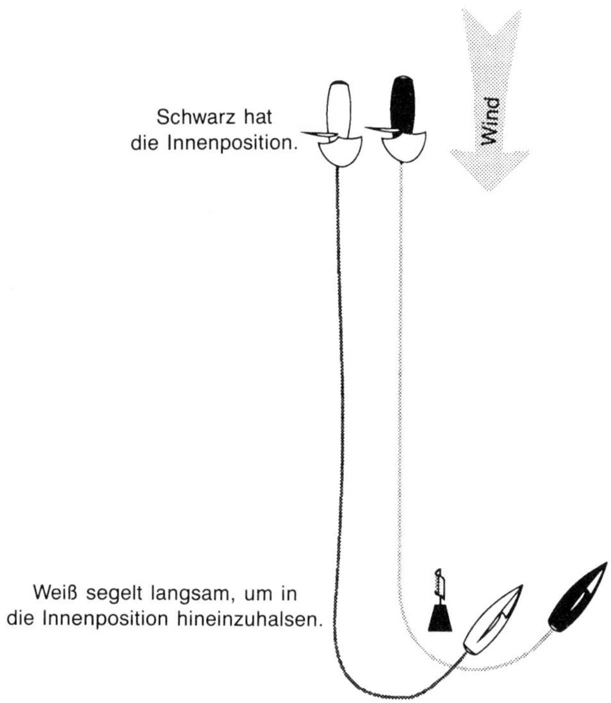

10.30 *Die Taktik „langsam segeln und gewinnen", hier von Weiß praktiziert, erlaubt es manchmal beim Runden der Bahnmarke, die Nase nach Luv zu bringen. Weiß hat nach dem Runden die Kontrolle, weil Schwarz nicht wenden darf (Regel 41.2).*

Entscheiden Sie sich für den Backbordbug nach dem Runden, dann geraten Sie oft in gestörten Wind von Yachten, die noch nicht gerundet haben. Darum lassen Sie sich einen Moment Zeit. Kontrollieren Sie das Spinnakergeschirr, bevor Sie wenden. Manchmal findet eine Genuaschot ihren Weg unter den an Deck liegenden Spinnakerbaum auf geheimnisvolle Weise. Das kann nicht nur das Manöver ruinieren, sondern auch den Spinnakerbaum.

Taktik auf dem Raumkurs

Ohne Konkurrenten ist der beste Kurs auf einem Raumschenkel die direkte Linie, die *rhumb line* (siehe Kapitel 8). Erst andere Schiffe machen taktische Entscheidungen notwendig. Ich glaube, das Ziel auf einem Raumkurs ist, sich von achteraus liegenden Booten abzusetzen und nach vorn aufzuschließen. Der

Raumkurs ist keiner für große Gewinne oder Verluste. Das ist meine persönliche Meinung, andere denken da anders.
Segeln Sie hoch über die direkte Linie, nimmt die Geschwindigkeit zu und Sie bekommen die Böen zuerst. Nehmen Sie mit dieser Taktik die zurückliegenden Boote mit nach oben und bleiben dabei in der leewärtigsten Position, wird man Sie nicht in Luv überrollen können. Entscheidend ist, wo Sie am Ende des Schenkels liegen. Es gibt einen Satz, der auf den Raumkurs zutrifft: Was hochgeworfen wird, fällt wieder runter. Es ist natürlich ideal, wenn Sie beim Tiefersteuern am Schluß genügend Wind haben. Wenn jedoch der Wind nachläßt, dann werden Sie das Hochsteuern teuer bezahlen.
Vergessen sollte man auch nicht, daß das unter der direkten Linie segelnde Boot die Innenposition hat (siehe Weiß oben in der Zeichnung 10.31). Darum ist es besser, auf dem ersten Reachkurs eines Dreiecks die Innenkurve zu wählen und die Innenposition zu verteidigen. Auf dem zweiten Raumkurs verteidigt man sie dann (nach der Halse) durch höheres Segeln (siehe Weiß unten in Zeichnung 10.31). Ob Sie hoch oder tief segeln, hängt davon ab, wie nahe andere Schiffe vor oder hinter Ihnen liegen. Wählen Sie einen hohen Kurs, wie Weiß in Zeichnung 10.32, wenn Konkurrenten dicht hinter Ihnen liegen. Sonst besteht die Gefahr, daß Sie überrollt werden. Passiert das, dann werden Sie so langsam, daß möglicherweise noch mehr Schiffe an Ihnen vorbeiziehen.
Nehmen Sie den tiefen Kurs, wie Grau in Zeichnung 10.32, wenn eine große Gruppe direkt vor Ihnen liegt und achteraus kein Schiff dichtauf segelt. Die führende Gruppe wird sich gemeinsam noch oben arbeiten, was erlaubt, daß Sie sich mit etwas Glück unten durchschummeln können. Treffen Sie Ihre Entscheidung sehr früh, damit Sie sich weit genug absetzen oder verlorene Distanz aufholen können. Wenn Sie jemanden auf dem Raumkurs überholen wollen, geht das nur in Luv. Versuchen Sie es nicht zu dicht am Gegner, sonst wird er Sie luven. Will man Sie überholen, reagieren Sie frühzeitig und aggressiv. Kommt Ihre Antwort zu spät und der Überholer erreicht die Mast-querab-Position, ist es zu spät (siehe Zeichnung 9.9). Denken Sie daran, daß von einem Luvkampf zwischen zwei Booten alle anderen profitieren.
Natürlich mag ich es nicht, wenn andere über mein Schiff hinwegrollen, und ich bemühe mich, das laut und deutlich klarzumachen. „Wir sehen uns in China", ist das erste, was ich dem Steuermann eines anderen Bootes normalerweise zurufe. Es wirkt (irgendwann), weil eigentlich alle Segler ab einem gewissen Punkt begreifen, daß unnachgiebige Luver zu Verlierern werden. Wenn nichts hilft, die Wahrheit hilft immer.

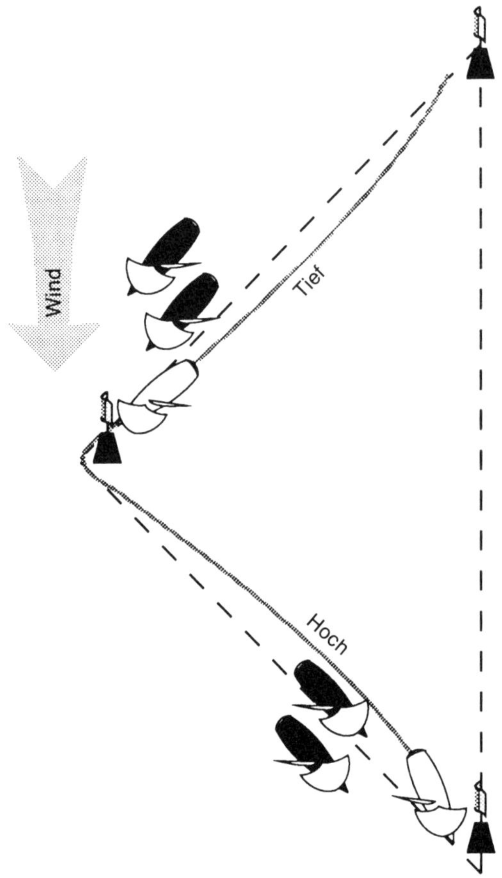

10.31 *Auf Raumkursen sollten man die Innenposition verteidigen, um das Wegerecht an der Bahnmarke zu haben.*

Schleppen im gemischten Feld

Ich mag es nicht, wenn man mich überholt. Ich habe auf diese Einstellung meine Karriere gebaut. Ganz besonders mag ich nicht, wenn mich größere Schiffe in Luv überholen. Ich rufe dem Steuermann etwas zu, luve stark oder mache beides, um ein größeres Schiff zum Abfallen zu bewegen. Gelingt das, dann hat man mit einem kleinen Schiff Gelegenheit, sich schleppen zu lassen. Genauso, wie es ein Radrennfahrer im Windschatten des Führenden macht.

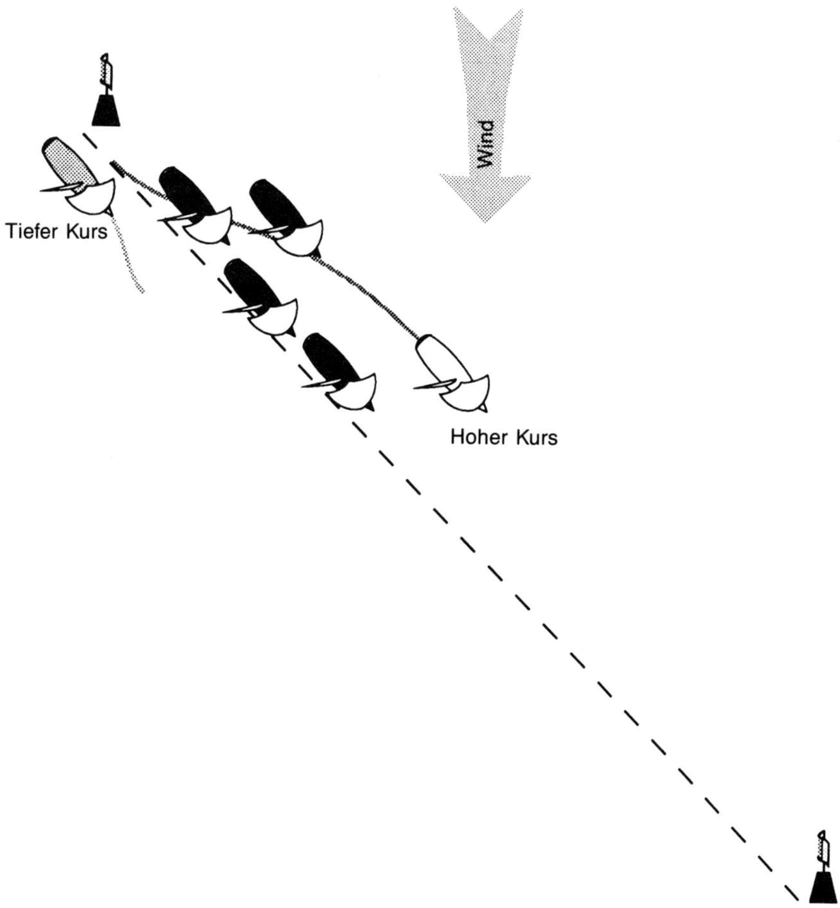

10.32 *Wählen Sie einen hohen Raumkurs (wie Weiß), wenn Konkurrenten nahe sind. Segeln Sie einen tieferen Kurs (wie Grau), wenn keine Boote achteraus liegen.*

Passiert ein großes Schiff dicht in Lee, dann steuern Sie direkt hinter das Heck und reiten Sie die Heckwelle herunter, wie ein Surfer.
Befinden Sie sich auf dem größeren Boot und Sie segeln in derselben Vergütungsklasse (oder um einen Preis über alles), dann denken Sie immer daran, daß sich das kleinere nicht in Ihre Heckwelle legen darf. Passieren Sie es in großem Abstand, sonst werden Sie es nicht mehr los.

Runden der Raumtonne

Wie ich erklärt habe, ist es wichtig, die Innenposition (Leebogen) auf dem ersten und auch auf dem zweiten Raumkurs (Luvbogen) eines Dreiecks zu verteidigen; siehe Zeichnung 10.31.
Man sollte also wissen, wie man eine Innenposition (Überlappung) gegen Angreifer sichert, respektive sie gegen führende Schiffe erreicht. Das Boot in Luv auf dem ersten Raumschenkel muß hart arbeiten, um die Überlappung eines Bootes in Lee vor dem Erreichen des Zweilängenkreises brechen zu können (siehe Zeichnung 9.15). Manchmal muß man kurz vor Erreichen des Kreises noch einmal stark anluven, um genügend Geschwindigkeit zu bekommen. Vergessen Sie bei einem solchen Versuch nie, daß es das außenliegende Boot ist, das die nichtvorhandene Überlappung im Falle eines Protests beweisen muß. Man braucht dazu einen zuverlässigen Zeugen.
Der Eintritt in den Zweilängenkreis ist der richtige Moment für klare Worte. Rufen Sie dem leewärtigen Boot laut und unmißverständlich zu: „Keine Überlappung!" Jetzt ist nicht die Zeit, schüchtern zu sein.
Das innenliegende Boot sollte natürlich ebenfalls alles versuchen, seine Position zu verteidigen. Haben Sie ein großes Boot, schicken Sie einen Mann auf den Steven, wo die Überlappung beginnt. Lassen Sie ihn dem Konkurrenten gegenüber klarstellen, was Sache ist: „Wir haben eine Überlappung! Raum an der Tonne!"

Das Ziel

Das Ziel zu finden ist die erste Aufgabe. Normalerweise sieht man das Zielschiff früh und die Zielflagge erst spät. Meist liegt die Tonne links davon. Erinnern wir uns an den Start. Da lag die Startflagge links von Ihnen, das Schiff rechts. Genauso segelt man auch über die Ziellinie (nur selten ist es anders, hoffentlich haben Sie in die Segelanweisungen geschaut).
Haben Sie die Linie gefunden, müssen Sie bestimmen, welche Seite am günstigsten zu Ihnen liegt. Eine Startlinie liegt nie genau rechtwinklig zum Wind, ein Ziellinie ebensowenig. Wird sie schon früh ausgelegt, haben Sie vielleicht während der Wettfahrt einmal die Gelegenheit, die Peilung zu nehmen. Gehen Sie damit um wie mit der Startlinie (siehe Zeichnung 10.1).
Wenn Sie sich dann der Ziellinie nähern, vergleichen Sie Ihre Kurse auf dem

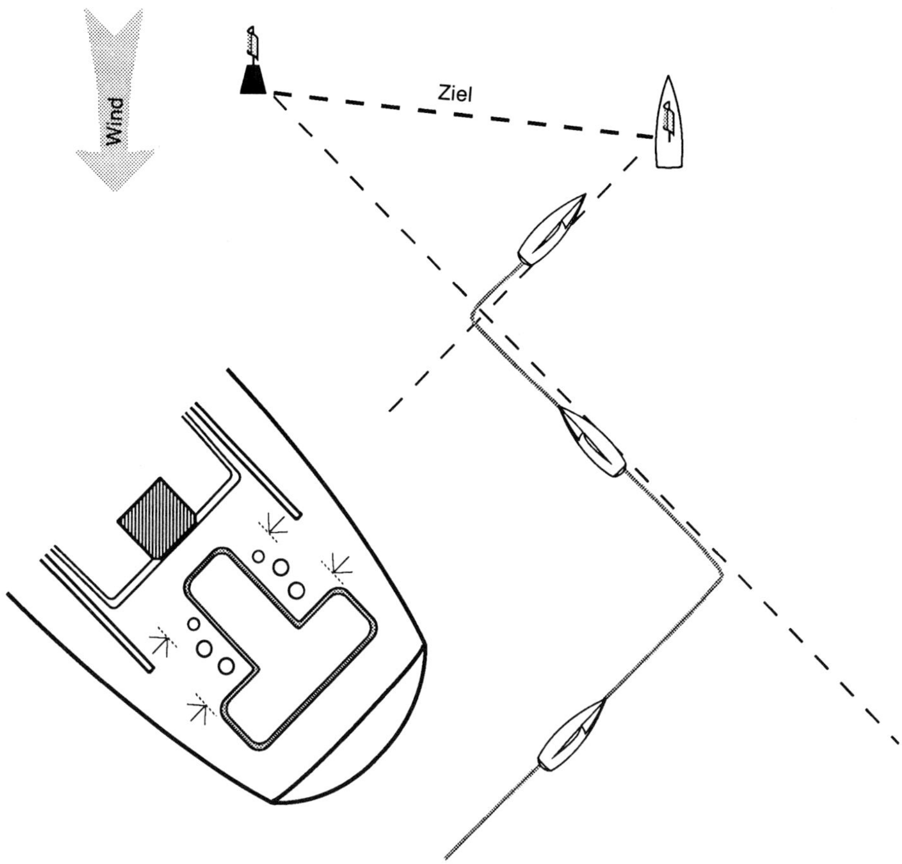

10.33 *Wenn sich die Anliegelinien auf die Ziellinie schneiden, bestimmen Sie, welches Ende der Linie näher liegt. Es ist die begünstigte Seite.*

Backbord- und Steuerbordbug und wählen Sie den Bug, der näher am rechten Winkel zur Ziellinie liegt. Wenn Sie keine Peilung haben, beobachten Sie, wo vor Ihnen segelnde Boote über die Linie segeln.

Je länger Sie die Entscheidung über die Seite aufschieben können, desto besser. Verhalten Sie sich wie auf der Kreuz, wenn Sie nicht wissen, was der Wind machen wird. Bleiben Sie in der Mitte, bis eine Entscheidung möglich ist. Irgendwann werden Sie die Anliegelinie auf Tonne oder Zielschiff erreichen (siehe Zeichnung 10.33). Wenn Sie weit darüber hinaus segeln, werden Sie die Ziellinie überstehen. Kommen Sie an den Punkt, wo sich beide Linie schneiden, können Sie von dort aus sehr gut sehen, welche Seite der Linie näher liegt.

Sind Sie sich sicher, wo sie ins Ziel segeln wollen, dann betrachten Sie diesen Punkt als die Luvtonne, nicht als eine Linie. Versuchen Sie den Punkt genau zu treffen. Denken Sie auch daran, daß der Backbordbug das Wegerecht hat. Auch im Ziel kann das wichtig sein.
Sind Sie kurz vor der Linie, können Sie ihre Geschwindigkeit gegen den Wind (VMG) durch einen Aufschießer noch erhöhen. Beginnen Sie damit ein bis zwei Bootslängen vor Erreichen der Linie. Bei rauher See verliert man schneller Fahrt als bei glattem Wasser und gutem Wind. Einige Segler werfen sogar das Fall der Genua los, wenn sie auf die Linie schießen, damit das backstehende Segel die Fahrt nicht bremsen kann. Übersegeln Sie die Linie korrekt (lesen Sie die Segelanweisungen auch in diesem Punkt genau).
Auch vor dem Wind kann man die VMG verbessern. Segeln Sie etwa zwei Bootslängen vor der Linie direkt vorm Wind statt den optimalen Kurs.

Dieses Manöver bringt uns nicht nur das Ende der Wettfahrt, sondern auch das Ende dieses Buches. Wenn Sie über die volle Distanz gegangen sind, bin ich sicher, werden Sie etwas dazugelernt haben. Auch ich bin durch das Schreiben ein besserer Segler geworden. Wenn man so lange dabei ist wie ich, dann macht man viele Dinge aus dem Gefühl heraus richtig. Es war hilfreich, darüber nachzudenken, warum ich manches mache und nicht, was ich mache.

Danksagung

Der besondere Dank der Autoren gilt Edward du Moulin und Jack Sutphen für ihre Bereitschaft, alle Kapitel dieses Buches gegenzulesen. Unser Dank gilt ebenso Tom Whidden, Präsident der North Sails Group Inc., und David Dellenbaugh, Marketing Direktor, die uns das umfangreiche Lehrprogramm ihres Unternehmens zu Verfügung gestellt haben.

Yachtkonstrukteur David Pedrick erwies sich als ergiebige Quelle für die Inhalte des Kapitels 2, „Yacht-Design“, ebenso Eric Goetz, Inhaber von Goetz Custom Sailboats für das Kapitel 3, „Yachtbau“. Verbunden sind wir Chris Bedford und Lee Davis von Galson Technical Services, die ihre Wetterkenntnisse in das Kapitel 8 eingebracht haben, ebenso Richard McCurdy und anderen von Ockam Instruments für die Mitarbeit. Besonderer Dank gilt in diesem Zusammenhang Jim Marshall und Steve Moore für ihre Beiträge. Brian Doyle von North Sails Cloth war in zweierlei Hinsicht ein unverzichtbarer Mitarbeiter; er stellte seine umfangreichen Fachkenntnisse für dieses Buch zur Verfügung und zeigte ein hervorragendes Sprachgefühl beim Überarbeiten wichtiger Kapitel.

Auch anderen Mitarbeitern von North Sails möchten wir für Ideen und Zeitaufwand danken. Bill Bergantz von North Sails Cloth, Andreas Josenhans, Ched Proctor und Tom McLaughlin von North Sails East, Vince Brun von North Sails One Design West und David Curtis, Jud Smith, Steve Ulian sowie Jim Brady von North Sails Marblehead.

Vergessen wollen wir nicht David Perry für die konstruktive Kritik am Kapitel 9, „Regeln“, und erneut David Dellenbaugh, der uns sein Videomaterial „Lerne die Regattaregeln“, realisiert in Zusammenarbeit mit *Sailing World* und *Sea TV*, zu Verfügung gestellt hat.

Die Autoren danken folgenden Personen für ihre selbstlose Hilfe: Ben Hall von Hall-Spars, Duncan MacLane von MacLane Marine Design, Alberto Calderon für seinen Kommentar im Kapitel 2, Ed Baird für die Karte in Kapitel 10,

Richard du Moulin und Rick Viggiano von Pro-Tech Marine, Scott Graham von *US-Sailing*, Larry Leistiko von Computer-Keels und Arvel Gentry von Boeing. Des weiteren ist Peter Smyth für seinen Beitrag über die Geschichte des Kunststoff Bootsbaus zu bedenken und Accu-Weather für die zur Verfügung gestellte Wetter-Software.

Ohne die Führung und Hilfestellung von Michael Sagalyn, unseren Redakteur von St. Martin's Press, sowie David Sobel und Ed Stackler, hätten wir dieses Buch nicht machen können. Das gilt auch für die Mitarbeiter von Dennis Conner Sports und Team Dennis Conner, Maria Flannigan, Jerry La Dow, Bill Trenkle, Chris Todter, Mick und Cathy Harvey.

Last but first gilt besonderer Dank Linda und Molly Levitt und Judy, Julie und Shanna Conner.

Glossar

Abbacker: Eine Winddrehung, durch die der Wind vorlicher zur Schiffslängslinie (spitzer) einfällt. Die typische Reaktion darauf ist wenden oder abfallen. Das Gegenteil nennt man Lift oder Zieher.

Abfallen: Kursänderung weg vom Wind.

Achteraus: Hinter dem Boot.

Achterliek: Die hintere Kante eines Segels.

Achtern: Hinten.

Achterstag: Stag vom Masttopp zur Heckmitte.

Anluven: Das Boot dichter an den Wind bringen, also höher am Wind segeln. Hartes Anluven bis zum Aufschießer bremst das Boot ab, was zum Beispiel vor dem Start hilfreich sein kann.

Anstellwinkel (Anströmwinkel): Der Winkel, in dem das Wasser auf Kiel oder Schwert oder der Wind auf das Segel trifft. Der Anströmwinkel eines Segels wird zwischen dem scheinbaren Wind und der Segelsehne gemessen. Der Anstellwinkel vergrößert sich, wenn das Segel dichter geschotet oder sein Holepunkt weiter innenbords verlegt wird. Der Anströmwinkel zwischen Kiel oder Schwert entsteht durch die Abdrift und ist der Unterschied zwischen der Mittschiffslinie und dem tatsächlichen Kurs durch das Wasser.

Aufschießer: Manöver, bei dem der Bug in den Wind gedreht und diese Richtung beibehalten wird.

Back stehen: Ein Segel steht back, wenn es von der falschen Seite mit Wind gefüllt wird. Wenn man die Genua in der Wende beispielsweise nicht fiert, steht sie auf dem neuen Bug back.

Backbord: Die linke Seite einer Yacht, wenn man nach vorn sieht.

Backbordbug: Ein Boot segelt auf Backbordbug, wenn die Backbordrumpfseite in Lee liegt, der Wind also von der Steuerbordseite einfällt.

Backstag: Zwei Stagen, die in der Höhe des Vorstags ansetzen und zum Heck des Schiffes laufen.

Ballast: Gewicht in der Bilge (Innenballast) oder im Kiel für die (Gewichts-)Stabilität der Yacht.

Baum: Die waagerechte Stange, die das Unterliek des Großsegels hält (Großbaum), oder die Stange, die den Spinnaker vom Boot wegdrückt (Spinnakerbaum).

Bein: Die Etappe zwischen zwei Regattatonnen; beim Fahrtensegeln das Teilstück zwischen zwei Wegepunkten.

Beständige Winddrehung: Eine Winddrehung, die fortfährt, in eine Richtung zu drehen (auch bleibende Drehung genannt).

Bilge: Der untere, meist gerundete Teil eines Schiffsrumpfes. Liegt unter den Bodenbrettern.

Block: Maritimer Ausdruck für Rolle mit Gehäuse.

Bootsgeschwindigkeit: Die Geschwindigkeit einer Yacht durch das Wasser. Vergleichen Sie dies mit VMG, *Velocity made good.*

Bootsmannsstuhl: Sitz oder Gurt, mit dem man am Mast hochgezogen werden kann.

Bullentalje/ Bullenstander: Eine Talje oder Leine, die vom Großbaum nach vorn an Deck läuft und verhindert, daß der Baum vor dem Wind versehentlich halst.

Cockpit: Der abgesenkte Arbeitsbereich der Crew, auch Plicht genannt.

Decken: Taktische Maßnahme: Man deckt einen Gegner, indem man zwischen ihm und der nächsten Tonne bleibt, selbst wenn man dadurch einen längeren oder langsameren Kurs segelt.

Einminutenregel: Falls eine Yacht die Startlinie innerhalb der letzten Minute vor dem Startsignal berührt, muß sie um eine der Startlinien-Begrenzungen segeln und erneut starten (IYRU-Regel 51.1 c).

Enge Deckung: Das führende Boot legt sich luvwärts und voraus von einem leewärtigen Boot. Das Manöver ist offensiv, da der Windschatten des führenden Bootes das leewärtige Schiff trifft und so abbremst. Dieses Manöver wird oft benutzt, um ein Boot daran zu hindern, auf die richtige Seite der Bahn zu segeln.

Fall: Leinen zum Setzen der Segel.

Flachreff: Ein Mini-Reff zum Abflachen des Großsegels im unteren Bereich.

Fock: Nicht überlappendes Vorsegel.

Freibord: Der Teil des Rumpfes zwischen Wasserlinie und Deckskante.

Genua: Ein großes Vorsegel, dessen Schothorn (hintere Ecke) bis hinter den Mast reicht. Größere Genuas werden mit kleineren Nummern gekennzeichnet.

Geographische Winde: Die Winde, die durch Landeffekte entstehen.

Geschwindigkeits-Abbacker: Wenn der wahre Wind nicht gedreht hat, aber die Windgeschwindigkeit nachgelassen hat, weil der wahre Wind weniger geworden ist, ist das ein Abbacker durch Geschwindigkeit. Der Wind scheint vorlicher einzufallen. Kurzzeitige Erscheinung.

Geschwindigkeits-Lift: Wenn eine Bö einfällt, verspürt man einen Lift oder Zieher durch Geschwindigkeit. Der Wind scheint achterlicher einzufallen. Kurzzeitige Erscheinung.

Gradiente Winde: Die Winde, die durch ein Wettersystem entstehen, beispielsweise die Winde, die von einem Hoch zu einem Tief wehen.

Großbaumniederholer: Eine Vorrichtung aus Leinen und Blöcken (Talje) oder ein Hydraulikarm, der den Großbaum am Steigen hindert.

Großsegel: Das (nicht unbedingt größte) Segel, das an der Mast-Hinterkante gesetzt wird.

Halber Wind: Das Segeln quer zum Wind, also weder nach Luv noch nach Lee.

Hals: Die vordere untere Ecke eines Segels.

Halse: Kursänderung, bei der das Heck durch den Wind dreht (vergl. Wende).

Halsenwinkel: Der optimale Winkel für das Kreuzen vor dem Wind.

Hart am Wind: Hoch am Wind. Segeln so dicht am Wind wie möglich (geringstmöglicher Windeinfallswinkel).

IMS: International Measurement System. Ein Vermessungs- und Vergütungssystem das auf einem Geschwindigkeits-Vorhersage-Programm (*Velocity Prediction Program,* VPP) basiert.

IOR: International Offshore Rule. Vermessungs- und Vergütungssystem für Hochseeyachten, das heute fast ausschließlich für Regattaschiffe verwendet wird.

IYRU: International Yacht Racing Union, Weltverband der Regattasegler.

Jibe set: Tonnenmanöver, bei dem der Spinnaker während oder direkt nach einer Halse gesetzt wird.

Jumpstag/Jumper: Ein Stag über dem Vorstag, das den Masttopp kontrolliert. Gibt es nur auf 7/8-Riggs.

Kevlar: Ein synthetisches Fasermaterial, das zugfester als Stahl ist. Kevlar wird für Tauwerk und gewoben als Segeltuch und als Verstärkungsmaterial im Bootsbau eingesetzt.

Kiel: 1. Fest angebrachte Flosse unter dem Schiff, die durch ihr Gewicht Stabilität liefert und durch ihre Form die seitliche Abdrift herabsetzt. 2. Im Holzbootsbau der unterste Balken, die Wirbelsäule des Schiffes.

Krängung: Schieflage. Ein Boot krängt oder schiebt Lage durch den Druck des Windes auf die Segel.

Kreuz: Kurs, auf dem es nicht möglich ist, ein Ziel ohne Wende zu erreichen. Man segelt so hoch am Wind wie möglich und kommt dem Ziel durch Wenden immer näher.

Längsschiffslinie: Imaginäre Linie von der Bootsspitze (Bug) zur Mitte des Hecks.

Lateralschwerpunkt: Alle am Rumpf auftretenden Kräfte können auf einen Vektor reduziert werden, der von diesem Punkt ausgeht.

Latten: Streifen aus Kunststoff oder Holz zum Aussteifen des Großsegel-Achterlieks.

Laufendes Gut: Sämtliche bewegliche Leinen, wie Schoten, Fallen und Strecker.

Layline (Anliegelinie): Eine imaginäre gerade Linie, von der aus eine hoch am Wind segelnde Yacht ihr Ziel erreichen kann. Auf der Kreuz wenden die Yachten hin und her (kreuzen), bis sie entweder die Steuerbord- oder die Backbord-layline erreichen. Dann liegt das Ziel an und kann ohne weitere Wenden erreicht werden, es sei denn, Hindernisse — wie zum Beispiel die gegnerischen Yachten in einer Regatta — diktieren Kursänderungen. Wenn eine Yacht an der Kreuz über eine layline hinaussegelt, ist sie weiter als nötig gefahren und hat damit das Ziel überstanden. Die Lage dieser Linien hängt ab von der Windrichtung und ihr Winkel zueinander von den einzelnen Bootsleistungen am Wind.

Lee bow: Ein Manöver zum Stören des Gegners. Die geschwächte und gestörte Windströmung, die achterlich und nach Luv aus den eigenen Segeln weht, wird gegen die Segel der anderen Yacht geblasen. Die richtige Position für diese Taktik ist gerade voraus und knapp in Lee von der anderen Yacht.

Lee: Die dem Wind abgewandte Seite oder die Richtung, in die der Wind weht. Das Gegenteil heißt Luv.

Leegierigkeit: Wenn ein Boot dazu tendiert, ohne Gegenruder abzufallen, ist es leegierig.

Leetonne: Die Boje in einer Regatta, die am weitesten in Lee liegt und auf einem Raumschots- oder Vormwindkurs erreicht wird.

Leichte Deckung: Wenn ein luvwärtiges Boot in eine Position wendet, wo es nicht eindeutig ist, ob es das leewärtige Boot durch seine Abwinde stört, nennt man das leichte Deckung. Die liegt zwischen enger und lockerer Deckung.

Lift: Eine Winddrehung, die den Wind achterlicher einfallen läßt, nennt man Lift oder Zieher. An der Kreuz bedeutet dies einen dichteren Kurs zur Marke. Das Gegenteil ist ein Abbacker.

Lockere Deckung: Position in Luv, aus der man das Leebot unter Kontrolle hat, ohne es durch seine Abwinde zu stören.

Luv: Die dem Wind zugewandte Seite.

Luvgierigkeit: Wenn ein Boot dazu tendiert, ohne Gegenruder anzuluven, ist es luvgierig.

Luvtonne: Die Boje in einer Regatta, die am weitesten in Luv liegt.

Mastfall: Die Neigung des Mastes nach achtern.

Mylar: Eine leichte, durchsichtige Kunststoffolie, die mit Geweben aus Polyester oder Kevlar zu einem hochwertigen Segeltuch verklebt werden kann.

Oszillierend-bleibende Winddrehung: Eine Winddrehung, die in einer Richtung beständig ist, aber dennoch leicht pendelt. Tritt weniger häufig auf.

Oszillierende Winddrehung: Periodisch hin- und her pendelnde Winddrehungen; die am häufigsten auftretende Art der Drehung.

Peilung: Der Winkel zwischen der Schiffsmittellinie oder einem Punkt auf dem Kompaß und einem anderen Objekt, wie zum Beispiel eine Tonne oder ein Gegner.

Pinne: Steuerknüppel für das Ruderblatt.

Polardiagramm: Eine Grafik, die die Segelleistungen des Schiffes abhängig von den unterschiedlichen Windeinfallswinkeln und Windgeschwindigkeiten darstellt.

Position der Profiltiefe: Wird im Verhältnis zur Sehnenlänge beschrieben. Liegt die Tiefe beispielsweise 1,45 Meter hinter dem Vorliek und die Sehnenlänge beträgt drei Meter, ist die Position der Profiltiefe 45 Prozent.

Profil: Das Profil eines Segels wird durch seine größte Profiltiefe im Verhältnis zur Sehnenlänge beschrieben. Ist das Segel beispielsweise maximal 30 Zentimeter tief und die Sehne an dieser Stelle 3,00 Meter lang, ist das ein Profil von 10 Prozent.

Profiltiefe: Die größte Tiefe (Dicke) von Kiel oder Segel.

Querab: Lotrecht zur Schiffsmittellinie.

Raumschots: Eigentlich alle Kurse, die nicht hoch am Wind gesegelt werden.

Raumtonne: Die Boje in einer (Dreiecks-)Regatta, die auf einem raumen Kurs erreicht und wieder verlassen wird. Auch Halsentonne genannt.

Reach: Englischsprachiger Ausdruck für spitze Raumschotskurse.

Rhumb line: Die direkte Linie zwischen zwei Regattatonnen oder von einem Wegepunkt zum nächsten.

Richtiger Kurs: Definition in den Regattaregeln. Der Kurs, den ein Boot ohne andere Boote in der Nähe wählen würde, um einen Kurs möglichst schnell abzusegeln.

Rigg: Zum Rigg gehören Mast, Segel, das stehende und teilweise das laufende Gut.

Salinge: Querstreben, die die Wanten vom Mast wegdrücken und ihnen einen effektiveren Zugwinkel geben.

Schäkel: Ein Verbindungsstück aus Kunststoff oder Metall zum schnellen Verbinden einer Leine an einem Segel oder einem Beschlag.

Scheinbarer Wind: Die Windgeschwindigkeit und -richtung an Bord eines sich bewegenden Bootes. Der scheinbare Wind entsteht durch den wahren Wind und die Schiffsbewegung.

Schot: Leine zum Dichtholen und Lösen eines Segels; ist am Schothorn (Vorsegel, Spinnaker) oder am Großbaum (Großsegel) befestigt.

Schothorn: Die hinterste Ecke eines Segels, beim Spinnaker die unteren beiden Ecken. Am Schothorn wird die Schot befestigt.

Seebrise, Seewind: Thermischer Wind. Über erhitzten Landmassen steigt die warme Luft auf und wird durch die kühlere Luft über dem Wasser ersetzt, die nun zum Land hin weht.

Segelschwerpunkt: Alle im Segel auftretenden Kräfte können auf einen Vektor reduziert werden, der von diesem Punkt ausgeht.

Sehne: Ein Maß in einer Fläche (Segel oder Kiel) von vorn nach hinten.

Spinnaker: Ballonartiges Segel für raume Kurse.

Spinnakerbaum-Niederholer: Leine am Spinnakerbaum, die ihn am Steigen hindert.

Stagen: Drähte, die den Mast in der Längsrichtung halten.

Stagsegel: Auf einmastigen Yachten ist das ein kleines schmales Vorsegel, das auf raumen Kursen zwischen Spinnaker und Großsegel gefahren wird.

Stampfen: Das abwechselnde Steigen und Fallen von Bug und Heck. Das Schiff dreht sich dabei um die Querachse.

Startlinie: Eine imaginäre Linie zwischen den beiden Startlinienbegrenzungen, die meist aus einer Tonne und einem Startschiff der Wettfahrtleitung bestehen. Die ideale Startlinie liegt in einem rechten Winkel zur Windrichtung und genau vor dem Wind von der Luvtonne. Dadurch hat jedes Boot exakt die gleiche Distanz bis zur Tonne zu segeln, egal, wo es startet. Wenn aber zum Beispiel der Wind nach dem Auslegen der Tonnen nach rechts dreht, wird die Entfernung zur Luvtonne von der rechten Seite der Linie aus kürzer. In diesem Fall spricht man von einer begünstigten rechten Seite der Startlinie.

Stehendes Gut: Stagen und Wanten, die beim Segeln nicht verstellt werden.

Steuerbord: Die rechte Schiffsseite, wenn man nach vorn sieht.

Steuerbordbug: Ein Boot segelt auf Steuerbordbug, wenn die Steuerbordrumpfseite in Lee liegt, der Wind also von der Backbordseite einfällt.

Streckungsverhältnis (Seitenlängenverhältnis): Die Höhe eines Segels oder Unterwasserprofils (Kiel, Schwert oder Ruder) geteilt durch die Breite.

Talje: Flaschenzug. Eine Vorrichtung aus Leinen und Blöcken, die zum Beispiel als Großschot verwendet das Dichtholen des Segels vereinfacht.

Target boat speed: Es gibt für jede Windgeschwindigkeit und jeden Windeinfallswinkel eine optimale Bootsgeschwindigkeit.
Traveller: Eine Trimmvorrichtung, bestehend aus einer Schiene, die lotrecht zur Schiffslängslinie montiert ist und auf der der Großschot-Fußblock mit einem Wagen (Rutscher) nach Lee oder Luv gestellt werden kann. Dadurch verändert man den Anstellwinkel des Großsegels.
Trimmen: Einstellen der Segel (Segeltrimm) oder das Verlagern von Gewicht (Gewichtstrimm).
Twist: Die vertikale Verdrehung eines Segels.
Überstehen: Man übersteht eine Tonne oder sein Ziel, wenn man über die laylines (Anliegelinien) hinaus gesegelt ist also weiter gesegelt ist, als notwendig. Wenn der Wind dreht, ändern sich auch die laylines, und dann kann man dadurch die Tonne ungewollt überstanden haben.
Unterliek: Die untere, meist horizontale Kante eines Segels.
Unterliekstrecker: Leine, mit der das Unterliek am Großbaum gestreckt wird.
Verdrängung: Das Gewicht des vom Boot verdrängten Wassers; entspricht dem Bootsgewicht.
VMG: Velocity made good. Die direkte Geschwindigkeit nach Luv oder Lee beim Kreuzen am oder vor dem Wind.
Vor dem Wind (platt vor dem Laken): Segeln in die Richtung, in die der Wind weht.
Vorliek: Die vordere, mehr oder weniger senkrechte Kante eines Segels.
Vorschiffsmann: Der Mitsegler, der auf dem Vorschiff arbeitet. Zu seinen Aufgaben gehört das Anschlagen und Bergen der Vorsegel, das Halsen des Spinnakerbaumes und das Ansagen der Entfernungen zur Startlinie.
Vorsegel: Fock und Genua.
Vorstag: Ein vom Bug nach oben zum Mast laufender Draht, der den Mast hält und an dem das Vorsegel gesetzt wird.
VPP: Velocity prediction program. Dieses Geschwindigkeits-Vorhersage-Programm leitet aus den Schiffs-Charakteristika wie Wasserlinienlänge, Breite, Tiefgang, Segelfläche etc. dessen mögliche Geschwindigkeiten ab.
Wanten: Drähte, die den Mast seitlich halten.
Wendeduell: Ein Wendeduell tritt auf, wenn ein verfolgendes Boot immer wieder wendet, um sich von der Deckung der vorausliegenden Yacht zu befreien und diese immer wieder mitwendet, um zwischen Gegner (Verfolger) und der nächsten Tonne zu bleiben.
Wenden: Kursänderung, bei der der Bug durch den Wind dreht (vergl. Halse).
Wendewinkel: Der Winkel zwischen dem Kurs auf dem einen und dem auf dem anderen Bug. Moderater Wind und wenig Welle verkleinern den Wendewinkel; sehr leichter Wind und alte Welle vergrößern ihn.
Widerstand: Auf einer Segelyacht treten verschiedene Widerstände auf. Dazu gehören induzierter Widerstand, Formwiderstand und der Widerstand durch die benetzte Fläche.
Windeinfallswinkel: Winkel zwischen der Längsschiffslinie und dem scheinbaren Wind.
Windschatten: Der Bereich mit geschwächtem und turbulentem Wind in Lee eines Segels.
Zweilängenkreis: Der imaginäre Kreis mit dem Radius zweier Bootslängen, der Regattatonnen umgibt. Wird benutzt, um festzulegen, welches Boot an der Tonne Platz machen muß.
Zwölfer (12-M-Yacht): Ein Zwölfer ist nicht zwölf Meter lang. Wenn bestimmte Messungen an Rigg und Rumpf unter Verwendung der Vermessungsformel Universal Rule die Zahl 12 ergeben, handelt es sich um einen Zwölfer.

Bibliographie

Conner, Dennis, und Claflin, Edward: *The Art of Winning*, New York, St. Martin's Press, 1988.
Conner, Dennis, und Rousmaniere, John: *No Excuse to Lose*, New York, W.W. Norton, 1978.
Conner, Dennis, und Stannard, Bruce: *Comeback*, New York, St. Martin's Press, 1987.
Gentry, Arvel: *The Application of Computational Fluid Dynamics to Sails*, Arbeit für das Symposium on Hydrodynamic Performance in Newport, Rhode Island, 1988.
Hubbard, David W., und MacLane, Duncan T.: *The Engineering of the Wingsail for Stars & Stripes, 1988 America's Cup Defender.* Arbeit für das New England Sailing Yacht Symposium, New London, Connecticut, 1990.
Jobson, Gary; Whidden, Tom, und Loory, Adam: *Championship Tactics*, New York, St. Martin's Press, 1990.
Knapp, Arthur, Jr.: *Race your Boat Right*, 3. Auflage, New York, Grosset & Dunlap, 1973.
Levitt, Michael, und Lloyd, Barbara: *Upset: Australia Wins the America's Cup*, New York, Workman Publishing, 1983.
Marchaj, C.A.: *Aero-hydrodynamics of Sailing,* New York, Dodd, Mead, 1980; *Aerodynamik und Hydrodynamik des Segelns*, Delius Klasing, Bielefeld, 1982.
Marchaj, C.A.: *Sailing Theory and Practice*, New York, Dodd, Mead, 1982.
North Sails Group Inc.: Bücher *Fast Course, Smart Course* und *Cruising Course*, Milford, Connecticut.
Ockham: *Ockham U. Seminar Manual,* Milford, Connecticut, 1990.
Rousmaniere, John: *The Annapolis Book of Seamanship*, New York, Simon and Schuster, 1989.
Sleight, Steven: *Modern Boatbuilding Materials and Methods*, Camden, Maine, International Marine Publishing, 1985.
Vaughan, Roger: *America's Cup XXVII, The Official Record 1988*, San Diego, Dennis Conner Sports, 1988.
Whidden, Tom, und Levitt, Michael: *The Art and Science of Sails*, New York, St. Martin's Press, 1989; *Das Segel*, Delius Klasing, Bielefeld, 1992.
Willis, Melvin D.C.: *Boatbuilding and Repairing with Fiberglass*, Camden, Maine, International Marine Publishing Company, 1972.

Videofilme

Dellenbaugh, David: *Learn the Racing Rules*, New Haven, Sea TV/Sailing World magazine.
North Sails Group Inc.: *Trim for Speed*, Milford, Connecticut, Sea TV.
Sail magazine: *Spinnaker Sailing.*

Artikel aus Fachzeitschriften

Baird, Ed: *Finishing Techniques*, Sailing World, Februar 1985, S. 79.; *The First 100 Yards,* Yacht Racing/Cruising (jetzt Sailing World), Februar 1981, S. 47.
Deaver, Dick: *Downwind Control — Not Disaster!*, Yachting (Januar und Februar 1977), S. 83.
Dellenbaugh, David: *13 Minutes to Go,* Sailing World, Juli 1989, S. 18.
Hopkins, Robert, Jr.: *Tracking Every Move*, Sail, Mai 1987, S. 80.
Isler, Peter: *Strategy on the Run*, Sailing World, Mai 1988, S. 26.
Marshall, Jim: *Wind Shear and Wind Gradient*, Sailing World, Mai 1988, S. 26.
Olson, Walter: *Ounce of Prevention*, Sail, Juni 1990, S. 67.
Pittman, Freeman: *A New Look at Blister Repair*, Sail, April 1989, S. 94.
Spranger, Jeff: *The Healthy Hull*, Sail, April 1990, S. 80.

Register

58,-13